개정판 Psychology

인간행동이해를 위한

심리학

김보기 박경근 박서진
서정자 양준의 장선아

박영story

개정판 머리말

심리학은 '일상화된' 교양과목이라고 칭하고 싶다. 인문학 열풍에 힘입어 이제 심리학은 전공자만의 전유물이 아니다. 혹자는 비전공자의 심리학 심취를 비상식적이라고 평하고 있으나, 대세는 '모든' 이의 심리학을 형성하고 있다. 그 이유는 심리학이 여러 학문의 집합체 구실을 하고 있기 때문이다. 이를 시샘이라도 하듯, 심리학은 그 학문영역을 자꾸 확대해 나가고 있다. 특히, 심리검사는 심리학의 주된 논리로 자리 잡아 가고 있으며, 심리학의 영역 역시 무한대로 확대되고 있는 작금의 현상이다.

이번 개정판은 사실 학습자 여러분께 송구한 마음이 앞선다. 2017년 양서원을 통해 초판을 출판한 이후 학습자 여러분의 폭발적인 호응을 받았음은 평생의 영광이 아닐 수 없다. 사실 본인은 신문방송학 전공자로서 심리학이 버겁기만 한 분야임은 두말할 필요도 없으리라. 원고 의뢰를 받았을 때만 해도, 비전공자의 도전이 어떻게 비칠까 하고 걱정 반, 두려움 반이었음이 솔직한 심정이었다. 그럼에도 불구하고, 많은 학습자들에게 사랑을 받았음에 다시 한번 감사드린다. 그러나 개정판은 더욱 힘든 작업이 아닐 수 없었다. 더구나 날로 확장되어 가는 심리학의 영역을 고려할 때, 개정판의 방향조차 가늠할 수 없었다.

이번 개정판은 심리학의 핵심어 분야에서 내용을 대폭 확대하였다. 그 이유는 심리학이 이젠 심리학도의 손을 떠나 특히 사회복지학, 상담학, 광고학, 행정학, 경영학은 물론이고, 심지어 이과계열에서도 중시하는 학문분야가 되었기 때문이다. 다양한 학문을 소화하기 위해서는 심리학의 핵심어에 대한 명확한 정리가 필요하겠다. 또한 심리학의 영역에서는 추가된 이론을 추가하였다. 심리학은 이제 타 학문의 선도적인 역할과 동시에, 타 학문과 접목해야 하는 입장에 있다. 심리학 특성상 영문과 병기했으며, 논문작성을 돕기 위해 주석에 충실하였다.

개정판의 내용은 다음과 같다.

1장 심리학의 이론적 기초
2장 학습과 기억
3장 언어와 사고
4장 동기와 정서
5장 스트레스와 건강
6장 사회심리학
7장 교육심리학
8장 성격심리학
9장 상담심리학
10장 발달심리학
11장 이상심리학
12장 성심리학
13장 생리심리학

개정판에 임하고 보니 학습자들이 두려움으로 다가옴은 어쩔 수 없는 일이리라. 더구나 초판의 두터운 사랑을 익히 알고 있음은 집필자들에게 부담으로 작용할 수 밖에 없다. 책에 대한 판단은 오롯이 학습자 몫이라고 감히 말씀드린다. 학습자 여러분의 성원에 판이 거듭할수록 더욱 알찬 내용으로 찾아뵐 것을 약속드린다. 개정판에 대한 변함없는 사랑을 감히 부탁드리고자 한다. 이 책이 나오기까지 수고를 아끼지 않으신 박영스토리 대표이사님과 관계자 여러분께 진심으로 감사드린다.

2023년 새해 아침에
무성서원 바라보며 남전마을 시산재에서
대표저자 **김보기** 박사

머리말

최근 심리학에 대한 열풍이 불고 있다. 심리학은 짧은 역사를 가졌음에도 불구하고 오늘날 주요 기초학문으로 자리 잡아가고 있다. 물론 이런 흐름은 인문사회학의 부흥에 힘입은 바 크지만 사회가 복잡하게 전개될수록 이를 해결하기 위한 노력이 필요하다는 전제는 항상 유효하다고 볼 때, 심리학의 존재는 한층 중요한 위치를 차지하게 될 것이다.

이러한 심리학의 고조된 관심에도 불구하고, 타 학문에 비해 심리학 전공자의 절대 열세 속에서 심리학에 대한 오해는 우리 사회에 흔히 나타나고 있는 현상이다. 즉, 심리학을 학문이 아닌 누구나 섭렵할 수 있는 학문쯤으로 여긴다는 사실이다. 그러나 심리학이란 종교적이지도 않으며, 더구나 추상적이지도 않다. 또한 그리 쉽게 접할 수 있는 학문 또한 아니다. 심리학은 인간의 상식적 이해의 차원을 넘는 객관적이고도 체계적인 학문이다. 그래서 이런 지식을 이용해 인간을 올바르게 이해하고자 하는 과학적인 학문이다. 비전공자들이나 일반인들이 심리학을 배우고자 한다면 심리학에 대한 이런 자세부터 교정하는 것이 무엇보다도 중요하다.

현재 심리학에 대한 인식은 관심의 호응도와 비례하여 상당히 호전되고 있으며, 심리학을 공부하고자 하는 열의 또한 높아져 가고 있다. 그럼에도 불구하고, 기존 교재는 이런 경향을 반영하지 못하고 있다. 특히, 심리학의 난해한 부분을 알기 쉽게 설명하기가 쉽지 않으며, 심리학의 하위 영역은 확대의 속도가 굉장히 빠르다. 즉, 심리학 공부의 지름길은 이론과 실제를 겸해야 한다는 것이다. 이론 위주는 학습자로 하여금 공허감을 불러일으키며, 실생활과 접목되지 않는 이론은 심리학에 대한 염증만 증가시킬 뿐이다. 따라서, 본서는 심리학에 대한 흥미를 불러일으키고, 동시에 이론과 실제를 겸비할 수 있도록 내용을 구성하였다.

1장. 심리학의 이해	2장. 심리학의 기초	3장. 학습심리학
4장. 발달심리학	5장. 성격심리학	6장. 교육심리학
7장. 사회심리학	8장. 상담심리학	9장. 정신병리학
10장. 성심리학	11장. 생리심리학	12장. 이상심리학
13장. 건강심리학		

현행 대부분의 심리학 교재들은 위의 1, 2장에 전 지면을 할애하다시피 하면서 각론은 끼워넣기 식이다. 이는 결코 바람직한 방향이 아니다. 심리학은 다른 학문에 비해 훨씬 고도화된 분야이다. 따라서, 총론과 각론의 결합은 필수적이다. 특히, 급속한 각론의 분열이 일어나고 있는 상황에서 과거의 답습은 학습자로 하여금 학문의 의욕을 저하시키고 방향을 잃게 하는 어리석음을 범할 우려가 있다. 이에 본서는 각론에서 최근의 학문 경향을 충실히 반영하고자 노력했음을 밝히고자 한다.

본서가 나오기까지 공동 저자들로서는 말할 수 없는 고통의 여정이었지만 이제 탈고를 하고 보니 부족함이 밀려옴을 느끼지 않을 수 없다. 독자 여러분들에게 부끄러운 마음뿐이며, 어떠한 질책도 겸손하게 수용하고자 한다. 그동안 수고를 아끼지 않은 임직원 여러분께 진심으로 감사의 마음을 전한다.

2017년 7월

공동저자 대표 **김보기**

목 차

PART Ⅰ.
심리학의 이해

PART Ⅱ. 심리학의 핵심어

PART Ⅲ. 심리학의 영역

PART I

심리학의 이해

Chapter 1. 심리학의 이론적 기초

Chapter 1

심리학의 이론적 기초

학습목표

1. 심리학의 개념과 영역과의 연계성
2. 심리학과 타 학문과의 연계성
3. 연구방법론에 대한 토의

학습내용

1. 심리학의 개념
2. 심리학의 역사
3. 심리검사
4. 심리학의 연구방법론

개요

심리학은 인간행동과 정신과정을 과학적으로 연구하는 학문이다. 심리학은 인간행동을 기술하고, 설명하고, 예측하고, 통제하고자 한다. 즉, 과학적 연구결과에서 얻은 지식을 토대로 인간행동과 정신현상에 대한 법칙과 원리를 구성하고, 이를 인간행동을 이해하는 데 이용한다. 여기에서는 심리학의 기초 이론을 학습하고자 한다.

Chapter

1

심리학의 이론적 기초

1 심리학의 개념

1) 심리학의 정의

심리학을 마음의 이치, 인간의 마음에 대한 학문이라는 정도로만 이해하고서는 이해하기 어렵다. 그리고 철학이나 신학 등과 어떻게 다른가에 답하기 곤란하다. 왜냐하면 아주 오래전부터 수많은 철학자 역시 인간의 본질에 대한 질문과 그에 대한 해답을 찾고자 하는 노력들이 이루어져 왔다. 또한 신학자들도 인간의 본질에 대한 질문에서 출발하여 '신이란 무엇인가'에 대한 질문과 그에 대한 해답을 찾고자 노력해 왔기 때문이다.

심리학(psychology)은 인간행동과 정신과정을 탐구하는 학문이다. 행동(behavior)이 자극에 대한 생명체의 관찰 가능한 반응이라면, 정신과정(mental process)은 행동에서 추론되는 사고, 신념, 감정 같은 내적 상태이다. 심리학은 말 그대로 마음의 이치를 연구하는 학문이다. 이에 비해, 영어의 'psychology'는 헬라어로 마음, 영혼, 정신을 뜻하는 'psyche'와 학문을 의미하는 'logos'가 합해진 것으로, 마음, 영혼, 정신을 연구하는 학문의 의미로 풀이된다(강진령 외, 2022: 12).

심리학은 사람의 마음과 행동에 관한 과학, 즉 심리학은 인간행동을 다루는 과학이다. 이는 과학의 대상이 되려면 눈으로 볼 수 있고, 사람들의 행동은 그 대상이 될 수밖에 없다. 심리학자들은 인간행동을 대상으로 하고, 행동은 외적으로 드러나기 때문에 사람들의 행동이 무엇인가를 이해하는 데는 아무런 어려움이 없다. 그리고 심리학은 기술하고, 설명하고, 예측하며, 나아가 인간행동과 정신과정(mental process)에 대한 원리와 방법을 구상하여, 이를 중심으로 인간행동을 이해한다. 이 행동은 경험적으로 관찰되도록 사람들이 외적으로 보이는 현상이며, 정신과정은 행동이 나오기까지 내면에서 이루어지는 관점이다(장성화 외, 2020: 15-16).

심리학 영역은 이론심리학과 응용심리학으로 구분한다. 먼저, 이론심리학은 실험심리학, 생리심리학, 발달심리학, 사회심리학, 학습심리학, 성격심리학 등이며, 응용심리학은 임상심리학, 상담심리학, 교육심리학, 산업심리학, 조직심리학, 범죄심리학 등으로 분류한다. 1970년대 이후 인지심리학과 현상학적 심리학의 발전으로 새로운 영역이 추가되고 있다.

심리학이 독립적인 학문으로 발전하게 된 구체적인 시기는 1879년에서 1895년이라고 해도 좋을 듯하다. 분트(Wilhelm Max Wundt, 1832-1920)는 1862년에 독일 하이델베르크대학에서 최초로 심리학 강의를 했으며, 1879년에 라이프치히대학에서 최초로 심리학 실험실을 창설하고 실험과 관찰법을 동원해서 의식 속의 심리적 사실을 연구하고자 하였다. 따라서, 그를 '심리학의 아버지' 또는 '심리학의 창시자'라고 부르기도 한다.

빌헬름 분트

이 시기에 분트가 연구대상으로 삼은 것은 심리적 사실(fact)이다. 즉, 철저하게 과학적 전통에 입각해서 감각적 경험을 통해 의식 속에 일어나는 작용들만이 관찰 가능하다고 보고, 이를 연구대상으로 삼은 것이다. 따라서, 심리학은 의식 속의 심리적 사실을 연구하는 학문으로 정의되었고, 이렇게 정의함으로써 심리학은 비로소 과학적 방법으로 통제된 조건에서 관찰되는 대상들을 갖는 과학적 심리학이 되었다. 하지만 과학적 심리학의 탄생이라는 사실에는 커다란 의의가 있기도 하지만, 심리적 사실을 연구대상으로 삼는 것 자체에 대해서는 비판이 대두되었다. 즉, 의식 속에서 일어나는 심리적 사실은 의식하는 사람의 사적 경험에 지나지 않고 또 타인에게 관찰될 수 없기 때문에 객관성이 없다는 것이다(객관성이 없다는 사실은 과학적 자료로서의 가치가 전혀 없다.). 그리하여 그 대상은 심리학의 연구목적에 보다 부합되는 행동 쪽으로 옮겨지게 되고 인간행동을 연구하는 학문으로 정의되었다. 이러한 정의는 20세기 유력한 철학 조류인 과학철학과 논리적 실증주의 및 자연과학의 성공과 과학기술의 발달 등으로 더욱 정당화되었다(손진훈 외, 1994: 8-9).

그러나 문제는 행동관찰만으로 인간을 제대로 이해할 수 있느냐는 것이다. 즉, 행동관찰로는 그 사람의 의식 속에서 이루어지는 지식의 형성과정이나 그 지식에 대한 주관적 경험내용 등을 알 수가 없다는 데에 문제가 있다. 이를 수정·보완하여 근래에 와서는 인간행동과 정신과정을 연구하는 학문으로 정의하고 있다. 이 정의는 심리학의 관심사가 관찰 가능한 행동의 객관적 연구임과 동시에, 직접관찰이 불가능하되 행동이나 생리적 자료를 통해 유추가 가능한 정신과정의 과학이라는 것을 시사한다. 물론 이 정의에 대해 모든 심리학자가 동의하는 것은 아니지만, 오늘날 심리학의 흐름을 가장 잘 나타내고 있다.

심리학의 정의는 시대의 흐름에 따라 심리학의 연구주제와 대상에 따라 변해 왔다. 그래서 심리학에 대한 정의는 학파와 학자에 따라 다르다. 하지만 심리학의 커다란 흐름 속에서 이루어지는 심리학의 정의는 심리를 강조하는 정의와, 인간과 인간사 전체를 강조하는 정의로 구분할 수 있다.

첫째, 심리학은 마음의 이치를 따지는 학문이다. 심리학이란 문자가 의미하는 바와 같이 심리학은 마음의 이치를 따지는 학문이다. 인간의 마음(mind)·심리(psycho)·정신(spirit)을 보다 학문적이고 체계적으로 연구함으로써 마음의 구조, 심리의 구조, 정신의 구조를 알고, 더 나아가 인간의 마음과 심리, 정신이 어떻게 작용하고 기능하는지를 알아보려는 학문이 심리학이다. 심리학을 과학적인 학문으로 발전시키는 데 이정표 역할을 한 분트는 인간의 내적인 경험과 의식을 강조하면서 "심리학은 자연과학의 주제를 다루는 외적인 경험의 대상들과는 달리 내적인 경험(감각, 감정, 사고, 의욕 등)을 연구하는 학문이다."(한국심리학회, 2004: 20 재인용)라고 정의한다.

둘째, 심리학은 행동을 다루는 학문이다. 인간이란 심리 이외에도 다른 요소들이 함께 어우러져 구성된 존재다. 그중에서도 가장 대표적인 것이 행동이다. 인간의 내부 심리 속에서 무엇을 생각하고 무엇을 느끼는지를 연구하는 것은 과학의 원칙에 위배된다. 그래서 누구나 눈으로 볼 수 있고 객관적으로 검증할 수 있는 행동을 연구해야 한다는 주장이 대두되었다. 이때 인간행동이란 행동, 언어 그리고 학습되었거나 학습되지 않은 모든 관찰 가능한 것들을 말한다. 이런 입장에서 행동주의를 창시한 왓슨(John Broadus Watson, 1878-1958)은 "심리학은 인간행동을 주제로 삼는 자연과학이다."(한국심리학회, 2004: 21 재인용)라고 정의한다.

셋째, 심리학은 인간학이다. 심리학은 사회적 존재인 인간의 심리와 행동을 연구하는 학문이다. 그러나 심리학은 과학적 심리학이 출발 당시에 갖고 있던 의도보다도 훨씬 더 광범위하게 인간의 제반 영역을 다루게 되었다. 결국 심리학은 인간의 심리와 행동을 포함한 인간과 인간사 전체를 연구하는 학문이다. 보링(Edwin Garrigues Boring, 1886-1968)은 "인간이란 무엇인가? 심리학은 이 질문에 대해서 답변하려고 한다."(Boring, 1939)고 주장한다.

이상의 정의들을 종합해 볼 때, 심리학을 '인간행동과 정신과정을 과학적으로 연구하는 학문'이라고 정의할 수 있다. 심리학자들은 인간행동을 기술하고, 설명하고, 예측하고, 통제하기를 원한다. 즉, 과학적 연구결과에서 얻은 지식을 토대로 인간행동과 정신현상에 대한 법칙과 원리를 구성하고, 이를 인간행동을 이해하는 데 이용한다.

인간이해와 관련하여 이제까지 상식으로 알아 왔던 것들이 잘못 알려져 있는 경우가 의외로 많다. 심리학적 지식은 상식에 기초한 것이 아니라, 인간에 대한 과학적 연구방법과 증거를 통해 도출된 것이기 때문에 상식이나 개인적인 경험에 의존한 판단보다 정확하고 과학적 통찰을 할 수 있도록 돕는다. 심리학적 지식은 생활 전반에 걸쳐 발생되는 문제들을 광범위하게 다룸으로써 문제를 해결하거나 실생활에서 유용하게 활용되고 있다.

2) 심리학의 목적

심리학은 학문적 목적과 이상적 목적을 가지고 있다. 인간이란 무엇인지를 알고 이해하기 위해 존재하는 심리학은 인간의 심리와 행동을 설명하고, 예측하고자 한다.

더 나아가 인간의 심리와 행동을 설명하고, 예측함으로써 얻어진 결론을 통해 인간의 심리와 행동을 통제하려고 한다. 이런 과정을 통해 심리학은 인간과 사회의 복지를 증진시키고, 궁극적으로는 인간과 사회의 진리와 선을 달성하고자 한다. 이때 전자를 심리학의 학문적 목적이라고 하고, 후자를 심리학의 이상적 목적이라고 한다. 그 내용은 다음과 같다(한국심리학회, 2004: 21-23).

(1) 학문적 목적

첫째, 심리학은 인간의 심리와 행동을 설명하려는 학문이다.

인간이해를 위해서는 무엇보다도 인간의 심리와 행동, 그리고 인간을 둘러싸고 있는 사회와 사회현상들을 보다 정확하게 설명할 수 있어야 한다. 심리학의 첫 번째 목적은 현상을 정확하게 설명(explanation)하는 것이다. 그래서 심리학자들은 다양한 현상을 설명하기 위해 늘 무엇(what)을 어떻게(how) 설명할 수 있을까에 대해 고민한다.

둘째, 심리학은 인간의 심리와 행동을 예측하려는 학문이다.

심리학은 인간의 심리와 행동을 정확히 측정하고 설명한 것을 바탕으로 인간의 심리와 행동을 예측(prediction)하고자 한다. 예를 들어, 성격검사를 통해 성격을 설명하고, 이를 바탕으로 그 사람의 행동패턴과 심리상태를 예측하려고 한다. 그러나 정확한 예측을 위해서는 무엇보다도 정확한 측정과 설명이 전제되어야만 한다. 설명이 정확하지 않다면 예측이 틀릴 수도 있기 때문이다.

셋째, 심리학은 인간의 심리와 행동을 통제하려는 학문이다.

심리학은 인간의 심리와 행동을 설명하고 예측하려는 목적 이외에도 인간의 심리와 행동을 통제(control)하려는 목적을 가지고 있다. 통제라는 단어의 의미가 인간을 의도적으로 조작한다는 느낌을 주기도 하지만, 여기서의 통제는 부정적인 의미에서의 통제는 아니다. 통제는 어떤 현상을 설명하고 예측함으로써 얻어진 정보를 인간과 사회의 복지, 진리, 선을 달성하기 위해 심리학의 연구결과를 활용하는 것이다. 예를 들어, 정신질환에 걸릴 소지가 많은 사람이라고 진단되면 그 사람을 스트레스로부터 보호해 주고, 심리치료를 통해 더 심한 정신질환으로 발전하지 않도록 통제해야 한다.

이와 같이 심리학은 어떤 현상을 설명하고, 예측하는 데서 끝나지 않고 적극적으로 인간의 심리와 행동을 통제하려는 목적을 가지고 있다.

(2) 이상적 목적

심리학의 이상적 목적은 인간의 심리와 행동을 설명하고, 예측하고, 통제하려는 학문적 목적을 통해 궁극적으로는 인간과 사회의 복지를 증진시키고, 진리와 선을 달성하고자 하는 것이다. 심리학의 학문적 목적이 주로 심리학의 현상(appearance)을 규명하려고 하는 데 비해, 이상적 목적은 심리학의 본질(essence)을 규명하고자 한다. 현상이란 인간의 심리와 행동의 외현적 표현양상이며, 본질이란 현상의 기저에 놓여 있는 근본적인 원리이다. 본질이란, 인간은 알 수 없고 신만이 알 수 있는 심오한 그 무엇이 아니다. 행동을 이해하고자 한다면 행동이 본질이 되는 것이고, 기억을 연구하고자 한다면 기억이 본질이 되는 것이다.

심리학자들은 경험론적인 과학적 방법, 개념적 사유인 이성, 분석과 추리가 바탕이 되는 지성을 통해 인간의 심리와 행동이 빚어내는 현상들을 알고 이해한다. 그리고 궁극적으로는 직관을 통해 인간의 심리와 행동의 본질인 진리에 도달한다. 경험론과 기계론적 인간관이 주류를 이루는 과학적 심리학의 초기에는 과학적 방법의 틀로만 현상을 분석하고 이해하려는 데 급급한 나머지 본질을 추구하는 것 자체가 사변적이고 궤변적인 것으로 치부된 적도 있었다. 그러나 과학적, 경험적, 실증적, 기계론적 방법론과 이성, 지성의 역할은 한계를 드러냈다. 직관을 사용하지 않고 “인간이란 무엇인가?”에 대한 물음에 답하기도 어렵거니와 직관이 없는 경험과 과학적 발견들은 인간의 허울적인 현상들을 설명하기에도 급급하다.

2 심리학의 역사

고대 그리스 시대부터 적어도 18세기 후반까지 심리학은 독립적인 학문이 아니라,

주로 철학의 한 범주에 해당되었다. 그동안 인간의 본질에 대한 다양한 질문이 존재했지만, 모두 철학의 입장에서 답을 추구하였다. 예를 들어, 마음(mind)과 몸(body)은 하나의 실체로 서로 영향을 주고받는 관계인지['심신일원론'(monism or nondualism)], 아니면 두 개의 서로 다른 실체로서 별개인지['심신이원론'(mind-body dualism)]의 질문은 고대부터 근래에까지 수많은 논쟁을 불러일으켰던 철학적 과제였다.

그 밖에도 인간에 대한 수많은 질문이 있는데, 그들의 대다수는 아직도 현대 심리학에서 큰 관심을 두고 연구하는 주제가 되고 있다. 인간에 대한 현대 심리학에서의 연구는 자연과학적인 연구방법을 응용하면서부터, 다시 말하면 철학적인 접근방법에서 탈피하면서부터 가능해지기 시작하였다. 그 결과, 현대 심리학에서는 마음과 몸이 따로따로 존재하기 때문에 관련이 없다는 심신이원론을 일축하게 되었다. 그 대신 몸이 아프면 심리적으로 약해질 수 있고, 심리적으로 불편할 경우 몸에 질환이 생길 수 있다는 관점[그 예로, 정신신체질환(psychosomatic disease)을 들 수 있음.]이 더 지배적이다(윤가현 외, 2022: 20).

고대 그리스 철학자 히포크라테스(Hippocrates, B.C. 460?-B.C. 377?)는 정신과정, 정신병, 체액 등에 관해 연구하면서 영혼은 신체와 관련된다는 심신상관론을 주장하였으며, 체액에 따라 성격 특성을 분류한 네 가지 기질론(다혈질, 황담즙질, 흑담즙질, 점액질)은 이후 성격 연구에 영향을 주었다. 플라톤(Plato, B.C. 427-B.C. 347)은 영혼과 신체가 별개로 존재한다는 심신이원론을 주장하였는데, 영혼은 정신적 실체로서 이러한 관념의 세계에는 고귀한 이성이 자리하고 있으며, 신체에 속하는 현상(사물)의 세계에는 저속한 의지와 정욕이 자리하고 있다고 하였다. 아리스토텔레스(Aristotle, B.C. 384-322)는 마음을 유기체의 기능으로 보는 심신일원론을 주장하였는데, 신체에 생명이 있게 하는 것이 바로 영혼이며, 이 영혼을 마음이라고 하였다.

중세시대에는 종교적·윤리적 가치가 주 관심대상으로 인간이해를 위한 주목할 만한 접근은 시도되지 않았다. 르네상스 시대에 이르러 인간에 대한 종교적·형이상학적 접근으로부터 경험적 접근으로의 시도가 이루어지면서 철학으로부터 보다 과학적인 심리학으로의 전환이 이루어지게 되었고, 근세 이후 경험적 입장을 취하게 되면서 마음의 경험적 측면인 '의식(consciousness)'에 대한 관심이 고조되었고,

이에 대한 연구가 시도되면서 의식을 연구대상으로 하는 의식심리학이 대세를 이루게 되었다. 즉, 17－18세기에 이르러 영국에서는 경험주의를 신봉하는 로크(John Locke, 1632－1704), 밀(John Stuart Mill, 1806－1873), 스펜서(Herbert Spencer, 1820－1903) 등이 심리학을 보다 경험적으로 고찰하려고 시도함으로써, 철학에서 독립한 경험적 심리학이 탄생하게 되었다. 또한 자연과학의 발달과 함께 헬름홀쯔(Hermann Ludiwg Ferdinand von Helmholtz, 1821－1894), 뮐러(Johannes Peter Müller, 1801－1858), 베버(Wilhelm Eduard Weber, 1804－1891) 등의 물리학자와 생리학자가 물적 현상을 관찰함에 있어 외계의 자극과 그것을 감수하는 감각과의 관계, 그리고 양자를 중개하는 생리과정과의 관계 등에 대해서 관찰의 손을 뻗쳐 자연과학에서 하고 있는 실험법을 적용시켰고, 페흐너(Gustav Theodor Fechner, 1801－1887)가 그 업적 등을 묶어 1860년 『정신물리학요론(*Elements of Psychophysics*)』을 저작하기에 이르자, 심리학도 자연과학과 마찬가지로 실증적 과학이 될 가능성이 시사되었다(정미경 외, 2015: 12－13). 인간에 대한 심리학적인 연구가 자연과학적 배경에서 이루어지기 시작한 시기는 1800년대 중반 무렵이다.

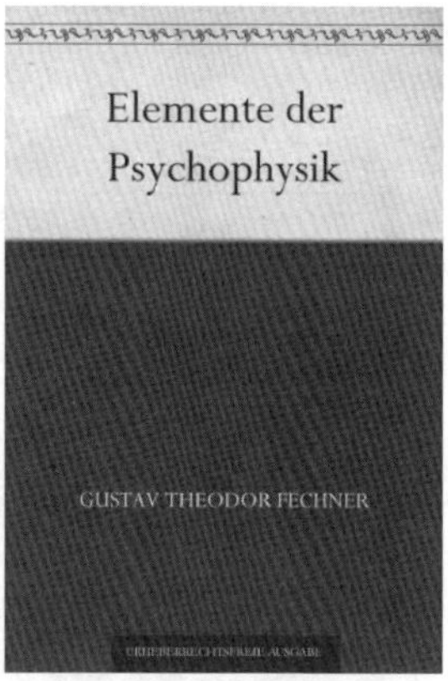

『정신물리학요론』
(2011년 독일판)

1) 구성주의

분트는 라이프치히대학교(University of Leipzig) 교수로 재직 중인 1867년 『생리심리학의 원리(*Principles of Physiological Psychology*)』를 발표했는데, 그는 이미 1860년대에는 하이델베르크대학교(University of Heidelberg)에서 '생리심리학(physiological psychology)'을 가르친 경험이 있었다(정미경 외, 2015: 13). 분트는 심리학도 고유한 질문과 연구방법론을 고안할 경우, 철학에서 독립된 하나의 학문으로 발전할 수 있다고 믿었다. 그것은 바로 그동안 철학에서 추구해 왔던 인간에 대한 질문을 자연과학적인 접근방법으로 풀어 보고자 하는 분트의 1879년도의 실험실 창건으로 이어졌는데, 이는

『생리심리학의 원리』
(2022년 중국판)

인간의 내면적인 정신과정에 대한 연구를 실험실에서 시도한 것이다. 페흐너처럼 분트도 실험심리학의 아버지로 평가받고 있지만, 20세기의 심리학자들은 분트가 실험실 기법으로 연구를 시도했던 1879년을 현대 심리학이 탄생한 원년으로 평가하고 있다. 이러한 이유로 심리학은 철학적 질문과 연구라는 수천 년의 과거가 존재하지만, 그 역사가 짧다고 표현하고 있다(윤가현 외, 2022: 21－22).

그러나 분트는 심리학을 체계화하는 데에는 뛰어났지만, 그 모든 것을 계통화하려고 했기 때문에 일관된 체계를 만들지 못하였다. 그뿐만 아니라, 분트의 심리학 전 체계를 계승한 학자도 배출되지 못하였다(김남일 외, 2015: 16).

에드워드 티치너

영국 심리학자 티치너(Edward Bradford Titchener, 1867－1927)는 분트의 실험심리학을 발전시킨 대표자로서, 마음이 어떻게 작동하는지의 원리를 밝혀보려는 데 관심을 가졌는데, 분트의 수제자가 되어 마음의 구조를 묘사하는 심리학을 이룩하였다. 분트와 티치너는 인간의 마음, 즉 의식(consciousness)의 구조를 자연과학적 연구방법으로 파헤치려고 시도하였다. 그들은 화학자들이 물질을 분자나 원자들의 결합으로 설명하듯이, 예를 들어 '물(H_2O)'을 산소(O)와 수소(H)라는 화학적 성분의 결합으로 설명하듯이, 마음의 구조도, 즉 사람의 생각이나 감각적인 경험도 여러 가지 구성요소의 결합으로 설명이 가능하다고 믿었다. 그들이 실험실에서 마음의 구조를 어떤 요소의 결합으로 이루어졌는지를 살펴보려는, 역으로 표현하면 마음의 구성요소를 분해하려는 의도로 이용했던 과학적 접근방법은 내성법(introspection)이었다. 내성법이란 생각이나 욕망, 느낌 등을 자기 스스로 내적으로 들여다보고서 언어로 보고하는 방법을 뜻한다. 티치너는 분트보다 더 엄격한 기준을 제시하면서 내성법에 의해서 보고된 내용을 분석하였다.

그들은 의식내용이 아무리 복잡하더라도, 엄격하게 잘 훈련된 내성법을 이용할 때, 그 의식의 구성요소를 분석하는 것이 가능하며, 그렇게 해야 마음이나 의식을 이해할 수 있다고 믿었다. 또 그들은 마음의 구성요소가 무엇이며, 그 요소가 어떻게 상호작용을 하고 있는지, 그리고 왜 그 요소가 그와 같이 상호작용을 하고 있는지를 알 수 있다고 믿었다. 심리학자들은 분트와 티치너 등이 이와 같은 접근방법으로 연구했던 심리학을 '구성주의(structuralism) 심리학', '요소주의(elementalism) 심리학' 또는 '내성심리학(introspection)'이라고 부르고 있다. 티치너는 미국의 코넬대학교(Cornell University)에 가서 1993년 심리학 실험실을 세웠으며, 미국의 초창기 심리학자들 중의 한 사람으로 구성주의 심리학을 전파하였다.

2) 기능주의

기능주의는 의식을 전체적, 기능적으로 보았으며 의식의 기능과 흐름을 연구하는 데 중점을 두었다. 기능주의는 유기체가 자신의 지각능력을 가지고 어떻게 환경 속에서 기능하는가에 관심을 가졌다(김이영 외, 2015: 17).

분트가 독일에서 실험실 연구를 하던 무렵 미국에서는 하버드대학교(Harvard University) 철학 및 생리학 교수였던 제임스(William James, 1842-1910)도 인간의 의식 연구에 관심을 갖고 있었다. 그는 하버드대학교에서 1875년 '실험심리학(experimental psychology)'을 강의하기도 했으며, 미국 최초의 심리학자라고 알려져 있다. 그러나 제임스의 의식에 대한 관점은 분트의 것과 차이가 있었다(윤가현 외, 2022: 22).

윌리엄 제임스

제임스는 의식이 어떠한 요소들로 구성되어 있는지를 안다고 하더라도, 인간을 올바르게 이해할 수 있는 것이 아니라고 하면서 구성주의 심리학의 접근방법을 비판하였다. 그는 의식이나 정신과정을 여러 개의 요소로 나뉠 수 없는 하나의 상태로 보았기 때문에 구성요소를 찾아보려는 일은 무의미한 행위라고 평가하였다.

그 대신 제임스는 인간이해를 위해서는 의식의 전체적 기능을 밝혀야 한다고 주장하였다. 그가 가졌던 관심사항의 핵심은 바로 의식의 기능, 즉 어떠한 의식이 존재하는 목적이나 이유 등이었다. 당시 적자생존(survival of the fittest)의 진화론 영향을 받았던 제임스는 인간을 비롯한 고등동물이 끊임없이 변화하는 환경에 적응하기 위해서 노력하고 있는데, 이러한 노력이야말로 생존과 관련된 정신활동이나 의

존 듀이

식의 기능이라고 설명하였다. 예를 들어, 배가 고프다는 생각이 들 때 생존하기 위해서 음식을 찾는 행위가 나타나야 하는 데, 그 행위 자체가 바로 의식의 기능에 해당된다. 이와 같이 의식의 기능에 대한 관심을 가졌던 제임스의 접근방법을 심리학자들은 '기능주의(functionalism) 심리학'으로 명명하였다. 나중에 듀이(John Dewey, 1859–1952)도 제임스의 견해에 동의하면서 기능주의 심리학을 발전시켰다. 듀이는 곧이어 이론과 실제의 연결에 초점을 맞추는 실용주의(pragmatism) 철학을 주창했는데, 그런 맥락에서 제임스도 역시 실용주의자로 분류되고 있다.

기능주의 심리학자들은 미국의 실용주의적 사상을 배경으로, 학문의 목표는 인간의 행복을 위해 실용주의적이어야 한다는 시대적 요구에 맞게 심리학의 연구목적도 '인간생활에서 의식이 어떠한 역학적 기능을 하는가' 하는 정신역동적 기능을 규명해야 한다고 보았다. 즉, 내성법으로만은 부족하고 내성법과 병행해서 실제적 행동을 관찰해야 한다는 것이다. 이러한 기능주의는 행동주의라는 거대한 조류에 휩쓸려 별다른 역할도 없이 쇠퇴하고 말았지만, 발달심리학 및 미국의 교육학 분야에 기여한 공헌은 오늘날 인정받고 있다(김남일 외, 2015: 16).

3) 형태주의

맥시밀리안 베르트하이머

구성주의 심리학자들에 이어서 독일 지역에서는 의식의 연구를 지속해 왔지만, 20세기 초반 구성주의 심리학자들과는 다른 관점에서 의식을 연구했던 대표적인 학자는 베르트하이머(체코, Maximilian Wertheimer, 1880–1943)와 코프카(독일, Kurt. Koffka, 1886–1941) 그리고 쾰러(독일, Wolfgang Köhler, 1887–1967)였다. 그들은 1910년대에 소위 '게슈탈트 심리학(Gestalt psychology, gestaltism)'을 창건했는데, 이를 '형태주의 심리학'이라고 부른다. 제1차 세계대전이 발발하자 그들의 의지와 상관없이 전쟁과 관련된 연구를 할 수밖에 없었던 그들은, 전쟁 종료 후 다시 심리학 공동

연구를 하게 되었다. 그들의 연구 핵심은 구성주의 관점을 비판하면서 그 대안을 마련하는 것이었다(윤가현 외, 2022: 24).

그들은 내성법으로 의식을 연구하는 접근방법에 대해 비판했으며, 마음이나 의식을 요소나 부분의 합으로 이해하기보다 잘 조직화된 하나의 전체로 이해해야 한다고 주장하였다. 하나의 의식을 이해할 때, 구성주의 입장에서는 분석에 의해서 찾아낸 여러 가지 요소의 합이지만, 게슈탈트 심리학에서는 의식을 전체적인 맥락에서 이해하려고 했기 때문에 여러 가지 요소의 합이 하나의 의식과는 다르다고 설명하였다. 이를 수학적으로 표기하면, 구성주의 입장에서는 '전체＝Σ부분'이라고 할 수 있지만, 게슈탈트 심리학에서는 '전체≠Σ부분'이 된다.

예를 들어, 전광판에 "사랑해요!"라는 메시지가 오른쪽에서 왼쪽으로 빠른 시간에 이동하였다고 하자. 이 메시지는 전광판에 설치된 수많은 전구에다가 일정한 시간 간격으로 전기가 흐르고 중단되고 또다시 중단되도록 하는 조작을 한 결과, 마치 글자가 좌에서 우로 움직이는 모양으로 느껴지는 것이다. 하나의 전구에 일정한 시간 동안 전기가 흐르는 것이나, 또 일정한 시간 동안 전기가 흐르지 않는 것을 각각 하나의 자극이라고 한다면, 그 자극들의 합이 전체적인 맥락에서 "사랑해요!"라는 메시지로 조직화되어 전달되기 때문에 게슈탈트 심리학자들의 주장처럼 "부분의 총합은 전체와 다르다!"라고 할 수 있다. 부분의 총합이 전체와 다르다는 또 다른 예로, 두 개의 숫자 1과 3을 간격이 좁혀진 상태로 배열되었을 때 어떻게 지각되는가를 생각해 보자. 만약 그 배열된 형태가 12와 14 사이에 존재할 경우 '13'으로 읽을 수 있겠지만, A와 C 사이에 존재했을 경우에는 'B'로 읽을 수 있을 것이다. 동일한 자극이더라도, 주변 상황 등에 따라서, 전체적으로 틀이 다르게 해석될 수 있는 상황이 수없이 존재한다.

이와 같이 전체적으로 잘 조직화된 형태나 모양을 독일어로 '게슈탈트(Gestalt)'라고 부르는데, 이는 영어로 형태(form)와 전체(whole)의 의미를 모두 포함하고 있지만 그 의미를 살릴 수 있는 단어가 없어서 독일어를 그대로 사용하고 있으며, 또 우리말로는 '형태'라는 의미가 가장 가까워서 그렇게 번역하기도 한다. 주변에 존재하는 수많은 자극을 따로따로 분해해서 지각하는 것보다도 집단으로 엮어서 완전한 형태나 모양으로 지각하려고 하는 성향이나 능력은 바로 게슈탈트 효과 때문이다. 이 게슈탈트 심리학의 원리는 다른 감각보다도 시각적인 형태나 모양을 설명할 때 더 적합하다. 결국 게슈탈트 심리학자들은 감각을 토대로 형태를 형성해내는 능력 중에서 특히, 시각적인 형태에 대한 논리를 체계화하였다(윤가현 외, 2022: 25).

4) 행동주의

행동주의(behaviorism)는 심리학을 과학적 학문으로서 자연과학에서처럼 객관적 방법을 사용해야 하며, 인간을 이해하기 위해서는 객관적으로 관찰할 수도 측정할 수도 없는 의식이 아닌 관찰 가능하고 측정 가능한 행동(behavior)만을 연구대상으로 할 것을 주장하였다. 의식은 객관적으로 관찰할 수 없기 때문에 과학적 자료로서의 가치가 없다고 하였으며, 모든 행동을 환경 내의 어떠한 자극(stimulus)에 대한 반응(response)과의 관계에서 설명함으로써 S－R이론이라고도 불린다. 행동주의 심리학은 왓슨(John Broadus Watson), 손다이크(Edward Lee Thomdike), 스키너(Burrhus Frederick Skinner) 등에 의해 1950－1960년대까지 미국을 중심으로 활발히 전개되었다(정미경 외, 2015: 15－16).

존 왓슨

독일에서 형태주의 심리학이 발달할 무렵, 미국에서는 현대 심리학 역사의 측면에서 커다란 변혁이 이루어졌다. 기능주의 심리학 교수의 지도 아래 동물행동연구로 박사학위를 취득했던 왓슨이 그 중심적인 역할을 하였다. 왓슨은 기능주의를 비롯하여 구성주의, 정신역동이론 등은 모두 과학적인 측정이 어려운 마음을 직접 다루려고 하기 때문에 심리학을 발전시키는 데 한계가 있다고 비판하였다. 왓슨의 입장에서 내성법은 결과가 너무 주관적이며, 질문에 대한 정의 및 답변이 너무 불분명하며, 실용적으로 가치가 매우 낮았던 것이다.

그는 인간을 이해하기 위한 연구란 관찰이나 측정이 가능하고, 설명이 가능해야 한다고 주장하면서 1913년 행동연구에 초점을 맞춘 심리학 논문을 발표하였다. 그게 바로 심리학 변혁의 출발이었던 소위 '행동주의(behavioralism) 심리학' 이론이었다. 그는 이 논문에서 어떤 행동이든지 그 원인이 되는 자극(stimulus: S)과 결과가 되는 반응(response: R) 사이의 관계로 설명했기 때문에 행동주의 심리학을 'S－R 심리학' 또는 'S－R 접근방법'이라고도 부른다. 단순히 행동을 자극과 반응의 관계로 설명하는 차원에서 끝나지 않고 행동의 이해나 예측·수정도 가능해지면서, 심리학은 다른 학문과 마찬가지로 과학적인 발전을 모색할 수 있었다(윤가현 외, 2022: 25).

왓슨은 모든 행동이 특정한 환경이나 경험에 의해 좌우된다고 하면서 행동의 원인이 되는 자극에 대한 중요성을 강조하였다. 그는 개인의 능력이나 장래 직업도 경험에 의해서 결정된다고 주장하였다. 예를 들어, 그는 어린아이를 후천적인 경험에 의해서 매우 유능한 사업가, 변호사, 도둑으로 성장하도록 하는 것이 가능하다고 주장하였다. 그는 심지어 정서까지도 환경이나 경험의 결과라고 주장하였다. 왓슨에 따르면, 정서적인 반응은 공포(fear)와 분노(rage) 및 사랑(love)이라는 세 가지 형태의 기본적인 반응이 경험에 의해서 조합된 결과라고 하였다. 결국 그는 공포라는 정서도 후천적으로 획득된다는 것을 설명하기 위해서 어린아이를 상대로 공포 획득과정을 실험으로 보여 주기도 했는데, 이를 비판하는 사람들에게 획득된 공포를 감소시키는 과정을 획득과정의 역순으로 제시하는 실험절차를 보여 주기도 하였다. 후자의 실험절차가 나중에 바람직하지 못한 행동을 바꾸는 행동수정(behavioral modification)의 기틀이 되기도 하였다. 그는 1930년대까지 자녀양육에 관한 수많은 글을 신문이나 잡지에 소개하면서 아동교육에 관한 최고의 대표적 심리학자가 되었다.

클라크 헐

신행동주의자 우드워드(Robert Burns Woodworth, 1817－1979)는 자극과 반응 공식 사이에 유기체(Organism)를 삽입하여 'S－O－R'이라는 새로운 패러다임을 제시하였다. 유기체의 변인, 즉 인간의 마음과 정신과정이 자극과 반응 사이를 연결하여 반응을 최종적으로 결정한다는 주장이었다.

이후 톨만(Edward Chace Tolman, 1886－1959)과 헐(Clark Leonard Hull, 1884－1952)도 인지과정의 중요성을 강조하고 나섰다. 이러한 사상은 1950년대까지 미국사회에 큰 영향을 미쳤으나, 1960년대에 들어 인간이 자극을 받아서 행동한다는 수동적 인간관에서 벗어나, 환경을 파악하고 이해하고 생각하는 적극적인 존재로 인간을 보는 경향이 강조됨에 따라 쇠퇴하게 되었다(김남일 외, 2015: 17－18).

5) 인지주의

행동주의 심리학에서는 자극(환경)에 따라서, 행동이 결정되므로 어떠한 행동이든지 예측이 가능하다고 설명하였다. 그러나 그런 입장이 항상 통용되지 않는다는 주장이 제기되었다. 그 대표적인 경우가 바로 쾰러의 원숭이 실험결과와 톨만의 쥐 실험결과였다.

쾰러는 침팬지를 우리 속에 가둔 후, 크고 작은 막대기 몇 개와 상자를 우리 바닥에 놓고 바나나를 천장에 매달아 놓았다. 이 상황에서 침팬지는 바나나를 따 먹기 위해서 여러 가지 행동을 시도했지만, 계속 실패를 경험하였다. 그러다가 침팬지는 갑자기 작은 막대와 큰 막대를 연결한 후 상자를 받침대로 삼아 올라가서 바나나를 따 먹는 해결방안을 찾아내게 되었다. 쾰러는 그 실험결과를 1917년 발표하면서 침팬지가 바나나를 딸 수 있는 해결방안이 문제에 대한 통찰이 생겼던 결과라고 설명하였다.

에드워드 톨만

한편, 톨만은 쥐를 먹이가 있는 목표지점까지 도달할 수 있도록 여러 개의 통로가 설계되어 있는 미로에 넣고 어떻게 먹이를 찾아가는가를 살펴보았다. 시간이 흐르자 쥐는 최단거리를 선택해서 목표지점에 도달하게 되었으며, 이러한 상황에 이르자마자 최단거리로 가는 통로를 차단하였다. 이때 쥐는 시간이 별로 흐르지 않았음에도 불구하고, 곧바로 두 번째로 짧은 통로를 택해서 목표 지점에 도달함을 발견하였다. 이에 대해 1930년 톨만은 쥐가 훈련 초기에 이미 미로에 대한 지도를 머릿속에 그렸기 때문에 그와 같은 행동변화가 나타났다고 설명하였다(윤가현 외, 2022: 26－27).

쾰러의 침팬지 실험은 '통찰학습(insight learning)' 그리고 톨만의 쥐 실험에서 쥐의 행동변화를 '인지도(cognitive map)'의 형성 때문이라고 한다. 이와 같은 통찰학습과 인지도의 개념은 동물이 무언가를 기대하고 그 행동을 유도하는 활동이 내적으로 존재했음을 보여 주는 것으로 행동주의 심리학에서처럼 자극과 반응의 관계로 설명하지 못하고 있다.

이와 더불어 1950년대부터는 기억이나 주의집중에 대한 연구가 본격적으로 전개되면서, 특히 인간과 같은 고등동물의 행동을 설명할 때 행동주의 심리학 원리들은 한계점을 보여 주었다. 곧 1950년대에는 단순히 S−R 접근방법으로 인간행동을 이해하려는 관점이 충분하지 못함을 인식하게 되었고, 그 대신 주의집중이나 사고, 기억 등과 같은 인지적인 활동(즉, 생각의 과정) 연구에 초점을 맞추어야 한다는 입장이 부각되었다. 예를 들어, 가장 의미가 있는 어떤 행동은 전적으로 또는 겉으로는 단순히 현재의 자극에 의한 결과인 것 같지만, 이미 기억 속에 보관된 생각과 함께 종합적으로 판단한 결과에 해당한다는 것이다.

행동주의 심리학에서 예측할 수 있는 것과는 달리, 경험 유무나 다소에 따라서 인간행동은 동일한 자극을 받더라도 사고방식이 다르므로 본질적으로 달라져 버린다는 것이다. 이를 '인지주의 심리학(cognitive psychology)'이라고 부른다. 인지주의 심리학 관점에서의 행동 이해는 '인간이기 때문에 생각하고, 생각하기 때문에 행동한다'라는 틀에서 이루어지고 있다. 역사적인 배경을 고려할 때 인지주의 관점은 의식을 연구했던 구성주의나 기능주의, 그리고 형태주의 심리학과 일맥상통하고 있다. 인지주의 관점을 고려하여 행동주의의 입장을 도식적으로 표현할 때에는 그 내용이 달라진다.

앞에서 논의한 바와 같이, 우드워드의 'S−O−R'과 같은 개념의 발달은 1950년대 이후 입력(input), 자극과 출력(output), 반응의 관계를 프로그램의 기능(O라는 인지적 활동에 해당)으로 설명하는 컴퓨터 과학의 등장에 의해서 영향을 받았다고도 할 수 있다. 컴퓨터 과학이 발달하면서 인지주의 심리학도 1970년대 이후 빠른 속도로 발달했는데, 인지주의 관점에서는 행동주의의 'S−R' 접근방법을 '검은 상자 접근방법(black box approach)'이라고 비판하기도 하였다. 그 이유는 행동의 원인이 되는 자극을 어떻게 받아들여 해석하고 판단하는지에 대한 내용을 전혀 설명하지 못하기 때문이었다.

그러나 1980년대 이후의 심리학계에서는 행동주의와 인지주의가 모두 인간행동 이해에 절대적으로 필요한 요소임을 인식하고서 아예 '인지행동주의'라는 개념으로 그 둘을 포함시켜 표현하고 있다. 특히, 심리치료 분야에서 행동주의 치료기법과 인지주의 치료기법을 구분하지 않고, 인지행동주의 치료(cognitive behavioral therapy)라는 개념으로 표현하고 있다. 또 행동주의 심리학을 토대로 'O'라는 인지적 활동의 중요성을 강조한 'S－O－R' 접근방법을 신행동주의(neobehaviorism)라고 표현하는 데, 이러한 개념은 이미 1930년대에 싹트기 시작하였다. 곧 현대 심리학은 행동의 구조와 기능에 모두 관심을 가지면서 인간을 폭넓게 이해하고 있는 것이다(윤가현 외, 2022: 28).

3 심리검사

1) 심리검사의 개념

(1) 심리검사의 정의

심리검사(psychological testing)는 개인의 지능, 성격, 능력, 적성, 태도, 가치관 등의 심리적 속성(attribute)을 파악하려고 다양한 도구를 통해서 체계적, 수량적으로 측정(measurement), 평가(evaluation)하는 일련의 과정을 의미한다. 따라서, 심리검사는 각 개인의 개인차를 파악하는 진단(diagnosis)과 평가의 도구인 동시에, 심리적인 과정 자체에 대한 이론적 통찰을 얻을 수 있는 학문적인 연구가 된다(오윤선 외, 2018: 11).

심리검사에서는 검사자가 특수한 심리검사를 기초로 해서 개인적·정신적 특성과 행동양상에 대해 판단하게 된다. 이러한 심리진단을 목적으로 하는 심리검사는 인간적 성취, 체험과 행동영역에서 나타나는 개인차를 측정하여 기술하고, 또 원인을 진단해내는 심리적 방법과 원칙에 관한 이론과 방법론이라고 정의할 수 있다.

심리검사는 다양한 응용 가능성을 지니고 있어 수많은 영역에서 실시되고 있으며, 고도로 특수화된 많은 검사가 이용되고 있다(강봉규, 2017: 13).

심리검사를 통해서 우리는 각 사람마다의 개인차에 대해서 파악할 수 있으며, 또한 심리적인 과정 자체에 대한 이론적인 통찰을 얻을 수 있게 된다. 즉, 심리검사는 개인에 대한 진단과 평가의 도구가 되면서, 동시에 학문적인 연구의 도구가 된다.

그러므로 심리검사란 인간의 성격, 능력 및 그 밖에 그 사람이 갖고 있는 심리적 특성의 내용과 그 정도를 밝힐 목적으로 일정한 조건하에 이미 마련한 문제나 작업을 제시한 다음, 그 사람의 행동 또는 행동의 결과를 어떤 가정의 표준적 관점에 비추어 질적 또는 양적으로 기술하는 조직적 절차를 말한다.

(2) 심리검사의 특징

심리검사의 종류는 그 수를 헤아릴 수 없을 정도로 많지만, 유형과 관계없이 몇 가지 공통적인 특징을 갖고 있다. 그 내용은 다음과 같다(오윤선 외, 2018: 11-12).

첫째, 심리검사는 개인의 대표적인 행동표본(behavior sample)을 심리학적 방식으로 측정한다. 즉, 개인행동을 모두 측정해보지 않더라도, 소수의 표본행동을 측정한 결과를 바탕으로 개인의 전체적인 행동을 예견할 수 있게 해 준다. 검사 제작과정에서 문항선정이 적절하게 이루어진다면, 이러한 조건은 충족될 수 있다.

둘째, 심리검사는 표준화(Standardization)된 방식에 따른다. 표준화는 검사를 실시하고 채점하는 과정에서 절차의 동일성을 의미한다. 이러한 검사의 표준화는 심리검사의 반응이 실시조건이나 채점방식의 차이에 따라 다르게 나타나는 것을 방지해 주고, 검사반응이 순수한 개인차를 나타낼 수 있도록 보장해 준다.

셋째, 심리검사는 체계적 과정이다. 이는 한 가지 심리검사가 여러 개인들에게 실시될 때 동일한 종류의 정보가 수집된다는 의미이다. 심리검사는 객관적 채점규칙에 따라서 한 개인의 반응을 여러 사람이 채점하더라도, 거의 비슷한 수준의 점수가 나타난다. 이러한 심리검사는 표준화와 체계적인 조건으로 인하여 주관적 판단을 방지해 주며, 양적 측정을 통하여 개인 간의 행동을 비교할 수 있고, 횡단적인 시행을 통한 비교도 가능하게 해 준다.

넷째, 심리검사에 대한 객관적 평가는 신뢰도(reliability)와 타당도(validity)를 결정한다. 신뢰도는 동일한 검사(identical test) 또는 동등한 형태의 검사(equivalent form)로 동일한 사람에게 재검사했을 때 관찰된 점수들의 일관성을 의미하며, 타당도는 그 검사가 측정하고자 한 것을 실제로 어느 정도 측정할 수 있는지 점검하는 것이다.

(3) 심리검사의 목적

심리검사의 목적은 개인행동의 예측, 분류 및 진단, 문제탐색, 조사 및 연구를 통하여 자기이해의 증진, 문제해결에 도움을 주는 데 있다. 따라서, 심리검사는 심리적 장애의 해결을 위한 치료개입과 전략을 계획하고 수행하는 기초과정이다. 심리검사의 목적을 구체적으로 설명하면 다음과 같다(오윤선 외, 2018: 12－14).

① 개인행동의 예측

개인에게 있어서 선택과 결정은 예측을 통해 나타나게 된다. 일반적으로 개인이 결정을 내리는 데 기초가 되는 능력을 비롯한 다양한 특성을 측정하기 위하여 검사가 사용된다. 특히, 신뢰할 만한 표준화된 검사를 통해서 얻어진 수량화된 자료는 더욱 신뢰할 만하고 정확하게 개인행동을 예측하게 한다.

② 분류 및 진단

분류는 체계화된 구분에 따라 계층이나 집단으로 배치하는 것을 의미하는 데, 분류에 앞서 현재의 상황에 대한 진단이 필수적으로 요구된다. 심리검사는 한 개인의 행동상의 원인적인 요인을 진단(diagnosis)하는 것이다. 따라서, 적절한 심리검사는 개인행동에서 나타나는 결함이나 결점뿐만 아니라, 그 원인을 찾는 데 도움을 준다. 이처럼 분류 및 진단은 인간의 특성을 계량화한 검사의 점수를 보다 효과적이고 과학적으로 활용할 수 있도록 한다.

③ 조사 및 연구

심리검사는 특정 집단의 일반적인 경향을 조사 및 연구하여 기술하거나 규명하려는 목적으로 사용된다. 이를 통해 특정한 집단의 훈련방법이나 교수방법 등 다양한 프로그램을 계획하고 평가할 때 유용한 도구로 활용된다. 이와 같은 목적으로 심리검사는 교육, 임상의학, 상담과 생활지도, 산업장면, 범죄의 분류심사, 교정 등의 다양한 분야에서 활용되고 있다.

④ 자기이해의 증진

심리검사는 개인의 특성을 발견하여 자기이해 또는 자신의 발전을 도모하고, 인력의 적재적소의 배치를 위해 사용된다. 그리고 문제에 대한 내담자의 이해를 높이기 위해서 거의 모든 심리검사가 사용될 수 있다. 경우에 따라서는 실제적인 문제가 발생하기 전에 자기인식과 자기 탐색을 증진시키는 검사과정을 통해 문제 가능성에 대해 미리 깨닫고 대처할 수 있다. 예를 들어, 스트레스 검사, 부부만족도 검사, 알코올중독 검사 등이 그러한 역할을 한다.

⑤ 문제해결을 위한 대안

심리검사는 문제를 해결하기 위한 대안을 제시해 준다. 예를 들어, 흥미검사를 통해 진로선택에 있어서 진로를 찾아볼 수 있고, 학습기술검사와 같은 체크리스트를 통해 적절한 학습방법의 대안을 찾을 수 있다. 또한 MBTI와 같은 성격유형검사를 통해 내담자는 자신과 타인의 행동을 다른 방식으로 이해하므로 대인관계능력이 향상될 수 있도록 도움을 줄 수 있다.

2) 심리검사의 분류

심리검사는 어떤 준거를 토대로 분류했는가에 따라 다양한 형태로 유형화될 수 있다. 그 내용은 다음과 같다(윤명희, 2019: 25-31).

(1) 객관적 검사와 투사적 검사

심리검사를 구성하고 있는 자극의 구조화 정도에 따라 객관적 검사(objective test)와 투사적 검사(projective test)로 분류된다.

객관적 검사는 개인의 독특성보다는 공통적으로 지니고 있는 특징이나 차원을 기준으로 하여 개인을 상대적으로 비교하려는 목적을 가지고 있다. 따라서, 객관적이고 구조화된 검사자극을 통해 측정할 수 있도록 검사문항이 준비되어 있기 때문에 시행하기가 비교적 간편하다. 또한 집단적으로 실시할 수 있고, 검사결과를 토대로 상대적인 비교도 가능하다.

투사적 검사는 개인의 내면을 검사도구에 투사할 수 있도록 비구조화된 자극으로 구성되어 있다. 즉, 모호하고 불분명한 검사자극에 대해 피검사자가 자유롭게 응답하는 방식이기 때문에 개인별로 실시해야 한다. 이 검사는 피검사자가 자신의 의도에 맞추어 방어적으로 반응하는 것이 어렵기 때문에 검사를 통해 개인의 독특성을 확인할 수 있다.

오늘날 대부분의 지능검사 및 적성검사는 객관적 검사로 구성되어 있으며, 성격검사, MMPI 및 MBTI 등이 객관적 검사의 대표적인 형태이다. 또한 투사적 검사는 로르샤흐 검사, 주제통각검사, 문장완성검사, 그림검사 등이 있다.

(2) 개별검사와 집단검사

검사상황에서 한 명의 검사자가 상대하는 피검사자의 수에 따라 개별검사와 집단검사로 구분된다. 즉, 한 명의 검사자가 한 명의 피검사자를 대상으로 실시하는 검사는 개별검사(individual test)에 해당되며, 한 명의 검사자가 두 명 이상의 피검사자를 모아 놓고, 동시에 검사를 실시할 수 있는 검사는 집단검사(group test)에 해당된다.

개별적으로 실시하는 검사는 대부분 자유반응이나 투사적인 문항을 이용하므로, 피검사자의 독특한 반응과 반응시간을 확인할 수 있다. 또한 검사과정에서 보이는 피검사자의 행동도 관찰할 수 있으므로 검사결과를 해석하는 데 많은 도움을 준다. 반면, 개별검사는 많은 사람을 단기간 내에 선별해야 하는 상황에서는 실용적이지 못하며, 실시절차를 표준화하기 어렵다는 문제점이 있다. 그럼에도 불구하고, 내담자의 특이한 반응들을 발견하기 위해 임상상황에서 많이 활용되고 있다. 예를 들어, 내용의 난이도에 따라 문항을 배열한 뒤 쉬운 문항부터 차례로 제시하여 더 이상 정답을 말하지 못할 때까지 검사를 실시하는 웩슬러 지능검사, 투사적 자극을 통해 피검사자의 성격을 진단하는 로르샤흐 검사 등이 개별검사의 대표적인 형태라고 할 수 있다.

이러한 개별검사에서는 피검사자의 특성에 따라 사용되는 문항이나 과정이 달라질 수 있으므로, 검사가 왜곡되지 않기 위해서는 검사자의 적절한 역할과 검사 실시 및 해석에 대한 전문성을 갖추는 것이 매우 중요하다. 무엇보다 검사자의 행동이 피검사자의 수행에 영향을 미칠 수 있으므로 검사과정에 대한 구체적인 지침과 명확한 채점규칙이 마련되어 이를 최소화할 수 있어야 한다. 더불어 검사자에 대한 체계적인 교육과 훈련이 반드시 필요하다.

대부분의 표준화된 적성검사나 성취도검사는 집단검사를 실시할 수 있도록 개발되어 있다. 집단으로 검사가 실시되기 때문에 피검사자의 문항별 반응시간과 같은 특이점을 관찰하거나 기록할 수는 없다. 즉, 검사과정에서 도출할 수 있는 피검사자의 태도와 반응에 대한 추가적인 정보는 얻을 수 없고, 오로지 여러 검사 문항에 어떻게 반응했는가에 대해서만 알 수 있다는 단점이 있다. 반면, 많은 사람을 검사하는 데 필요한 시간을 최소화해 주므로 비용적인 측면에서는 매우 효율적이다. 특히, 검사자의 역량이 영향을 많이 미치는 개별검사에 비해, 대부분의 집단검사는 피검사자에게 간단한 지시사항을 읽어 주고, 시간을 정확히 지킬 수 있도록 안내하는 정도로만 개입하게 된다. 물론 검사에 대해 미숙한 검사자는 검사결과에 영향을 주기도 하고, 결과를 잘못 해석할 수 있으므로 사전에 훈련을 받는 것이 바람직하지만, 개별검사에 비해 검사자의 역할이나 전문성에 대한 요구가 최소화된 상태라고 할 수 있다.

(3) 인지적 검사와 정의적 검사

심리검사가 측정하려는 검사내용에 따라 인지적 검사(cognitive test)와 정의적 검사(affective test)로 구분된다.

인지적 검사는 지식 또는 기술과 같이 지적인 능력을 평가하기 위한 검사로서, 지능검사, 적성검사 성취도검사 등이 이에 속한다. 일반적으로 문항의 정답이 있고, 시간제한이 있으며, 피검사자의 능력을 최대한 발휘할 것을 요구하기 때문에 다음에 제시된 최대수행검사 또는 능력검사(ability test)로 볼 수 있다.

정의적 검사는 성격, 정서, 동기, 흥미, 태도, 가치관 등을 측정하는 비인지적 검사로서 정답이 없기 때문에 '목록(inventory)'이라는 용어를 사용하기도 한다. 정답이나 시간제한 없이 자신의 일반적이고 전형적인 행동을 선택하도록 한다는 면에서 이후에 제시된 전형적 수행검사라고도 한다.

(4) 최대수행검사와 전형적 수행검사

『심리검사』
(1995년 출판)

프리덴베르크(Lisa Friedenberg)의 저서 『심리검사: 설계, 분석, 사용(*Psychological Testing: Design, Analysis, and Use*, 1995)』에 따르면, 피검사자의 지식이나 기술의 최상한계, 즉 최대로 가능한 수행을 확인하고자 하는 최대수행검사(maximal performance test)와 일상적 또는 습관적인 생각, 감정, 행동 등을 측정하는 전형적 수행검사(typical performance test)가 있다.

최대수행검사는 일정 시간 내에 최대한의 능력을 측정하고자 하므로 피검사자에게 가능한 한 많은 문항에 정답을 하여 최고 점수를 얻는 것이 목적임을 강조한다. 즉, 각 문항마다 정답이 있기 때문에 정답률로 피검사자의 능력을 파악할 수 있다. 일반적으로 지능검사, 적성검사, 성취도검사와 같이 지식과 기술의 수준을 측정하기 위한 일종의 능력검사가 이에 해당된다.

전형적 수행검사에서는 성격, 흥미, 태도, 가치관, 행동양식 등과 같이 일상적인 특징과 행동들을 측정하고자 한다. 따라서, 이 검사에서의 수행점수는 피검사자가 일상적으로 어떻게 생각하고 행동하는가를 있는 그대로 나타내고자 하므로 결과에 따라 피검사자들을 특정한 특성을 가진 집단으로 분류할 수 있다.

(5) 속도검사와 역량검사

피검사자의 능력, 예를 들어 피검사자의 지식과 기술의 수준을 측정하기 위해 구성된 검사는 일반적으로 속도와 역량 중 하나에 초점을 두고 개발된다. 즉, 정해진 시간 동안 피검사자가 올바르게 답할 수 있는 문항의 개수를 통해 능력을 확인하는 검사는 속도검사(speed test)에 해당되며, 피검사자가 올바르게 답을 한 문항의 개수뿐만 아니라, 문항의 특성에도 관심을 두는 검사는 역량검사(power test)에 해당된다.

속도검사는 반응의 신속성 및 숙련도 등을 측정하고자 하기 때문에 비교적 쉬운 문항들로 구성되며, 시간제한이 엄격하게 이루어진다. 예를 들어, 창의성검사의 하위영역 중 유창성을 측정하는 경우나, 지능검사 중 어휘력을 측정하는 경우가 이에 해당된다.

역량검사는 피검사자의 문제해결능력을 측정하고자 하므로 검사문항들의 난이도가 다양하며, 시간제한이 없을 수도 있다. 만약 시간제한이 있는 경우라면, 대부분의 피검사자가 모든 문항을 풀 수 있을 만큼의 충분한 시간이 주어진다. 일반적으로 전통적인 학교에서 강조되어 온 실력을 기반으로 한 성취도검사가 역량검사의 대표적인 형태라 할 수 있다.

(6) 표준화검사와 비표준화검사

검사도구의 표준화 여부에 따라 표준화 검사와 비표준화 검사로 구분된다. 표준화 검사(standardized test)란 모집단을 대표하는 피검사자를 표집하여 동일한 지시와 절차에 따라 검사를 시행한 후, 객관적 채점방법에 의하여 규준이 만들어진 검사를 의미한다. 즉, 검사도구의 표준화, 절차의 표준화, 채점 및 해석의 표준화를 포함하고 있어서, 언제, 어디서, 누가 실시해도 검사의 실시, 채점, 해석이 동일하게 이루어지도록 모든 과정이 엄격하게 통제된 검사를 말한다.

비표준화검사(non-standardized test)는 엄격하고 체계적인 표준화 절차를 거쳐 제작되지 않은 검사를 말한다. 연구를 위해 개발한 심리검사나 학생들의 학업성취도를 평가하기 위해 교사들이 자가제작한 시험문제 등과 같은 형태가 비표준화검사이다. 이러한 검사는 흔히 '비형식적 검사(informal test)'라고도 한다. 표준화검사와 달리, 체계적 절차를 거치지 않았고, 타당한 규준이 마련되어 있지 않기 때문에 검사를 선택하거나 결과를 해석할 때 주의를 기울여야 한다.

(7) 규준지향검사와 준거지향검사

검사결과를 어떻게 사용할 것인가에 따라 평가기준이 결정되는데, 이는 규준지향검사(norm-referenced test)와 준거지향검사(criterion-referenced test)로 구분된다.

규준지향검사는 피검사자 집단의 구성원이 서로와 비교하여 상대적으로 어떤 위치에 있는가를 확인하고자 한다. 따라서, 검사의 채점기준을 통해 개인의 검사총점을 산출한 뒤, 검사를 받은 다른 사람들의 수행에 대한 정보를 포함하는 새로운 형태로 검사총점을 전환 또는 변환시켜 해석하게 된다. 예를 들어, 개인이 받은 검사점수를 있는 그대로 해석하는 것이 아니라, 백분위(percentile rank)와 같이 상대적인 정보를 확인할 수 있는 점수로 변환시켜 해석하는 것을 말한다. 따라서, 검사점수가 높더라도 다른 구성원의 점수에 따라 그다지 높은 점수가 아니라는 결과가 도출될 수도 있다. 이와 같은 규준지향검사는 선발 또는 배치를 위해 검사를 사용하는 경우에 많이 활용되고 있으며, 대부분의 표준화검사가 이에 해당된다.

준거지향검사는 피검사자들의 수행을 각각 독립적으로 평가하기 위해 고안되었다. 여기에서 준거(criterion)는 피검사자의 수행을 판단하게 될 기준을 뜻하는 것으로, 이를 토대로 개인이 어떠한 위치에 있는지를 확인할 수 있다. 예를 들어, 특정 기업체의 입사기준인 직무역량검사의 75점을 준거로 하여 합격 및 불합격을 결정한다면, 75점 이상의 점수를 받은 사람은 합격이지만, 그에 미치지 못한 사람은 불합격에 해당된다. 이처럼 준거지향검사는 다른 사람들이 어떤 점수를 받았는지가 개인의 결과에 영향을 미치지 않는다. 정상에서 벗어나는 심리적 특성을 확인하고자 하는 MMPI 검사와 같이 특정 기준을 중심으로 결과를 평가하는 심리검사가 이에 해당된다.

(8) 언어성검사와 비언어성검사

검사매체에 따라 언어성검사와 비언어성검사로 구분된다.

언어성 검사(verbal test)는 문자를 매개로 한 지필검사의 형식으로, 집단용 표준화 검사에 널리 사용된다. 검사를 활용하는 것이 매우 편리하지만, 이해력이 떨어지는 어린이나 문맹자에게는 사용할 수 없다는 한계가 있다.

이를 보완하기 위해 활용되는 것이 비언어성 검사(non-verbal test)이다. 이는 검사문항과 응답방식이 문자가 아닌 상징, 기호, 도형 등으로 구성되어 있어서 문맹자나 어린 유아를 대상으로 실시할 때 유용하다. 예를 들어, 로르샤흐 검사 및 TAT와 같은 투사검사, HTP 검사 등이 대표적인 비언어성 검사에 해당된다.

(9) 지필검사, 도구검사, 컴퓨터검사

자료를 수집하는 방법에 따라 지필검사, 도구검사, 컴퓨터검사로 분류할 수 있다.

지필검사(paper-pencil test)는 종이에 인쇄된 검사문항에 펜으로 응답하는 형태로서, 가장 보편적으로 사용되고 있는 검사형태이다. MMPI, CPI 등과 같이 대부분의 자기보고식 검사가 이에 해당된다.

도구검사(apparatus test)는 직업적성검사처럼 특수한 장치, 도구, 기계를 이용하여 동작의 민첩성, 협응성, 근력 등을 측정하는 검사를 의미한다. 한국판 웩슬러 지능검사의 블록디자인, 차례 맞추기, 모양 맞추기 검사가 대표적인 도구검사에 해당된다. 이처럼 도구검사는 피검사자가 가지고 있는 지식이나 기능이 도구의 조작과정에서 자연스럽게 나타나도록 구성되어 있기 때문에 일종의 수행검사(performance test)라고 할 수 있다.

컴퓨터검사(computer-based test)는 컴퓨터 화면에 문항을 하나씩 차례로 제시하고 키보드를 눌러 답하게 하며, 채점, 해석, 검사결과도 컴퓨터로 안내하는 검사이다. 최근 많은 심리검사가 지필검사와 컴퓨터검사를 동시에 시행할 수 있도록 개발되어서 피검사자가 보다 편리하게 검사에 대한 서비스를 제공받을 수 있게 되었다. 이러한 컴퓨터검사가 처음 도입된 1960년대에는 채점과 분석만 컴퓨터의 도움을 받는 수준이었으나, 1990년대 이후 컴퓨터의 사용이 대중화됨에 따라 채점뿐 아니라, 검사실시도 컴퓨터를 이용하게 되었다. 오늘날에는 웹브라우저를 통해 검사를 실시하고, 서버에서 바로 채점이 이루어지기 때문에 피검사자는 기다리지 않고 온라인상에서 즉시 결과와 해석을 통보받을 수 있게 되었다. 지필검사나 도구검사가 피검사자의 검사수행 과정을 해석하기 의해 응답자료를 코딩하거나 채점하는 과정이 별도로 필요한 반면, 컴퓨터검사는 이 모든 과정이 자동화되어 있어서 최근 이에 대한 활용빈도는 더욱 늘어나고 있다.

4 심리학의 연구방법론

심리학은 일종의 경험과학이므로 많은 이론이 성립하기 위해서는 반드시 증거가 있어야 한다. 목소리나 글의 억양을 높인다든가, 권위자의 이름만을 빌린다든가 또는 잘 짜인 듯한 공리공론만 가지고는 과학적 증거가 되지 않는다.

현대 심리학은 과학적 방법을 지향한다. 과학적 방법이 되기 위해서는 자료를 얻고, 자료를 처리하는 과정이 체계적이어야만 한다. 그중에서 자료를 과학적으로 얻기 위한 방법이 심리학의 연구방법이다.

과학적 증거는 과학적 방법에 의해 얻어지는데, 과학적 방법은 다음의 네 단계를 거친다.

1단계 연구문제의 설정

2단계 가설 개발

가설은 연구를 통해서 검증될, 어떤 특정 진술이다.

3단계 가설 검증

심리학자들은 잘 준비된 관찰방법을 사용해서 경험자료를 수집하고, 그 자료에 의지해서 가설을 검증한다.

4단계 가설에 대한 결론

가설 검증을 통해 발견된 결과에 따라 자신의 가설에 대한 결론을 내린다. 3단계의 검증이 자료에 기초한 의사결정이라면, 4단계에서의 결론은 가설이 도출된 이론, 가설의 내용, 연구의 절차 및 3단계의 검증에 대한 연구자의 해석 등을 모두 고려하는 복합적 의사결정이다.

발견된 결과가 가설을 지지하지 못하면 연구자는 가설이 도출된 이론을 수정하거나 새로운 가설을 세운다. 다음은 심리학자들이 주로 사용하는 연구방법인 표본조사, 사례연구, 자연적 관찰, 실험에 대해서 알아보기로 한다. 초기의 심리학을 건설하는 데 가장 크게 기여한 방법은 실험이라고 할 수 있다. 현재도 행동의 원인과 결과를 추론하는 데는 가장 강력한 방법이지만, 심리학의 모든 분야가 급속히 발전함에 따라 다른 많은 방법도 점차 비중이 커지고 있다. 가장 많이 사용되고 있는 연구방법은 다음과 같다.

1) 표본조사

표본조사(survey)는 사람들이 행동, 태도, 신념, 의견 및 의도를 기술하도록 설문지를 사용하거나 특별한 면접방식을 통해 표본집단에 대하여 연구하는 방법이다. 물론 그 결과를 전체 집단에 일반화하고자 하는 것이 목적이다. 예를 들어, 표본조사를 이용한 심리학 연구에서 사회계층이 다르면, 아이들에 대한 훈육방식이 다르다는 것을 발견하였다(낮은 계층의 가족에서 더 엄격하였다. 성 풍속에 대한 『킨제이보고서』도 표본조사에 의한 것이다.).

표본조사를 하려면 연구자들은 설문을 만들고 신중하게 응답해 줄 사람을 선정해야 한다. 샴푸에 대한 조사를 하고자 할 때, 비누밖에 쓰지 않는 남성에게 설문한다면 나올 수 있는 응답은 아무것도 없다. 같은 또래의 사람들에게만 설문을 하면 전체 인구 중에서 극히 편파적인 일부에 대해서만 자료를 뽑게 된다.

표본조사를 할 때, 또 다른 어려운 점이 있다. 사람들은 자신에 대해서 바람직하지 않거나 마음에 거슬리는 질문에는 응답하려 하지 않는다. 여러 가지 어려움이 있지만 그럼에도 불구하고, 표본조사는 낮은 비용으로 많은 사람들에 대해서 연구할 수 있는 방법이다. 이 방법이 없었다면 심리학 연구의 많은 부분이 빛을 보지 못하였을 것이다. 표본조사를 통해서 심리학자들은 예측을 하고, 검증 가능한 가설을 세우며, 추가적인 실험이나 가설을 검증한다.

2) 사례연구

사례연구(case study)는 실험법과 관찰법이 현재 중심적으로 이루어지는 데 비해 과거 중심적인 연구방법이다(한국심리학회, 2004: 48). 이 연구방법은 대량 관찰이나 대표적 표본에 의존하지 않고 단일사례에 대해 심층적으로 연구하는 방법이다. 이는 연구의 초점을 소수대상(개인이나 집단)에게만 맞추고, 그에 대해서 자세히 조사하는 방법이다. 그 사례의 과거를 면접이나 질문지로 조사하고 행동의 동기나 감정에 대해서 분석하기도 하여 문제의 주소, 원인, 대책 등에 관한 전망을 얻고자 함을 목적으로 한다. 조사나 실험에서 파악된 특수한 사례에 대해서 이 방법을 병용하면 매우 효과적이다(손진훈 외, 1994: 20-21).

사례분석의 경우, 관심대상에 대한 관찰, 면담, 기록 등의 각종 자료를 장기간에 걸쳐 심층적으로 수집하고 분석한다. 즉, 비행청소년의 인간관계, 성적, 생활특징, 질병, 가정사 등을 조사하여 비행청소년의 문제해결을 돕는다(김남일 외, 2015: 26). 때로는 사례연구(case study)가 제공하는 심층조사 결과가 표본조사에서 제공되는 포괄적 내용보다 더 도움이 될 수 있다. 사례연구는 특정의 개인, 집단 또는 상황에서 발생한 현상에 대해 실시하는 집중적·심층적 연구방법이다. 특히, 그 현상이 아주 복잡하거나 비교적 희귀한 경우에는 사례연구가 아주 유용하다.

사례연구의 방법은 임상심리학에서 오래된 전통이다. 예를 들어, 프로이트가 정신분석을 개발한 것은 신경증 환자들에 대한 사례연구를 기초로 한 것이다. 그 환자들의 마비증상 또는 여러 가지 신체 증세는 그들이 최면에 걸리거나 잠들었을 때 사라졌는데, 이런 사례들이 프로이트의 연구자료가 된 것이다.

사례연구는 신경심리학에서도 중요한 역할을 하였다. 두뇌활동, 사고 및 행동 간의 관계에 대한 연구에서 Dr. P(자신의 아내를 모자로 착각한 사람)의 경우를 보자.

> 높은 지능을 가진 뛰어난 음악가인 Dr. P는 친숙한 사람들의 얼굴을 알아보지 못하고 사람들과 사물을 구분하지 못하는 이상한 증상을 보이기 시작하였다. 신경학자를 방문하였을 때, 그는 자신의 발을 구두로 착각하였다. 그가 떠나려고 일어섰을 때 그는 아내의 머리를 모자로 알고 잡아서 자신의 머리에 얹으려고 하였다(Sacks, 1985).

이와 같은 사례연구를 통해서 신경심리학적 진단의 개척자들(예, Ward Halstead, Ralph Reitan, Alexander Luria 등)은 두뇌의 손상이나 질병이 어떤 정신적 행동의 결손을 가져오는가를 주목하게 되었다. 손상이나 질병의 정확한 성격은 해부를 통해서 알려졌고, 결국 신경심리학자들은 부상, 종양, 독극물 또는 기타 원인에 의해서 발생하는 두뇌의 장애를 분류할 수 있었다(현성용 외, 2015: 25).

사례연구는 비윤리적 상황의 연구, 실험이 어려울 경우에 활용 가능하며, 질적으로 구체적이고 생생한 정보를 습득할 수 있다는 장점을 지니고 있다. 하지만 적은 수의 사례로 인해 결과의 일반화에 문제가 있다는 점, 다른 사람에 의해 검증되기 어렵다는 점에서 문제점을 안고 있다.

3) 관찰법

이는 행동하고 있는 집단이나 개인을 전문적인 관찰자가 곁에서 관찰(특정한 착안점에 입각해서 행동을 분석적으로 보는 것)함으로써 자료를 수집하는 방법을 말한다. 관찰법의 종류에는 실험실 관찰과 자연관찰 그리고 참여자 관찰과 체계적 관찰이 있다.

자연관찰이란 자연상태에서 관찰대상의 특성을 관찰하는 것으로 관찰대상의 특성을 왜곡 없이 있는 그대로 관찰할 수 있는 이점이 있지만, 자연상태에서는 주변 상황의 통제가 어렵다는 단점을 안고 있다. 예를 들어, 시민들의 공원이용실태를 조사한다고 하여 공원에 나가 관찰을 하려는데 갑자기 폭우가 쏟아졌다고 하자. 그러면 그 관찰은 의미가 없어지는 것이 된다. 실험실 관찰은 관찰장면이 통제되어 있다는 이점이 있다. 따라서, 원하는 변인들 간의 관련성을 비교적 정확히 알 수 있고, 또 상황이 언제나 동일하기 때문에 여기서 얻은 결과들은 서로 비교가 가능하다. 문제는 실험실에서 관찰할 수 있는 대상은 제한되어 있고, 또는 그 결과는 조작성이 가미되는 경우가 있다는 것이다.

참여관찰(participant observation)은 연구 초기에 실제로 어떤 문제가 있는지를 탐색할 목적으로 많이 쓰인다. 실제로 연구자가 정신병원에 들어가서 환자들과 어울리면서 그들을 관찰하기도 하고, 종교집단에 들어가서 예언이 맞지 않았을 때 그 결과를 어떻게 받아들이는지를 관찰하기도 한다. 참여관찰은 피험자들을 가까이에서 접촉할 수 있다는 이점이 있지만, 개인적인 편견이 평가에 개입될 수가 있고, 또 피험자에게 은연중에 영향을 줄 수도 있다는 문제점을 갖고 있다.

체계적 관찰(systematic observation)은 관찰자가 미리 정해진 방법에 따라서, 체계적으로 배열된 관찰문항에 관해서 그 출현 빈도를 보기도 하고, 그 특징을 척도상에 평정하기도 하는 방법이다(손진훈 외, 1994: 18-19).

관찰법의 이점은 실험을 할 수 없는 현상들을 이 방법으로 연구할 수 있다는 것이다. 관찰이 과학적으로 이루어지기 위해서는 무엇을, 누가, 언제, 어디서, 어떻게 그리고 어떤 형태로 관찰하고 기록할 것인지 등을 결정해야 한다. 즉, 관찰은 체계적으로, 그리고 효율적으로 이루어져야 한다. 예를 들어, 아동들의 공격행동을 관찰법을 사용하여 연구한다고 생각해 보자. 먼저, 연구자는 공격행동을 관찰한다면, 아동의 공격행동들 중 신체적 공격행동을 연구할 것인가? 언어적 공격행동을 연구할 것인가? 아니면 둘 다인가? 연구대상은 남자 청소년인가? 여자 청소년인가? 아니면 둘 다인가? 오전에? 오후에? 아니면 저녁시간에? 학교에서 관찰할 것인가? 가정에서 관찰할 것인가? 녹음이나 녹화를 하나? 아니면? 관찰결과를 기록하는 방법은?에 대해서 결정을 해야 한다(이주희 외, 2013: 35).

4) 실험법

실험법(experimental method)은 심리학의 연구방법 가운데 가장 대표적이다. 실험법은 심리학이 과학적인 학문으로 발전하는 데 가장 큰 기여를 하였다. 실험법은 기본적으로 통제된 상황에서 실시된다. 인간의 심리와 행동을 사람들이 살고 있는 현장에서 연구하다 보면 어떤 원인에 의해 어떤 결과가 나오는지를 분간하기 어렵다. 그래서 다른 조건들을 일정하게 통제하고 어떤 원인을 조작했을 때 어떤 결과에 어떻게 영향을 미치는지를 알아보고자 하는 방법이 실험법이다. 그래서 실험법은 주로 통제된 실험실이나 연구실에서 이루어진다.

이때 다른 조건들을 일정하게 고정시키는 것을 '통제(control)'라고 한다. 그리고 다른 조건들을 일정하게 하고 그것들과는 달리 원인이 될 만한 것을 선택해서 처치를 하는 데, 이때 다른 조건들과는 독립적으로 다루어지는 변인을 '독립변수(independent variable)'라고 한다. 여기서 변인이란 측정 가능한 조건으로서 양적으로 변하는 요인을 말한다. 이러한 독립변인이 어떻게 결과에 영향을 미치는지를 알아보기 위한 조작을 '처치(treatment)'라고 한다. 그리고 독립변인을 처치한 결과에 따라서, 변한 결과를 '종속변수(dependent variable)'라고 한다(한국심리학회, 2004: 45).

결국 실험법은 다른 조건을 일정하게 하고 원인인 독립변인을 처치해 그 결과인 종속변인을 알아봄으로써 독립변인이 종속변인에 어떻게 영향을 미치고 있는지를 알아내는 연구방법이다.

실험법의 연구방법은 [그림 1-1]과 같다.

[그림 1-1] 실험법의 연구방법

자료: 김보기 외(2017c: 37) 재인용.

대부분의 심리학 연구에서 인과관계에 관한 질문에 응답하기 위해서 가장 선호되는 연구방법이 실험이다. 실험(experiments)에서 참여자(또는 피험자)들은 처치(treatment)를 받고, 그 처치가 과연 행동의 변화를 일으키는지 조심스럽게 관찰된다. 연구자는 알코올이 어떤 사건의 결과에 대한 두려움을 감소시키므로 공격성을 유발한다고 생각할 수 있다. 그러면 특정 양의 알코올을 마실 경우, 공격성이 증가될 것이라는 가설을 만든다. 실험에서 사용되는 몇 가지 용어를 설명하면 다음과 같다.

(1) 독립변수와 종속변수

알코올이 공격성을 유발하는지 아닌지를 알아보기 위한 실험에서 피험자는 일정량의 알코올을 제공받을 것이고 그 효과가 측정될 것이다. 여기서 알코올은 독립변수(independent variable)가 된다. 독립변수의 존재는 실험자에 의해서 조작되고, 그 효과가 어떤지 알아볼 수 있게 된다. 알코올이라고 하는 독립변수는 여러 가지 수준에서 실시될 수 있다. 예를 들어, '전혀 없음', '아주 조금', '많이' 그리고 '만취할 정도' 등으로 조작될 수 있다. 실험에서의 측정된 결과는 종속변수(dependent variable)라고 부른다. 종속변수의 존재는 독립변수에 따른다. 알코올이 공격성에 영향을 미치는지 알아보기 위한 실험에서는 공격적 행동이 종속변수가 된다. 그냥 알코올에 대한 실험이라면 관심의 대상이 되는 종속변수는 성적 각성, 단어의 정의나 숫자 계산 등과 같은 지적인 과업의 수행이 될 수도 있다.

독립변수와 종속변수가 여러 개일 때 실험은 매우 복잡해진다. 심리학자들은 경우에 따라 복잡한 실험설계와 정교한 통계기법을 사용해서 독립변수의 효과를 결정하고 인과관계를 제시한다(현성용 외, 2015: 39).

(2) 실험집단과 통제집단

이상적인 실험에서는 실험집단(experimental group)과 통제집단(control group)이 사용된다. 실험집단에서의 피험자들은 처치를 받고, 통제집단에서의 피험자들은 아무런 처치를 받지 않는다. 각 집단에 대해서 모든 여타의 조건은 처음부터 끝까지 동일하도록 해야 하는데, 그렇게 해야만 두 집단 간에 종속변수 측정치의 차이가 단지 처치 때문이라고 할 수가 있다. 알코올이 공격성에 미치는 효과에 관한 실험에서 실험집단의 피험자들은 알코올을 제공받을 것이고, 통제집단의 피험자들은 그렇지 않을 것이다. 복잡한 실험일 경우 여러 가지 상이한 실험집단을 사용할 수 있다. 즉, 알코올 수준을 여러 등급으로 나누거나 공격성을 도발하는 사회적 상황을 여러 가지로 만들어 볼 수 있다(현성용 외, 2015: 39).

실험법의 문제점은 다음과 같다(손진훈 외, 1994: 23)

① 결과가 가설과 일치하지 않을 때, 이를 가설의 탓으로 간단히 결론지을 수는 없다. 독립변수의 조작이 불충분했을지도 모르고 또 측정법에 문제가 있어 나온 결과를 파악하지 못했을지도 모른다. 따라서, 여러 가지 난점을 개정해서 재차 실험을 시도해 볼 필요가 있다.

② 피험자가 실험자의 의도를 미리 감지하고 이에 저항을 하기도 하고 거꾸로 필요 이상으로 협력하여 좋은 결과를 내주려고 노력하는 수도 있다. 그럴듯한 목적을 표시하여 진정한 목적이 딴 곳에 있음을 은폐한다거나 실험이라고 생각하지 않게 한다거나, 또는 종속변수의 측정을 실험상황과 분리하는 방법

등이 이 문제의 해결책이라고 하겠다.

③ 실험자의 영향이 실험결과에 미칠 가능성이 있다는 것도 문제다. 실험자의 성별이나 성격 등이 독립변수의 조작 효과와 혼합해서 피험자에게 영향을 미치는 경우와 실험자가 실험가설을 알 수 있기 때문에 독립변수의 조작이나 종속변수의 측정에 왜곡이 생길 수도 있다.

앞에서 제시한 네 가지 방법 외에도 다양한 방법이 있으나, 모든 연구방법론을 크게 구분하면 양적 방법과 질적 방법으로 볼 수 있고, 표본조사와 실험을 대표적인 양적 방법으로 사례연구와 자연적 관찰을 대표적인 질적 방법으로 볼 수 있다. 양적 연구는 19세기 말 정신물리학을 시작한 베버, 페흐너, 그리고 20세기 전반에 지능연구를 한 스피어만(Charles Edward Spearman, 1863–1945), 다양한 심리적 측정을 시도한 서스톤(Louis Leon Thurstone, 1887–1955)으로 이어지는 선구자들이 개척하였다. 그러나 1909년 미국을 방문한 프로이트가 여러 날에 걸쳐 유아기의 성발달, 잠재의식, 정신분석 등에 대하여 자신이 수행한 질적 연구에 대한 강연을 한 것이 당시 실험방법이 지배적이었던 미국 심리학계에 신선한 충격을 주었다. 실험방법의 신봉자인 티치너는 일찌감치 퇴장하였고, 제임스(W. James)는 심리학의 새로운 미래라는 긍정적 평가를 하였다.

그러므로 심리학 역사에서 양적 방법에 질적 방법이 추가되어 연구방법의 쌍두마차를 이루는 데 기여한 것은, 질적 연구만으로도 학문체계를 세운 프로이트의 연구업적이 널리 수용됨에 따른 것으로 보고 있다(Hothersall, 1984).

PART II

심리학의 핵심어

Chapter 2

학습과 기억

학습목표

1. 학습의 중요성 인식
2. 조건형성의 적확한 이해
3. 학습과 기억의 연계성 토의

학습내용

1. 학습
2. 기억

개요

학습은 경험이나 훈련에 의한 비교적 영속적인 태도, 행동, 지식, 능력상의 변화를 말한다. 기억은 과거의 경험을 저장 또는 유지하고, 어떠한 형태로 그것을 재현함으로써 현재의 경험이나 행동에 영향을 미치는 작용이다. 여기에서는 학습과 기억을 학습하고자 한다.

Chapter

2

학습과 기억

1 학습

1) 학습의 이해

인간은 환경 속에서 잘 살아가기 위해 많은 것을 후천적으로 배운다. 이를 심리학에서는 학습(learning)이라는 용어를 사용해 표현한다. 그리고 일반적으로 심리학자를 비롯한 다양한 연구자들은 고등동물일수록 유전보다는 환경이 그 유기체의 생활에 더 중요한 역할을 하며, 하등동물일수록 선천적으로 타고난 신체와 기능으로 일생을 보낸다고 생각한다. 때문에 후천적으로 배운 것들 중 상당수는 선천적으로 타고난 기능의 관점에서 보자면, 이상하거나 필연적 이유를 찾기 어려운 것들도 있다.

인간을 비롯한 동물들은 환경에 적절하게 적응해야 생존을 유지할 수 있다. 그런데 동물들이 살아가는 주변의 환경조건은 일정한 상태로 머물러 있는 것이 아니라, 끊임없이 바뀐다. 계속적으로 변화되는 환경에 적응하는 데에는 두 가지 적응기제가 사용된다. 하나는 조상으로부터 유전적으로 이어받은 행동양식이다. 이것은 오랜 진화과정을 거치면서 형성된 것으로 후천적인 경험을 필요로 하지 않는다. 동물들, 특히, 하등동물의 행동에는 유전된 것이 아주 많다. 예를 들어, 새가 둥지를 틀고, 알을 낳고, 먹이를 찾고, 자신의 둥지로 되돌아오는 것과 같은 행동은 대부분 학습을 필요로 하지 않는다. 그러나 인간의 경우에는 이러한 유전된 행동보다 훨씬 다양한 행동을 구사하고 있다. 이는 인간이 적응을 하기 위해 다른 동물보다 학습을 더 많이 한다는 것을 의미한다. 대부분의 심리학자들은 학습이 훈련 또는 경험의 결과로 나타나는 행동상의 비교적 영속적인 변화라고 정의한다. 그러나 학습된 것이 항상 행동으로 수행되는 것은 아니다. 예를 들어, 새로운 수학공식을 배워서 습득하고 있어도 그것을 사용할 상황이 아닌 다른 조건에서는 학습된 지식이 수행(performance)으로 드러나지 않을 것이고, 다른 사람들은 그 사람이 그 공식을 습득하고 있다는 것을 알 수 없을 것이다. 그래서 어떤 심리학자들은 학습은 과거에 있었던 경험의 결과로 생긴 행동 또는 정신과정상의 비교적 영속적인 변화라고 정의한다(현성용 외, 2015: 138).

학습이란 말을 아주 빈번하게 사용하면서도 그 정의에 대해 비교적 정확히 알고 있는 경우는 드물다. 국어사전을 보면 학습에 대한 정의를 '배워서 익힘', '일정한 지식의 습득, 이해의 발달, 습관의 형성을 위해 노력하는 행동, 곧 기능이나 지식을 의식적으로 습득하는 행동' 등으로 설명하고 있다.

1966년 심리학자 힐가드(Rita L. Hilgard)는 "새로운 행동이 형성되거나 변화되는 과정"을 학습으로 보았다. 이런 정의에는 유전과 관련되거나 일시적인 변화(예, 약물반응 등)는 학습에서 제외시키고 있다. 1971년 심리학자 모건(C. D. Morgan)은 "경험이나 연습의 결과로 생기는 비교적 영속적인 변화"를 학습으로 간주하였다.

이러한 학습의 다양한 정의들 중 공통된 내용은 다음과 같다.

첫째, 행동상의 변화가 있어야 된다.

둘째, 이런 변화가 경험과 연습을 통해서 일어나야 된다.

셋째, 이렇게 형성된 변화는 시간상으로 볼 때 비교적 영속적으로 이루어져야 한다.

학습은 경험이나 훈련에 의한 비교적 영속적인 태도, 행동, 지식, 능력상의 변화를 말한다. 인간행동은 성숙과 학습의 결과로 변하게 된다. 예를 들어, 갓 태어난 신생아는 아무리 말을 가르쳐도 말을 할 수가 없다. 태어난 지 1년 전후가 되면 말을 하기 시작한다. 여기에서 말을 하는 것 자체는 성숙(maturation)의 현상이다. 그런데 우리나라 아이는 우리말을 배우고 미국 아이는 영어를 배운다. 그렇기 때문에 성숙에 의한 변화와 학습에 의한 변화는 구분할 필요가 있다(이주희 외, 2013: 170).

행동상의 변화는 긍정적 또는 부정적인 방향으로 이루어진다. 이 모두를 학습으로 간주할 수 있지만, 우리가 원칙적으로 바라는 것은 경험을 통해 생기는 긍정적인 변화이다. 따라서, 학습에 따른 변화도 긍정적인 가치를 갖는 것만을 인정한다. 또한 행동변화는 성숙이나 어떤 신체적 외상에 의해서도 일어나기 때문에 이런 경우는 학습에서 제외시킨다. 예를 들어, 신생아는 누워 있다가 기어 다니고 그리고 서기를 반복하다가 걸어 다닐 수 있게 되는데, 이는 어떤 연습의 결과가 아니라, 유전상의 프로그램에 의해 결정된 변화이므로 학습으로 볼 수 없다. 학습이 되기 위한 또 하나의 결정적인 조건으로 영속적인 변화를 꼽았는데, 이는 어떤 변화가 아무리 경험이나 연습에 의해서 형성되었다 해도 시간상으로 지속성이 없는 일이라면 학습으로 간주하지 않음을 의미하는 것이다. 예를 들어, 약물이나 운동 경험으로 인해 생기는 일시적 변화 또는 알코올이 만취된 상태에서 보이는 변화들은 학습범주에 포함되지 않는다는 것이다(김남일, 2005: 202).

하지만 학습에 대한 정의를 내릴 수는 있어도 "인간은 어떻게 학습하는가"에 대한 답을 찾는 것은 그리 쉬운 일이 아니다. 심리학의 초창기에는 더더욱 그러했을 것이다. 초기의 심리학자들은 분석하기 쉬운 단순형태의 학습행동부터 연구했으며, 이를 실제 인간의 복잡하고 고차적인 학습이해를 위한 출발점으로 삼았다. 그리고 단순형태의 학습에서 진행양상을 관찰하기 위해서는 인간보다 더 단순하다고 생각되는 동물을 연구대상으로 삼았으며, 이것이 바로 초기의 학습심리학에 동물이 자주 등장하는 이유 중 하나이다. 이들은 인간의 학습을 하나의 연합(association)과정으로 보았으며, 이는 '주위 환경에서 일어나는 사건들 간의 연관성을 배우는 것'을 의미한다.

이러한 연합을 통한 학습에는 2가지 종류가 있다.

먼저, 고전적 조건형성(classical conditioning)은 두 자극이나 사건 사이의 관련성을 배우는 것으로서 예를 들어, 번개를 목격하고는 천둥소리가 들릴 것을 예상하여 귀를 급히 막는 행동의 형성이 여기에 해당한다.

조작적(또는 도구적) 조건형성(instrumental or operant conditioning)으로 반응과 그 결과 사이의 인과관계를 학습하는 것이다. 우리 모두는 성적이 향상되려면 공부를 열심히 해야 한다는 것을 알고 있다. 즉, 공부와 성적 간의 인과관계를 알고 있기 때문이다.

오늘날의 학습이론은 크게 행동주의 학습이론과 인지학습이론 두 가지로 나누어진다. 행동주의 이론은 특정 자극에 의해 나타나는 특정 반응의 관계(S－R이론)만을 통해 인간행동을 이해하고자 하는 것이며(인간에게 나타나는 변화를 행동적, 생리적 변화에서만 이해하고자 함), 인지이론은 자극에 의한 반응의 수준을 떠나서 인간의 정신과정의 변화에 중점을 두고 행동 이해를 하고자 하는 이론이다.

쿠르트 레빈

행동주의 학습이론의 대표 이론으로는 파블로프의 이론, 스키너의 이론, 그리고 좀 더 광범위한 의미에서 접근하는 반두라의 이론들이 있다. 인지학습이론은 베르타이머(Max Wertheimer, 1880－1943)의 형태이론을 시발로 해서 퀼러(Wolfgang Köhler, 1887－1967)의 통찰설(insight theory), 레빈(Kurt Zadek Lewin, 1890－1947)의 장이론(field theory), 그리고 오늘날의 정보처리이론(infomation processing theory) 등이 있다. 행동주의 이론은 20세기 초반에 출발해서 성황을 이루었으며, 1960년대 인지학습이론의 등장으로 현재는 두 이론이 모두 강세를 보이고 있다. 하지만 인간의 단순한 행동은 행동주의 이론을 통해서 접근을 하고 복잡한 행동은 인지적 접근을 하고 있는 것으로 보아, 오늘날에는 인지학습이론이 보다 선호되고 있음을 알 수 있다.

2) 고전적 조건형성

행동주의적 학습이론(learning theory)은 인간의 모든 행동은 자극과 반응의 연합이며, 이는 외적 조건과 경험에 의해서 형성된다고 본다. 즉, 인간은 반응적 존재로서 환경에 의해 만들어지는 존재이기 때문에 환경을 세분화시킬 수 있다면, 인간이 어떻게 반응할 것인지를 예측할 수 있다. 행동주의적 학습이론은 기본적으로 모든 유기체의 행동을 '조건형성(조건화, conditioning)'의 결과라고 보고 있다. 고전적 조건형성이란 일정한 자극에 의해 선천적으로 유발되는 반사를 처음에는 그것과 아무런 관계가 없던 중립자극과 연합시킴으로써 이 중립자극이 선천적인 반사 반응을 유발하게 되는 것을 말한다.

(1) 파블로프의 조건반사 실험

이반 파블로프

파블로프(Ivan Petrovich Pavlov, 1849－1936)는 소화에 대해 연구함으로써 노벨상을 수상한 러시아의 생리학자이다. 그는 식사시간에 실험실을 드나들다가 개가 침을 흘리는 것을 보고 자신이 개에게 하나의 신호 또는 예언적 자극대상이라는 것을 발견하고 정식 실험을 하였다. 우연한 발견에 의해 시작된 이 실험은 고전적 조건형성(classical conditioning) 또는 반응적 조건형성(respondent conditioning)이라고 불리는 심리학의 역사에서 주요 반환점이 된 중요한 실험이 되었다(이주희 외, 2013: 171).

그는 개의 침샘 일부를 외과적으로 적출하여 먹이를 먹을 때마다 분비되는 침의 양을 측정하는 연구를 하고 있었다. 그런데 문득 그 개가 먹이 주는 사람 발소리를 듣거나 빈 밥그릇만 보아도 침을 분비한다는 것을 발견하였다. 그 유명한 파블로프의 고전적 조건형성의 개념이 바로 여기서부터 출발하였다. 즉, 그 개는 발소리와 그릇이 먹이와 함께 나타난다는 일종의 '연합'을 학습한 것이고, 따라서 처음에는 침 분비와 아무 상관이 없었을 소리와 그릇이 먹이와 같은 효과를 지니게 된 것이다. 이를 보다 구체적으로 알아보기 위해 파블로프는 먹이를 주기 전 항상 불빛을 보여 주며 먹이와 같은 효과를 가질 수 있는가를 알아보았고, 그 결과는 적중하였다.

고전적 조건형성은 다음과 같은 네 가지의 요소를 가정한다(김영철 외, 2022a: 206).

- 무조건자극(US, unconditional stimulus) : 자동적/생득적 반응을 유발하는 자극(예: 먹이)
- 무조건반응(UR, unconditional response) : 학습되지 않은 자동적/생득적 반응(예: 먹이에 대한 침 분비)
- 조건자극(CS, conditional stimulus) : 무조건자극과 짝지어져 새로운 반응(즉, 무조건반응)을 유발하는 자극(예: 발소리, 빈 밥그릇, 또는 불빛)
- 조건반응(CR, conditional response) : 조건자극에 의해 새로이 형성된 반응(예: 조건자극에 대한 침 분비)

따라서, 불빛이 개로 하여금 침을 분비하게 만드는 과정은 다음과 같이 설명된다. 최초에는 무조건자극(먹이)에 의한 무조건반응(침 분비)만이 존재할 것이다. 그러나 무조건자극과 조건자극(불빛)이 계속적으로 같이 제시됨으로써 조건자극만 제시되어도 무조건반응과 동일한 조건반응을 이끌어내는 것이 가능하다. 이러한 고전적 조건형성은 왜 필요할까? 환경에 적응하기 위해서다. 왜냐하면 사건들(CS와 US) 사이의 관계성을 학습하여 다가올 사건에 대한 준비를 할 필요가 있기 때문이다. 예를 들어, 번개(CS)가 치면 귀를 막아 조금 있으면 경험하게 될 천둥소리(US)에 대비하여 귀의 손상을 막는다. 또한 긴급한 자극에 대비해 생명 유지를 가능하게도 해 준다. 영양은 사자 냄새(CS)가 흘러 들어오면 미리 멀리 달아날 수 있다. 사자(US)를 직접 보는 순간 이미 때는 늦기 때문이다. 하지만 한번 조건형성된 조건반응도 무조건자극 없이 조건자극만 되풀이되면 점차 사라질 수밖에 없다. 불빛이 계속 먹이 없이 제시되면 결국 그 개가 불빛에 침을 흘리는 일은 없어진다. 이를 소거(extinction)라고 한다. 하지만 일정한 기간 후 불빛(CS)을 제시하면 소거된 침 분비가 다시 나타나며, 이를 '자발적 회복(spontaneous recovery)'이라고 한다. 즉, 소거된 반응이 완전히 사라진 것이 아니라, 잠시 동안 억압되어 있음을 의미한다. 물론 그 회복된 반응은 강도가 약하기는 하다. 또한 원래의 조건자극이 아니더라도, 그와 유사한 자극은 조건반응 유발이 가능하다. 이는 '자극일반화(stimulus generalization)'라고 한다(현성용 외, 2020: 128).

파블로프의 개와 실험장치와, 고전적 조건형성 절차는 [그림 2-1]과 같다.

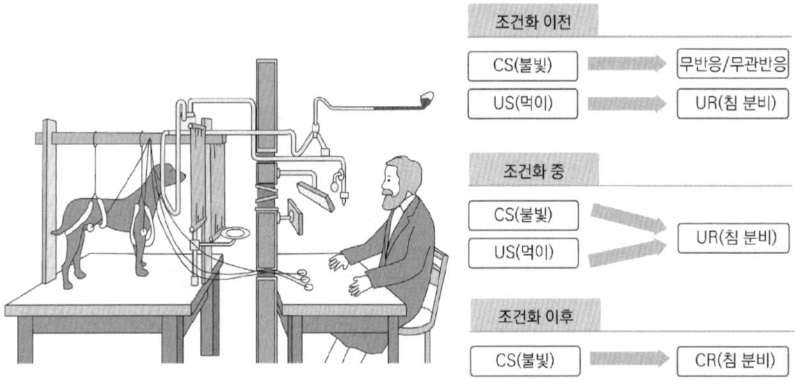

[그림 2-1] 파블로프의 개와 실험장치(좌) 고전적 조건형성 절차(우)

자료: 윤가현 외(2022: 123).

(2) 고전적 조건형성의 주요 개념

① 조건반응의 습득

고전적 조건형성에서 습득(acquisition)은 새로운 조건반응이 형성 또는 확립되었다는 것을 의미한다. 조건형성이 잘 되기 위해서는 일상적인 자극보다는 새롭고, 특이하고, 강렬한 자극이 효과적이다. 왜냐하면 이러한 자극들이 일상적인 자극에 비해서 더 뚜렷하고 분명하기 때문이다.

파블로프는 조건반응의 습득은 조건자극과 무조건자극을 어느 정도의 시간간격으로 제시하는가 하는 자극의 시간적 접근(temporal contiguity)에 의해 조건반응이 획득된다고 보았다. 특히, 자극을 제시하는 시간간격이 중요하다. 조건자극과 무조건자극의 시간간격에 따른 조건형성의 유형은 아래 그림에 제시되어 있다.

그림에 제시된 네 가지 조건형성 가운데 어느 것이 가장 효과적인 짝짓기가 될 것인가? 이를 탐구한 실험결과에 의하면, CS가 US보다 약 0.5초 먼저 제시되는 지연조건형성(delayed conditioning)이 가장 효과적이라고 한다(Heth & Rescorla, 1973 ; Kamin, 1965). 역행조건형성(backward conditioning)의 경우 CS가 US를 전혀 예측해 주지 못하므로 가장 비효과적인 짝짓기이다. 동시조건형성(simultaneous conditioning)과 흔적조건형성(trace conditioning)은 역행조건형성보다는 지연조건형성와 비교할 때, 효과적인 짝짓기는 되지 못한다(현성용 외, 2020: 126).

시간적 근접이 가장 짧은 동시조건형성은 조건반응을 일으키는 데 별로 효과적이지 않고, 흔적조건형성도 별 효과가 없다. 역행조건형성은 CS가 US를 전혀 예측해 주지 못하므로 가장 비효과적이다. 가장 효과적인 방법은 지연조건형성이고, 가장 이상적인 시간간격은 0.5초이다(Heth & Rescorla, 1973).

고전적 조건화에서 CS와 US 사이의 시간적 관계는 [그림 2-2]와 같다.

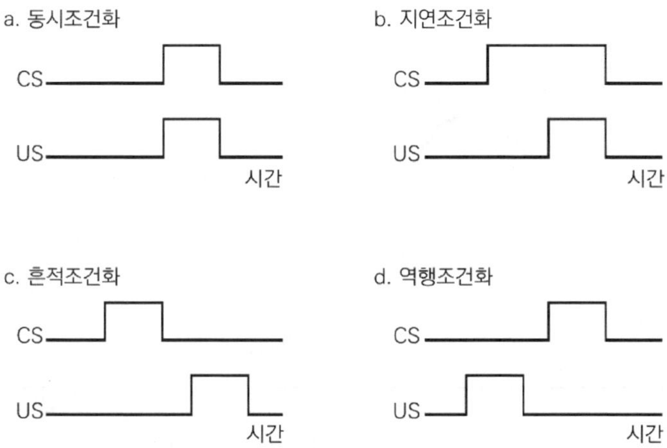

[그림 2-2] 고전적 조건화에서 CS와 US 사이의 시간적 관계

자료: 김영철 외(2022a: 210) 재인용.

② 소거와 자발적 회복

소거(extinction)는 조건반응이 사라지는 것을 말한다. 즉, 무관자극이 조건형성되어 무조건자극의 제시 없이 계속해서 조건자극만 주게 되면, 조건자극은 점차 조건반응을 유발하는 힘을 상실하게 되어 나중에는 원래의 무관자극으로 돌아가는 현상이다. 파블로프의 실험을 보면, 소거가 진행됨에 따라 타액의 분비가 줄어든다. 하지만 반응이 소거되었다고 해서 완전하게 상실되는 것은 아니다(김남일, 2005: 207).

종소리에 침을 흘리는 조건반응이 완전히 소거된 개에게 몇 시간 또는 며칠 후 다시 종소리를 제시하면 침을 흘리는 반응이 다시 나타난다. 이와 같이 소거된 조건반응도 일정 기간이 지난 후 조건자극을 제시하면 조건반응이 다시 나타나는데 이러한 현상을 '자발적 회복(spontaneous recovery)'이라고 부른다. 이러한 현상이 나타나는 이유는 소거된 조건 반응이 완전히 사라진 것이 아니라, 일시적으로 차단되는 것임을 보여 준다. 자발적 회복은 처음 습득되었던 조건반응의 강도보다는 약하고 지속기간도 일시적이다.

습득, 소거, 자발적 회복을 나타내는 학습 곡선은 [그림 2-3]과 같다.

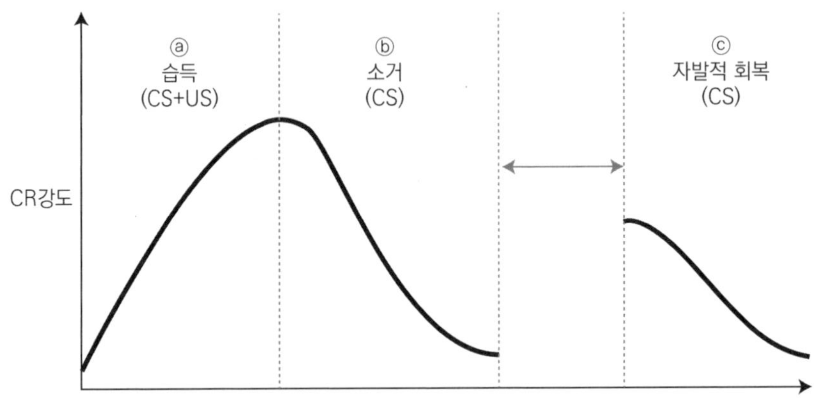

[그림 2-3] 습득, 소거, 자발적 회복을 나타내는 학습곡선

자료: 현성용 외(2020: 127).

위 그림에서 조건반응의 강도는 최고수준까지 증가하고(ⓐ), CS만 소거하는 동안에 감소하여 거의 반응이 나타나지 않게 된다(ⓑ). 아무 자극 없이 일정 기간이 지난 후 CS만 제시하고 검사해 보면, 소거되었던 반응이 일시적으로 다시 나타난다(ⓒ).

③ **자극일반화와 변별**

조건형성이 일어난 후에 유기체는 조건형성 과정에서 경험하였던 조건자극(CS)이 아닌 그것과 유사한 자극에 대해서도 반응을 나타내는 경향이 있다. 예를 들어, 파블로프의 개는 조건자극인 종소리가 아닌 버저소리에 대해서도 침을 흘리고, 토끼는 다른 버저소리를 듣고도 눈꺼풀을 깜박이는 반응을 나타낸다. 이와 같이 특정 자극에 대해서 반응하는 것을 학습한 유기체는 원래의 자극과 유사한 새로운 자극에 대해서도 비슷한 방식으로 반응하는 데, 이를 '자극일반화(stimulus generalization)'라고 한다(현성용 외, 2020: 128). 즉, 자극일반화와 변별 특정의 조건자극에 조건형성된 반응은 그 자극과 유사한 자극에 의해서도 유발되는데, 이를 가리킨다. 예를 들어, 파블로프의 실험에서 종소리에 타액을 분비한 개는 후에 버저(buzzer)나 메트로놈(metronome) 소리에도 침을 흘렸다. 우리 옛말에 '자라 보고 놀란 가슴 솥뚜껑 보고 놀란다'는 말이 바로 이런 자극의 일반화를 일컫는 말이다(김남일, 2005: 208).

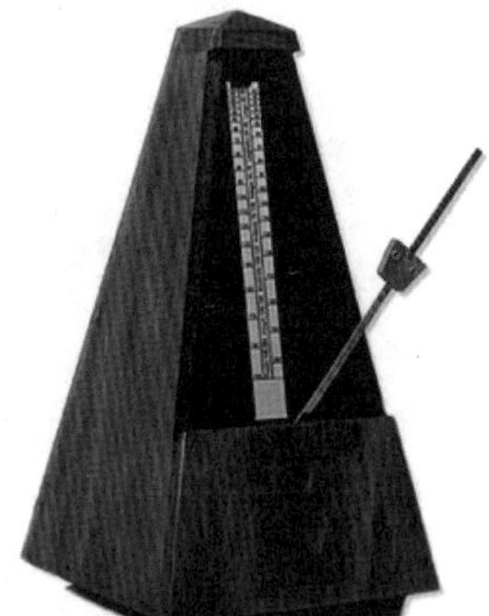

메트로놈(metronome)

행동주의의 창시자인 왓슨은 자극일반화에 관심이 많았다. 왓슨은 자신의 부인인 레이너(Rayner)와 함께 생득적인 정서적 반사가 어떻게 해서 중립적인 자극에 조건형성되는지를 알아보기 위해 생후 11개월 된 앨버트(Albert)라는 아이를 대상으로 실험을 하였다. 그의 실험내용은 다음과 같다.

> 어린아이들은 처음에는 쥐를 두려워하지 않는다. 앨버트도 처음에는 보통의 아이들처럼 쥐를 장난감처럼 만지면서 전혀 공포를 느끼지 않았다. 그렇게 앨버트가 쥐를 만질 때 왓슨은 쇠막대기를 두들겨 큰 소리를 울렸다. 앨버트는 큰 소리에 놀라 펄쩍 뛰었다가 앞으로 넘어졌다. 그러나 조금 지나자 앨버트는 다시 쥐를 만지려고 하였다. 이때 다시 쇠막대기를 두들겨 큰 소리를 내자 앨버트는 깜짝 놀라며 울기 시작하였다. 이러한 절차를 여러 번 반복했더니 처음에는 쥐에 대해 아무런 공포심이 없던 앨버트가 쥐를 보여 주기만 해도 놀라 울면서 쥐에 대한 공포 반응을 보였다. 즉, 중립자극이었던 쥐와 쇠막대기 소리가 연합이 되어 조건형성이 된 것이다. 그리고 이 공포는 쥐와 비슷한 털을 가진 다람쥐, 개, 모피, 외투, 산타클로스의 수염에도 일반화되어 나타났다.

왓슨과 레이너의 실험은 <표 2-1>과 같다.

<표 2-1> 왓슨과 레이너의 실험

조건형성 전	흰쥐(CS) ---------- 무반응 큰소리(US) --------- 두려움, 놀람, 울음(UCR)
조건형성	흰쥐(CS)+큰소리(US)
조건형성 후	흰쥐(CS) ---------- 두려움, 놀람, 울음(CR) 다람쥐(CS와 유사자극) --- 두려움, 놀람, 울음(UCR) ⇒ 일반화

자료: 김영철 외(2022a: 213) 재인용.

위의 실험은 파블로프의 고전적 조건형성의 원리와 같은 것으로, 쇠막대기 소리는 무조건자극이며, 이 자극은 무조건 공포를 유발시키는데 그것이 무조건반응이다. 처음에 쥐는 공포를 유발시키지 않은 중립자극이었으나, 이것이 무조건자극인 쇠막대기 소리와 결합하면서 공포를 유발시키는 조건자극이 되었다.

왓슨은 정서적 반응도 고전적 조건형성을 통해 습득하게 된다고 하였다. 따라서, 분노, 사랑 등도 역시 이와 흡사한 조건형성의 과정으로 학습된 것이라고 하였다. 그러나 이러한 고전적 조건형성의 원리는 정서적 반응을 포함한 선천적인 반응, 즉 반사적 반응에 한정되는 것으로 보인다는 비판도 있다.

왓슨은 앨버트 실험결과에 고무되어 1924년 "나에게 아기를 보내라!(Give me the baby!)"에는 다음과 같이 쓰여 있다.

> 나에게 건강하고 잘 기른 아기를 달라. 그리고 그들을 기를 구체적인 세계를 이야기해 달라. 그러면 그들 중의 어느 누구라도 그의 재능이나, 취미나, 경향이나, 능력이나, 직업이나 부모의 인종 여하를 불문하고 의사, 법률가, 예술가, 상인, 서장, 그리고 심지어는 걸인이나 도둑 등 당신이 선택하는 어떠한 유형의 전문가라도 만들어 낼 수 있다.

그런데 자극일반화의 용이성은 원래의 조건자극(CS)과 새로운 자극 간의 유사성에 달려 있다. 즉, 원래의 조건자극(CS)과 새로운 자극이 유사할수록 일반화의 가능성은 커진다. 반대로, 유사성이 감소할수록 일반화 정도는 줄어든다. 예를 들어, 앨버트는 쥐와 전혀 닮지 않은 나무토막에 대해서는 공포를 나타내지 않았다. 이와 같이 조건형성된 조건자극(CS)과 다른 자극을 구별하여 반응하는 것을 '변별

(discrimination)'이라고 한다. 변별은 일반화와 상반된 현상이다. 자극변별이란 특정 자극에 대해 반응을 학습한 유기체가 원래의 자극과 유사한 다른 어떤 자극에 대해서도 동일한 반응을 하지 않는 현상을 말한다.

④ 고차적 조건형성

하나의 조건형성은 그것을 기반으로 하여 새로운 조건형성이 되기도 한다. 먹이와 종소리를 반복 제시하여 종소리에 대한 타액 반응을 조건형성시킨 후, 종소리와 새로운 자극인 불빛을 반복해서 제시하면 불빛에 대해서도 타액 반응이 나타난다. 여기서 불빛은 먹이와 한 번도 짝지어진 적이 없지만 종소리와 짝지어짐으로써 타액 분비를 유발할 수 있는 능력을 획득한 것이다. 조건자극(종소리)이 마치 무조건자극(먹이)과 같은 역할을 하는 것이다. 이와 같이 조건자극에 제2의 중립자극을 연합시키면 조건반응을 유발하는 것을 고차적 조건형성(high-order conditioning)이라고 한다. 인간의 반응 중 많은 부분은 고차적 조건형성의 결과이다(Rescorla, 1980).

고차적 조건형성의 절차는 <표 2-2>와 같다.

<표 2-2> 고차적 조건형성의 절차

CS1(종소리)	CR1(타액 분비)
CS2(불빛)+CS1(종소리)	CR1(타액 분비)
CS2(불빛만 제시)	CR2(타액 분비)

자료: 김영철 외(2022a: 214) 재인용.

(3) 일상생활과 고전적 조건형성

일상생활에서 고전적 조건형성은 주로 정서적 반응의 습득과 관련된다. 인간의 주관적 감정, 정서반응, 생리적 반응은 어떤 특정한 자극에 대한 조건반사 현상의 측면을 가지고 있다. 고전적 조건형성은 공포와 불안과 같은 정서반응을 형성하는 데 중요한 영향을 미친다. 예를 들어, 감기에 걸려 병원에서 주사를 맞아서 아픈 경험을 한 어린이는 주사에 대한 공포를 학습할 것이고, 주사를 놓는 간호사와 연합되어서 흰 가운으로 일반화되는 현상은 고전적 조건형성의 결과라고 할 수 있다.

또 한 가지 예로, 운전 도중 제한속도를 위반하여 교통위반 스티커를 받은 사람들은 다음과 같은 반응을 습득하여 왔다. 경찰차를 보는 순간 심장은 방망이로 치듯 뛰며 자신이 제한속도로 달리고 있음에도 불구하고, 반사적으로 가속기에서 발이 떨어진다. 이와 같이 고전적 조건형성을 통해 형성된 정서반응을 조건형성된 정서반응이라고 한다. 즉, 쾌락 또는 고통을 유발하는 무조건자극과 연합되어 있는 조건자극을 경험할 때 나타나는 긍정적 감정이나 부정적 감정을 가리킨다.

고전적 조건형성의 원리는 상업광고에도 많이 이용되고 있다. 광고들은 대개 정적인 감정을 유발시키는 자극(US)과 상품을 짝지어 제시한다. 매력적인 유명 연예인은 사람들에게 정적인 감정을 유발하는 무조건자극(US)이다. 이처럼 정적인 자극(US)과 상품(CS)을 연합시켜 광고를 하게 되면, 그 상품에 대해 정적인 감정을 가지게 될 것이고, 따라서 구매행동도 증가할 것이라고 기대할 수 있다. 또한 고전적 조건형성의 절차를 임상에 적용하여 공포와 불안과 같은 정서반응을 극복할 수 있다. 예를 들어, 좁은 장소를 두려워하는 사람은 '지하실'이나 '엘리베이터'라는 말만 들어도 두려움을 느낀다. 이를 폐소공포증(claustrophobia)이라고 하는 데, 이것을 역조건형성(counter-conditioning)의 원리를 이용한 '체계적 둔감법(systematic desensitization)'을 통해 극복할 수 있다.

고전적 조건형성은 정서반응과 같은 외현적 행동뿐만 아니라, 생리적 과정에도 영향을 준다. 예를 들어, 감염물질이 몸에 들어오면 신체의 면역체계는 항체를 생산하여 감염균에 대항한다. 신체의 면역체계가 제 역할을 하지 못하면 AIDS라는 치명적 병이 생기는 것만 보아도 면역체계가 얼마나 중요한지 알 수 있다. 최근 연구결과에 따르면, 조건형성을 포함한 여러 심리적 요인이 신체의 면역체계에 영향을 준다. 아더와 코헨(Ader & Cohen, 1984)은 고전적 조건형성이 항체 생산을 감소시키는 면역억제(immunosuppression)와 관련이 있다는 사실을 관찰하였다. 피험동물에게 특이한 맛을 내는 음료(CS)와 동시에, 면역체계를 억제하는 약물(US)을 투여하였다. 며칠 뒤 약물투여로 면역억제효과가 사라진 뒤에 다시 그 음료(CS)를 주었다. 그 결과, 피험동물의 면역반응이 감소하였다.

3) 조작적 조건형성

고전적으로 조건형성되는 반응은 불수의적인 것이다. 파블로프의 개는 타액 분비를 스스로 조절할 수 없다. 그리고 일반적으로 손바닥에 땀이 나는 것이나 부끄러울 때 얼굴이 붉어지는 것을 마음대로 조절하지 못한다. 그러나 대부분의 인간 행동은 수의적인 것이다. 우리는 좋은 결과를 가져다주는 것을 추구하고, 반대로 나쁜 결과를 가져다주는 것을 피한다. 또한 이러한 행동성향은 그 결과가 변경될 때, 그에 따라 적절하게 변화한다. 이와 같이 결과를 바탕으로 행동을 변화시키는 능력은 조작적 조건형성 원리로 설명할 수 있다(현성용 외, 2020: 133－134).

파블로프의 고전적 조건형성은 자극에 의해 통제되는 반사적 반응을 가장 잘 설명한다. 그러나 많은 행동은 고전적 조건형성으로 설명할 수 없는 경우가 많다. 고전적 조건형성은 불수의적 반응(involuntary response)이기 때문이다. 파블로프의 개는 타액 분비를 스스로 조절할 수 없다. 그러나 인간행동은 대부분 수의적인 행동이다. 예를 들어, 학생이 열심히 공부를 하거나 회사원이 직장에서 열심히 일하는 행동은 반사적인 반응이 아니라, 성적이나 취직 또는 승진이나 보너스 등과 같은 결과의 영향을 받는다. 이와 같이 유기체가 자신의 행동과 그 결과 사이의 관계를 학습하는 것을 조작적 조건형성(operant con－ditioning)이라고 한다(이주희 외, 2013: 179).

(1) 손다이크의 시행착오 학습이론

결합설 또는 도구적 조건형성(instrumental conditioning)이라고 불리는 시행착오 학습이론은 손다이크(Edward Lee Thorndike, 1874－1949)에 의해 확립되었다. 일정 기간 동안 먹이를 주지 않은 고양이를 자신이 고안한 ‘문제상자(puzzle box)’에 넣고 상자 밖에 먹이를 놓아두었다. 배고픈 고양이가 먹이를 얻기 위해서는 줄을 당기거나 레버를 누르는 것과 같은 구체적인 반응을 해야 한다. 줄을 당기거나 레버를 눌러서 문제상자에서 빠져 나오면 고양이는 밖에 있는 먹이를 먹을 수 있다.

에드워드 손다이크

문제상자 안의 고양이는 여러 가지 시행착오적 반응 끝에 우연히 지렛대를 밟고 밖으로 나와서 먹이를 먹는다. 시행 횟수가 증가됨에 따라 탈출 잠복시간이 점점 짧아지는데, 이것을 '시행착오학습(trial and error learning)'이라고 하였다.

손다이크는 학습자가 자신에게 닥친 문제를 해결하기 위한 시도와 실패를 반복하다가 우연히 문제를 해결할 수 있는 적절한 반응을 하여 보상을 받게 되고 이런 과정이 되풀이되어 적절한 반응과 보상 간의 연합이 일어나는 것을 학습이라고 설명하였다.

만일 고양이가 문제상자에서 빠져나오는 방법을 사고나 이해를 통하여 알게 되었다면, 문제상자에서 빠져나오는 데 걸리는 시간이 급격히 줄어들 것이라고 가정할 수 있다. 그러나 실제 실험결과 고양이가 문제상자를 빠져나오는 데 걸리는 시간은 급격히 줄어들지 않고 점진적으로 줄어들었다. 탈출 잠복시간이 점점 짧아진 것은 분명히 고양이가 학습을 하였다는 증거이지만, 시간이 급격하게 감소하지 않고 점진적으로 감소하였다는 것은, 사고나 이해를 기반으로 한 학습이 아니라는 것을 입증하는 것이다.

시행착오 학습이론의 모형은 [그림 2-4]와 같다.

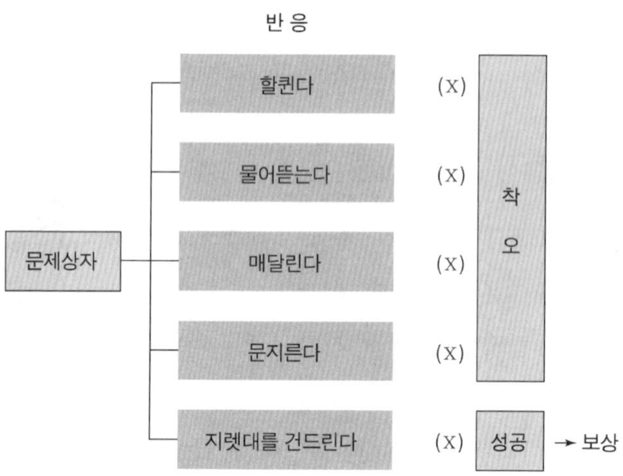

[그림 2-4] 시행착오 학습이론의 모형

자료: 김보기 외(2017c: 124) 재인용.

이러한 학습에서 작용하는 원리를 손다이크는 '효과의 법칙(law of effect)'이라고 하였다. 효과의 법칙이란 만족스러운 효과를 얻은 행동은 같은 환경에서 그 행동을 반복하는 경향이 있다는 법칙이다. 즉, 반응에 수반되는 결과가 만족스러운 것이면 그 반응이 나타날 확률이 증가되고, 그 결과가 바람직하지 않으면 그 확률이 감소된다. 이 법칙은 이후 스키너 이론의 기초가 반응에 뒤따르는 강화에 의해 행동변화가 일어나는 것을 조작적 조건형성(operant conditioning), 결과를 얻기 위해 환경을 조작하므로 도구적 조건형성(instrumental conditioning), 학습자의 반응이 결과를 산출하기 위한 도구 또는 수단이라고 부른다. 고전적 조건형성에서는 학습자의 반응이 결과에 영향을 미치지 않지만, 조작적 조건형성에서는 학습자의 반응이 뒤따를 결과를 결정한다는 절차상의 차이가 있다. 또한 두 조건형성 사이의 차이는 고전적 조건형성이 타액 분비와 같은 내장 반응(visceral response)에 적용되는 반면에, 도구적 조건형성은 골격근 반응(skeletal response)에 적용된다는 점이다.

두 조건형성을 항목별로 비교하면 <표 2-3>과 같다.

<표 2-3> 고전적 조건화와 조작적 조건화의 비교

	고전적 조건화	조작적 조건화
용어	CS, US, CR, UR	반응, 강화
행동의 효과	US를 통제하지 못함.	강화를 통제함.
습득 절차	CS와 US를 짝 지움.	특정 자극하에서 반응과 결과를 짝 지움.
학습되는 반응	주로 내장 반응	주로 골격근반응
소거 절차	US 없이 CS만 제시	반응 후에 강화 생략
일반화	CS와 유사한 자극이 CR과 유사한 반응 유발	강화를 받았을 때와 유사한 자극이 제시되면 유사한 반응률이 나타남.
변별	한 자극에는 US가 뒤따르고, 유사한 자극에는 US가 뒤따르지 않음.	한 자극이 있을 때 수행한 반응은 강화되고 다른 자극이 있을 때 수행한 반응은 강화되지 않음.

자료: 김보기 외(2017c: 125) 재인용.

(2) 스키너의 조작적 조건형성 실험

벌허스 스키너

스키너(Burrhus Frederick Skinner, 1904－1990)는 행동주의의 대표자이며, 현대 심리학자 중 가장 유명하고 가장 영향을 많이 미친 심리학자라 말할 수 있다.

스키너는 행동을 크게 반응적 행동(respondent behavior)과 조작적 행동(operant behavior)으로 구분하였다. 파블로프의 고전적 조건형성은 어떤 자극에 따라 나타나는 반응적 행동을 학습하는 것이기 때문에 유기체의 의도와 상관없이 이루어지는 학습이다. 반면, 조작적 행동은 유기체가 다양한 환경조건에서 능동적으로 적절한 반응을 함으로써 보상을 받거나 유리하게 적응하는 것이다. 이는 유기체의 자발적 반응에 대하여 강화(보상)를 함으로써 학습을 하는 것이다. 스키너는 이러한 종류의 학습을 '조작적 조건형성(operant conditioning)'이라고 하였다. 여기서 조작적이란 유기체가 자극에 대해 단순히 반응하는 것이 아니라, 환경을 조작하여 변화시킨다는 의미이다. 즉, 학습은 반응에 수반하는 결과의 영향을 받는다는 것이다. 따라서, 조작적 조건형성은 수의적 반응이 그 결과에 의해 통제된다는 의미를 갖는다. 이러한 조작적 조건형성은 자발적인 인간행동의 설명에 더 큰 비중을 차지하고 있다(이주희 외, 2013: 181).

스키너는 유기체가 어떠한 반응을 한 후에 보상이 있느냐 없느냐에 따라 조작행동은 강해지거나 약화된다고 보고 자신의 이름을 딴 실험상자인 스키너상자(Skinner box)를 고안하였다. 실험상자 안의 동물(흰 쥐 또는 비둘기)이 지렛대를 누르면 먹이가 나온다. 먹이가 나오면 갈수록 지렛대를 누르는 횟수가 증가하게 되었다.

스키너상자는 [그림 2－5]와 같다.

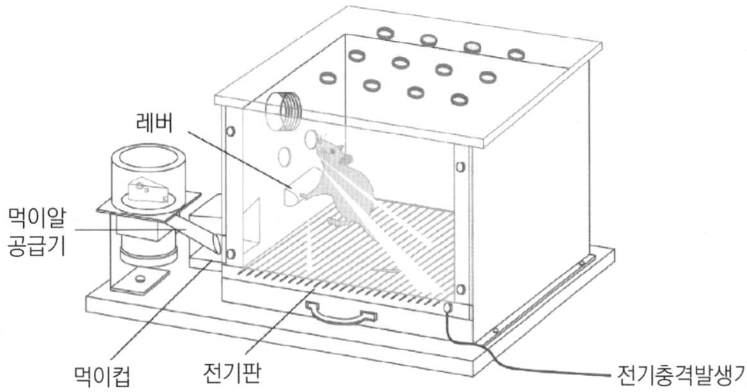

[그림 2-5] 스키너상자

자료: 김보기(2019b: 148) 재인용.

이 실험은 유기체가 스스로 어떤 반응을 하고 그 반응이 긍정적 보상을 가져다 주면, 그 후에도 그와 비슷한 반응을 나타낼 확률이 높아진다는 것을 보여 주는 것이다. 이와 같이 보상(reward)을 유기체의 특정 반응 뒤에 얻어지게 함으로써 반응률을 높이는 과정을 스키너는 '강화(reinforcement)'라고 하였다.

강화물(reinforce)에는 음식이나 물과 같이 특정 반응의 야기율을 높이는 유기체의 선호자극인 긍정적 강화물(positive reinforcer)과 전기자극이나 처벌과 같이 특정 반응이 일어나지 않는 확률을 높이는 부정적 강화물(negative reinforcer)이 있다. 또한 음식, 물, 전기자극 등과 같이 유기체의 욕구와 직접 관련되는 자극을 일차적 강화(primary reinforcement)라고 하며, 중립자극이 일차적 강화물과 연합되어 강화의 기능을 하는 것을 이차적 강화(secondary reinforcement) 또는 조건강화(conditioned reinforcement)라고 한다. 이와 같이 유기체의 행동은 환경에서 주어지는 강화작용에 의해 좌우되며, 강화양상을 달리함으로써 수정될 수 있다.

(3) 조작적 조건형성의 주요 개념

① 조형

스키너상자 안의 동물(흰 쥐 또는 비둘기)은 처음부터 지렛대를 누르지 않는다. 그래서 실험자가 원하는 행동을 유도하기 위해서는 목표행동을 단계적으로 조작할 필요가 있다. 예를 들어, 상자 안의 동물(흰 쥐 또는 비둘기)에게 지렛대를 누르는 반응을 유도하기 위해서는 최초에 동물이 지렛대 쪽으로 고개를 돌릴 때, 다음에는 지렛대에 접근하려 할 때, 그다음에는 지렛대에 아주 가까이 다가갔을 때, 마침내는 지렛대를 눌러야만 먹이를 주는 식으로 단계적으로 일련의 반응에 대해 강화물을 제공하는 절차가 필요하다.

조작적 조건형성에서는 조성조형(shaping) 또는 계기적 근사법점진적 접근법(successive approximation)이라는 과정을 통해서 조작적 반응을 유도한다. 즉, 조형이란 바라는 목표행동을 이끌어내기 위해 목표행동에 가까운 반응을 단계적으로 조작하는 과정으로 목표반응과 조금이라도 가까운 반응을 강화하여 새로운 행동을 유도하는 것을 말한다. 예를 들어, 조형을 통하여 서커스에서 돌고래가 여러 가지 재주를 부리거나, 원숭이가 자전거를 타는 등의 재주를 부리도록 학습을 시킨다.

조형은 두 가지 요소를 통하여 이루어진다.

첫째, 차별강화(differential reinforcement)로, 어떤 반응은 강화를 주고 어떤 반응은 강화를 주지 않는 것이다.

둘째, 계속적 접근(successive approximation)으로, 실험자가 원하는 반응에 접근할 때만 강화를 주는 것이다.

② 소거와 자발적 회복

고전적 조건형성과 마찬가지로 조작적 조건형성에서도 보상을 제거하면 소거(extinction)가 일어난다. 조작적 조건형성에서 소거란 피험자가 아무리 반응을 해도 더 이상 강화물이 제공되지 않아 반응경향성이 감소되어 사라지는 것을 말한다. 예를 들어, 스키너상자에서 동물이 지렛대를 누르는데도 먹이를 주지 않으면 소거가 일어난다. 소거과정이 시작되면 동물의 조작반응은 급상승하다가 점진적으로 감소하여 더 이상은 반응하지 않게 된다.

조작적 조건형성에서 한 가지 중요한 현상은, 강화물을 중단할 때 소거에 대한 저항과 관련된 문제이다. 소거에 대한 저항(resistance to extinction)은 강화물을 철회한 뒤에도 조작반응을 계속하려는 경향을 말한다. 소거에 대한 저항이 크면 클수록 반응을 계속할 가능성도 크다. 예를 들어, 지렛대를 누르는 조작행동을 더 이상 강화하지 않는데도 반응이 아주 서서히 감소한다면 소거에 대한 저항이 강한 것이다. 그러나 조작반응이 빨리 감소한다면 소거에 대한 저항이 약한 것이다.

지렛대를 누르는 반응이 소거된 동물을 일정 기간 동안 다른 곳에 있도록 한 뒤에 다시 스키너상자에 넣으면 동물은 다시 지렛대를 누르는 반응을 한다. 이러한 현상을 '자발적 회복(spontaneous recovery)'이라고 한다. 이때 스키너상자의 동물에게 다시 보상을 주면 처음 조건형성을 시킬 때보다 빠르게 지렛대를 누르는 것을 학습한다. 이와 같이 처음 학습 때보다 학습시간이 단축된 현상을 '재조건형성(reconditioning)'이라고 한다.

③ 미신적 행동

유기체는 좋은 결과를 초래한 반응은 계속하고 나쁜 결과를 초래한 반응은 중지한다. 즉, 유기체는 자신의 반응이 그 결과의 원인인 것처럼 행동하는 것이다. 그런데 만약 어떤 반응에 강화가 우연히 뒤따르면, 즉 우발적 강화가 주어지면 어떻게 될까?(오경기 외, 2020: 195).

스키너는 상자 안의 동물에게 행동과 상관없이 15초마다 무조건 먹이를 제공하였다. 흥미롭게도 동물은 매우 독특한 나름대로의 행동을 학습하는 것을 발견하였다. 즉, 매번 먹이가 떨어지기 전 어떤 동물은 시계방향으로 두 바퀴 돌고, 또 어떤 동물은 상자의 구석에 머리를 박아 넣는 등 독특한 행동들이 반복적으로 일어나는 것을 발견하였다. 이와 같은 동물의 행동은 먹이가 떨어지는 것과 전혀 관계가 없음에도, 마치 이것이 먹이를 이끌어내는 것으로 착각하고 있는 것 같았다. 이는 우연히 특정 행동과 그 결과가 조건화되었기 때문이다. 이러한 의식적 행동을 스키너는 미신적 행동(superstitious behavior)이라고 불렀다. 미신적 행동이란 보상과 아무런 관련이 없으면서 우연히 한 어떤 행동이 강화에 선행한 경우, 그 행동을 고정적으로 계속하려는 경향성을 말한다.

스키너가 제안한 미신적 행동의 원리는 특정 행동이 일어난 후 우연히 어떤 강화가 주어지면, 그 특정 행동은 강화될 가능성이 높다는 것을 보여 준다. 인간에게 있어서도 미신적 행동을 찾아볼 수 있다. 예를 들어, 시험 준비를 하는 수험생은 시험 당일 미역국을 먹지 않는다거나, 시험 보는 날 우연히 속옷을 뒤집어 입고 갔다가 좋은 결과를 얻은 사람은 매번 시험 볼 때마다 속옷을 뒤집어 입는 미신적 행동을 지속한다. 중요한 시합이 있기 전에는 수염을 깎지 않는 운동선수, 13이라는 숫자를 피함으로써 불행을 멀리하는 것 등 인간은 일상생활에서 많은 미신적 행동을 한다.

(4) 강화와 처벌

우리의 활동은 그 결과에 따라 달라지는 경우가 많다. 즉, 우리는 좋은 결과를 증가시키고, 나쁜 결과는 감소시키는 어떤 활동을 하는 경향이 있다. 따라서, 조작적 조건형성을 연구하는 학습심리학자들은 좋은 결과 또는 나쁜 결과가 어떻게 우리의 행동을 변화시키는지를 밝히려고 한다. 그 내용은 다음과 같다(현성용 외, 2020: 139－143).

① 강화와 강화물

스키너의 조작적 조건형성은 반응－자극 학습원리, 즉 유기체에 의해 행동이 먼저 발생하고 그 결과로서 자극이 따르게 된다는 원리로 볼 수 있다. 그는 행동주의에 강화(reinforcement)라는 개념을 도입하였다. 강화는 반응에 이어서 주어지는 자극을 말하는 데 이 자극이 어떠냐에 따라서, 그 반응의 빈도가 증감된다.

강화는 크게 두 가지로 구분할 수 있는데, 하나는 긍정적 강화(positive reinforcement)이고, 다른 하나는 부정적 강화(negative reinforcement)이다. 긍정적 강화는 유기체가 선호하는 것을 제공함으로써 바람직한 행도의 강도와 빈도를 증가시키는 것을 의미한다. 예를 들어, 노트 정리를 잘하는 학생에게 칭찬을 해 줌으로써 더욱 노트 정리를 잘하도록 유도하거나, 미술시간에 그림을 잘 그린 학생의 작품을 교실 게시판에 전시하여 학생이 그림에 더욱 흥미를 갖도록 하는 것 등이다. 반면에, 부정적 강화는 유기체가 바라지 않거나 혐오하는 것을 제거하여 바람직한 행동의 강도와 빈도를 증가시키는 것을 의미한다. 예를 들어, 수업시간에 집중을 잘하고 좋은 질문을 하는 학생들에게는 청소당번을 면제해 주는 경우가 부정적 강화에 해당된다.

한편, 강화물은 선천적으로 강화의 기능을 갖고 있는가 아니면 후천적인 학습을 통하여 강화의 기능을 획득했는가에 따라서 일차적 강화물(primary reinforcer)과 이차적 강화물(secondary reinforcer)로 구분할 수 있다. 일차적 강화물이란 아무런 학습과정을 거치지 않고도 생물학적 욕구를 만족시켜 주기 때문에, 그 자체가 강화 속성을 지닌 강화물을 말한다. 예를 들어, 인간의 경우 음식, 물, 성, 수면, 온도 등은 일차적 강화물의 예이다. 이차적 강화물은 일차적 강화물과 결합되어 강화물의 기능을 하는 강화물을 말한다. 이차적 강화물은 학습과정에 의존하기 때문에 '학습된' 강화물(learned reinforcer)이라고 부르기도 한다. 인간의 경우 칭찬, 인정, 성적, 지위, 자격증 등이 이차적 강화물의 예이다. 이차적 강화물 중 여러 개의 일차적 강화물들과 결합된 강화물들이 있는데 이를 '일반화된' 강화물(generalized reinforcer)이라고 한다. 인간의 경우 돈, 지위, 권력, 명예 등이 일반화된 강화물이다. 특히, '돈'은 무수히 많은 일차적 강화물과 결합되어 있으므로 가장 대표적인 일반화된 강화물이라고 할 수 있다.

② 강화계획

강화계획(reinforcement schedule)이란 구체적인 강화물을 언제 어떻게 줄 것인가 하는 규칙 또는 방식을 말한다. 유기체에게 새로운 학습을 시키고자 할 때는 원하는 반응을 할 때마다 강화를 하는 것이 가장 효과적이다. 그러나 이러한 계속적 강화(continuous reinforcement)는 학습을 촉진시키지만, 강화가 중지되면 학습된 것이 빨리 소거된다. 이에 비해 목표 반응 중에서 일부만 강화하는 방식인 부분강화(partial reinforcement) 또는 간헐적 강화(intermittent reinforcement)는 계속적 강화보다 소거에 대한 저항이 강하기 때문에 소거가 느리다. 따라서, 새로운 학습을 시키는 초기에는 계속적 강화를 주고 완전히 학습한 뒤에는 부분강화계획으로 바꾼다면 행동이 쉽게 소거되지 않는데, 이러한 현상을 '부분강화효과(Partial Reinforcement Effect, PRE)'라고 한다. 부분강화계획은 매우 다양하지만, 강화를 주는 기준에 따라 크게 일정한 시간간격에 따라 강화물을 제시하는 방식인 간격강화(interval reinforcement)와 사전에 정해진 수만큼의 조작 반응이 있어야 강화물을 제공하는 비율강화(ratio reinforcement)로 구분할 수 있다. 그리고 시간 또는 반응 횟수를 고정시키느냐 변동시키느냐에 따라 다음과 같이 네 가지 강화계획이 가능하다.

첫째, 고정간격 강화계획(Fixed Interval schedule, FI)은 일정한 시간이 지난 후에 나타나는 첫 번째 반응에 강화를 주는 강화계획이다.

둘째, 변동간격 강화계획(Variable Interval Schedule, VI)은 강화를 주는 시간간격을 변화시키는 강화계획이다.

셋째, 고정비율 강화계획(Fixed Ratio Schedule, FR)은 반응하는 데 걸린 시간에 관계없이 항상 일정한 수만큼의 반응을 할 때마다 강화를 주는 계획이다.

넷째, 변동비율 강화계획(Variable Ratio Schedule, VR)은 정해진 수의 반응이 있을 때마다 강화하지 않고 평균 몇 번의 반응이 있을 때 강화를 주는 계획이다.

③ 강화지연

조작적 조건형성에서 반응에 수반하여 즉각적인 보상이 주어질 때, 학습효과가 높다. 만일 반응과 보상의 시간간격이 지연되면, 그 반응은 강화 받지 못할 수도 있다. 따라서, 반응과 강화물 제시 사이의 시간간격이 길어질수록 조건형성의 속도는 느려진다(Church, 1989). 왜냐하면 강화물을 지연해서 제시하면 반응과 결과 간의 수반관계가 모호해지기 때문이다.

동물에게 있어서는 강화가 지연되면 학습이 늦어지며, 30초 이상 지연되면 학습이 이루어지지 않는다. 그러나 인간은 강화가 지연된다고 해서 항상 행동이 감소하지는 않는다. 예를 들어, 먼 훗날 합격을 위한 수험생들의 공부, 내 집 마련을 위한 장기적인 저축 등과 같은 경우는 즉각적인 만족을 지연함으로써 먼 훗날의 보상을 기대할 수 있기 때문이다. 그러나 인간에게 있어서도 즉각적인 보상은 매력적이다. 체중을 줄이기 위한 다이어트가 어려운 것도 이런 이유 때문이다. 먹는 것에 대한 보상은 즉각적이지만, 날씬해진 몸매에 대한 보상은 몇 달 후에나 나타나기 때문이다.

④ 처벌의 유형

강화는 특정한 반응확률을 증가시킨다. 반면에, 처벌(punishment)은 반응에 수반해서 혐오적인 자극을 제시하거나 선호자극을 제거함으로써 반응경향을 감소시키는 것을 말한다. 스키너상자의 동물이 지렛대를 누를 때마다 전기충격을 주면, 지렛대를 누르는 반응률은 급속하게 감소한다. 이와 같이 전형적인 처벌은 혐오적인 자극을 제시하는 것이지만, 보상적인 자극의 제거도 포함한다.

처벌은 제시형 처벌(presentation punishment)과 제거형 처벌(removal punishment)로 구분할 수 있다. 제시형 처벌은 바람직하지 않은 행동을 감소시키기 위해 혐오자극을 제시하는 처벌의 형태로서 긍정적 처벌(positive punishment)이라고도 한다. 예를 들어, 교실 바닥에 습관적으로 휴지를 버리는 행동을 제거하기 위해 교사가 꾸짖거나 체벌을 하는 것은 정적 처벌에 해당한다. 반면, 제거형 처벌은 바람직하지 못한 행동을 할 때 선호자극을 제거함으로써 행동을 약화시키거나 감소시키는 것을 말하며, 이를 부정적 처벌(negative punishment)이라고 한다. 예를 들어, 떠드는 학생을 교실에서 다른 장소로 격리시키거나, 방과 후에 학교에 남아 있도록 하는 것은 부정적 처벌이다.

강화와 처벌의 종류는 <표 2-4>와 같다.

<표 2-4> 강화와 처벌의 종류

구분	선호자극	혐오자극
제시	긍정적 강화	긍정적 처벌
제거	부정적 처벌	부정적 강화

자료: 김보기 외(2019b: 154).

⑤ 처벌의 효과

처벌은 인간이나 동물의 행동을 통제하기 위해 오래전부터 가장 보편적으로 사용되어 왔다. 그러나 행동을 교정하고 바람직한 결과를 유도하려는 목적으로 사용하더라도, 언제 어떻게 사용하느냐에 따라 다른 결과를 가져올 수 있기 때문에 주의 깊게 사용하여야 한다.

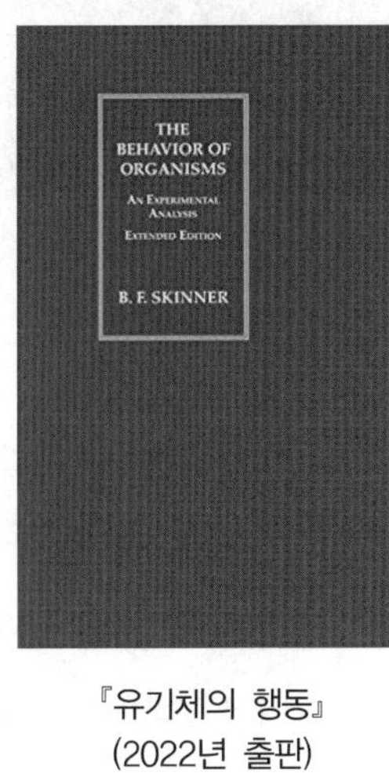

『유기체의 행동』
(2022년 출판)

스키너(Burrhus Frederick Skinner)는 1938년 그의 저서 『유기체의 행동: 실험적 분석(*The behavior of organisms: An Experimental Analysis*)』에서, 스키너도 처벌은 반응강도를 약화시키는 것이 아니라, 일시

적으로 억제하는 것이기 때문에 행동을 통제하는 강력한 수단이 아니라고 주장하였다(Skinner, 2022).

훈육수단으로서 처벌을 사용할 때 생기는 가장 큰 문제점은 의도치 않은 부작용이 생긴다는 점이다.

첫째, 처벌은 처벌하지 않은 다른 행동까지 억압할 수 있다. 스키너상자에서 전기충격을 받은 동물은 지렛대를 누르지 않을 뿐만 아니라, 마치 얼어붙은 것처럼 보였다. 마찬가지로 아주 심한 처벌을 받은 아동은 사람을 피하고, 감정을 억제하고, 소극적으로 행동하였다. 그뿐만 아니라, 처벌은 공포, 불안, 분노와 같은 부적인 정서반응을 유발하기도 한다.

둘째, 이런 강한 부적인 정서는 일시적이나마 정상적인 기능을 방해하고 처벌자에 대한 적대감을 유발한다.

셋째, 신체적 처벌을 많이 받은 아동들은 다른 아동들에 비해 훨씬 더 공격적이다. 이러한 처벌의 부작용을 고려할 때, 처벌을 효과적인 훈육수단이라고 보기 어렵다.

『정신건강론』
(2021년 출판)

김영철 등의 저서 『정신건강론』(2021)에 따르면, 처벌은 훈육수단으로 잘못 사용되기도 하지만, 처벌의 효과가 반드시 나쁜 것만은 아니다. 처벌을 기술적으로 사용하면 처벌의 부작용을 최소화하고 훈육수단으로 유용할 수 있다. 처벌을 효과적으로 사용할 수 있는 방법은 다음과 같다(김영철 외, 2022a: 227).

첫째, 가능한 한 즉각적으로 처벌해야 한다. 강화를 지연하면 그 효과가 감소하듯이 처벌도 지연시키면 효과가 없다.

둘째, 처벌은 효과가 있을 정도로 강해야 한다. 처벌이 강할수록 바람직하지 않은 반응을 약화시키는 데 효과적이지만, 그만큼 부작용을 일으킬 가능성도 증가한다.

셋째, 처벌은 일관성이 있어야 한다. 이런 측면에서 처벌은 강화와 다르다. 바람직하지 않은 행동을 없애려면, 그러한 행동을 할 때마다 처벌해야 한다. 간헐적 처벌은 혼란만 초래될 뿐이다.

넷째, 처벌의 이유를 설명해야 한다. 특정 행동을 처벌할 때, 가능하다면 자세히 그 이유를 설명해 주어야 효과적이다.

다섯째, 대안적인 반응을 제시하고 정적 강화를 주어야 한다. 처벌은 어떤 행동을 못하게 하는 것일 뿐 대안적 반응을 제시하지 않는 단점이 있다.

여섯째, 신체적 처벌은 최소화해야 한다. 왜냐하면 신체적 처벌은 적대감과 공격성을 유발한다. 그뿐만 아니라, 우리들이 기대하는 만큼 효과적이지도 않다.

(5) 조작적 조건형성의 적용

조작적 조건형성의 원리를 이용하여 스트레스에 대한 신체반응을 제어하도록 학습하고 훈련할 수 있다. 신체 내의 생물학적 상태에 대한 정보를 얻는 방법으로 바이오피드백(biofeedback)이 있다. 바이오피드백은 몸에 감지기를 붙이고 근육 긴장도, 혈압, 심박동 수, 뇌파 등에 따라 달라지는 생리신호를 환자가 컴퓨터 화면을 통해 직접 관찰할 수 있도록 만든 것이다. 즉, 바이오피드백은 자발적인 제어가 불가능한 생리활동을 공학적으로 측정하여 지각이 가능한 형태의 정보로 생체에 전달하고, 그것을 바탕으로 학습과 훈련을 되풀이하여 심리적 안정상태를 유도할 수 있도록 해 준다.

바람직하지 못한 행동을 변화시키기 위한 방법으로 행동수정(behavior modification)이 있다. 행동수정은 잘못된 행동을 수정하는 데 초점을 두고 고전적 조건형성, 조작적 조건형성, 관찰학습 등의 학습원리에 기초하여 조직적인 프로그램을 통해 행동을 변화시키는 방법이다. 즉, 행동수정에서는 환경적인 변화를 통하여 인간행동을 변화시키고자 한다,

행동수정을 위해서 가장 먼저 해야 할 일은, 현재 수준에서 도달할 수 있는 표적행동(target behavior)을 정하는 것이다. 표적행동은 변화시키려고 선택한 행동으로, 표적행동을 변화시키는 데는 어떤 행동을 증가시키는 것과 제거시키는 두 가지 방법을 사용할 수 있다. 표적행동이 정해지면 행동을 변화시키기 위한 시도를 하기 전에 발생한 행동의 빈도수 등을 그래프로 기록해 둔다. 강화를 통하여 수정이 되면 바람직하지 않았던 행동의 빈도수는 줄어들고, 반대로 바람직한 행동의 빈도수

는 증가된 그래프가 나타나게 되어 행동수정의 효과를 검증할 수 있게 된다. 행동수정의 방법으로는 바람직한 행동을 가르치는 방법인 행동조성(shaping), 행동연쇄(behavior chaining), 용암법(fading), 프리맥의 원리(Premack principle), 토큰경제(token economy) 등의 방법과 바람직하지 않은 행동을 수정하는 방법인 격리(time out), 포만(satiation), 반응대가(response cost), 과잉교정(overcorrection) 등이 있다.

4) 관찰학습

(1) 관찰학습의 개념

유기체가 직접 경험을 하는 대신에, 다른 개체들의 반응을 보고서 학습을 하는 것을 관찰학습(observational learning) 또는 대리학습(vicarious learning)이라고 한다. 관찰학습의 대표적인 예로서 반두라(Bandura, 1965)는 아동이 타인의 공격적 행동을 얼마나 잘 모방하는가를 보여 주었다(오경기 외, 2020: 202).

조건형성 실험에서는 유기체가 대개 학습할 반응을 직접 수행함으로써 배운다. 개가 먹이를 받고 침을 흘리지 않으면 CS에 대해 침 흘리는 반응이 학습될 수 없으며, 비둘기가 원반을 쪼는 반응을 하지 않으면 먹이가 주어지지 않으므로 원반 쪼기가 학습될 수 없다. 그러나 모든 행동을 실제 수행을 통해 학습해야 한다면, 큰 문제가 생긴다. 효과의 법칙에 따르면, 예를 들어, 운전을 배우는 사람은 여러 행동을 시행착오를 겪으면서 그중 강화 받은 몇 가지 행동을 학습할 것이다. 차를 움직이는 것은 여러 반응을 해 보다가 우연히 가속페달을 밟는 반응을 함으로써 배울 수 있다고 하자. 그러면 차를 정지시키는 것은 어떤가? 브레이크를 밟는 반응을 하기 전에 전조등을 켜거나 기어를 바꾸는 등의 엉뚱한 반응을 하면, 그것이 차를 정지시키는 데 아무 효과가 없다는 것을 배우기도 전에 사고가 나기 마련이다.

반두라에 따르면, 인간행동은 자극과 반응에 의해서 학습하는 수동적 형태가 아니라, 유기체의 신념이나 기대와 같은 인지적 역할에 따라 일어난다. 인간은 환경에 영향을 미치는 존재이면서 환경에 영향을 받는 존재이다. 행동을 결정짓는 방식에는 기대, 신념, 태도, 지식과 같은 개인 요인, 물리적이거나 사회적인 환경요인, 행동이나 언어, 선택 등과 같은 행동 요인의 3요인이 있다.

3요인은 상호작용하기 때문에 3요인 상호결정론을 강조하는 데, 3요인 상호결정론은 [그림 2-6]과 같다.

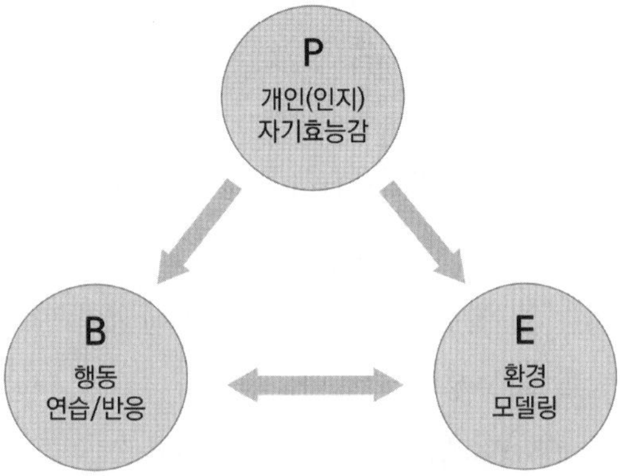

[그림 2-6] 3요인 상호결정론

자료: 김보기 외(2019b).

반두라는 한 모델이 보보(Bobo)인형에게 폭력을 가하는 영화를 제작하여 세 그룹에 보여 주고 공격성 실험을 하였다. 첫째 그룹에게는 폭력적 행동을 한 모델에게 상을 제공하는 영화를 보여 주었고, 두 번째 그룹에게는 공격적 행동을 한 모델에게 벌을 주는 영화를 보여 주었다. 세 번째 그룹에게는 상도 벌도 받지 않는 영화를 보여 주었다. 그 결과, 모델의 공격적 행동을 본 아동들은 그런 행동을 보지 못한 그룹보다 더 공격적이 되었고, 모델의 공격적 행동을 모방하였다. 또한 공격적 행동을 칭찬하는 것을 관찰한 아동은 더 공격적이 되었다. 이처럼 타인의 행동의 결과를 관찰하여 자신의 결과를 학습하는 것을 대리강화(vicarious reinforcement) 또는 대리처벌(vicarious punishment)이라고 한다.

보보인형

(2) 모델링의 과정

『사회학습이론』
(1976년 출판)

반두라(Albert Bandura)는 1976년 그의 저서 『사회학습이론(*Social learning theory*)』에서, 관찰학습은 타인의 행동을 관찰하거나 모방함으로써 학습이 된다고 강조하기에 모델링을 중요하게 생각한다. 반두라는 모델링의 과정을 4단계로 설명한다(김영철 외, 2022a: 239－240).

① **주의집중단계**(attention phase)

주의집중은 학습자가 모델의 중요한 행동에 주의나 관심을 기울이는 것에서 시작한다. 모델에 관심이 많고 주의를 기울일수록 모방할 가능성은 커진다.

② **파지단계**(retention phase)

파지단계는 주의를 기울였던 모델의 행동을 기억하거나 유지하는 과정이다. 이 과정에서는 시청각과 같은 감각으로 들어온 정보를 기억으로 전이하는 과정이다. 파지과정은 심상이나 인지적 시연과 같은 내적 시연이 있고, 실제로 행동해 보는 운동 시연과 같은 외적 시연이 있다.

③ **재생단계**(reproduction phase)

재생과정은 모델처럼 잘하기 위해서는 능력과 기술이 있어야 한다. 따라서, 모델 행동을 모방하기 위해 연습을 많이 해야 한다. 또한 시행착오를 거쳐 정확한 모방을 하기 위해서는 피드백이나 지도가 필요하다.

④ **동기화단계**(motivation phase)

아무리 학습이 일어났어도 수행으로 이어지려면 동기화가 되어야 한다. 적절한 동기가 유발되면 학습이 수행으로 이어지고, 이때 강화는 결과기대를 가져오므로 행동을 촉진시킨다. 즉, 관찰학습이나 사회학습은 강화기대나 결과기대가 있을 때 모델행동이 더 잘 일어난다.

(3) 사회학습에서의 강화

김영철 등의 저서 『인간행동과 사회환경(2022a)』에 따르면, 사회학습을 유도하는 강화에는 세 가지가 있다(김영철 외, 2022a: 240-241 재인용).

『인간행동과 사회환경』
(2022년 출판)

첫째, 직접강화(direct reinforcement)이다.

이는 외부에서 오는 강화이다. 부모나 교사로부터 칭찬이 여기에 속한다.

둘째, 대리강화(vicarious reinforcement)이다.

타인이 강화 받는 행동을 관찰하면 자신도 그 행동을 반복할 가능이 높다. 다이어트에 성공한 여학생이 멋진 남학생과 데이트를 하는 것을 보고 자신도 멋진 남학생과 데이트를 하려고 다이어트를 할 가능성이 높다.

셋째, 자기강화(self reinforcement)이다.

외적 보상이 아닌 자기만족이나 성장으로 인해 관찰행동을 지속하는 것이다. 자기효능감이 높은 개인은 목표를 달성하고자 노력을 하고 이 노력은 좋은 결과를 가져온다. 좋은 결과로 인해 교사의 칭찬을 받게 된다. 개인은 자신감을 가지고 더욱 노력을 하여 성취감을 경험하고 더 도전하게 되는 것이다. 처음에 주어지는 교사의 칭찬은 외적 강화이지만 성취감은 자기강화이다.

(4) 관찰학습의 영향 요인

관찰학습에 영향을 주는 요인은 모델의 특성, 관찰자의 특성, 보상결과가 있다(이억범 외, 2014: 65-66).

첫째, 모델의 특성은 학습자가 관찰대상과 비슷하고 또래일수록, 지위가 있을수록, 유능하다고 지각할수록 관찰학습의 효과는 증가한다.

청소년의 희망직업이 가수나 연예인이 많은 것도 아이돌 스타를 모방하기 때문이다. 연령대가 비슷하고 돈을 많이 벌고 인기가 있다고 지각하기에 연예인이 되고 싶은 것이다.

둘째, 관찰자의 특성이다. 관찰자의 자존감이나 발달단계에 따라 다르다.

자존감이 낮은 아동은 부모의 행동을 모방할 확률이 높다. 폭력가정의 자녀들은 낮은 자존감으로 인해 부모의 폭력을 모방할 확률이 높아 폭력이 대물림되는 것이다.

셋째, 행동과 관련된 보상이다.

모델의 행동이 정적 강화로서의 유인가가 있으면 행동을 모방할 가능성이 높다. 사회학습의 관점에서 보면, 부모나 교사, 그리고 어른들의 행동은 자녀나 학생에게는 중요한 모델링의 대상이 된다.

반두라는 모델링을 통해 뱀의 공포를 감소시키는 과정을 연구하였다. 관찰자는 뱀과 친하게 지내는 모델을 관찰하고 모방하면서 자신이 뱀에 대한 공포를 줄일 수 있다는 신념을 통해 뱀에 대한 공포를 줄이게 되었다. 이처럼 자신이 과제를 수행할 때 어떤 행동을 할 수 있다는 능력에 대한 믿음을 자기효능감(self-efficacy)이라고 한다. 이 자기효능감은 과거의 성공경험, 모델관찰, 언어적 설득 등으로 형성되는데, 관찰학습에서 중요한 개념이다.

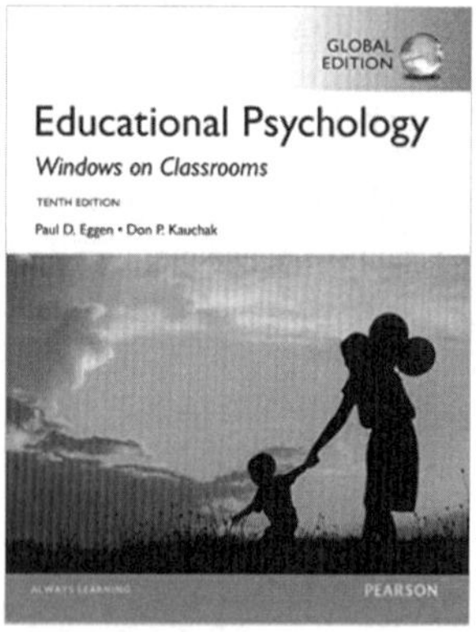

『교육심리학』
(2015년 출판)

에겐과 카우착(Paul Eggen and Don Kauchak)의 『교육심리학(*Educational Psychology: Windows on Classroom*, 2015)』에 따르면, 높은 자기효능감을 가진 학습자들은 도전적인 과제를 선택하고 과제를 수행할 때 더욱 노력한다. 목표에 도달하지 못했을 때도 포기하지 않는 인내심을 가지고 있다. 특히, 자신에 대한 믿음이 확고하여 성공할 것이라고 믿고 불안감을 스스로 통제하거나 조절하는 편이다. 비생산적인 전략을 자주 사용하지 않는다. 특히, 같은 능력에 있어서 자기효능감이 낮은 학생보다 높은 수행을 보이는 특징을 가지고 있다. 모델링을 통해 자기효능감을 높여 자기조절력을 향상하는 것은 바람직한 행동을 증가시키거나 바람직하지 못한 행동을 감소시키는 것이다.

2 기억

만일 인간에게 기억(memory)이 없다면, 과거도 현재도 없는 지금 이 순간만이 존재할 것이다. 그리고 경험을 통해 새롭고 다양한 기술이나 능력을 습득할 수 없을 것이며, 습득하였다 하더라도 이를 사용할 수 없을 것이다. 즉, 기억하는 능력이 없다면 학습하는 것 자체가 무의미할 것이고, 순간순간만이 존재하는 하루살이와 같을 것이다.

흔히 기억이란 단순히 경험한 사실을 저장하고 유지하고 다시 불러내는 회상의 기능이라고 생각한다. 그러나 기억은 단순히 정보를 받아들이고 저장하는 과정뿐만 아니라, 문제해결을 위하여 기존의 기식과 정보를 조직화하고 재구성하는 적극적인 정신과정까지도 포함한다. 따라서, 기억은 학습, 사고, 추론을 하기 위한 기본적인 기능이라고 할 수 있다. 학습자는 학습을 통해서 저장할 수 있는 지식과 정보를 획득하며, 기억을 통해서 저장한 지식과 정보를 재생하여 활용할 필요가 있을 때까지 보관해 둔다. 그리고 인출이 필요한 시기에 재생한다.

1) 기억의 개념

인간에게 기억이 없다면 과거와 현재 및 가장 기본적인 일상생활을 할 수 있는 능력이 사라질 것이다. 즉, 시간의 흐름 속에서 오직 지금 이 순간만이 존재하며, 다른 사람을 알아보거나 생활에 필요한 기술을 사용할 수도 없게 될 것이다. 우리는 흔히 기억을, 경험한 사실을 그대로 저장하고 또 나중에 사용하는 정신적 능력이라 생각한다. 하지만 기억은 단순히 정보를 받아들이고 저장하는 과정뿐만이 아니라, 기존의 정보나 지식을 문제해결에 잘 사용할 수 있도록 조직화하거나 재구성하는 매우 적극적인 정신과정이기도 하다. 사실 기억이란 학습이 일어났다는 것을 보여 주는 증거이기도 하다. 인간은 학습 없이는 생존할 수 없으나, 기억하는 능력이 없다면 학습하는 것 자체가 무의미할 것이다(현성용 외, 2020: 166).

그렇다면 기억(memory)이란 무엇인가? 기억은 과거의 경험을 저장 또는 유지하고, 어떠한 형태로 그것을 재현함으로써 현재의 경험이나 행동에 영향을 미치는 작용이다(최정식 외, 2022: 25). 기억이란 정보를 저장하고 인출하는 능력을 의미하는데, 일반적인 정의는 과거의 기억을 뇌의 특정 부위에 저장해 두었다가 필요할 때 끄집어내는 인지과정으로 정의되고 있다. 기억에 관한 연구를 주로 하는 것이 인지심리학이며, 이 접근법을 정보처리적 접근방법이라고 한다. 인지심리학은 지각, 학습 그리고 사고의 통합에서 인지적 요소의 역할을 강조하였던 초기 게슈탈트(Gestalt)학파의 영향을 받아, 1960년대 말부터 사람이 어떻게 정보를 획득하고, 저장하고, 조직하고, 사용하는가를 기술하는 데 사용되기 시작하였다(김이영 외, 2015: 139).

기억은 경험과 정보를 부호화·저장·인출하는 인지적 정신기능이다. 이는 시간이 지나도 계속되는 학습과정인 동시에, 개인의 경험과 습득된 정보가 축적된 저장고이기도 하다. 기억은 개인의 삶을 정의해 주고, 지금까지 살아온 과정을 설명해 준다. 그래서 우리는 기억하는 만큼 존재한다. 사람들은 기억을 통해 가까운 사람을 인식하고, 언어를 말하며, 집에 돌아갈 수 있고, 물이나 음식이 어디에 있는지 알 수 있다. 기억이 있어서 과거의 경험을 즐기고, 정신적으로 재생하며, 기뻐할 수 있다. 만일 우리에게 경험을 저장할 장치, 즉 기억이 없다면 즐거웠던 추억을 떠올릴 수 없고, 고통스러운 기억으로 힘들어하지도 않을 것이다. 또한 언제나 낯선 사람을 만나게 될 것이고, 모든 언어는 외국어가 될 것이며, 일상적인 활동은 매번 새로운 도전이 될 것이다. 그저 끝없는 현재에 살게 될 것이다. 자기자신에 대한 기억 소멸은 자신에게조차 낯선 사람이 될 수 있다(강진령, 2022: 209).

2) 기억의 과정

정보처리 관점에서 기억의 과정은 크게 부호화(encoding), 저장(storage), 인출(retrieval)의 3단계로 이루어진다. 부호화는 기억의 초기에 기억하기 쉬운 형태로 정보를 형성하는 것을 말한다. 저장이란 정보저장소에 부호화된 정보를 위치시키는 과정을 말한다. 인출은 정보저장소에 저장된 정보를 꺼내거나 상기하는 과정을 말한다. 이처럼 심리학에서 정보처리(information-processing)란 인간의 두뇌 속에서 일어나는 인지과정을 의미한다.

기억의 과정은 [그림 2-7]과 같다.

[그림 2-7] 기억 과정

자료: 손진훈 외(1994: 163).

정보처리이론은 사람들이 어떻게 정보를 받아들이고, 저장하며, 사용하는가를 다룬다. 정보처리이론에서는 학습을 지식의 획득으로 본다. 정보처리이론에 의하면, 인간의 기억은 하나의 정보처리체계로서 정보가 처리되는 기억단계가 있으며 정보의 단계별 전이와 정보의 처리 여부와 기억내용을 조절하는 통제장치 및 과정이 있다.

기억의 과정에서 기본이 되는 대표적인 정보처리모형은 앳킨슨과 쉬프린(Atkinson & Shiffrin, 1968)의 이중장치모형이다. 정보처리모형의 구성요소는 두 가지인데, 하나는 정보저장소이고 다른 하나는 정보처리과정이다. 정보저장소인 기억의 단계는 감각기억, 단기기억, 장기기억으로 구분된다. 정보처리과정은 정보를 하나의 저장소에서 다른 저장소로 옮기는 지적인 활동을 의미하며, 주의집중, 지각, 시연, 부호화, 인출 등의 과정으로 진행된다.

정보처리모형은 [그림 2-8]과 같다.

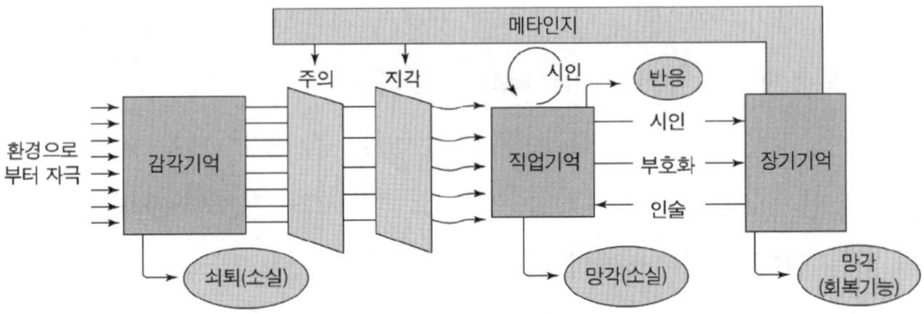

[그림 2-8] 정보처리모형

자료: 김보기 외(2017c: 73).

(1) 기억의 단계

① 감각기억

감각기억(Short Term Sensory Storage, STSS)은 정보가 특정 감각기관에 들어오는 순간에 일어나는 정보처리과정으로 매우 짧은 시간 동안이지만, 정보를 완전하고 정확하게 보유하는 저장고이다. 감각기억은 시각, 청각, 촉각, 후각, 미각 등의 감각 수용기를 통해 유입된 외부 정보를 처리하는 맨 처음 단계라고 할 수 있다. 감각기억으로 입력되는 외부 정보의 양은 엄청나지만 그 지속시간은 매우 짧아, 시각정보에 의한 영상기억(iconic memory)의 경우는 약 1초, 청각정보에 의한 잔향기억(echoic memory)은 약 2초 정도로 매우 짧다. 외부 정보 중 대부분은 감각기억에서 소멸되며 그중 중요한 것만 걸러내는 여과과정인 주의집중(attention)을 통해 단기기억으로 전이된다. 학습의 시작은 주의집중에서 시작된다. 감각기억은 지속시간이 매우 짧기 때문에 들어오는 정보를 주의집중하지 않으면 소멸된다. 수많은 정보를 처리하는 능력은 한계가 있으며, 한꺼번에 들어오는 많은 양의 정보 중에서 중요한 것만 걸러내는 여과과정이 필요한데 이를 '선택적 주의집중(selective attention)'이라고 한다. 주의집중을 통해 지각된 정보는 단기기억으로 전이된다. 지각(perception)이란 경험에 의미와 해석을 부여하는 과정이다. 지각이 일어난 자극은 '객관적 실재'로서의 자극이 아니라, 개인마다 다르게 받아들이는 '주관적 실재'로서의 자극이 된다.

② 단기기억

단기기억(Short－Term Memory, STM)은 선택적 주의집중을 통해 감각기억으로부터 들어온 정보와 장기기억으로부터 인출된 정보의 결합이 이루어지는 곳으로 정보를 일시적으로 보유할 수 있는 기억흔적을 말한다.

짧은 시간에 많은 양의 정보를 보유할 수 있는 감각기억과는 달리, 단기기억의 보유 정보의 양은 매우 적다. 단기기억에서 1회 처리 정보의 용량은 7±2항목이며, 의미 있는 단위로 재부호화하여 묶여진 경우 7±2청크(chunk)이다. 단기기억에 정보가 머무는 시간은 약 15－30초 정도이며, 반복적인 시연(rehearsal) 등을 통한 의도적인 노력이 없으면 짧은 시간 내에 사라진다. 즉, 정보가 단기기억에 오래 머물러 있을수록 장기기억으로 전이될 가능성이 높아진다.

③ **장기기억**

감각기억과 단기기억이 현재 진행 중인 상황에서 작동하는 기억이라고 한다면, 장기기억(Long-Term Memory, LTM)은 축적된 지식을 저장하는 거대한 창고와 같다. 장기기억은 단기기억과는 여러 면에서 다른 점이 있다.

첫째, 단기기억이 정보를 주로 청각적으로 부호화한다면, 장기기억은 의미로 정보를 부호화한다.

둘째, 단기기억의 용량은 제한적인데 반하여, 장기기억의 용량은 아직 그 한계가 밝혀지지 않을 정도로 거대하다.

셋째, 단기기억에서의 정보는 얕은 수준에서 처리되는데, 장기기억의 정보는 보다 깊은 수준에서 처리되기 때문에 기억이 보다 오랫동안 지속될 수 있으며, 평생 동안 망각되지 않는 영구적인 기억도 있다. 그러나 잊히는 경우, 그 항목이 영구히 상실되어 버리는지 또는 잠시만 사용할 수 없게 되는 것인지에 대한 의문은 아직 해결되지 않은 채 논쟁의 대상이 되고 있다.

장기기억에 저장되는 정보는 조직적이고 체계적으로 저장되며, 개인의 경험과 다른 요인 등에 따라 재구성될 수도 있다. 장기기억에서의 체제화는 도서관에서 일련의 분류기준을 가지고 책들을 정리하고 있는 것에 비유될 수 있다. 장기기억에서의 기억체제화(memory organization)는 의미(meaning)나 개념(concept)을 기준으로 이루어진다. 단기기억 안의 정보는 시연(rehearsal)을 통해 파지(retention)되고 장기기억으로 전이가 이루어진다. 시연은 지각된 자극을 암송하는 것을 말한다. 시연의 종류는 단순 암기인 유지형 시연과 새로운 정보를 기존의 지식과 연합 또는 심상을 이용하는 암기인 정교형 시연이 있다. 효과적인 시연을 위해서는 집중학습보다 분산학습이 더 효과적이다. 부호화(encoding)는 가장 중요한 정보처리과정으로, 감각기억의 정보를 처리하여 단기기억 및 장기기억에 저장하기 위해 정보를 변형시키는 것을 말한다. 정보를 부호화하는 데 있어서 가장 중요한 것은 정보를 유의미화하는 것이다. 장기기억에 저장된 정보는 단기기억을 통해 인출(retrieval)된다.

인출은 저장되어 있는 정보를 탐색하여 재생하는 과정이다. 때로는 자신이 분명히 알고 있는 정보도 인출되지 않는 경우가 있다. 이때 자신이 알고 있는 정보를 인출 실패하지 않고 끄집어 사용할 수 있는 인출전략이 필요한데, 저장된 정보가 떠오르지 않을 때 이 정보를 연상할 수 있게 하는 여러 가지 인출단서를 활용할 수 있어야 한다. 기억의 단계는 <표 2-5>와 같다.

<표 2-5> 기억의 단계

구분	감각기억	단기기억	장기기억
용 량	매우 큼	7±2 청크(chunk)	거대(무한정)
지속시간	1-2초	약 20초 이내	무한
부 호 화	복제	음성적(청각적)	의미적(감각의 부호화도 가능)
처리수준	1회적	얕은 수준	깊은 수준
입력조건	노력 필요 없음.	주의집중	반복 시연(암송)
정보손실	소멸, 간섭	쇠퇴, 간섭	인출실패(간섭에 의해)
인출오류	-	정확함.	오류가능성

자료: 이주희 외(2013: 204).

④ 미래기억

최근에는 과거의 일을 기억하는 것뿐만 아니라, 현재보다 이후 시점에서 특정 행동을 하거나, 계획을 실행하는 것을 기억하는 것이 중요하다고 보고 있다. 이러한 앞으로의 예정에 대한 기억을 미래기억(prospective memory)이라고 한다. 편지를 보내야 해서 가방에 넣고 다니다가 그 사실을 잊어버리고 가방 속에 넣어둔 채 하루가 지나는 등의 '건망(amnesia)'현상이 있다. 이 '건망'이라는 현상은 어떤 행위를 실행해야 하는 시점에 상기시키지 못해 실행하지 않은 것을 말하며, 미래기억의 실수이다. 볼일이 있어서 외출했는데 무슨 일을 해야 하는지 잊어버려 되돌아오는 예에서 보듯이, 행동의 실행과정 중에 생긴 실패를 행동실수(action slip) 또는 인적 오류(human error)라고 한다(최정석 외, 2022: 29).

행동실수의 종류와 예는 <표 2-6>과 같다.

<표 2-6> 행동실수의 종류와 예

실수의 유형	특 징	예
반복오류 (repetition errors)	이미 행동을 실행했는데도 그 사실을 잊고 같은 행동을 반복하는 것	컵에 주전자의 뜨거운 물을 부었는데, 이를 잊고 또 부었다.
목표의 전환 (goal switches)	일련의 행동목표를 잊고 잘못된 목표로 바뀌는 것	친구 집에 가려고 했는데, 회사를 향하고 있음을 깨닫다.
탈락(omissions)과 전환(reversals)	행동의 시계열 요소가 탈락하거나 순서를 틀리는 것	주전자에 물을 넣었지만, 불 켜는 것을 잊었다.
혼동(confusion) / 혼합(blend)	어떤 행동계열에 포함된 대상을 다른 행 계열에 포함된 것으로 혼동하는 것	꽃을 자르는데, 가위 대신 병따개를 들고 정원으로 나왔다.

자료: 최정석 외(2022: 29).

자신의 기억에 대한 지식 또는 인식을 초기억(metamemory)이라고 한다. 최근 건망증(forgetfulness)이 심해졌다거나, 사람의 얼굴과 이름을 기억하기 힘들어지는 등 자신의 기억에 관한 판단을 말한다. 잊어버리지 않도록 꼼꼼하게 메모하는 등 자신의 기억을 관리하여 모니터하도록 작용한다.

(2) 정보처리과정

정보처리모형에서는 기억의 단계와 별도로 정보를 처리하는 통제과정(control processes)을 포함하고 있다. 통제과정은 인간의 정보처리를 컴퓨터와 구별시켜 주는 부분으로 정보의 어느 부분에 주의를 기울이고, 무엇을 할 것인지를 계획하고, 계획한 대로 되어가고 있는지를 추적해 가는 과정이다. 통제과정은 대부분 의도적이기 때문에 이것을 통해서 정보처리의 계획, 주의과정의 통제, 처리과정 및 책략 선택, 처리과정 추적 감시 등을 할 수 있다. 즉, 어떤 정보에 주의를 기울이고, 정보의 저장과 인출에 어떤 책략을 사용할 것이며, 문제해결의 방법을 생각해내는 등의 인지활동이 통제과정을 통해 이루어진다.

① 주의

학습의 시작은 주의집중(attention)에서 시작된다. 주의집중은 감각기억에 들어오는 정보를 주의집중하지 않으면 소멸된다. 수많은 정보를 처리하는 능력은 한계가 있으며, 한꺼번에 들어오는 많은 양의 정보 중에서 중요한 것만 걸러내는 여과과정이 필요한데 이를 선택적 주의집중(selective attention)이라고 한다. 주의집중은 정보의 물리적 특성, 정보의 친 숙성, 정보의 의미성에 영향을 받는다.

② 지각

지각(perception)이란 경험에 의미와 해석을 부여하는 과정이다. 지각이 일어난 자극은 '객관적 실재'로서의 자극이 아니라, 개인마다 다르게 받아들이는 '주관적 실재'로서의 자극이 된다.

③ 시연

시연(rehearsal)은 지각된 자극을 암송하는 것을 말한다. 단기기억(작동기억) 안의 정보는 시연을 통해 파지(retention)되고 장기기억으로 전이가 이루어진다. 즉, 시연이란 기억할 대상을 언어화하여 되풀이함으로써 단기기억 저장소 내에서 기억할 정보를 오랫동안 머물러 있게 하는 의도적인 행위를 말한다. 시연의 종류에는 단순 암기인 유지형 시연(maintenance rehearsal)과 새로운 정보를 기존의 지식과 연합 또는 심상을 이용하는 암기인 정교형 시연(elaborative rehearsal)이 있다. 효과적인 시연을 위해서는 집중학습보다 분산학습이 더 효과적인데, 이것을 간격효과(spacing effect)라고 한다. 또한 시연과 관련된 중요한 이론으로 계열위치효과(serial position effect)가 있다. 계열위치효과는 기억한 목록들 중에서 계열위치의 앞부분의 것이 잘 회상되는 현상을 초두효과(primacy effect), 계열 위치의 뒷부분의 것이 잘 회상되는 현상을 최신효과 또는 신근성효과(recency effect)라고 한다.

④ 부호화

부호화(encoding)는 가장 중요한 정보처리과정으로, 감각기억의 정보를 처리하여 단기기억 및 장기기억에 저장하기 위해 정보를 변형시키는 것을 말한다. 정보를 부호화하는 데 있어서 가장 중요한 것은 정보를 유의미화하는 것이다. 부호화를 위한 방법은 조직화, 정교화, 심상형성, 기억술 등이 있다.

첫째, 조직화는 기억해야 할 정보를 기억하기 쉬운 형태로 구성하는 전략이다. 조직화 방법으로는 서로 연관된 것끼리 묶는 방법인 '군집화', 항목들 간의 공통점을 확인하여 보다 상위수준으로 묶는 방법인 '범주화'가 있다. 조직화 전략의 발달에는 무엇보다도 사회적 환경이 중요하다. 학교나 가정에서 조직화된 방법으로 학습자료를 제시하는 교육방법은 아동의 조직화 책략 발달에 영향을 미친다.

둘째, 정교화는 새로운 지식을 기존의 지식과 연관 짓는 인지전략이다. 즉, 새로운 정보의 의미를 해석하고, 사례를 들고, 구체적 특성을 분석하고, 추론하는 전략이다.

셋째, 심상형성은 정보를 시각적인 심상으로 변형하여 기억하는 것을 말한다. 심상형성은 신속하게 저장되고 오래 파지되기 때문에 기억술의 토대가 되고 있다.

넷째, 기억술은 정보를 장기기억 속에 저장하기 위해 사용하는 다양한 전략이다. 조직화와 정교화가 부호화에 유용한 전략이기는 하지만 모든 정보를 조직화하고 정교화하기는 어렵다. 기억술에는 핵심단어법, 두문자법, 문장작성법, 연결법, 운율법 등이 있다.

⑤ 인출

인출(retrieval)은 저장되어 있는 정보를 탐색하여 재생하는 과정이다. 때로는 자신이 분명히 알고 있는 정보도 인출되지 않는 경우가 있다. 이때 자신이 알고 있는 정보를 인출실패하지 않고 끄집어 사용할 수 있는 인출전략이 필요한데, 저장된 정보가 떠오르지 않을 때 이 정보를 연상할 수 있게 하는 여러 가지 인출단서를 활용할 수 있어야 한다.

(3) 신경망모형

기억의 과정에 대한 정보처리 모형의 대안적 모형으로 신경망모형(Neural network model)이 있다. 신경망모형은 인간의 기억이 신경망으로 구성되어 있고, 기억 내용들이 nodeneuron 사이의 연결 강도로 저장된다고 가정한다. 1980년대 중반부터 전통적 정보처리모형의 대안으로 연구가 시작된 신경망모형에서는 정보처리모형을 가정한 것과 같이 정보를 컴퓨터처럼 단계적(감각기억－단기기억－장기기억)으로 처리하지 않고, 거의 동시에 병렬적으로 처리한다고 본다. 또한 정보가 낱개 또는 규칙체계로 기억의 한 저장고에 저장되는 것이 아니라, 기본적인 정보단위들이 상호 복잡하게 얽힌 신경계의 통로를 통해 연결된 형태로 뇌의 거대한 신경망 조직 내에 분산되어 저장된다.

정보처리모형과 신경망모형의 차이점은 <표 2－7>과 같다.

<표 2-7> 정보처리모형과 신경망모형의 차이점

	정보처리모형	신경망모형
정보처리과정	순차적 처리	병렬적 처리
의사결정	(논리연산에 의하기 때문에) 가부가 확실하다.	불완전한 자료에 근거하여 최적의 의사결정을 한다.
정보처리절차	엄격히 정해진 순서에 의해 자료를 다루기 때문에 결과가 정확하다.	정보를 처리할 때 스스로의 규칙을 만들어 처리한다.
정보의 저장	특정의 정보를 용이하게 검색할 수 있도록 정보가 저장된다.	정보의 일부를 검색하면 관련된 모든 정보가 자동적으로 함께 인출될 수 있도록 저장된다.
학습의 관점	입력된 정보의 부호화된 표상들이 장기기억 속에 저장되는 것을 학습으로 본다.	정보처리요소 사이의 연결강도의 변화를 학습으로 간주한다.

자료: 이주희 외(2013: 204).

3) 망각

개인의 장기기억 속에 이미 저장되었던 정보를 잃어버리는 현상으로, 기억의 반대 현상이라고 할 수 있다. 기억이 일상에서 지속적으로 일어나듯이 망각 또한 지속적이고 보편적으로 일어난다. 망각은 경우에 따라 이점도 있지만, 대부분 나이가 들어감에 따라 그 빈도와 증상이 점차 심해지며 기억, 학습, 새로운 정보의 저장 등에 문제를 일으킨다.

망각의 뚜렷한 원인은 아직 밝혀진 바 없지만, 다양한 요인이 망각의 과정에 관여한다고 본다. 또한 기억수행을 위한 세 단계인 정보의 부호화, 저장, 인출 단계에서 문제가 발생할 때, 망각이 일어날 수 있다. 망각은 반복 또는 더욱 정교한 정보의 인지적 처리과정 등을 통해 줄일 수 있다.

망각이 언제나 부정적 의미만 있는 것은 아니다. 어린 시절의 상처를 끝까지 기억하고 있다면 현실이 행복할까? 과거는 현실에 도움되는 것만 기억하라는 말이 있다. 이를 잊지 못하면, 과거의 상처가 현재가 되어 미래를 망가뜨릴 수도 있다.

(1) 에빙하우스의 망각곡선

망각(forgetting)은 왜 발생할까? 이와 관련하여 에빙하우스(Herman Ebbinghaus, 1850–

1909)는 주목할 만한 실험을 하였다(김남일 외, 2015: 172 재인용). 그는 독일의 심리학자이자 실험심리학의 선구자로, 정신과정에 관심을 가지고 여러 해에 걸쳐 연구하였다. 특히, 기억흔적이 어떤 조건에서 획득되고, 그것이 얼마나 오래 지속되는지, 망각을 일으키는 것은 무엇인지에 대한 문제들을 제기하였다.

에빙하우스는 인간의 기억에 관해 최초로 실험적인 연구를 하였다. 특히, 기억의 흔적이 어떤 조건에서 획득되고 또 그것이 얼마나 오래 지속되는지, 망각을 일으키는 원인은 무엇인지에 대한 문제들을 제기하였다. 당시 그는 학습동기가 잘 갖추어진 적당한 피험자를 구하는 일이 어려워 스스로를 피험자로 삼았고, 엄청난 끈기를 가지고 연구를 수행하였다.

에빙하우스의 망각곡선(forgetting curve)은 시간이 지남에 따른 기억 보유량을 백분율로 나타내고 있다. 맨 처음 단어 목록을 학습했을 때는 기억 보유량이 100%에 이르지만, 이후 9시간 동안 급격하게 망각이 일어나다가 어느 정도 시간이 경과하면 망각이 천천히 진행된다. 결국 학습한 내용을 잊지 않으려면 20분 후, 1시간 후, 9시간 후, 6일 후, 한 달 후에 정기적으로 반복해 주는 것이 필요하다. 특히, 영어 단어를 외울 때 유용하다.

에빙하우스의 망각곡선을 그래프로 나타내면 [그림 2-9]와 같다.

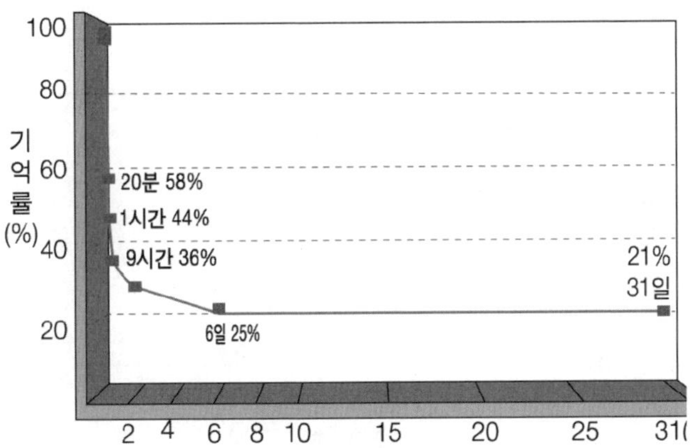

[그림 2-9] 에빙하우스의 망각곡선

자료: 김보기 외(2017c: 80).

(2) 망각 속도

1959년 피터슨 부부(L. R. Peterson & M. J. Peterson)는 단기기억(short term memory, STM)에서의 망각속도를 최초로 정립하였다. 그들은 한 연구에서 대학생 참여자들에게 알파벳(자음) 3개를 표적으로 제시한 후, 표적 알파벳을 암송하지 못하도록 숫자를 하나 제시한 후 제시된 숫자에서 3씩 빼 나가는 계산을 하라고 지시하였다. 예를 들어, 피험자에게 알파벳 CHJ를 제시한 다음 506이라는 숫자를 제시한 후 신호가 나타날 때까지 3씩 빼 나가는 계산을 하도록 지시하였다.

다음 [그림 2-10]은 실험결과를 요약한 것으로, 자극 알파벳을 정확하게 재생할 확률이 파지(정보에 대한 정신적 표상을 기억 속에 유지하고 있는 것) 기간인 18초 동안 급속히 감소한다는 것을 알 수 있다. 단기기억의 망각 속도가 이렇게 빠르다는 것은 언어적 정보를 장기기억에 보존할 때 망각을 막기 위해 암송이 필요하다는 것을 의미한다. 이는 일상생활에서도 쉽게 관찰된다. 예를 들어, 모르는 사람의 전화번호를 처음 들은 후 잠시 동안 다른 일에 주의를 기울이고 나면 그 번호를 잊어버리는 경우가 있다. 이 역시 단기기억의 망각 속도가 빠르다는 것을 입증한다. 그러나 처음 들은 전화번호라고 하더라도, 계속해서 암송하고 있는 동안은 정보를 잊지 않는다(Peterson & Peterson, 1959).

망각속도는 [그림 2-10]과 같다.

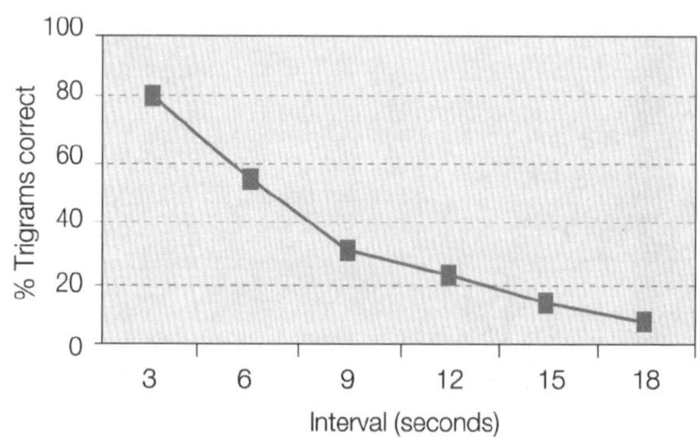

[그림 2-10] 망각 속도

자료: Peterson & Peterson(1959).

(3) 망각의 원인

① 쇠잔(쇠퇴, 소멸)이론

사용되지 않는 정보는 통상적으로 시간이 경과함에 따라 망각될 확률이 높아진다. 망각에 있어 파지(정보에 대한 정신적 표상을 기억 속에 유지하고 있는 것)와의 관계에 주목한 이론이 쇠잔이론(decay theory)이다. 쇠잔이론은 1914년 손다이크가 '불용의 법칙(law of disuse)'을 제안하면서 관심을 끌었으며, 19세기 후반 에빙하우스의 초기 기억연구에 기반을 두어 발달하였다. 이 이론에 따르면, 기억은 중추신경계에 어떤 변화를 일으켜 기억흔적을 남기는데, 이 기억흔적은 사용되지 않으면 시간의 경과에 따라 신진대사과정에 의해 점차 희미해지고 결국에는 사라진다. 이는 마치 바위에 새겨진 글자가 세월이 흘러감에 따라 풍상에 점차 마모되어 가는 과정과 흡사하다.

쇠잔이론은 예전에는 자주 사용해서 잘 기억할 수 있었던 전화번호를 시간이 흐를수록 기억하기 어려운 것과 같은 일상의 예를 잘 설명해 준다. 하지만 한계점 또한 존재하는 데, 쇠잔이론은 학습과 기억검사 간의 파지기간 동안 겪은 경험에 따라 기억 정도가 달라진다는 사실을 설명하지 못한다. 또한 쇠잔이론은 실험적으로 검증하기 어렵기 때문에 많은 심리학자들은 실험적으로 검증 가능한 망각의 원인에 관심을 돌리게 되었다.

이와 관련하여 새롭게 대두된 이론이 있다. 망각이 시간의 함수가 아니라, 어떤 간섭(interference)작용 때문에 일어난다는 것이다. 심리학자 젠킨스와 달렌바흐(Jenkins & Dallenbach)는 그들의 실험으로부터 망각이 파지기간의 크기에 의해서만 결정된다고 주장한 쇠잔이론에 반대되는 결과를 보고하였다. 그들은 두 집단의 피험자에게 무의미 철자 10개 항목을 학습하도록 했는데, 한 집단은 이른 아침에, 다른 집단은 늦은 밤에 학습하였다. 학습 직후 기억검사를 하고 두 집단 모두 1, 2, 3, 4, 8시간 후에 회상검사를 하였다. 이때 야간학습집단은 잠을 자다가 깨어 검사를 하고, 주간학습집단은 일상적인 활동을 하다가 실험실로 돌아와 검사를 하였다. 그 결과, 파지기간이 증가함에 따라 두 집단 모두 회상률이 감소했는데, 특히, 주간학습집단의 망각률은 야간학습집단에 비해 더 빨리 증가하였다. 쇠잔이론에 따르면, 두 집단이 동일한 양만큼 망각을 보여야 할 텐데 실험결과는 그러한 가설에 부합하지 않았다. 이 실험은 망각이 단순한 시간 경과로 일어나는 것이 아니라, 파지기간 동안 이루어진 경험의 양에 영향을 받는다는 것을 보여 준다. 젠킨스와 달렌바흐의 연구는 쇠잔이론이 기억에 관한 많은 부분을 설명해 주지 못함을 증명했으며, 이후 심리학자들은 쇠잔이론의 한계점을 보완하며 실험적으로 검증 가능한 망각의 원인에 관심을 돌리게 되었다(Jenkins & Dallenbach, 1924).

② 간섭이론

망각을 설명하는 또 다른 이론은 간섭이론인데, 맥지오치(J. A. McGeoch)의 연구는 간섭이론이 발달하게 된 계기를 제공하였다. 간섭이론은 기억과 학습에 관한 연구를 주도해 온 연합주의 틀에서 발달하였다. 연합주의는 자극과 반응 간에 형성된 연합적 연결을 강조하며, 이러한 연합적 연결을 간섭하는 경합 정보가 없는 한 이 연결이 장기기억에 유지된다고 강조한다. 간섭이론은 실험적 검증이 매우 용이하여 많은 연구를 촉발했는데, 크게 두 가지 유형의 간섭인 역행간섭과 순행간섭의 패러다임이 제기되었다. 그 내용은 다음과 같다(McGeoch, 1932).

역행간섭(retroactive interference, RI)은 이후에(최근에) 학습한 정보가 먼저(이전에) 학습한 정보를 간섭하는 것이다. 역행간섭을 연구하는 실험에서는 실험집단(독립변수의 조작을 받는 집단)과 통제집단(독립변수의 조작을 받지 않는 집단)의 기억을 비교한다. 실험집단은 한 목록을 학습한 후 다른 목록을 학습하고서, 일정한 파지기간 후에 먼저 학습한 목록에 대해 기억 검사를 받는다. 통제집단은 실험집단과 달리 두 번째 목록을 학습하지 않되, 실험집단과 동일한 파지기간 후에 기억 검사를 받는다.

순행간섭(proactive interference, PI)은 역행 간섭과는 달리, 먼저 학습한 것이 나중에 학습한 것을 간섭하는 것을 말한다. 순행간섭 연구에서 실험집단은 통제집단에 비해 맥락 단서와 함께 더 많은 항목을 학습하게 되며, 따라서, 더 낮은 수행을 보인다. 왜 먼저 학습한 것이 나중에 학습한 것을 간섭하여 망각을 일으키는가에 대한 한 가지 설명은 인출단서의 효율성 감소이다. 한 단서와 함께 저장된 항목이 많을수록, 특정 항목을 인출하는 데 있어 이 단서의 효율성은 감소한다. 예를 들어,

어떤 친구와 두 달 전에 만났던 장소를 기억하려 할 때, 만일 이 친구와의 만남이 한 번뿐이었다면, 이 친구는 그 장소를 기억해내는 데 효과적인 인출단서가 될 것이다. 그러나 동일 인물과 그전에도 여러 장소에서 자주 만났다면, 그와 만난 여러 장소들이 두 달 전에 만난 특정 장소를 기억해내는 것을 간섭할 것이다.

③ 단서의존망각

정보처리 접근에서 망각은 인출의 실패로부터 발생한다. 이 관점에 따르면, 학습한 내용을 기억해내지 못하는 것은 이 정보의 기억흔적이 쇠잔했거나 간섭받았기 때문이 아니라, 저장된 정보에 접근하는 적절한 수단인 인출단서가 없기 때문이다. 이러한 설명을 '단서의존망각(cue-dependent forgetting)'이라고 한다(Tulving, 1974). 결국, 단서의존망각에 따르면 망각은 약호화나 저장단계에서 일어나는 것이 아니라, 인출 단계의 장애로부터 일어난다.

단서의존망각을 지지하는 증거로서, 툴빙과 펄스톤(Tulving & Pearlstone)의 실험을 들 수 있다. 이들은 실험 참가자에게 범주별로 조직화된 명사 목록을 제시하고 이를 학습하도록 하였다. 이때 각 범주에 속하는 단어마다 앞머리에 범주 이름을 표시해 주었는데, 예를 들어, DOG, CAT, GIRAFFE, HORSE 앞머리에는 ANIMAL이라는 범주 이름이 있었다. 모든 참가자는 자유회상검사를 받았는데, 절반의 참가자들(단서 집단)은 범주 이름을 인출단서로 제시받았고, 나머지 절반의 참가자들(비단서 집단)은 인출단서를 제시받지 않았다. 그 결과, 단서집단이 비단서집단보다 우수한 회상률을 보였다.

이 연구에서 놀라운 것은, 위 검사를 실시한 직후 두 번째 회상검사를 한 결과이다. 두 번째 회상검사에서는 모든 피험자에게 범주 이름을 인출단서로 제시하였다. 그 결과, 원래의 단서집단은 첫 번째 회상검사에서 보인 회상률과 같은 회상률을 보였고, 원래의 비단서집단 역시 단서집단과 동일한 회상률을 보였다. 이는 첫 번째 회상검사에서 비단서집단의 회상률이 단서집단에 비해 낮았던 것이 저장된 정보에 차이가 있었기 때문이 아니라, 단지 적절한 인출단서가 부족했기 때문임을 시사한다(Tulving & Pearlstone, 1966).

④ 해마 손상과 기억상실

1953년 H. M.이라고 알려진 한 남자는 하루에 열 번 정도의 간질발작과 일주일에 한 번 정도의 심각한 발작을 겪고 있었다. 때때로 해마가 간질발작의 근원이었기 때문에 H. M.은 측두피질에 있는 여러 주변 구조물과 함께 양쪽 반구에 있는 해마를 제거하는 수술을 받았다. 수술로 인해 H. M.의 발작은 급격히 감소했지만, 그는 심각한 기억장애를 가지게 되었다(Milner, 1959 ; Penfield & Milner, 1958 ; Scoville & Milner, 1957). 그의 지적 능력과 언어능력은 수술 후에도 변하지 않았으며, 성격의 변화도 없었으나, 그는 광범위한 전향성 기억상실증(anterograde amnesia, 뇌 손상 이후에 발생한 사건에 대한 기억상실)을 보였다. 그는 단기기억은 형성할 수 있었으나 새로운 장기기억은 거의 형성하지 못하였다. 또 약간의 후향성 기억상실증(retrograde amnesia, 뇌 손상 이전에 발생한 사건에 대한 기억상실)을 보이기도 하였다.

그는 수술을 받은 뒤에 새로운 것을 배우거나 기억할 수 없게 되었는데, 예를 들어 동일한 잡지 기사를 계속적인 관심을 갖고 읽고 또 읽었다. 또한 다른 사람에게 어렸을 때 있었던 사고에 대해 말을 하고 몇 분 후에 같은 얘기를 또 했으며, 같은 사람에게 방금 한 얘기를 또 하였다는 사실을 깨닫지 못하였다(Eichenbaum, 2002). H. M.의 슬픈 사례는 과학자들이 기억에 관한 여러 획기적인 사실을 발견하는 데 도움이 되었으며, 해마와 그 주변 영역이 기억에 중요한 역할을 하는 기관들임을 증명한다(Baars & Gage, 2010).

4) 기억의 증진

(1) 기억 향상의 원리

기억을 향상시키기 위한 방법을 기억술(mnemonics) 또는 기억법이라고 한다. 기억을 증진시키기 위해서는 저장할 정보를 효과적으로 저장하도록 하는 시연, 조직화 및 정교화 전략 등이 필요하다.

효과적인 시연을 위해서는 집중학습보다는 분산학습이 효과적이다. 그 이유는 집중학습(whole learning)에 비해 분산학습(part learning)을 할 때마다 시연이 이루어지고, 새로운 정보가 기존 지식과 연결될 확률이 높아지기 때문이다. 단기기억 저장소 내에서의 정보를 장기기억으로 전이시키기 위해서는 유지형 시연보다는 정교형 시연이 더 효과적이다.

정교형 시연을 위한 방법 중의 하나는 조직화(organization) 전략이다. 조직화란 기억할 항목들을 그것이 가지고 있는 공통적인 특성에 따라 의미 있는 단위로 묶어서 기억을 쉽게 하려는 기억전략을 말한다. 조직화는 다시 절편화와 범주화로 구분할 수 있다. 절편화(chunking)란 한 묶음의 정보를 주관적 또는 객관적으로 일정하게 나누어 묶어서 기억하는 것이다. 예를 들어, '010967646xx'라는 휴대폰 번호를 기억하도록 하는 경우에 '010－9676－46xx'와 같이 기억하는 것이나, 조선시대 역대 왕들을 외울 때 '태정태세', '문단세', '예성연중', '인명선' 등과 같이 묶음으로 나누어서 외우는 것이다. 범주화(categorization)는 기억할 항목들의 공통적인 특성들을 보다 상위의 유목으로 묶는 것을 말한다. 예를 들어, 토끼, 개나리, 굴, 딸기, 장미, 사과, 호랑이, 코끼리, 진달래라는 단어들을 기억해야 하는 경우, 동물은 동물끼리, 꽃은 꽃끼리, 과일은 과일끼리 유목으로 묶어서 기억하는 것이다.

기억을 향상시키는 또 한 가지 원리는 정교화(elaboration)이다. 정교화는 기억하려는 항목에 무엇인가를 첨가하거나 의미 있는 관계를 만들어서 기억을 쉽게 하려는 기억전략을 말한다. 정교화는 시연이나 조직화에 비해 가장 늦게 발달하는 기억전략인데, 정교화의 자발적 사용은 청년기 이전에는 거의 볼 수 없을 정도이며, 성인 초기까지 점진적으로 발달한다. 장소법이나 핵심단어법 등의 정교화 전략은 정보를 입력할 때 시각적 심상(visual imagery)을 활용한다. 시각적 심상이 기억을 촉진하는 이유는 시각적으로 표상할 수 있는 정보는 두 가지 방식(시각적 방식과 언어적 방식)으로 부호화되지만, 시각적으로 표현하기 어려운 추상적인 정보는 한 가지 방식(언어적 방식)으로만 부호화되기 때문이다. 정보가 여러 방식으로 부호화되면 인출단서가 풍부해지므로 언어적 방식으로만 부호화된 정보보다 훨씬 더 효과적으로 인출이 된다.

기억술에 많이 사용되는 장소법(method of loci)이나 핵심단어법(peg－word method) 등에서 사용하는 전략이 바로 정교화이다. 장소법이란 이미 잘 알고 있는 공간적 영상에 새로이 암기하여야 할 것들을 연결시켜 암기하는 방법을 말한다. 장소법은 심상을 이용한 대표적인 기억술인데, 이는 아주 친숙한 장소에 암기해야 할 내용들을 하나씩 배치시키는 방법이다. 예를 들어, 백화점에 가서 넥타이, 양말, 콩나물, 신발 등을 사야 한다면, 백화점 지하와 콩나물, 1층과 넥타이, 2층과 양말, 3층과 신발 등을 연결시켜 해당 장소에 가면 입력된 물건이 연상되도록 하는 것이다. 핵심단어법은 어떤 단어의 중심이 되는 면을 영상화하여 암기하는 방법이다. 주변에는 제한된 용량에도 회상 및 문제해결에 능력을 보이는 사람들이 있다. 그들의 경이적인 능력에 천재라는 별칭도 함께 부여한다. 하지만 이들 중에는 단기기억의 용량이 크다기보다 기억력을 증진시키는 나름의 방법을 사용하는 경우가 있다. 한정된 단기기억 용량을 극복하는 한 방법은 청크(chunk)라는 유의미 단위를 이용하는 것이다. 예를 들어, 2, 4, 8, 16, 32 등의 숫자를 처리할 때 이들을 어떤 의미 즉, 2n으로 청킹하면, 단기기억 용량은 무한히 커질 수 있다(김남일 외, 2015: 179). 그러나 시각적 심상은 정보를 완전하고 정확하게 표상하기 어렵고, 일반적 지식의 영향을 받아 왜곡될 수 있다는 단점이 있다.

(2) 독서방법론의 이해

기억을 잘하기 위해서는 무엇보다도 기억하고자 하는 텍스트의 이해가 중요하다. 텍스트 이해를 위해서는 글을 읽기 전에 글 전체의 내용을 개관하고, 글의 내용과 자신의 경험을 관련시킨 후, 주의 깊게 주어진 글을 읽고, 읽은 후에는 그 내용을 자신의 것으로 만들게 하는 학습의 과정이 필요하다(이주희 외, 2013: 212).

효과적인 읽기와 기억을 위해 가장 오랫동안 광범위하게 사용되고 있는 독서방법론으로 PQ4R과 SQ3R이 있다. PQ4R은 기억 증진과 관련해서 가장 널리 알려진 방법의 하나이다. 이 방법은 학습내용을 기억하는 능력을 향상시킬 목적으로 다음과 같은 6단계의 앞 글자를 인용해 만들었다.

Preview : 예비검토
Question : 질문
Read : 읽기
Reflect : 숙고
Recite : 암송
Review : 검토

학습을 할 때는 먼저 그 장의 주제가 무엇인지 알아보아야 한다. 이를 가리켜 예비검토(Preview)라고 한다. 예를 들어, 전체 내용을 읽기 전에 개요에 대해서 알아보고, 그런 후 목차를 살펴서 구성과 역점사항을 살피고, 뒤의 결론 부분을 살피는 행동 등이 이에 해당된다. 대략적인 파악이 끝나면, 각 목차나 소제목과 관련된 질문(Question)을 만들고, 이 질문을 중심으로 내용을 정독(Read)한다. 일단 한 단락을 이런 식으로 읽은 후 단락의 요점 및 중점사항이 무엇인가 깊이 생각(Reflect)하고, 이를 반복해서 암송(Recite)한다. 그리고 최종적으로 다시 한번 전반적인 검토(Review)를 한다(김남일 외, 2015: 180−181).

SQ3R은 1960년대 미국의 교육심리학자 로빈슨(Robinson)이 제창한 독서지도 방법으로, 학생들이 읽은 텍스트의 내용을 더 잘 이해하고 기억하는 것을 도울 수 있도록 고안된 매우 효과적인 읽기 방법이다. 제2차 세계대전이 본격화되던 당시의 교육시스템으로는 폭증하는 병력수요를 맞추기 어려웠다. 첨단무기체제와 복잡한 현대전의 양상 때문에 필요한 교육기간이 점점 늘어났기 때문이다. 그래서 미 육군 당국은 로빈슨에게 찾아가 이러한 요구에 부응하는 새로운 교육시스템 개발을 의뢰했고, SQ3R이라는 학습법이 개발되었다. 공부는 선생님이 핵심을 가르쳐 주고 시켜야만 하는 것이 아니라, 혼자서도 할 수 있다는 자신감을 갖게 만드는 것이다. 여기서는 읽기 방법에 대해 '1단계 훑어보기(Survey): 전체 내용을 살펴본다. 2단계 질문하기(Question): 알아야 할 내용을 질문형식으로 만들었는가? 3단계 자세히 읽기(Read): 읽고 요점을 파악하고 있는가? 4단계 되새기기(Recite): 파악한 중심내용을 구조화할 수 있는가? 5단계 다시 보기(Review): 읽은 내용에 대하여 검토한다.'의 5단계로 기술하고 있다. 주의해야 할 점은, 다섯 단계를 순차적으로 할 필요는 없다.

로빈슨의 SQ3R 학습모형은 <표 2-8>과 같다.

<표 2-8> SQ3R 학습모형

단계	전략	교수학습과정
개관 (Survey)	• 학습동기유발 • 학습목표 확인	• 제목, 소제목 등을 보고 전체 내용 짐작 • 도표나 사진자료의 검토
질문 (Question)	• 글의 제목이나 소재를 질문식으로 바꾸어 보기 • 제시된 질문 확인	• 훑어 본 내용으로 중심내용을 질문으로 만들기 • 제목, 글 쓴 목적, 의미, 글의 진행, 결론 주제를 질문으로 만들기
읽기 (Read)	• 꼼꼼히 읽으며 내용 확인	• 글의 내용 확인하기 • 질문과 관련된 내용 자세히 알기 • 전문용어, 어려운 단어 메모하기
암송 (Recite)	• 가설 증거 수집과 정리 • 질문에 대한 답변하기	• 글의 내용 요약 정리하기 • 필자의 의도, 목적을 다양하게 표현하기 • 내 생각, 느낌 말하기
복습 (Review)	• 읽은 내용 점검 • 전체 내용 정리	• 글의 내용 자신의 언어로 표현하기 • 질문에 대한 답 정리하기 • 목표 도달 평가하기

자료: 김보기 외(2017c: 88).

Chapter 3
언어와 사고

학습목표

1. 언어와 사고의 개념 파악
2. 언어와 사고의 연계성
3. 사례관리

학습내용

1. 언어
2. 사고
3. 언어와 사고의 상관성

개요

언어는 일련의 단어들을 규칙에 따라 결합하여 사고 또는 감정을 나타내거나 전달에 사용하는 음성, 문자, 또는 이 두 요소의 사회적·관습적 체계이다. 사고는 우리 삶의 거의 모든 측면에 영향을 미치는 복잡한 과정이다. 사고는 흔히 말하는 생각이다. 언어는 사고를 소통하는 수단이다. 여기에서는 언어와 사고를 학습하고자 한다.

Chapter 3

언어와 사고

1 언어

1) 언어의 개념

언어(language)는 일련의 단어들을 규칙에 따라 결합하여 사고 또는 감정을 나타내거나 전달에 사용하는 음성, 문자, 또는 이 두 요소의 사회적 · 관습적 체계이다. 언어는 사고를 소통하는 수단이다. 모든 인간사회에는 언어가 있고, 구성원들은 언어를 획득 · 사용한다. 언어와 사고는 복잡한 뇌의 기능이다. 오늘날 컴퓨터가 아무리 정교하게 제작되었다고 하더라도, 인간의 뇌를 능가하지 못한다. 이는 여전히 오늘날의 첨단과학으로도 풀지 못하는 수수께끼이자, 심리학의 연구주제다. 뇌와 발성기관은 상대의 고막을 울리는 음파를 만들어 냄으로써, 하나의 뇌로부터 다른 뇌로 사고를 전이한다. 사람들은 때로 몇 시간 동안 앉아서 타인이 날숨을 쉬면서 만들어 내는 소리를 듣곤 하는 데, 그 이유는 그 소리가 '정보'를 담고 있기 때문이다. 음파를 통해 뇌가 만들어 내는 소리로 상대의 주의를 끌고, 무언가를 하게 만들고, 관계를 형성 · 유지한다. 이처럼 언어는 공기 진동 이상의 것으로, '인지라는 왕관을 장식하는 보석'이다(Pinker, 1991).

언어에 대한 심리학적인 연구는 언어를 통해서 인간의 정신구조를 살펴보려는 작업이다. 언어를 처리하고 이해한다는 것은 음운론적 · 통사론적 · 활용론적인 모든 지식이 총동원되어 이루어지는 과정이다(손진훈, 1994: 187).

아동이 모국어를 획득해 나가는 과정은 언어라는 인지구조가 형식과 내용의 발달을 되풀이하면서 전개되어 가는 과정이다. 또한 아동은 보편문법 규칙을 나름대로 획득해 나가면서 언어에 숙달하게 된다.

언어라는 매개를 통해 대상의 개념을 표현하며, 내적인 구조를 반영한다. 인간이 지닌 언어적·비언어적인 모든 지식구조가 종합되어 창조적인 문제해결이나 추리라는 고등정신작용이 가능해진다. 말로 대화를 하거나, 글을 읽고 쓸 때, 말하는 이와 듣는 이 기능 사이에서 정보가 사회적으로 교환된다. 이와 같이 언어는 표현과 의사전달이라는 두 가지 중요한 기능을 갖고 있다. 어떤 언어든지 모든 인간의 언어는 동물들의 의사전달체계와는 구별되는 몇 가지 특성이 있다.

인간의 언어는 창의적(productive)인 특성이 있다. 사람들은 언어전달체계로 실상 무한한 수의 새로운 표현을 만들 수 있다. 즉, 우리가 어떤 언어를 말할 수 있다는 것은 자기가 들었던 문장을 앵무새처럼 반복하여 산출해내는 것이 아니라, 주어진 언어환경에서 어떤 규칙(rule)을 찾아내서 그것을 토대로 새로운 문장을 산출해내는 적극적인 과정이다.

이러한 과정에는 반복(iteration)과 귀환(recursion)이라는 특징이 있다. 반복은 새 문장을 만들어내기 위해 문장이나 구절의 끝에 다른 단어를 계속 첨가하는 것이다. 다음 문장의 순서처럼 "아이가 얼음을 먹었다. 아이가 얼음을 먹고 나서 기침을 크게 하였다. 아이가 얼음을 먹고 나서 기침을 크게 한 후 아프다고 하였다."를 한정없이 계속할 수 있다. 귀환은 한 구조 안에서 같은 종류와의 또 다른 구조를 내포하며 반복처럼 무한성을 지니고 있다. "어머니가 사랑했던 그 아이는 곰 인형을 좋아하였다. 그 남자가 두고 떠난 그 어머니가 사랑했던 아이는 곰 인형을 좋아하였다." 등 분리된 기호들의 반복과 귀환으로 새로운 의사소통을 생산적으로 적용할 수 있다.

인간의 언어는 의미성(semanticity)과 임의성(arbitrainess)을 지니고 있다. 언어는 그 단어에 의미가 있으며, 단어들의 형태와 소리 간에 연결이 있으며, 그 의미가 임의적이라는 데 있다. 학생은 학교에서 공부를 배우는 사람이라는 의미를 가지고 있지만, 왜 '학생'이라고 불러야 하는지 아무런 이유가 없다. 단지 그렇게 부르기 때문이다.

인간의 언어는 나름대로 규칙성(regularity)을 지니고 있다. 우리는 특정한 규칙에 의해서 어휘들을 사용한다. 그러한 규칙들을 '문법(grammar)'이라 하는 데, 문법은 한 언어에서 조건에 맞는 모든 문장을 규정하거나 생산할 수 있어야 하며, 그 언어에서 조건에 맞지 않는 모든 문장을 제거할 수 있어야 한다. 즉, "나는 주말에는 영화를 보곤 한다."라는 문장을 자주 쓰지만, "나는 보곤 한다, 영화를 주말에."라는 문장은 쓰지 않는다.

말하는 이가 어떤 상황을 언어로 묘사하는 것도 단순히 상황 묘사에 그치는 것이 아니라, 자신의 지식이나 신념, 듣는 이의 소망 등도 포함되어 있다. 이는 한 사람의 생각이 다른 사람에게 전달되는 사회적 과정이기 때문이다. 그래서 언어의 음가, 어휘, 문장들을 이해해야 할 뿐만 아니라, 대화의 원리도 익혀야 한다.

2) 언어발달과정

『최초 언어』
(1973년 출판)

브라운(Roger Brown)의 저서 『최초 언어: 초기단계(*A First Language: The Early Stages*, 1973)』에 따르면, 다양한 문화적 차이에도 불구하고, 세상의 모든 아이는 비슷한 언어발달과정을 거친다. 대부분의 아이는 4-5개월 정도부터 옹알이(babbling)를 하고, 한 단어로 여러 가지 의미를 표현하다가, 돌이 가까워지면 몇 개의 단어들을 말하고, 두 살이 되면 두세 단어로 이뤄진 전보식 문장(telegraphic speech)을 사용한다. 그러면서 아이들의 문장은 점점 더 문법적이 되고, 대개 4세 정도에 이르면 성인들처럼 말하게 된다.

인간의 언어발달은 세 수준에서 살펴볼 수 있다. 가장 하위 수준은 음소(phoneme) 수준이고, 다음이 단어와 형태소(morpheme) 수준, 그리고 가장 상위 수준은 문장이나 구문(syntax) 수준이다. 음소 수준에서 우리는 보통 우리말에서 다른 음소에 해당하는 다른 소리는 잘 변별하지만, 똑같은 음소에 해당하는 다른 소리를 변별하는 것은 잘 하지 못한다(예, '말'의 /ㅏ/와 '말:'의 /ㅏ/). 그러나 한 살 이전의 아동은 똑같은 음소에 해당하는 다른 소리들을 변별할 수 있다. 유아가 고무젖꼭지를 빠는 동안 연속하여 소리 쌍들을 제시하였을 때, 유아는 친숙한 소리보다 새로운 소리를 들었을 때 더 많이 빠는 경향이 있다. 6개월 된 유아는 연속적인 소리가 어떤 나라 말에서든 다른 음소에 해당할 때 많이 빠는 반면, 1세 유아는 연속적인 소리가 자신의 언어에서 다른 음소에 해당할 때만 많이 빨았다. 즉, 6개월 된 일본 유아도 자신의 언어에서는 구별되지 않는 /l/과 /r/을 구별할 수 있었다(Eimas, 1985). 바꿔 말해서 인간은 생애 초기의 1년 동안 어떤 음소가 자신의 언어와 관련되는지를 배우는 것이다.

어느 음소가 자신의 언어와 관련되는지를 배우는 데는 1년 정도가 걸리는 반면, 어떻게 음소가 단어를 형성할 수 있는지를 배우는 데는 몇 년이 걸린다. 처음에 말을 배우기 시작할 때 아동은 때로 '불가능한' 단어도 산출한다. 그러나 대개 4－5세에 이르면 어떤 음소를 조합하여 단어를 구성할 수 있는지를 거의 배우게 된다.

단어 수준에서, 한 살 정도 된 아동은 이미 많은 것에 대한 개념을 가지고 있고, 이런 개념들을 성인이 쓰는 단어에 투영시킬 수 있다. 이런 일들은 대개 아동의 주위에서 일어나는 사건들을 보면서 하게 되기 때문에 경우에 따라서는 잘못될 수 있다. 예를 들어, 아동은 다음과 같이 단어의 의미를 파악할 수도 있다: "엄마가 강아지를 '예삐'라고 부르니까, '예삐'는 강아지란 뜻일 거야."

아동이 맨 처음에 배우는 단어들은 대체로 유사하다. 1－2세 정도의 어린 아동은 주로 사람('아빠', '엄마')이나 동물('개'), 탈것('차', '배'), 장난감('공'), 음식('우유', '과자'), 신체('눈', '코') 등에 대한 단어들을 말할 수 있다. 이 시기의 아동은 제한된 어휘력을 가지고 있기 때문에 표현하고자 하는 개념과 쓸 수 있는 단어 간에 격차가 존재한다. 이러한 격차를 해결하기 위해 아동은 자신들이 알고 있는 단어를 비슷한 개념에까지 확장하는 경향이 있다. 예를 들어, 동물원에서 처음 본 사자를 '멍멍이'라고 할 수도 있다. 아동의 어휘력 발달은 폭발적으로 일어나기 때문에, 아동이 개념을 표현할 때 생기는 오류는 두 살 반만 되어도 사라진다.

1－2세일 때 아동은 대개 25개 정도의 단어를 알고 있지만, 6세만 되어도

10,000-15,000개 정도의 단어를 알게 된다. 7-9세에 이르면 아동은 한 단어에 여러 의미가 있음을 이해하게 되고, 이때쯤에는 수수께끼나 농담을 즐길 수 있게 된다.

아동이 문장을 배우는 시기는 2세 전후이다. 처음에 아동은 한 단어로 많은 의미를 표현한다. 예를 들어, '엄마'라는 표현 하나에 "엄마, 이리 와", "엄마가 저기 있다.", "우리 엄마야"와 같은 많은 의미가 포함될 수 있다. 이때 의미 전달은 아동의 억양이나 몸짓을 통해 보완된다. 그러다가 아동은 두세 단어로 이뤄진 전보식 문장(예, '아빠 가')을 사용하게 되는데, 이는 어떤 언어에서든 나타나며, 아동이 어느 정도 구문을 이해하고 있음을 나타내는 것 같다. 즉, 아동들은 "가 아빠"라는 말은 잘 쓰지 않는다. 3-4세에 이르면 아동은 거의 완전한 문장을 구사하게 되어 여러 가지 문법적 형태소(관사, 조사 같은 것)를 사용하게 된다(Slavin, 2022).

3) 언어의 구조

모든 인간 언어는 위계적인 표상구조로 조직되어 있다. 언어구조는 음성을 표상하는 음운론을 가장 하위 단계로, 단어의 조직을 담당하는 형태론, 단어가 모여서 이룬 구(phrase)나 절(clause) 또는 문장(sentence)의 구조를 관장하는 통사론으로 구별할 수 있다. 그 내용은 다음과 같다(강진령, 2022: 238-241 ; 윤가현, 2022: 187-188).

(1) 음운론

언어를 분석할 때, 가장 기본이 되는 최소 단위는 소리(sound)이다. 말소리를 생성하기 위해서는 폐에서 공기를 밀어 올려서 성대를 지나 입으로 공기의 흐름을 토해내야 한다.

이때 밀려 나오는 공기의 흐름이 달라지면서 음성적으로 여러 다른 소리를 만들어 내게 된다. 이와 같이 일련의 구별되는 소리로 표상된 것이 음소(phoneme)다. 음소는 더 잘게 분석할 수 없는 소리의 최소 단위로서 /p/, /b/, /t/, /d/, /g/, /k/ 등이 그 예다. 모든 인간 언어에서 허락하는 음소는 대략 40개 정도인데, 각 언어마다 허락하는 음소가 다를 수 있다. 예를 들어, 영어에서 사용하는 음소 중 어떤 것은 우리말에서는 쓰이지 않거나, 그 반대의 경우도 있다(윤가현 외, 2022: 185).

'thank you'에서의 /θ/ 발음을 연습할 때 어려움을 겪는 이유는 바로 이 때문이다. 사람들은 소리를 습득할 때, 하나하나를 분리하여 습득하는 것이 아니라, 그 소리들이 결합하여 이룬 특정한 소리체계를 배운다. 언어의 소리체계는 음성학적 규칙(phonological rule)에 의해 형성되는데, 이 음성학적 규칙은 나라마다 다르기 때문에 각 언어는 각기 다른 소리의 연쇄를 허락한다. 예를 들어, 영어에서는 'stop'이나 'spring'과 같이 자음이 연이어 나올 수 있지만 우리말에서는 자음과 자음 사이에 항상 모음이 삽입된다. 그래서 영어의 'spring'을 우리말로 바꿀 때 '스프링'이라고 표현할 수밖에 없는 것이다(손진훈, 1994: 188–189).

(2) 형태론

소리의 최소 단위인 음소는 서로 결합되어 형태소(morpheme)를 이루는데, 형태소는 의미나 문법적 기능을 전달하는 최소의 단위다. 형태소에는 혼자 독립적으로 쓰일 수 있는 것과 그렇지 못한 것들이 있다.

명사, 동사, 형용사들은 각기 독립적으로 사용할 수 있지만, 단어 초두에 붙이는 접두사와 단어 말미에 붙이는 접미사는 반드시 다른 형태소와 결합하여 쓰이게 된다. 예를 들어, '노래'라는 형태소는 독립적으로 사용할 수 있지만, '하다'라는 형태소는 '노래하다'처럼 '노래'라는 명사 뒤에 붙어 사용된다(손진훈, 1994: 189). 또한 '읽다'라는 동사 어근 '읽–'에 '–기'라는 명사를 나타내는 접미어를 결합시켜 '읽기'라는 단어를 만들 수 있다. 여기에서 접미어 '기'는 품사를 명사로 바꾸어 주는 기능을 하기 때문에 하나의 형태소로 분류되지만, 혼자 독립적으로 쓰일 수는 없다. 따라서, '읽기'라는 단어에는 '읽–'이라는 동사의 어근과 '–기'라는 명사를 나타내는 접미어 2개의 형태소가 있는 것으로 분석된다.

(3) 통사론

단어들은 서로 결합하여 구절이나 문장을 형성하는 데, 이러한 결합을 결정하는 규칙이 통사론이다. 통사론(syntax)은 구(phrase), 절(clause) 그리고 문장(sentence)을 형성하는 단어를 결합하고 있는 규칙에 관한 것이다. 문장은 단순한 단어들이 계열적으로 연결된 것이 아니라, 위계적인 구조를 가지고 있다(손진훈, 1994: 189). '그 남자가 떠났다'는 문장을 생각해 보자. 이 문장은 '그' '남자가' '떠났다'라는 단어들로 구성되어 있는데, 각 단어들 사이의 연결 정도가 다른 것을 알 수 있다. 예를 들어, '그'와 '남자가' 사이의 연합은 '남자'와 '떠났다' 사이보다 강하게 형성되어 하나의 '구성 성분(constituent)'으로 간주할 수 있다. 이러한 사실을 증명해 줄 수 있는 증거가 몇 가지 있다. 우선, '그'와 '남자'는 '그'라는 하나의 대명사로 대신할 수 있다. 그리하여 '그 남자가 떠났다'는 '그가 떠났다'로 바꾸어 쓸 수 있다. 또 다른 증거는 동사를 수식하는 부사가 삽입되는 위치에서 볼 수 있다. '분명히'라는 부사는 '남자'와 '떠났다' 사이에는 삽입될 수 있지만, '그'와 '남자' 사이에는 불가능하다. '그 남자가 분명히 떠났다'는 옳은 문장이지만, '그 분명히 남자가 떠났다'는 우리말의 통사 법칙이 허락하지 않는 표현이다. 이러한 사실들은 '그 남자'가 하나의 단위로 묶일 수 있는 반면에, '남자가 떠났다'는 그렇지 않음을 보여 주는 증거라 하겠다. 이러한 사실을 근거로 하여 '그 남자가 떠났다'와 같은 문장은 적어도 두 개의 구성 성분으로 표상된다고 볼 수 있는데 언어학적 범주로 표현하면, '그 남자가'는 명사구(NP)에 해당하고 '떠났다'는 동사구(VP)에 해당된다. 이러한 분석을 가능하게 해 주는 것이 '구절 구조 규칙(phrase structure rule)'이다. 구절 구조 규칙은 문장을 분석하고 산출하는 데 기초가 되는 지식체계로서, 어떤 언어를 알고 있다는 것은, 이 구절 구조 규칙이 내재화되어 있다는 것을 가정한다.

4) 언어와 의사소통

언어는 명제로 구성된 사고를 의사소통하기 위한 기본적이며 보편적인 수단이다. 모든 인류는 언어를 가지고 있고, 자신의 언어를 쉽게 획득하며, 별다른 노력 없이 사용할 수 있다. 인간이 언어를 사용한다는 것은, 두 가지 측면으로 구성되어 있다. 그 하나는 언어산출(language production)로서, 생각에서 출발하여 생각을 문장으로 바꿔서 문자로 표현될 수 있는 소리로 내보낸다. 다른 하나는 언어이해(language comprehension)인데, 이는 언어산출과 반대되는 과정으로 구성되어 있다. 언어산출이나 이해과정에서 볼 수 있듯이, 언어를 세 수준에서 사용할 수 있다. 가장 상위 수준에서 문장으로 된 언어를 사용할 수 있다. 다음 수준은 단어와 단어의 일부(접두사나 접미사)를 사용하는 것이다. 그리고 가장 하위 수준에서 언어사용은 발음(speech sound)이다.

언어사용에 있어서 인접하는 수준 간에는 밀접한 관계가 있다. 문장은 단어들로 이뤄지고 단어는 음소들로 이뤄진다. 한편, 이들 각 수준에서 사용될 수 있는 단위의 수에는 큰 차이가 있다. 모든 언어는 제한된 수의 음소만을 가지고 있다. 영어(혜)를 예로 들어, 대략 발음이 가능하다. 그러나 이들을 조합하면 수천, 수만의 단어를 산출하고 이해할 수 있고, 다시 단어들을 조합하면 수백만 개의 문장을 산출하고 이해할 수 있다.

이제 각 수준별로 언어의 처리과정을 살펴보자. 발음 수준에서 여러 가지 소리를 산출하기 위해, 입술, 혀, 성대 따위를 사용한다. 그러나 모든 소리를 구별하여 지각할 수는 없다. 영어 사용자는 대략 40개의 발음을 구별할 수 있다. 대부분의 성인은 자신의 언어에서 다른 음소에 해당하는 다른 소리는 잘 구별하지만, 같은 음소에 해당하는 다른 소리를 구별하는 것은 잘하지 못한다. 예를 들어, 영어에서 'pin'의 /p/는 'spin'의 /p/와 달리 작은 입김을 동반하는 데, 영어 사용자라도 두 소리를 구별하지 못한다(Liberman et al., 1967).

우리는 필터(filter)로서 사용될 수 있는 음소 범주를 가지고 있으며, 이는 각 언어마다 다르다. 각 언어의 독특한 음소 범주들은 말(speech)의 흐름을 자신의 언어의 음소들로 전환하게 해 주며, 각 언어가 독특한 음소 범주를 가지고 있기 때문에 뒤늦게 외국어를 배우는 것이 어렵다. 각 언어는 자신만의 음소 범주를 가지고 있을 뿐 아니라, 음소들이 어떻게 조합될 수 있는지에 대해서 독특한 규칙들도 가지고 있다. 예를 들어, 영어에서는 /p/ 뒤에 /b/가 올 수 없다. 의식하지는 못하고 있지만, 이런 규칙들이 언어를 말하고 듣는 데 영향을 준다.

단어 수준에서 형태소는 그 자체로 하나의 단어가 될 수도 있다. 대부분의 단어는 특별한 내용을 의미하지만, 일부는 문법적으로 문장을 만드는 데 기여하기도 한다. 예를 들어, 관사나 조사, 접미사나 접두사와 같은 것들이 이러한 문법적 형태소에 해당한다. 문법적 형태소는 일반적인 단어들과 다른 방식으로 획득되는 것 같다. 영유아들의 말에는 이와 같은 문법적 형태소가 빠져 있는 경우가 많다. 일반적으로 단어의 가장 중요한 측면은 의미이며, 따라서, 문법적 형태소들이 빠져도 의미를 어느 정도는 전달할 수 있다.

대부분의 단어는 어떤 특정 개념의 명칭이지만, 경우에 따라서는 하나 이상의 개념을 명명하는 단어들이 있어서 상황에 따라 의미가 모호해지기도 한다. 예를 들어, 'Club'은 '사회적인 모임'과 '곤봉'을 뜻하는 데, "He is interested in the club."과 같은 문장을 보게 될 때에나 그 단어의 모호성을 깨닫게 된다. 이는 많은 경우, 문장 맥락이 단어의 의미를 분명하게 만들어 주기 때문이며, 무의식적으로는 순간적이나 단어의 모호한 의미가 둘 다 고려된다고 한다. 연구들에 따르면, 사람들에게 "He wanted to join the club."을 보여 준 후, 무관련 단어('apple')나 관련 단어('group'이나 'struck')를 큰 소리로 읽게 하면 관련 단어일 때 더 빨리 읽는 경향이 있었다(Swinney, 1979).

문장 수준에서 언어의 사용은 그것이 명제 또는 명제의 일부에 해당될 수 있기 때문에 매우 중요하다. 어떤 문장을 읽거나 들을 때, 사람들은 우선 그것을 구(허)로 나누고, 여기서 명제를 추출해 낸다. 사람들이 문장을 이와 같이 나눈다는 증거는 기억 실험으로부터 얻어졌다. 한 연구에서 문장을 들려준 직후 문장 속에 있던 단어와 그 뒤에 왔던 단어 중 한 단어를 제시했을 때, 사람들은 이 두 단어가 같은 구로부터 나온 것인 경우 더 빠르게 반응하였다(Wilkes & Kennedy, 1969). 이와 같이 문장을 구로 나누고, 그 구를 다시 명사, 부사 같은 더 작은 단위로 나누는 것을 구문 분석(syntactic analysis)이라고 한다. 문장을 이해하는 과정에서 구문 분석은 보통 무의식적이고 자동적으로 수행된다.

앞에서 의미가 모호한 단어의 경우에 단어의 모호성을 느끼지 못하는 것은 맥락 때문이라고 하였다. 문장산출이나 문장이해과정을 발음, 단어, 문장 같은 세 가지 수준으로만 살펴보는 것은 맥락을 고려하지 않는 단순한 묘사일 뿐이다. 맥락이 문장이해와 산출에서 얼마나 중요한지를 고려하기 위해 예를 하나 들어보자. 친구가 "어제 소개받은 여자는 약속시간에 늦었어."라고 이야기를 꺼내면 '늦었다'는 부정적인 표현만으로도 친구가 어제 만난 여자가 맘에 들지 않았다는 얘기를 하려 한다는 것을 추측하게 된다. 일반적인 대화상황에서 몇 단어를 들은 후에 전체 문장의 의미라고 생각되는 결론에 도달하고, 그런 다음 문장의 나머지를 이해하는 데 이런 추론을 사용한다. 이때 우리는 저장된 지식이나 도식을 사용하게 된다(Adams & Collins, 1979 ; Schank, 1982).

언어이해에 있어 맥락을 구성하는 더 중요한 부분은 말하는 사람의 의도이다. 말하는 사람의 의도를 어떻게 파악하느냐에 따라 "너 저 상자 들 수 있어?"라는 표현을 부탁으로 이해할 수도 있고 비웃음으로 이해할 수도 있다. 맥락은 또한 언어 산출에서도 중요한 역할을 한다. 예를 들어, "엠파이어 스테이트 빌딩(Empire State Building)이 어디에 있나요?"라는 질문을 받았다고 하자. 서울에서 이 질문을 받았다면 '미국'이라든가 '미국의 뉴욕' 정도로만 대답해도 되지만, 뉴욕의 브룩클린(Brooklyn, N.Y.)에서라면 '맨해튼 중심부'라고 해야 하고, 맨해튼에서라면 '34번가'라고 해야 한다.

언어적인 제약이 의사소통에 영향을 줄 수도 있다. 예를 들어, 에스키모어에서는 눈(snow)을 표현하는 단어가 무척 많은 데 비해, 영어에서는 'snow'라는 단어밖에 없고 그래서 영어를 사용하는 사람들이 표현할 수 있는 눈은 그저 'snow' 한 종류일 뿐이다. 그러나 전문적인 스키 선수들은 눈의 상태를 구별해야 하기 때문에 'snow'라는 표현 하나만으로는 원하는 의사소통을 할 수 없다. 어떻게 해야 할까? 전문적인 스키 선수들은 영어의 다른 표현들('powder', 'slush', 'ice', 'hard-packed', 'corn snow')을 이용하여 눈의 상태를 표현한다.

언어는 사회적인 지각(social perception)에도 영향을 줄 수 있다. '의사'라는 말을 들으면 남자들을 우선 떠올리게 되고, 이것이 언어이해에 영향을 줄 수도 있다. "나는 종합병원의 의사이다. 내 아들과 그 아이의 아버지가 오늘 교통사고를 당하였다.", "나는 종합병원의 여의사이다. 내 아들과 그 아이의 아버지가 오늘 교통사고를 당하였다."의 비교를 통해서 어느 쪽이 이해하기 쉬운가를 알 수 있다.

2 사고

1) 사고의 개념

인간의 사고는 불을 피우기 위해서 나무가 있어야 하듯이, 그 자체로는 불가능하다. 사고를 하는 목적이나 목표가 있어야 하며, 그보다 더 중요한 요소가 사고의 내용이다. 불을 처음부터 불이라고 명명하진 않았을 것이다. 우리는 불이라는 대상의 의미를 안다. 대상에 대한 의미를 기억에 저장한 형상을 표상이라 하며, 표상의 대표적인 형상은 심상(image, 또는 mental imagery)이라고 한다. 심상은 불을 눈으로 본 불에 대한 시각적인 기억저장의 형상이다. 아마 원시시대에는 불을 피우기 위해서 나무를 찾고 나무와 나무를 열심히 마찰을 시키는 행동을 했을 것이다. 현대에 불은 새로운 개념의 의미로 발전되었다. 부탄가스나 인덕션이 더욱 보편화되었으며, 그보다 한 걸음 나아가 '불'이라는 말만 발음해도 불이 켜지는 시대로 변하였다. 불에 대한 사고와 행동은 불에 대한 심상적 표상에 많은 변화를 야기하였다(현성용 외, 2020: 204).

일상에서 흔히 '생각'이란 단어를 많이 사용하지만, 생각이 무엇인지 정의하기란 쉽지 않다. 생각과 가장 유사한 심리학 용어가 '사고'이다. 사고의 심리학적 정의도 쉽지는 않다.

우선, 심리학의 사고하는 과정이란 바로 일상의 생각하는 과정을 의미한다고 보아도 무방하다. 사고의 시작은 문제가 발생하면서부터이다. 문제라는 것은 간격 또는 균열이 발생함으로써 시작된다. 문제해결은 목표 지향적인 사고과정이다. 궁금증이나 호기심은 문제해결의 시작을 제공한다. 예컨대, 휴대폰을 분실한 상황을 가정해 보자. 여러분은 스스로에게 '어쩌다 휴대폰을 분실하였지?', '어떻게 휴대폰을 찾을 수 있나?' 등의 질문을 하게 될 것이다.

사고(thinking, thought)는 우리 삶의 거의 모든 측면에 영향을 미치는 복잡한 과정이다. 국어사전에서 '사고는 생각하고 궁리하는 것'이라고 정의되어 있으며, 철학적 용어로는 개념, 구성, 판단, 추리 따위를 행하는 인간의 이성작용이라고 한다. 또한 심리적 용어로는 심상이나 지식을 사용하는 마음의 작용이며, 이것으로 인해 여러 가지 문제를 해결한다(이억범 외, 2014: 28). 또한 사고는 마음의 언어이다. 사고는 정보에 귀를 기울이고, 추론하여 판단·결정하는 과정을 의미한다. 이는 세상을 이해하고 변화시키려는 의도적·계획적 시도이다(강진령, 2022: 241).

사고는 흔히 말하는 생각이다. 생각은 모든 인지를 포괄하는 일상적 표현이기도 하다. 심리학은 생각을 사고라는 보다 정형화된 용어를 사용한다. 사고는 기억에 저장된 지식 정보를 이용하는 마음의 역동적 인지과정이다. 덧붙여 사고과정에는 심상이나 언어 등의 인지 표상이 사용된다. 이들 심적 표상을 변환, 조작, 조합하는 심적 변화의 과정이 사고과정인 것이다(현성용 외, 2020: 205).

사고의 유형은 [그림 3-1]과 같다.

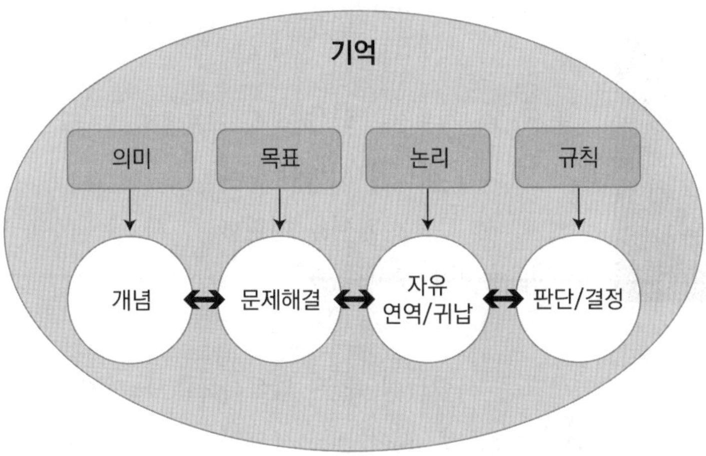

[그림 3-1] 사고의 유형

자료: 현성용 외(2020: 206).

위 그림에서 보듯이, 사고는 기억에서 수행되며 심상과 언어를 사용하여 개념과 범주를 구성하고, 생존에 필요한 목표 행동을 성취하는 문제해결의 과정을 수행하고, 보다 합리적인 사고를 위해서 하향적 연역과 상향적 귀납 사고를 수행하며, 행위에 대한 최적의 결과를 위한 판단과 결정 사고를 수행한다.

『인지심리학』
(2007년 출판)

솔소(Robert L. Solso) 등의 저서 『인지심리학(*Cognitive Psychology*, 2007)』에 따르면, 사고는 판단, 추상화, 추리, 심상, 문제해결 등의 심적 속성의 복잡한 상호작용에 의해 정보를 변환함으로써 새로운 심적 표상을 형성하는 과정이다. 그들에 따르면, 사고는 기본적으로 다음과 같이 세 가지 속성이 있다.

첫째, 사고는 인지적이다.

둘째, 사고는 지식의 조작을 포함한다.

셋째, 사고는 해결책을 지향한다.

『언어와 사고』
(2014년 출판)

런드(Nick Lund)의 저서 『언어와 사고(*Language and Thought*, 2014)』에 따르면, 사고의 특성은 다음과 같다.

첫째, 사고는 인지적이다. 사고는 정보의 정신적 처리과정을 수반한다.

둘째, 사고는 지식의 조작을 포함한다. 사고에는 심적 자료 또는 지식의 정보가 있어야 한다.

셋째, 사고는 해결책을 지향한다. 사고는 목표 지향적 문제해결의 과정인 것이다.

사고는 사람들이 모두 의식적으로 느껴지는 과정만이 아니다. 많은 사고는 의식화 과정으로 일어난다. 사고의 과정들은 다음과 같다.

2) 사고의 과정들

(1) 개념

개념(concept)은 공통 속성을 가진 대상, 사건, 관계, 현상, 또는 자질의 집단화에 사용되는 정신적 범주다. 개념과 범주화는 사고의 기본 단위다. 범주화(categorization)는 대상을 개념에 할당하는 과정이다. 대상을 범주화할 때, 대상은 개념과 연합된 특성을 많이 지니는 것으로 처리된다. 여기에는 직접 지각할 수 없는 특성도 포함된다. 사고의 다양한 구성요소는 개념을 통해 제공된다. 개념에는 ① 구상개념과 ② 추상개념이 있다. 구상개념(concrete concept)은 대상의 물리적 속성에 따라 구별하는 개념(예, 액체, 고체)이고, 추상개념(abstract concept)은 관찰될 수 없는 현상을 나타내는 공통적인 속성을 정의함으로써 구별하는 개념이다(예, 진리, 정의). 개념은 흔히 계층구조로 구성된다. 예를 들어, 방송국 개념은 국내 방송국과 외국 방송국으로 나눌 수 있다. 국내 방송국은 다시 KBS, MBC, SBS 등으로 나뉘고, 외국 방송국은 BBC, CNN, NHK 등으로 나뉜다.

개념은 두 가지 중요한 기능이 있다. 그 내용은 다음과 같다(Anderson, 1991).

첫째, 인지적 경제성이다.

개념은 세상의 대상 또는 현상을, 다룰 수 있을 정도의 단위로 분할해 줄 수 있다. 개념의 이러한 기능은 전 세계 방송사들을 일일이 독특한 대상으로 취급하지 않고도 방송사라는 개념으로 처리될 수 있게 한다. 이 세상에는 무수히 많은 대상과 현상이 있다. 만일 이들을 개별적으로 각기 다른 명칭을 붙여야 한다면, 어휘는 감당하기 어려울 정도로 많아져서 소통이 불가능하게 될 것이다. 예컨대, 인간의 눈으로 식별 가능한 700만 가지의 색상에 이름을 붙여야 한다면, 어떻게 되겠는가 상상할 수 있다. 그러나 개념은 사고를 단순화한다. 앉는 데 사용하는 모든 대상(예, 식탁 의자, 책상 의자, 안락의자, 유아용 의자 등)을 일일이 말하지 않아도 '의자'라는 개념을 사용하면 소통에 지장이 없고 소통이 원활할 수 있다. 이처럼 개념은 과도한 인지적 노력을 들이지 않고도 중요한 정보를 제공한다. 또 서로 다른 대상을 동일 개념의 요소로 처리함으로써 마음에 표상해야 하는 복잡성을 감소시켜 주는 효과가 있다.

둘째, 예측력이다.

개념은 쉽게 지각될 수 없는 정보를 예측할 수 있게 해 준다. 예를 들어, '사과'라는 개념은 둥글고 특정 색상이며, 나무에 열리는 과일로 쉽게 지각할 수 있게 한다. 또 씨가 있고 먹을 수 있다는 등의 지각하기 어려운 특성과도 연합된다. 이렇게 지각 가능한 특성(빨갛고 둥글며 나무에 달려 있음.)을 활용하여 어떤 사물을 '사과'

로 범주화하고는 그 사물에서 지각하기 어려운 특성(씨가 있고 먹을 수 있음.)도 지니고 있다고 추론하게 된다. 이처럼 개념은 직접 지각하는 정보를 넘어설 수 있게 한다.

개념에는 ① 구상개념과 ② 추상개념 외에도 ③ 행위개념('먹기'), ④ 상태개념('젊다'), ⑤ 숫자에 따른 개념('7'은 행운을 의미함)도 있다. 사람들은 각 개념의 구성요소의 공통적 특성을 알고 있다. 널리 사용되는 개념은 일반적으로 한 단어와 연합된다. 이로써 빈번히 일어나는 경험을 신속하게 소통할 수 있게 해 준다. 또 특수 목표를 위해 즉석에서 개념이 만들어지기도 한다. 예컨대, 자전거여행을 계획한다면, '자전거여행의 준비물' 개념을 생성해 낼 수 있다. 이 개념은 자주 사용되지는 않고, 비교적 긴 명칭을 지니고 있지만. 인지적 경제성과 예측력을 제공해 준다(강진령, 2022: 243).

(2) 문제해결

사람들은 순간순간 해결해야 할 문제들과 함께 살아간다. 한 가지 문제를 해결하면, 해결해야 할 또 다른 문제가 산적해 있다. 자연은 인간에게 그리 크지 않은 뇌와 함께 다양한 사고전략을 개발·활용할 수 있는 지혜도 선물로 주었다(강진령, 2022: 244). 문제해결은 우리 삶의 거의 모든 국면에 공통적으로 개입되는 요소이며, 문제는 우리가 목표를 지니고 있지만, 그것에 어떻게 도달해야 할지 모를 때 발생한다. 예를 들어, 휴대폰을 잃어버린 친구에게 연락을 하고자 한다면, 이 경우 분명한 목표는 있지만, 그것에 도달하는 분명한 방법은 쉽게 알 수 없다는 것이다(이억범 외, 2014: 28).

문제해결(problem-solving)은 사고의 중요한 기능이다. 문제해결을 하려면, 다음과 같은 기능이 요구된다(강진령, 2022: 244-245).

첫째, 문제에 대한 정신적 표상('내적 표상')을 서로 의미 있는 방식으로 구성할 수 있어야 한다. 표상(representation)이란 지각 또는 기억에 근거하여 현존하지 않은 자극 또는 원래의 것과 가장 유사하게 재현하는 것(떠올려 보는 것)을 말한다.

둘째, 문제에 대한 정신적 표상 요소는 외부세계의 문제요소와 일치해야 한다. 예를 들어, 의사는 환자에 대한 치료계획을 세우기 전에 혈압, 체온, 심박수 등의 활력 징후를 파악하여 환자에 대한 자신의 정신적 표상이 그의 몸에서 일어나고 있는 것과 일치하도록 해야 할 것이다.

셋째, 뇌의 장기저장고로부터 문제해결에 필요한 배경지식과 정보를 능동적으로 활용할 수 있어야 한다. 문제해결을 위해 이전의 경험, 교육·훈련 내용의 검색을 위한 엔진을 사용해야 할 것이다.

문제해결을 위한 전략은 다음과 같다(강진령, 2022: 245－246 ; 최정석 외, 2022: 104－105).

① 알고리듬의 사용

알고리듬(algorithm)은 문제해결을 위해 입력된 자료를 토대로 원하는 출력을 유도해내는 규칙의 집합을 말한다. 기하학 문제를 해결하기 위한 피타고라스 정리 같은 수학 공식이 그 예다. 적절한 공식을 적용한다면, 문제의 정답을 산출할 수 있다. 문제해결을 위해 적절한 공식을 찾으려면, 문제요소 중 하나 이상의 변수가 포함된 모든 공식에 관한 기억을 더듬어야 한다. 예를 들어, 직각삼각형에 관한 문제를 해결하려면, '피타고라스 정리'를 사용해야 할 것이다. 누군가와 첫 만남에서 좋은 인상을 주려면, 만남의 본질(예, 취업면접, 소개팅)을 고려한 다음, 만남에 적합한 의상선택과 행동 방식을 고려해야 할 것이다. 만남의 목적이 취업면접이라면, 이를 위한 알고리듬은 단정한 의상과 헤어스타일, 적절한 메이크업과 향수, 구두를 착용하는 것이다. 처음 소개받은 이성과의 데이트라면, 캐주얼한 의상으로 갈아입고, 향수를 더 많이 뿌리는 선택을 할 수 있다. 어떤 경우든, 미소와 시선 접촉은 대인 간 문제해결을 위한 알고리듬의 필수요소이다

② 발견적 탐색법

사람들은 때로 신속한 문제해결을 위해 손쉬운 방법을 사용한다. 컴퓨터 바탕화면에 바로가기 아이콘을 설치하면, 원하는 사이트에 신속하게 접속할 수 있는 것이 그 예다. 발견적 탐색법(heuristics)은 제한된 정보를 바탕으로 신속한 문제해결을 할 수 있게 하는 단순한 사고전략을 말하는 데, 이는 알고리듬보다 처리속도가 빠르다는 이점이 있지만, 실수를 범할 가능성이 크다는 약점이 있다. 이 방법은 대체로 이전에 효과가 있었던 전략을 기반으로 한다. 발견적 탐색법은 정확한 해결

책이 보장되지는 않지만, 더 빠른 해결책을 찾을 수 있다는 이점이 있다.

『심리학개론』
(2015년 인도판)

코슬린과 로젠버그(Stephen M. Kosslyn and Robin S. Rosenberg)의 저서 『심리학개론: 두뇌, 사람, 그룹(*Introducing Psychology: Brain, Person, Group*, 2015)』에 따르면, 문제해결을 위한 장애물 극복방법은 다음과 같다.

① 문제를 효율적으로 표상하라.

문제해결에서 중요한 도전거리는 문제를 효과적으로 표상하는 것이다. 이 도전에서 이기는 방법의 한 가지는 당신이 문제를 제대로 이해했는지 확인하는 것이다. 문제를 다른 사람에게 설명해 보라. 때로는 단지 누군가에게 설명하는 것이 당장 해결책이 떠오르게 하는 표상으로 이끌기도 한다.

② 문제에 집중하라.

문제를 구성하는 것이 무엇인지 놓치지 마라. 사람들은 종종 문제를 변형시키는데, 이 유혹을 이겨내라. '봄 방학 때 하와이 놀러 가기'가 문제라면, 이 문제를 '어떻게 부모님에게 여비를 조달할까?'로 다시 정의하지 마라. 이 조언은 토론이나 논쟁에서도 유용하다. 관련된 다른 문제에 휩쓸리지 않고 문제에 집중하면, 당신이 토론이나 논쟁에서 얼마나 더 효율적이 되는지 아마도 놀랄 것이다.

③ 자원을 제한하지 마라.

당신의 인지적 자원을 한 가지 방향으로만 몰지 마라. 이것도 기능적 고착의 한 유형이다. 당신의 인지자원을 한 가지 이상으로 사용할 수 있는지 알아보라. 예를 들어, 호텔비를 벌기 위해 돈을 모으는 방안만 생각하는 대신, 인터넷을 검색해서 당신이 정원 일을 해 주거나 다른 봉사를 해 주는 대신, 기꺼이 자기 집에서 머무르게 해 줄 사람을 찾을 수도 있다.

④ 다른 유형의 해결책을 고려하라.

이전에 비슷한 문제를 풀 때 효과적이었던 방법을 다시 사용하는 마음갖춤새(mental set)에 매이지 마라. 마음갖춤새에 빠지면 어떻게 지금 문제를 풀까를 고려하는 방안을 한 가지로 고정시킬 수 있다. 문제를 풀기 시작할 때, 한 가지 가능한 해결방안에 집중하는 것은 좋다. 그러나 그 문제를 해결하는 효과적인 방법은 여러 가지가 있을 수 있다는 것을 인식하라. 문제의 대안들에 대해 기꺼이 고려하라라(봄 방학 때 갈 곳으로 해변가도 좋고, 집도 좋을 수 있다.).

⑤ 새로운 마음으로 접근하라.

문제가 안 풀리면, 잠시 그 문제를 잊어버려라. 다시 그 문제를 보게 되면 새로운 표상이 떠오를 수도 있고, 새로운 해결 책략이 떠오를 수도 있다.

문제해결방안은 <표 3-1>과 같다.

<표 3-1> 문제해결방안

방안	정의	예
새로운 문제표상 사용하기	문제의 본질을 명세한다.	수도사 두 명이 동시에 한 명은 산 아래에서, 다른 한 명은 산 정상에서 출발하는 심상을 사용한다.
연산법	문제의 정답을 보장하는 해결단계들의 집합	모든 식당에 전화를 걸어 할인을 하는 식당 찾기
어림법	효과가 있을 수도 있고 없을 수도 있는 간편법, 지름길	대학 근방의 식당들에 전화를 걸어 할인을 하는 식당 찾기
유추	이전에 푼 문제와 해결방안에서 대응되는 점을 찾는 것이 관건인 어림법	의학문제가 전에 푼 군대문제와 유사하다는 것을 알아채는 것

자료: Kosslyn and Rosenberg(2015).

3 언어와 사고의 상관성

언어와 떼어 놓고 생각하기 어려운 것이 인간의 사고이다. 언어는 인간이 생각하는 것을 표현하는 훌륭한 도구이기 때문이다. 그리하여 사고 없는 언어 또는 언어 없는 사고 둘 다 생각하기 어렵다. 이처럼 언어와 사고가 어떤 식으로든 연결되어 있다는 것이 상식적인 생각이다. 하지만 언어와 사고와의 관계를 학문적으로 고찰해 보면, 이 둘 간의 관계는 상식 수준의 대담처럼 그렇게 간단하지 않다(윤가현 외, 2022: 188).

언어가 기억의 표상과 소통의 기능을 제공한다면, 사고는 효율적인 인지과정을 수행하는 기능을 지닌다. 언어는 유형에 따라 발음이나 철자, 문법구조, 참조 의미 등이 매우 다르다. 예를 들어, 한국어는 '나는 사과를 먹었다.'라고 표현하지만 영어에서는 'I ate an apple.'이라고 한다. 동일한 행위도 전혀 다른 상징으로 표현된다. 즉, 영어에는 '눈(snow)'의 어휘가 1개이지만, 에스키모인은 그 수가 4개 정도 되며, 한국어에도 함박눈, 진눈깨비, 싸락눈 등의 다양한 눈 관련 명칭이 존재한다. 또한 영어로는 '쌀(rice)'을 기술하는 어휘가 1개인 반면에, 필리핀인은 무려 13개의 쌀의 어휘를 가지고 있다(오경기 외, 2020: 250).

언어와 사고의 상관성은 다음과 같다(현성용 외, 2020: 229－234 ; 오경기 외, 2020: 250－255 ; 윤가현 외, 2022: 188－190).

1) 언어상대성 가설

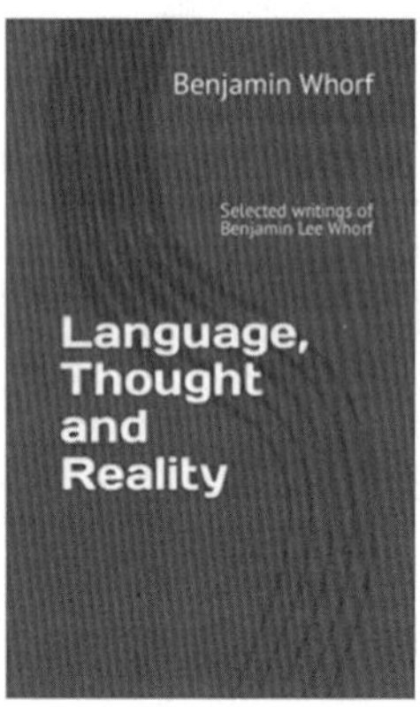

『언어, 사고와 현실』
(2022년 출판)

워프(Benjamin Lee Whorf)는 그의 저서 『언어, 사고와 현실(*Language, thought and reality*)』에서, 그는 언어와 사고의 관계에 대한 유명한 가설을 제안하였다(Whorf, 2022). 워프는 화학을 전공한 보험회사 직원이었으며, 그의 동료 사피어는 언어학자, 특히 인디언 언어를 연구하는 학자였다. 워프가 사고와 언어의 관계에 관심을 갖게 되어 사피어(Sapir)에게 언어에 대한 지식을 전수받았다. 그들은 언어가 인간의 인지, 즉 사고를 결정한다는 언어결정론과 사용되는 언어에 따라서, 인간의 사고도 달라진다는 언어상대성 가설을 제안하였다. 인간이 사용하는 언어에 따라서 인간의 사고가 결정된다는 가설이다. 이를 입증하는 증거로 한 언어의 의미를 다른 언어로 완전하게 번역하기가 불가능하다는 것을 제시하였다.

밀러와 존슨－레어드(George Armitage Miller and Philip Johnson－Laird)는 1987년

그들의 저서 『언어와 지각(*Language and Perception*)』에서, 그들은 언어상대성 가설을 세 가지 수준으로 분류하였다. 즉, 언어→사고, 언어→지각, 언어→기억으로, 언어가 사고를 결정한다는 입장은 강한 입장으로 볼 수 있으며, 언어가 지각을 결정한다는 입장은 중간 수준으로 볼 수 있고, 언어가 기억에만 영향을 미친다면 약한 입장으로 볼 수 있다. 언어상대성 가설은 언어와 인지의 관계에 대한 강한 입장에 해당한다. 과연 어떤 입장이 타당한 것인가? 예를 들어, 뉴기니아(New Guinea) 원주민인 다니족은 색상을 구분하는 데, 두 가지 어휘만을 사용하고 있다. 즉, 밝고 따뜻한 색(mola)과 어둡고 차가운 색(mili)을 나타내는 어휘만을 사용한다는 것이다. 예를 들어, 노랑, 연두, 검정, 보라를 본다고 하면, 다니족의 사람들은 노랑과 연두색은 '몰라'라는 어휘로 표현하며, 검정와 보라색은 '밀리'라는 어휘로 표현할 것이다. 워프의 언어상대성 가설에 따르면, 이들의 색 표현 어휘가 두 가지뿐이기 때문에 그들이 색상에 대한 사고를 할 때 두 유형의 색상에 대한 사고만이 가능하다.

『언어와 지각』
(1987년 출판)

2) 어휘의 차이

색상은 크게 초점색(focal color, 흰색, 검정, 노랑, 빨강 등의 11개 기본색)과 비초점색으로 분류된다. 초점색은 사람들이 자주 접하고 사용하는 대표적인 색이며, 비초점색은 초점색의 사이에 위치하는 사용 빈도가 낮은 색이다. 영어권의 사람들은 초점색을 비초점색에 비해서 정확하게 재인할 수 있다. 만약 언어가 색채의 지각을 결정한다면, 색채에 대한 어휘를 다양하게 가진 사람이 빈약한 언어를 가진 사람에 비해서 색상지각이 달라야 한다. 다니족의 사람들은 모든 색을 '몰라와 밀리'로만 지각하여야 한다는 것이며, 영어권의 사람들과 달리 초점색과 비초점색의 재인 정확도에 차이가 없어야 한다.

다니족과 미국인을 직접 비교해 보면, 각각의 참가자에게 색상을 제시하고 나중에 그 색상과 일치하는 색상을 재인하도록 하였다. 실험결과, 색상의 재인율에서 다니족과 미국인의 차이는 나타나지 않았다. 두 민족 모두 색상에 대한 재인이 매우 우수하였다. 또한 다니족 사람에게 초점색과 비초점색을 보여 준 다음 재인하게 하였을 때, 비초점색보다 초점색에 대한 재인도 잘하였다. 이는 색상 어휘가 풍부한 미국인이나 둘뿐인 다니족이나 색상지각에서 차이가 없음을 보여 준 연구이다(Solso et al., 2007). 그러나 이는 언어상대성 가설의 강한 입장을 지지하는 증거는 아니다.

엘리스(Ellis, 1973)는 자연색을 사용하지 않고 생소한 시각적 자극에 임의적 명칭을 부여하는 방법을 사용하여 그 가설을 검증하였다. 첫째 집단은 시각자극에 고유한 명칭을 부여하고, 둘째 집단은 모든 자극에 동일한 명칭을 부여하고, 셋째 집단은 시각자극에 명칭을 부여하지 않고 시각자극만을 제시하였다(통제집단). 실험은 각각 다른 참가자를 세 집단의 조건에 참가시키는 것이었다. 참가자에게 시각자극을 제시한 후, 그 자극에 대한 재인기억을 실시하였다. 그 결과, 고유명칭의 참가자가 동일 명칭 참가자에 비해서 시각자극의 정확한 재인율이 높았다. 그런데 고유명칭 집단과 시각자극 집단의 재인기억의 차이는 없었다. 이는 역시 시각자극이 지각에는 영향을 미치지 않지만, 시각자극의 기억에는 영향을 미친다는 증거가 된다. 즉, 언어상대성 가설의 약한 입장이 타당할 가능성을 제시한 것이다.

어휘는 색상 어휘만 있는 것이 아니다. 시간이나 공간의 어휘, 품사에 따른 어휘 유형이 있다. 과연 이들 다양한 유형의 어휘에서도 동일한 연구결과를 얻을 수 있는가?

한국어와 영어의 공간 범주의 어휘에서 나타나는 흥미로운 연구결과가 있었다. 바우어먼과 최순자(Bowerman & Choi, 2001)는 언어 간에는 유사성도 있지만, 미묘한 차이도 존재한다는 증거를 제시하였다. 영어는 'put in'과 'put on'으로 가능한 대상 간의 관계를 기술하고 있지만, 한국어는 그것만으로는 부족하다는 것이다. 즉, 더 세분화된 범주를 지니고 있다는 것이다. 예를 들어, 한국어에서 바구니에 물건을 놓을 때는 '넣다'라고 표현하지만, 반지를 손가락에 넣을 때는 '끼다'라는 표현을 쓴다. 그리고 물건을 놓을 때도 그 공간의 위치가 수평인지 수직인지에 따라 다르다. 탁자 위에 물건을 놓을 때는 '놓다'라고 하고 벽에 물건을 놓을 때는 '붙이다'라고 표현한다. 그렇지만 영어는 그 차이가 없다. 이는 한국어가 영어에 비해서 공간적 표현에 대한 어휘의 범주를 세분화하고 있다는 증거다.

언어의 어휘가 시각자극의 기억에 영향을 미칠 수 있다는 또 다른 증거가 있다. 어휘가 기억을 과장시키기도 한다. 즉, 기억색(memory color)의 효과다. 우리는 사과색, 포도색 등의 어휘를 지니고 있다. 붉은 색상을 기억할 때 이것을 사과색으로 기억하면, 나중에 실제 지각된 색상보다 더 붉은색을 보았다고 반응할 가능성이 있다. 이는 어휘가 색상의 기억에 영향을 미칠 수 있다는 증거가 된다(Hunt & Agnoli, 1991).

3) 문법의 차이

언어와 사고의 관계를 엿볼 수 있는 또 다른 증거는 어순(word order)에서 찾아볼 수 있다. 언어의 표현방법인 문장의 어순이 한 예다. 언어는 특정한 대상을 상징하는 의미적 기호로도 사용되지만, 세상을 기술하기 위해서는 어휘만으로는 제한이 있다. 지구상에는 수천 가지 이상의 다양한 언어가 존재하지만, 이들이 표현하는 언어의 형식적 구조는 몇 가지로 분류될 수 있다. 예를 들어, 한국어는 '주어-목적어-동사'의 어순을 지니고 있으며, 영어는 '주어-동사-목적어'의 어순을 지니고 있다. 언어의 종류는 많지만, 언어에 사용되는 어순은 네 가지에 불과하며, 특정한 어순이 사용되는 비율은 <표 3-2>와 같다.

<표 3-2> 언어에 사용되는 어순의 유형

SOV	주어-목적어-동사	44%	한국어, 일본어, 터키어
SVO	주어-동사-목적어	35%	영어, 중국어, 독일어
VSO	동사-주어-목적어	19%	히브리어, 마오리어
VOS	동사-목적어-주어	2%	
OVS	목적어-동사-주어	0%	
OSV	목적어-주어-동사	0%	

자료: Greenberg(1963).

지구상 언어의 약 80%는 주어가 문장의 처음에 위치한다. 그 이유는 무엇일까?

일반적으로 대부분의 행위는 행위자에 의해서 시작되며, 피행위자에게 작용하게 된다. 의사소통을 효율적으로 하기 위해서는 행위의 순서에 근거하여 어순을 결정하는 것이 보다 자연스럽다는 인지적 사고가 작용한 것이다. 그렇지만 주어를 제외한 동사와 목적어의 순서는 언어 간에 차이가 크다. 또한 품사의 유형도 언어에 따른 차이가 크다. 영어에는 전치사, 접속사, 관사가 있지만 국어에는 조사, 관형사 등이 있다. 이는 언어의 문법적 구조의 차이를 반영하는 제약들로 볼 수 있다. 아직 이들 제약이 사고에 어떤 차이를 반영하는지에 대한 명확한 결론을 내릴 수 있는 증거는 확보되어 있지 않다. 그렇지만 언어상대성 가설에 따르면, 언어의 문법 구조의 차이가 사고의 차이를 반영할 가능성은 높다고 볼 수 있다.

4) 문화와 인지

『기본 색상 용어』
(1999년 출판)

베를린과 케이(Brent Berlin and Paul Kay)의 저서 『기본 색상 용어: 보편성과 진화(*Basic color terms: Their universality and evolution*, 1999)』에 따르면, 색상의 명칭이나 수는 언어에 따라 매우 다르지만, 색명을 사용하는 데는 일정한 규칙이 있다. 즉, 사용되는 언어체계에 무관하게 색에 대한 인지체계가 존재한다. 그 체계는 [그림 3-2]와 같은 위계적 구조를 지니고 있다. 언어에 따라서 사용되는 색명은 다르지만, 사용되는 색상 언어의 인지체계가 위계적으로 구성되어 있다. 이는 언어가 인지를 결정하기보다는 인지가 언어에 영향을 미친다는 증거가 된다. 문화나 산업의 발달로 인해서 세상에 대한 어휘적 명칭이 세분화되면, 우리는 지각된 정보를 개념화하거나 범주화하는 과정, 정보의 인지적 표상과정, 논리적 추리나 판단과 결정을 하는 과정 등의 인지과정에 효율성을 높일 가능성이 있다(Hunt & Agnoli, 1991).

색채 명칭 사용의 위계는 [그림 3-2]와 같다.

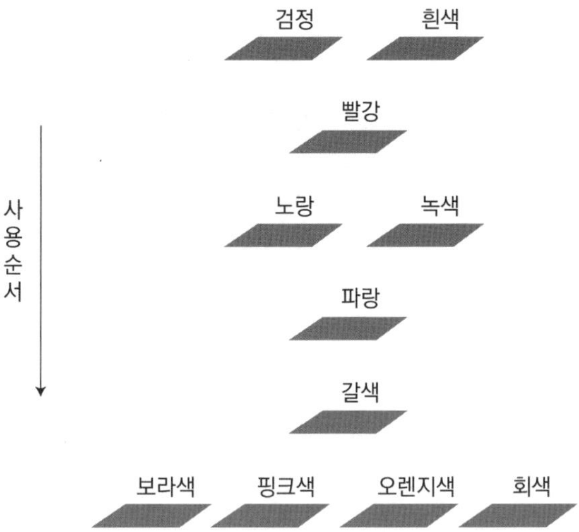

[그림 3-2] 색채 명칭 사용의 위계

자료: 현성용 외(2020: 234).

언어와 사고의 관계는 쉽게 결론을 내리기 어려운 문제다. 촘스키(Noam Chomsky)는 1957년 그의 저서 『구문론적 구조(*Syntactic Structures*)』에서, 그는 언어와 사고가 서로 독립적인 관계를 유지한다는 주장을 하였지만(Chomsky, 2015), 인지의 발달이 시작되면서 언어발달의 측면에서 보면 분명히 사고는 언어를 선행하여 나타난다는 주장이 있었다. 인지발달을 대표하는 피아제(Piaget, 2013)는 사고가 언어를 선행해야 한다는 주장을 하였다. 비고츠키(Vygotsky, 1978)는 언어와 사고가 발달상에서 처음에는 독립적이지만, 점차 두 체계가 상호 관련적인 체계로 변화되어 간다는 주장을 하였다.

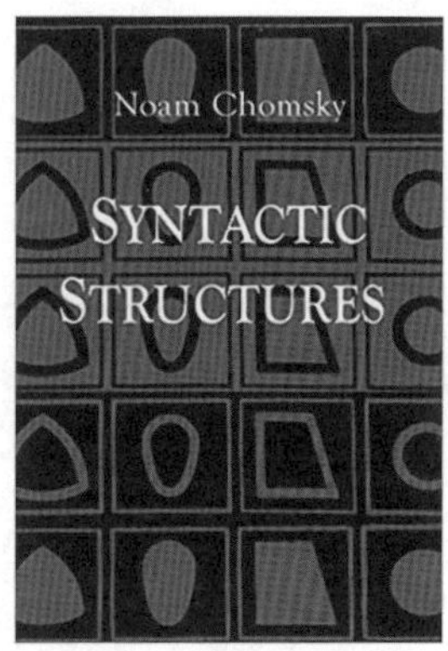

『구문론적 구조』
(2015년 출판)

이론가들 사이에 많은 논란이 계속되고 있지만, 두 체계의 관계가 상호작용적이라는 점은 분명하다. 언어상대성 가설의 가장 큰 약점은, 그들이 주장하는 강한 입장의 증거를 확보하지 못하였다는 점도 있지만, 무엇보다 그들은 사고가 무엇인지에 대한 정의를 명확하게 제시하지 못하였고, 언어에 대한 사고의 영향력에 대한 증거도 없었다. 그렇지만 아이젠크와 키네(Michael W. Eysenck and Mark T. Keane)는

『인지심리학』
(2020년 출판)

그들의 저서 『인지심리학(*Cognitive Psychology: A Student's Handbook*, 2020)』에서, 그들은 언어가 사고나 인지에 영향을 미친다고 보고 하는 연구는 점차 그 수가 늘고 있다고 주장한다.

Chapter 4

동기와 정서

학습목표

1. 동기의 이론적 기초 확립
2. 동기의 이론 구분 중요
3. 정서에 대한 적용 문제 토의

학습내용

1. 동기
2. 정서

개요

동기는 인간의 행동을 활성화시키면서 행동을 특정한 목표로 있는 내적인 힘을 의미한다. 정서는 심적으로 특정 대상을 향하는 주관적 느낌이다. 여기에서는 동기와 정서를 학습하고자 한다.

Chapter
4

동기와 정서

1 동기

심리학을 인간의 '마음'과 '행동'을 연구하는 학문이라고 정의할 때, '행동' 측면의 핵심은 '왜'라고 볼 수 있다. 즉, '인간은 왜 행동하는가?', '무엇이 인간으로 하여금 행동하게 만드는가?'는 심리학의 핵심 질문 중 하나다. 이 '왜'와 '무엇'에 대한 질문이 곧 '동기'에 대한 질문이다. 동기 연구에서는 '왜 우리가 무엇인가를 원하는가?' 그리고 '왜 우리가 행동을 하는가?'를 설명하기 위해 개인과 그가 속한 환경, 그리고 문화 속에 존재하는 다양한 조건에 관해 탐색한다.

1) 동기의 개념

'동기(motive)'의 어원은 '움직이다'란 의미의 라틴어 '*movere*'로, 무엇을 움직이게 하는 것이 동기라는 단어의 핵심 의미다. 일반적으로 심리학에서 동기는 두 가지 차원으로 정의하는 데, 하나는 각성상태, 즉 유기체의 행동을 가능하게 하는 생리적 에너지를 말하고, 다른 하나는 행동을 조절하는 힘을 말한다(현성용 외, 2020: 270). 결국 동기란 인간행동을 활성화시키면서 행동을 특정한 목표로 있는 내적인 힘을 의미한다(이주희 외, 2013: 136). 즉, 동기는 행동하게 하는 힘의 근원(energizer)으로서의 기능과 행동의 조절자(regulator)로서의 기능을 한다. 동기에 대한 가장 일반적인 정의는 행동을 시작하게 하고, 방향을 결정하고, 끈기와 강도를 결정하는 힘이라고 할 수 있다. 동기와 관련된 개념으로 욕구(need), 추동(drive), 동기화 또는 동기유발(motivation)이 있는데, 이 세 가지 개념은 서로 연관성을 가진다. 헐(Hull, 1942)은 "욕구란 생리적 또는 심리적인 상태로 개인을 목표로 향해 움직이도록 만드는 일종의 내적 결핍상태다."라고 주장한다. 이러한 욕구상태는 유기체의 내적 불균형상태를 초래하므로 '생체항상성(homeostasis)'을 깨뜨린다. 모든 유기체는 생체항상성을 유지하려는 본능 때문에 회복을 위해 노력한다. 추동은 이러한 욕구발생의 결과로 생기는 관찰 가능한 행동의 변화이다. 동기는 행동이 대상을 향하게 하거나 멀리하게 만드는 추동이다. 따라서, 이 세 가지 상황은 연쇄적으로 나타난다고 할 수 있다. 예를 들어, 체내에 수분이 부족하면(내적 결핍상태) 물을 마시고 싶은 욕구(need)가 발생하고, 이러한 욕구는 물을 찾아 움직이는 추동(drive)으로 변하여, 물을 마시는 행동의 직접적인 원인인 동기(motive)를 유발시킨다. 따라서, 욕구, 추동, 동기는 상태를 의미하며, 이러한 상태가 행동으로 나타나는 과정을 동기화, 동기유발, 동기부여 그리고 동기 등과 같은 용어로 적절하게 사용한다.

2) 동기의 원천

동기는 어디서 어떻게 생기는가? 일반적으로 동기를 연구할 때는 동기의 출처, 즉 행동의 원인이 개인 내부 또는 외부에 있는가로 구분한다. 앞에서 제시한 것처럼, 동기를 행동을 시작하게 하고, 방향을 결정하고, 행동의 끈기와 강도를 결정하는 힘이라고 정의할 때, 이 힘의 근원이 개인 내부의 흥미, 호기심, 의지, 사고 등에서 오는 것임을 강조하는 내재동기(intrinsic motivation)를 연구하는 경우와 외적인 보상이나 벌, 또는 강압 등에서 오는 것임을 강조하는 외재동기(extrinsic motivation)를 연구하는 경우로 분류하는 것이다. 여러분은 지금 왜 이 책을 읽고 있는가? 그 이유는 매우 다양할 것이다. '오늘 새로 산 이 책이 어떤 책인가 알고 싶어서', '동기라는 주제에 관심이 많아서', '다음 주에 숙제를 제출해야 하는 데 그 숙제는 학기말 성적에 큰 비중을 차지하기 때문에', '수업시간에 교수님의 질문에 답을 하지 못해서 망신당하는 일이 생길까 봐' 이외에도 다양한 대답이 나올 수 있다. 앞의 두 가지 답은 책 읽는 목적이 책 읽는 것 자체에 대한 흥미와 관심 때문에, 즉 내적인 이유로 책을 읽고 있음을 말해 준다. 반면에, 뒤의 두 가지 답은 책을 읽는 목적이 외적 요인에 있다. 즉, 책 읽는 것 자체가 즐겁고 재미있기 때문이 아니라, 책을 읽음으로 해서 얻는 다른 이득 때문이다. 따라서, 모든 행동은 그 원인이 내부에 있는 내재적인 동기유발과 개인 외부에서 오는 외재적 동기유발의 결과라고 볼 수 있다.

3) 동기의 유형

(1) 배고픔

배고픔은 우리로 하여금 먹을 것을 끊임없이 생각하도록 만들거나 찾아 나서도록 하는 하나의 강력한 동기가 된다. 배고픔 동기의 과정은 또다시 동질정체적이다. 즉, 신체세포들은 활동을 위해 포도당이나 지방 및 아미노산과 같은 영양소들을 필요로 하는 데, 이러한 것들이 결핍되면 배고픔의 동기과정이 활성화되어 그러한 영양소들을 포함하는 음식들을 찾게 된다. 오늘날 많은 사람에게 음식은 생존 이상의 의미가 있다. 음식은 가족관계와 돌봄의 상징이기도 하다. 우리의 뇌는 진화를 통해 안전한 먹을거리를 선택하고, 독성 섭취를 피하는 방법을 획득하였다. 이를 위해 유기체는 생래적으로 선호하는 맛을 보유하는 한편, 특정 음식의 선호와 혐오를 학습하는 메커니즘을 갖추고 있다(강진령, 2022: 273).

그러나 우리가 음식을 먹고자 하는 것은, 이와 같은 배고픔의 추동이 일어났을 때만은 아니다. 배가 고프지 않더라도, 맛있어 보이는 음식에 끌려 무리하게 먹기도 한다. 또한 우리가 한 번에 먹게 되는 음식의 양은 모자라는 영양을 완전히 보충할 때까지가 아니라, 배가 부른 느낌을 갖게 될 때까지인 경우가 보편적이다. 이와 같이 배고픔의 동기과정은 복잡한 여러 요인에 의해 영향을 받는다(한국심리학회, 2004: 275).

(2) 비만

우리나라 사람 중에도 비만 체중의 사람들이 점점 늘고 있다. 또한 경제 수준이 높을수록 비만율이 높다. 비만은 고혈압, 각종 질병과 상관이 높을 뿐 아니라, 사람들이 외모에 점점 더 관심을 가지면서 매우 부정적으로 인식되며, 심지어는 '살과의 전쟁'이라는 말까지 유행시키고 있다.

어떤 사람들은 어려움에도 불구하고, 상당한 양의 체중을 감량하고, 다시 체중이 증가하는 것을 피한다. 성공적으로 다이어트를 하여 개인당 평균 27kg을 감량하고, 연구 시점까지 약 5년 동안 유지를 한 약 3,000명의 사람들에 대한 연구는 그들이 고지방 음식을 피하고 운동량을 많이 증가시킴으로써 체중 감량과 유지에 성공하였음을 보여 준다(Butler, 2004). 많은 다른 연구도 운동과 다이어트의 결합이 다이어트 하나만을 하는 경우 보다 장기적으로 체중을 감량하는 데 더 효과적임을 보여 주었다. 규칙적인 운동은 즉각적으로 칼로리를 소모시킬 뿐만 아니라, 근육을 강화시켜서 휴식을 취하는 경우에도 다른 근육조직보다 더 높은 비율로 칼로리를 소모하게 한다.

체중 증가의 원인은 다음과 같다.

첫째, 신체비만의 직접적인 원인은 지방세포의 크기와 수이다.

보통 성인에게는 약 300억 개의 지방세포가 있고 절반은 피부의 표면에 있다. 지방세포는 비교적 텅 빈 상태에서 꽉 찬 상태까지 다양하다. 비만한 사람의 경우, 지방세포가 보통 크기보다 2−3배로 부풀어져 있다. 일단 지방세포의 수는 유전적 경향, 먹는 패턴, 과식으로 인해 증가하고, 지방세포의 수는 감소하지 않는다. 지방세포의 크기는 체중조절을 통해서 줄어들지만, 결코 소멸되지 않는다.

둘째, 유전적 요인이다.

유전적 요인이 비만에 영향을 준다는 증거는 쌍둥이 연구에서 찾아볼 수 있다. 일란성 쌍둥이의 비만 수준의 일치율은 이란성 쌍둥이에 비해 두 배나 된다. 일란성 쌍둥이는 다른 환경에서 성장해도 비슷한 체중 증가율을 보이는 것으로 나타났다. 또한 부모가 비만이면 자식도 비만이 될 확률이 높다.

(3) 성

성은 생활의 일부이다. 성적 동기는 인류가 증식되는 자연의 수단이고 인류의 생존을 가능하게 한다. 성 호르몬은 에스트로겐(estrogen)과 테스토스테론(testosterone)이 있다. 호르몬은 인간의 성적 행동에 영향을 미치지만, 아주 미약한 정도이다.

인간을 제외한 다양한 동물의 성 추동 조절에서 호르몬의 역할은 중요하다. 그러나 사람들은 사랑하는 사람과 단순히 성관계만 갖는 것이 아니라, 사랑에 빠지고, 낭만적 음악을 듣고, 촛불을 켠 식탁에서 식사를 하면서 서로의 눈을 맞추고, 달빛 아래서 사랑을 맹세하고, 불륜에 빠져서 죄책감에 시달리고, 자신들의 친밀한 관계에 대해 의논을 한다. 인간, 특히, 여성은 성 추동의 호르몬 조절에 있어서도 다른 동물과는 아주 상이하다(한국심리학회, 2004: 274).

배란기 여성의 성적 욕망은 다른 시기에 비해 약간 높다. 여성의 성욕은 테스토스테론 수준에 잘 반응하여, 여성의 테스토스테론 수준이 낮으면(난소가 제거되거나 부신선이 제거되면) 성적 관심이 없어진다. 예를 들어, 남자 대학생들이 남자 대학생과 대화하고, 여자 대학생과 대화하도록 실험했을 때, 여성과 대화 후에 남성의 테스토스테론 수준이 증가하였다. 테스토스테론 수준의 증가는 성적 흥분을 야기시킬 수 있다.

성적 동기는 [그림 4-1]과 같다.

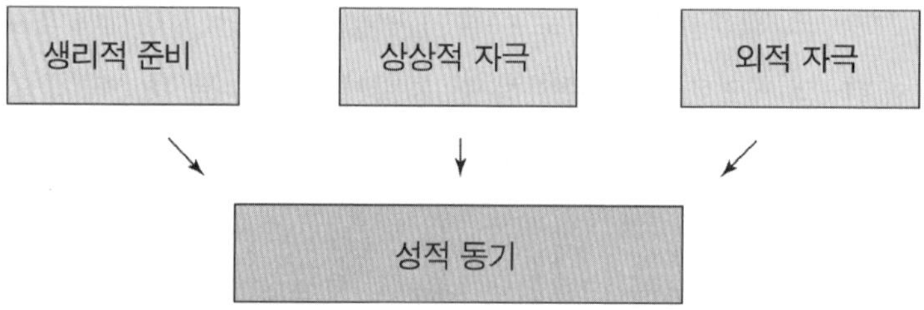

[그림 4-1] 성적 동기

자료: 김보기 외(2017c) 재인용.

사람의 머릿속 상상은 성적 흥분과 성적 욕구에 영향을 미칠 수 있다. 뇌는 가장 중요한 성 기관이다. 척수손상 때문에 성기의 감각이 없는 사람도 성적 욕구를 느낄 수 있다. 성적 환상은 실재의 성적 행동과 일치할 필요가 없으며, 성적 환상은 성적 문제가 되지 않는다.

여성과 남성의 성 활동과 성에 대한 의식과 태도는 다르게 나타난다. 남성은 여성보다 일반적으로 더 많은 수의 이성과 성을 경험한다. 여성은 성 활동을 사랑의 감정과 결부시키는 데 반해 남성은 이 둘을 별개의 것으로 생각하는 경향이 있다.

피임을 하지 않는 이유

절제할 수 없다면, 피임이 임신 예방의 최선의 방법이다. 왜 성적 행동에서 피임을 하지 않는가?

① 무지 : 피임방법에 관해서 무지하다.

② 성적 행동에 관한 죄책감 : 성적 행동에 관한 죄책감 때문에 피임기구를 지니지 않는다.

③ 최소한의 의사소통 : 파트너와 함께 피임에 관해서 말할 시간이 거의 없다.

④ 알코올 이용 : 성교 전에 알코올 등으로 피임기구를 이용할 수 없고 자제력이 없어진다.

⑤ 남발되는 혼전성교에 대한 대중매체의 미화 : TV와 같은 매체는 혼전성교를 미화한다.

자료: 이주희(2013: 149).

(4) 호기심

사람들은 항상 긴장이 없는 편한 상태만을 추구하지 않는다. 어떤 사람들은 모험과 긴장을 추구하기 위해 번지점프(bungee jump)나 롤러코스터(roller coaster) 같은 위험스러운 활동을 즐기기도 한다. 또 다른 사람들은 아무런 자극도 없는 편안한 생활을 꿈꾸지만 이러한 삶을 사람들은 오래 견디지 못한다.

한 연구에서 피험자들에게 아무 일도 하지 않고, 어떤 자극에도 접하지 않고 가만히 누워 있기만 하면 돈을 받을 수 있도록 하였다. 피험자들은 2-3일 후 불쾌감을 나타내며 더 이상 실험 참여를 할 수 없다며 거부하였다.

결론적으로 사람들은 이와 같이 감각이 박탈된 상황에 오래 견디지 못하며 자극을 추구한다.

4) 동기의 구성요소

동기가 행동을 시작하게 하고, 방향을 결정하고, 행동의 지속성과 강도를 결정하는 힘이라고 정의할 때, 이러한 정의가 포함하고 있는 요소들이 있다. 그렇다면 인간 동기는 어떤 측면을 담고 있는 요소들로 구성되어 있는가? 심리학에서 인간행동을 논의할 때 생물학적 요소, 인지적 요소, 학습된 요소로 나누어 보는 것과 같이 동기이론가들은 인간 동기에 대한 논의에서도 생물학적, 인지적으로 학습된 요소를 포함해야 한다고 주장한다(현성용 외, 2015: 286).

(1) 생물학적 요소

동기는 행동을 하게 하는 힘의 근원으로서 기능을 한다고 하였다. 이러한 힘의 근원을 생물학적 측면에서 설명하는 접근을 몇 가지 고찰할 필요가 있다. 행동생물학(ethology)에서 행동이란 유전구조의 산물로, 유전자가 지시하는 대로 행동을 시작하고 방향을 결정한다고 가정할 수 있다. 또한 종 특유의 행동은 태어날 때부터 이미 유전자에 기록되어 있기 때문에 변화시키기가 어렵다. 그러나 모든 인간 행동이 유전적으로 확정되는 폐쇄적 프로그램(closed program)에 의해 결정되는 것은 아니고, 어떤 행동은 개방적 프로그램(opened program)을 따르는 경우도 있다. 또한 유전구조의 기능을 기술하는 프로그램들도 전적으로 개방적이거나 폐쇄적인 것이 아니고, 학습의 영향을 받는 정도의 차이도 있다.

동기의 생물학적 요소를 강조하는 또 하나의 분야는, 행동학습에 관한 신경조직을 연구하는 학문인 행동신경과학(behavioral neuroscience)이다. 여기서는 두뇌의 아편, 엔도르핀을 분비하는 보상중추(reward centers)가 동기와 관련된다는 것을 보여준다. 또한 망상활성 체에서 일반적 각성을 주관하고, 정서를 관장하는 변연계(limbic system), 특히, 시상하부는 종 특유(species-specific) 추동의 근원지로 보며, 뇌화학물질인 에피네프린(epinephrine)과 노르에피네프린(norepinephrine)이나 도파민(dopamine) 등의 뇌화학물질이 행동의 근원, 즉 동기를 관장한다고 믿는다.

(2) 학습된 요소

동기의 학습된 요소는 본능과 같이 생물학적으로 주어진 것이 아닌, 성장하면서 서서히 획득되는 추동, 즉 권력, 성공, 성취에 대한 욕구 등과 관련된 것이다. 이러한 요소는 물론 행동주의 학습이론의 기본이 되는 것으로 학습심리학의 고전적 조건형성과 조작적 조건형성에 의해 획득된 행동의 동기적 측면을 의미한다. 성취에 대한 욕구, 권력에 대한 욕구와 같은 것은 생물학적 욕구와 관련되어 있지 않지만 인간은 이러한 욕구를 만족시키기 위해 행동한다.

반면에, 공포감과 같은 정서는 고전적 조건형성에 의해 학습된 대표적인 정서로서 행동의 근원이 되는 요인이다. 또한 도구적 조건형성이나 조작적 조건형성에서 말하는 1차적·2차적 강화라든가 내재적·외재적 보상 등은 행동의 근원이 되는 동기의 학습된 요소다.

(3) 인지적 요소

동기의 개념적 탐색 경향은 심리학이라는 학문 자체의 기본 패러다임과 분리시켜 볼 수 없는 것이어서, 초기에는 생물학적 요소를 중심으로, 그 후 행동주의의 주도로 학습된 요소를 중심으로 탐색이 진행되었다. 그러다가 톨만과 혼직(Tolman & Honzik, 1930)의 '기대(expectation)'라는 인지적 개념에 기초하여 1950년대에서 1960년대에 인지혁명이라 일컫는 심리학의 패러다임 전환이 제기되었고, 이와 더불어 동기의 개념 탐색에서도 인지적 요소가 강조되기 시작하였다. 인지이론들의 공통점은 모두 인간의 기대, 목표, 신념, 태도 등이 동기를 결정한다는 것이다. 이와 같은 동기에 대한 인지적 요소를 강조하는 경향은 현대의 거의 모든 동기이론에서 나타나고 있다.

5) 동기이론

인간의 동기에 대한 관심은 인류의 학문에 대한 탐구가 시작될 때라고 볼 수 있는 그리스 철학자들의 초기 탐구에서부터 관찰할 수 있다. 그리스 철학자들의 인간 동기에 대한 관심은 인간의 본성이나 지식의 기원에 대한 관심과 더불어 시작되었다고 볼 수 있다. 이러한 관심의 대표적인 예가 인간행동에 대한 '쾌락주의(hedonism)'라고 할 수 있는데, 이 원리는 프로이트(Freud)와 헐(Hull)의 추동이론(drive theory)과 레빈의 장이론 그리고 이후 기대×가치이론(expectancy×value theory)들에까지 영향력이 이어졌으며, 일부 최근의 동기이론에서도 여전히 찾아볼 수 있다.

(1) 초기 접근

에피쿠로스(Epikouros, B.C. 341–270)는 "인간은 쾌락을 추구하고 고통이나 불쾌를 회피하려는 것에 의해 동기화되고 행동한다"는 쾌락주의 원리를 주장하였다. 쾌락주의의 설명에 따르면, 인간은 긍정적이고 유쾌한 결과를 초래하는 행위와 부정적이고 불쾌한 결과를 초래하는 행위를 구분하여 쾌락을 추구하는 방향으로 행동한다는 것이다. 쾌락주의 원리는 프로이트와 헐의 추동이론의 근간이 되었다(현성용 외, 2020: 272).

쾌락주의는 쾌락을 행동의 동기와 목적, 또는 도덕의 기초와 목적으로 보아 도덕률을 규정하는 학설을 말한다. 쾌락주의의 계보는 대략 다음의 다섯 가지로 나눌 수 있다.

① **심리적 쾌락설**(psychological hedonism) : 인간은 그 심리에 있어 쾌락을 추구하기 때문에 인생의 목적은 쾌락에 있다고 하는 입장이다. 벤담(J. Bentham, 1748–1832), 홉스(T. Hobbes, 1588–1679)가 있다.

② **직관적 쾌락설**(intuition hedonism) : 쾌락의 추리는 실천이성의 직관에 의하여 이루어지며, 도덕은 그러한 실천이성이 직관하는 공정의 원리에 의거해야 한다는 설로서, 합리적 공리주의(rational utilitarianism)의 기초가 된다.

③ **개인적 쾌락설**(egoistic hedonism) : 쾌락에는 보편타당성이 없고, 주관적 쾌락만이 의지와 행위를 결정하는 동기가 되며, 선이란 각 개인의 쾌락에 지나지 않는다고 하는 입장을 말한다. 에피쿠로스(Epikouros)학파, 데모크리토스(Demokritos, B.C. 460?–370?) 등이 있다.

④ **공중적 쾌락설**(public hedonism) : 개인은 행복추구에 평등한 권리를 가지므로 인간의 행위는 최대 다수의 최대 행복을 목적으로 해야 한다는 입장을 말한다. 벤담, 밀(J. S. Mill, 1806－1873), 베일(P. Bayle, 1647－1706) 등이 대표적이다.

⑤ **진화론적 쾌락설**(evolutional hedonism) : 스펜서 등이 주장하는 바 생물진화론을 적용한 쾌락설 등이 있다.

그 밖에 이슬람교의 코란과 불교의 공중적 쾌락주의, 중국의 양자(楊子, B.C. 440?－360?)에서도 볼 수 있다.

그리스 철학자들이 의문을 가졌던 육체와 정신 간의 관계적 속성은 심리학에서 특히 중요한 쟁점이었다. 인간의 육체와 정신은 같이 움직이는 것인가 아니면 분리되어 따로 움직이는 것인가에 대해 그리스 철학자들은 이원론(dualism), 즉 육체와 정신은 분리되어 있고, 육체는 정신에 의해 조정된다고 믿었다. 이원론에서 주장하는 육체의 동물적인 행동의 근원이 무엇인가에 대한 탐색은 그리스 시대에는 스토아(Stoic)학파 철학자들에 의해 본능(instinct)이라는 개념으로 설명되었다. 이들은 본능이란 동물이 개체와 종족 보존을 위해 필요한, 창조주에 의해 주입된 목적적 행위들로 보았다.

중세에 이르러 데카르트(René Descartes, 1596－1650)의 이원론에서는 실체에 대한 독특한 정의와 거기서 유래한 마음(정신)의 비공간성에 있다고 분석한다. 데카르트는 실체를 '여타의 것들을 사라지게 하더라도, 여전히 존재할 수 있는 것'이라고 정의한다. 그는 신, 마음(정신), 물질, 이 세 가지의 실체가 있다고 하였다. 이와 같은 데카르트의 이원론은 인간행동의 기계적인 측면, 즉 생물학적으로 조종되는 생리적 욕구에 대한 과학적 연구의 시발점을 제공하였으며, 후에 독일 심리학에서 강조하는 의지 및 의지조정(volitional control)에 관한 이론의 기초가 되었다.

현대과학에 획기적인 변화를 가져온 다윈(C. R. Darwin, 1809－1882)은 그의 저서 『종의 기원에 관하여(*On the Origin of Species*, 1859)』에서, 진화론(evolutionary theory)은 인간과 동물이 근본적으로 같은 기원에서부터 출발하였고, 인간과 동물의 행동

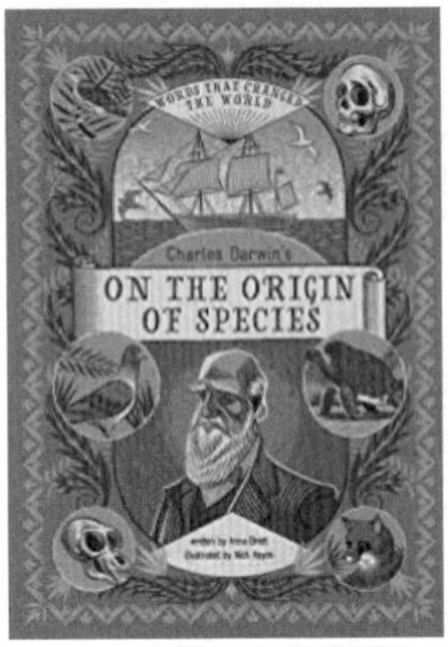

『종의 기원에 관하여』
(2021년 출판)

을 주관하는 원리는 같다고 주장하여 이원론을 종식시키고 인간 행동의 원인과 근원에 관한 지식의 혁명을 일으켰다. 학자들은 인간행동의 생물학적이고 신체적인 결정요인이 무엇인가에 관심을 두게 되었고, 많은 연구가 동물과 인간의 본능적 행동에 관심을 가지게 되었다. 대표적으로 영국의 심리학자인 맥두걸(W. McDougall, 1871–1938)은 행동의 가장 중요한 결정요인은 본능(instinct), 그리고 본능과 연결된 정서(emotion)라고 주장하였다. 맥두걸은 행동이 대부분 타고나는 것일 뿐 아니라, 충동(impulse)에 의해 발생한다고 보았다. 그의 행동에 대한 견해는 추동(drive)과 같은 개념의 전조로 본다(현성용 외, 2015: 288). 충동이나 추동과 같은 개념이 심리학의 주요 개념이 된 것과는 달리, 본능이라는 개념은 행동주의가 심리학을 주도하게 되자 관심에서 멀어졌다.

(2) 현대 동기이론의 배경

동기이론의 흐름도 심리학 패러다임의 변천을 따른다. 1900년대 초반에서부터 시작된 행동주의적 접근, 1940년대부터 대두된 인본주의적 접근, 그리고 1960년대부터 시작된 인지주의적 접근들과 같은 심리학의 주류가 되는 접근이 시작되던 비슷한 시기에 이와는 약간 다른 측면에서 심리학에 영향을 준 프로이트의 정신분석적 접근과 생물학적 접근들이 등장하였다. 여기서는 역사적 의미가 있는 초기 이론과 최근에 관심을 많이 받고 있는 현대 동기이론의 배경이라고 볼 수 있는 몇 가지 이론과 접근을 살펴보기로 한다.

① 프로이트의 추동이론

프로이트는 행동의 원인을 '무의식적 추동(unconscious drive)'이라는 개념으로 설명하려 하였다. 인간의 많은 행동은 충족되지 못한 강한 충동이나 소망에 대한 상징적 표현이라고 보고, 이러한 강한 충동은 두려움이나 죄의식을 수반하는 무의식적 추동으로 작용하여 긴장을 발생시킨다는 것이다. 프로이트는 이러한 무의식적 추동의 대부분이 성적인 충동이나 욕구 때문에 생겨나는 것으로 보고, 이러한 힘을 '리비도(libido)'라고 불렀다. 따라서, 인간은 이러한 리비도를 해소하기 위해 행동하고, 그 행동에 의해 불유쾌한 추동은 감소되고 유쾌한 상태는 회복된다는 프로이트의 이론은 쾌락주의 동기이론으로 볼 수 있다.

프로이트가 행동의 에너지 원천인 리비도라는 개념을 도입한 것은 본능, 욕구, 추동 등의 현대 동기이론의 기반을 제공한 것으로 평가할 수 있다.

② 헐의 추동감소이론

프로이트의 이러한 욕구와 추동 개념은 헐(Hull, 1943)의 동기를 설명하는 이론인 추동감소이론(drive reduction theory)의 기초가 되었다. 헐은 프로이트가 인간행동의 근원을 지나치게 성적 욕구나 추동에서만 찾는 것에 대해 문제가 있다고 보고 추동의 개념을 보다 일반적인 맥락으로 확대하였다. 그에 따르면, 인간행동은 유기체 내부에서 특정한 결핍에 의해 발생되는 욕구를 해소하기 위한 추동을 감소시키려는 목적에서 유발된다는 것이다.

헐은 추동감소이론에 강화의 원리를 포함시켰고, 생체항상성(homeostasis)이라는 개념과 연결시켰다. 유기체는 그 자체가 요구하는 몇 가지 생리적 변인을 조절하는 기제를 가지고 있는데, 이러한 조절이 생체항상성 유지기능이다. 만약 어떤 생물학적 추동이 존재하고, 그에 대한 특정 반응이 그 추동을 감소시키는 결과를 가져오면 항상성의 혼란이 감소하게 되고, 그 반응은 강화될 것이라는 것이다. 이렇게 해서 유기체는 욕구를 충족시키는 행동을 배우는 것이다. 그러나 생리적 욕구 충족과는 아무 관계가 없는 것으로 보이는 많은 강력한 강화인자들이 있다는 사실은 추동감소이론을 오래 지속시키지 못하였다.

③ 각성이론

프로이트와 헐의 이론에서 행동의 근원은 긴장이고 행동의 목표는 그 긴장을 감소시키는 것이다. 따라서, 이상적인 상황은 긴장이 전혀 없는 아무것도 일어나지 않는 상태이다. 따라서, 유기체가 행동하려는 동기는 추동의 강도가 높을수록 증가하고, 추동을 감소시키기 위해 행동을 하게 된다. 이와 같이 추동을 감소하는 것이 행동의 원인이 된다는 이론과는 달리, 사람들은 긴장이나 각성을 추구하는 방향으로 행동한다는 이론이 각성이론(arousal theory)이다. 어떤 사람들은 최대의 각성상태를 경험하기 위해 번지점프, 스카이 다이빙, 암벽등반 등을 하기도 한다.

각성상태란 자극에 대해 반응을 하거나 행동할 준비가 되어 있는 상태를 의미한다. 각성수준과 수행수준과의 관계에 대해 헵(Hebb)과 벌라인(Berlyne)은 거꾸로 된 U형 함수관계(inveited-U function)를 보인다고 주장하였다. 즉, 여크스와 돗슨(Yerkers & Dodson)이 제안한 거꾸로 된 U형 함수관계에서는, 중간수준의 각성상태에서 수행수준이 가장 높고, 너무 낮거나 높은 수준의 각성상태에서 수행수준이 낮음을 보인다. 이 중간수준의 각성이 가장 높은 수행수준을 가져옴으로 '최적각성수준(optimum level of arousal)이라고 부른다. 이 이론에 따르면, 중요한 시험에서 잘 보아야 한다는 부담 때문에 지나치게 각성을 하면 효율적인 정보처리를 할 수 없게 되어, 앞이 깜깜하고 아무 생각도 나지 않게 되고, 다 알고 있는 문제도 제대로 답하지 못하는 등의 시험불안(test anxiety)상태에 처하게 된다. 또한 지나치게 낮은 각성수준에서는 감각박탈상태가 되어 졸음이 오고 집중이 되지 않아 시험결과가 나빠진다. 따라서, 효과적인 행동을 위해서는 각성상태가 중간인 최적수준으로 유지되어야 한다는 것이다.

④ 조건형성이론

조건형성이론(conditioning theory)은 지난 수십 년 동안 광범위한 인간행동의 학습을 설명하는 이론으로 심리학의 주요 패러다임으로서 자리를 차지해 왔다. 조건형성이론에 대해 여기서는 동기와 관련된 내용을 중심으로 간략하게 다루기로 한다.

조건형성이론은 기본적으로 자극과 반응 간의 연합이라는 개념으로 현상을 설명한다. 조건형성이론에서는 사전에 학습된 바람직한 반응을 유도해 낼 가능성이 높은 방식으로 자극을 선택하고 배열하고 짝짓거나 제시하는 것에 주로 관심을 가진다. 이것은 행동을 유발시키기 위한 조건이나 환경을 조성하는 것과 관련되어 유인물(incentives) 또는 유인체계라는 개념으로 동기이론에 포함되기도 하였다. 또한 조건형성이론은 강화인자(reinforcer)나 깊게 선택하고 통제함으로써 인간행동을 발달·유지·변화시킬 수 있으며, 미리 방지할 수도 있다고 믿는다. 특히, 행동을 유발하고 변화시키는 데 강화인자들에 대한 조작을 중요하게 생각하고 이들에 대한 집중적인 연구로 인해 동기를 설명하는 데 적용되는 조건형성이론은 특별히 '강화이론(reinforcement theory)'이라고도 한다. 강화이론에서는 동기의 근원을 유기체 외부에서 찾는다. 조작적 조건형성이론을 발전시킨 스키너는 유기체의 모든 행동이 학습에 의한 것이며, 동기화된 또는 조건형성된 행동이라고 주장한다(Skinner, 2020).

스키너가 생각하는 동기는 강화라는 개념으로 설명할 수 있다. 인간이 어떤 자극에 대해 반응할 때 그 반응은 자체적으로 보상이 될 수도 있고, 또는 다른 어떤 보상을 가져올 수도 있다. 이때의 보상은 강화인자가 되어 다음에도 그러한 행동을 반복하게 하는 원인으로 작용한다. 따라서, 이러한 강화는 외적 동기를 유발한다.

강화이론은 인간행동을 조정하는 데 매우 강력하고 효과적이며 단순하다는 장점을 지니고 있는 반면에, 강화인자의 외재적 동기로서의 특성은 여러 가지 문제점을 내포하고 있다. 대표적인 예로, 강화인자의 외재적 동기화 기능은 특정 상황에서 내재적 동기를 소멸시키거나 감소시킬 수 있다는 연구결과들(Deci, 1971 ; Lepper & Greene, 1978 ; Lepper, Greene & Nisbett, 1973)이 보고되면서, 일부 이론가들에게 강화이론은 교실 속의 필요악으로서 대우받기 시작하였다.

⑤ 욕구위계이론

아브라함 매슬로우

매슬로우(Abraham Harold Maslow, 1908–1970)는 아들러(Alfred Adler, 1870–1937)의 개인심리학에 큰 영향을 받아 인본주의 심리학을 창설하였다. 그는 행동주의 강화이론이 외적인 동기화만 강조하고 개인의 내적인 측면을 무시하는 것에 반발하여 개인의 욕구나 내적 상태 등을 강조하였다. 매슬로우는 개인의 자아상(self–image), 자아개념(self–concept), 사회적 수용이 행동의 개시, 방향 설정, 강도와 끈기를 결정하는 데 중요한 역할을 하며, 삶의 궁극적인 목표는 자아실현(self–actualization)으로 개인의 잠재적인 능력을 실현하려는 심리적 욕구라고 하였다. 매슬로우는 이 궁극적 목표에 도달하기 위한 욕구가 그것을 선행하는 기본적인 욕구에서 위계적으로 발전된다고 보는 욕구의 위치이론을 제시하였다(Maslow, 1954).

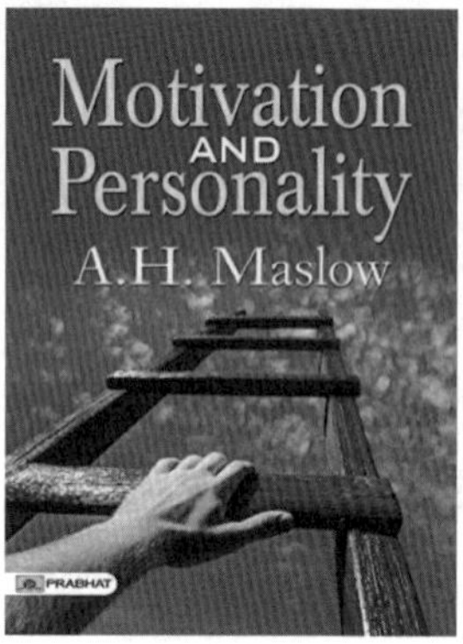

『동기와 성격』
(2019년 출판)

매슬로우는 1954년 그의 저서 『동기와 성격(*Motivation and Personality*)』에서, 인간의 욕구는 '우성 계층(hierarchy of prepotency)'의 순으로 배열되어 있다고 보았다. 즉, 어떤 욕구는 다른 욕구보다 우선권을 가진다는 것인데, 이러한 욕구의 위계적 계층은 고정되어 있다기보다는 상대적으로 나타나는 것으로서, 하위계층의 욕구가 어느 정도 충족되면 상위계층의 욕구가 나타난다. 욕구 피라미드의 하단에 위치한 4개 층은 가장 근본적이고 핵심적인 욕구로 구체적으로는 생리적 욕구, 안전의 욕구, 애정과 소속의 욕구, 그리고 존중의 욕구이다. 이 네 가지 욕구는 충분히 충족되지 않거나, 부족할 경우 문제를 일으킬 수 있기 때문에 매슬로우는 이들을 '결핍욕구(deficiency needs)', 또는 줄여서 'd-욕구(d-needs)'로 명명하였다. 이러한 기본적인 욕구가 충족되고 나서야 사람들은 부차적인 또는 상위단계의 욕구에 대해 강한 열망을 가지게 된다. 이러한 현상을 설명하기 위해 매슬로우는 기본적인 욕구충족을 넘어서 지속적인 성장을 위해 노력하는 사람들의 동기를 '상위 동기(meta motivation, 메타 동기)'라는 용어로 설명하였다. 이와 같이 매슬로우는 인간의 동기가 작용하는 양상을 설명하기 위해 동기를 5단계로 구분하였다. 그 내용은 다음과 같다.

사람은 가장 기초적인 욕구인 생리적 욕구(physiological needs)를 맨 먼저 채우려 하며, 이 욕구가 어느 정도 만족되면 안전해지려는 욕구(safety needs)를, 안전 욕구가 어느 정도 만족되면 애정과 소속의 욕구(love & belonging)를, 그리고 더 나아가 존경(esteem)의 욕구와 마지막 욕구인 자아실현(self-actualization)의 욕구를 차례대로 만족하려 한다는 것이다. 즉, 사람은 5가지 욕구를 만족하려 하되 우선순위에 있어서 가장 기초적인 욕구부터 차례로 만족하려 한다는 것이다.

첫 번째 단계는 생리적 욕구이다. 숨 쉬고, 먹고, 자고, 입는 등 우리 생활에 있어서 가장 기본적인 요소들이 포함된 단계이다. 사람이 하루 세 끼 밥을 먹는 것, 때마다 화장실에 가는 것, 그리고 종족 번식 본능 등이 이 단계에 해당한다.

두 번째 단계는 안전의 욕구이다. 우리는 흔히 놀이동산에서 롤러코스터를 탈 때 '혹시 이 기구가 고장이 나서 내가 다치지는 않을까?' 하는 염려를 한다. 신체적,

감정적, 경제적 위험으로부터 보호받고 싶은 욕구이다.

세 번째 단계는 소속과 애정의 욕구이다. 누군가를 사랑하고 싶은 욕구, 어느 한 곳에 소속되고 싶은 욕구, 친구들과 교제하고 싶은 욕구, 가족을 이루고 싶은 욕구 등이 여기에 해당된다.

네 번째 단계는 존경의 욕구이다. 우리가 흔히 말하는 명예욕, 권력욕 등이 이 단계에 해당한다. 누군가로부터 높임을 받고 싶고, 주목과 인정을 받으려 하는 욕구이다. 그런데 존경 욕구 중에서 더 높은 욕구는 역량, 통달, 자신감, 독립심, 자유 같은 자존감이다.

다섯 번째 단계는 자아실현의 욕구이다. 매슬로우는 최고 수준의 욕구로 이것을 강조하였다. 모든 단계들이 기본적으로 충족돼야만 이뤄질 수 있는 마지막 단계로 자기발전을 이루고 자신의 잠재력을 끌어내어 극대화할 수 있는 단계라 주장하였다.

매슬로우의 욕구단계는 [그림 4-2]와 같다.

[그림 4-2] 매슬로우의 욕구위계

자료: Maslow(2019).

이러한 인간 욕구 5단계는 경영학에서 두 가지 의미로 널리 사용된다. 하나는 인사 분야에서 인간의 심리를 다루는 의미로 쓰인다. 그 예로는 승진이나 보너스, 주택 전세금 대출 등 사원들에게 동기부여를 위한 다양한 보상의 방법을 만드는 데 사용한다. 사원들이 회사생활을 좀 더 잘할 수 있도록 동기를 부여할 때 주로 사용한다 하여 '매슬로우의 동기부여론'이라고도 부른다.

다른 하나는 마케팅 분야에서 소비자의 욕구를 채우기 위해 각 단계별로 다른 마케팅 전략을 적용하는 데 사용한다. 예를 들어, 채소를 구매하려는 소비자가 안전의 욕구를 갖고 있다고 가정하자. 마케팅 전략을 짜는 사람이라면 '건강'에 기초한 마케팅 전략을 구상해야 할 것이다. 마케팅 담당자가 고객의 욕구보다 더 높은 수준의 가치를 제공한다면, 고객 만족을 실현할 수 있는 지름길이자 기회인 것이다. 물론 이 이론은 예외가 많아서 그의 제안 모두를 그대로 받아들이기는 어렵다. 비판의 핵심은 각각의 단계 구분이 모호하다는 것, 과학적 검증이 어렵고 실증적인 뒷받침이 없다는 점이다.

알더퍼(Clayton Paul Alderfer, 1940–2015)는 1972년 그의 저서 『존재, 관련성 및 성장: 조직 환경에서 인간의 필요(*Existence, Relatedness, and Growth: Human Needs in Organizational Settings*)』에서, 존재, 관계, 성장 이론(Existence–Relatedness–Growth Theory, ERG)을 통해서 매슬로우의 5단계 이론을 존재욕구(Existence needs), 관계욕구(Relatedness needs), 성장욕구(Growth needs)의 세 가지로 단순화하였다. 더구나 그는 욕구의 우선순위를 부정하면서, 한 시점에 동시에 두 가지 욕구가 일어나기도 한다며 매슬로우의 이론을 반박하였다. 예를 들어, 존경의 욕구나 자아실현의 욕구를 만족하기 위해 위험한 스포츠를 즐기는 사람이 있는가 하면, 여러 욕구를 차례대로 만족하는 대신 이들을 동시에 만족시키려는 경우도 있다. 승용차를 구입하는 경우에는 신체적 편의라는 생리적 욕구에서부터 자아실현 욕구에 이르는 거의 모든 욕구가 관련돼 있을 가능성이 높다. 매슬로우의 이론을 비판 없이 무조건 받아들일 수는 없지만, 동기이론의 기초를 제시하였다는 점에서 아직도 높이 평가하고 있다.

알더퍼에 따르면, 매슬로우는 말년에 5단계 욕구 피라미드의 한계를 지적하며, 그 피라미드가 뒤집어져야 옳았다고 말하였다고 주장한다. 자아실현의 욕구가 인간의 가장 원초적인 욕구라는 것을 인정한 것이다. 경제가 풍족해지고 창의성이 요구되는 현 세상에서는 뒤집힌 피라미드가 더욱 설득력을 갖는다.

우리 삶에 있어서도 매슬로우의 인간 욕구 5단계 이론은 큰 의미를 지닌다. 인간은 무엇을 위해 사는가에 대한 답을 주고, 인생을 어떻게 살아갈 것인가를 자문하게 만든다.

이 이론은 한계점이 있음에도 불구하고, 심리학, 마케팅, 조직론 등 많은 분야에서 널리 활용하고 있다. 요컨대, 마케팅 관리자는 미처 만족되지 않은 고객의 욕구를 끊임없이 추적해서 이를 만족시켜 줄 상품을 제공할 수 있어야 한다.

(3) 현대 동기이론의 내용

현대 동기 연구의 특징은 다양한 접근이 공존하는 것으로 볼 수 있다. 행동주의 강화이론은 인간행동에 대한 외적 조절이 관심사인 분야에서 여전히 중시되고 있고, 개인의 적응에 관심을 두는 인본주의, 그리고 인간행동은 계획, 목표, 기대, 귀인 등 사고에 의해 시작되고, 조절된다는 인지주의 이론이 공존하고 있다. 이들 중 가장 최근의 인지적 접근은 1970년대 이후 급격한 발전을 이루고 있는 현대 동기이론에 기반을 제공하여 각 이론이 사고의 어떤 측면에 초점을 맞추느냐에 따라 학습된 무기력이론, 귀인이론, 내재동기이론, 목표설정이론, 성취목표이론 등의 다양한 동기이론을 발전시켰다.

그러나 어떤 이론들은 이 세 가지 접근 중 어느 하나에만 기초를 두기보다 두 가지 이상의 접근에 대한 통합을 시도하고 있다. 성취동기이론을 포함하는 기대×가치이론은 조건형성이론과 행동주의에 연결된 추동이라는 개념과 인지적 개념을 포함하고 있다. 자기효능감이론은 행동주의적 접근과 인지주의적 접근을 통합하는 이론이며, 유능동기이론이나 자기결정성이론 등의 내재적 동기이론은 인본주의적 접근과 인지주의적 접근을 통합하는 이론이라고 볼 수 있다. 많은 현대 이론들은 어느 한 가지 접근으로 제한하기보다는 정도의 차이는 있지만, 몇 가지 이론적 접근을 통합적으로 수용한다.

① 성취동기이론

성취동기이론(Achievement Motivation Theory)의 연구는 1953년 맥클리랜드(David C. McClelland)의 저서 『성취동기(*The achievement motive*)』에서 시작되었다. 성취동기(achievement motive or motivation)의 개념은 원래 머레이(H. Murray, 1893–1988)가 개인의 성격을 판단하기 위한 방안으로 사회적 욕구를 연구하면서 '성취욕구(need for

『성취동기』
(2020년 출판)

achievement)'라는 개념을 제시한 것에서 비롯되었다. 머레이(Murray, 1938)는 20가지 심인성 욕구들(psychogenic needs)의 욕구 분류체계(taxonomy of needs)를 구성하였는데, 그중의 하나로 성취욕구를 포함시키면서, "어려운 일을 달성하려는 것, 숙달하려는 것, 탁월하려는 것, 다른 사람과 경쟁하고 이기려는 것, 장애물을 극복하고 높은 기준을 달성하려는 것에 대한 욕구"라고 정의하였다. 그는 이러한 욕구를 측정하기 위한 투사적 측정기법인 주제통각검사(Thematic Apperception Test, TAT)를 개발하여 연구에 사용하였다(현성용 외, 2020: 276).

주제통각검사는 개인과 환경 간의 관계를 밝히는 검사로서, 피검자의 성격, 내적 욕구 및 동기, 환경과의 심리적 갈등에 대한 정보를 빠르게 얻을 수 있다는 장점을 지니고 있다. 주제통각검사는 피검자가 쉽게 동일시할 수 있는 여러 생활 장면을 묘사한 30장의 그림 카드와 1장의 공백 카드로 구성되어 있다.

주제통각검사용 30장의 카드는 [그림 4-3]과 같다.

[그림 4-3] 주제통각검사용 30장의 카드

자료: 김보기 외(2017c: 59) 재인용.

위의 카드는 주제통각검사에서 사용하는 30장의 카드이다. 이러한 투사적 검사는 인식하지 못하고 있는 개인의 무의식적 측면의 역동적인 성격 구조를 분석할 수 있다. 즉, 위의 카드들을 설명함으로 인해 내재적인 무언가를 언어를 통해 몸 밖으로 표출한다. 주제통각검사 외에도 로르샤흐 검사(Rorschach test) 또한 마찬가지이다. 추상적인 그림을 통해 인간의 습관 또는 내재적인 무언가를 과거 경험에 비추어 언어로 표현함으로써 검사자는 그 사람의 성격을 판단할 수 있다.

주제통각검사의 기본 가정은 애매한 자극에 대한 공상적 반응(fantasy response)을 하는 상황에서 개인은 자신의 내부에 있는 접근-회피 경향성을 무의식적으로 투사할 것이고, 결과적으로 성취동기는 평가가 요구되는 장면에서 성취를 강조하는 이야기 주제로부터 추론할 수 있다는 것이다.

맥클리랜드는 머레이의 기본적 욕구개념을 가지고 성취욕구를 성취동기라는 용어로 명명하고, 탁월하려는 욕구 그리고 우수함과 성공을 향한 욕망으로 정의하면서 체계적인 동기이론으로 발전시켰다. 맥클리랜드는 성취동기를 측정하기 위하여 TAT에 대한 정련작업을 하고 채점을 위한 기준을 확립하였다.

그는 개인의 동기가 개인이 사회문화 환경과 상호작용하는 과정에서 조성되고 학습을 통하여 개인의 동기가 개발될 수 있다는 것을 전제로 하는 성취동기이론(achievement motive theory) 또는 학습된 동기이론(learned motive theory)을 제시하며, 개인의 욕구 중에서 사회문화적으로 습득된 욕구를 성취욕구(need of achievement), 친교욕구(need of affiliation), 권력욕구(need of power)로 나누었다. 성취욕구는 표준을 달성하고 표준을 능가하려는 욕구를 말하며, 권력욕구는 타인에게 영향력과 통제력을 행사하려는 욕구를 의미하고, 친교욕구는 다른 사람들과의 친근하고 밀접한 관계를 맺으려는 욕구를 말한다. 높은 성취욕구를 갖고 있는 사람은 개인적 책임, 피드백, 그리고 중간 정도의 위험을 갖는 직무 여건을 선호한다. 성취욕구가 높은 사람이 반드시 유능한 경영자가 되지는 않으며, 권력욕구와 친교욕구는 경영자의 성공과 밀접한 관련이 있다. 즉, 권력욕구가 높고 친교욕구가 낮은 경영자가 최선의 경영자가 될 수 있다. 구성원의 성취욕구는 훈련을 통하여 향상될 수 있다는 이론이다.

이와 같은 그의 노력은 그 당시까지 심리학에서의 동물실험에 기초하여 결핍, 박탈, 생존에 관한 생리적 욕구를 중심으로 하였던 기존의 동기 연구를 인간 동기에 대한 연구로 전환시켰다는 데 큰 의미가 있다. 그는 또한 성취동기이론을 상당히 실용적인 측면에서 활용하려고 노력하였다. 그는 개인의 성취동기를 증진시킴으로써 국가나 사회의 경제발전을 이룰 수 있다(McClelland, 2020)고 주장하였다. 실제로 그는 개인의 성취동기를 증진시키기 위한 프로그램을 개발하여 실시하는 연구를 수행하였다.

성취동기이론은 앳킨슨과 리트윈(Atkinson. & Litwin, 1960)에 의해 맥클리랜드와는 다른 경로로 발전되었다. 그들은 성취동기이론을 기대×가치이론체계를 적용하여 발전시켰다. 그들은 이론에 대한 정교화 작업을 수량화하고 정형화하는 방향으로 진행하여, 성취동기이론에 대한 체계적인 발전을 이루고 많은 추종자와 함께 경험적 연구를 수행하였다. 앳킨슨은 성취행동을 성취경향성(tendency to achieve)이라는 말로 대치하고 다음과 같은 수학적 공식에 의해 모형화하였다.

성취경향성 = (성공에 대한 접근 경향) – (실패를 기피하려는 경향)

이 공식에서와 같이 성취경향성은 성공에 대한 접근경향성과 실패에 대한 회피경향성이라는 두 가지 정서의 대립 결과다. 여기서 성공에 대한 접근경향성은 개인의 성취욕구, 개인이 지각하는 그 과제에서의 성공 가능성, 그리고 그 과제에 성공하였을 때의 유인가라는 세 가지 요소가 곱해져서 나타나는 결과다. 또한 실패를 기피하려는 경향성은 개인의 실패를 기피하려는 동기, 실패 가능성 그리고 그 과제에서의 실패에 대한 부적인 유인가가 곱해져서 나타나는 결과다. 따라서, 성취경향성은 두 대립된 경향의 강도의 차이로서, 이것을 앳킨슨과 리트윈은 '결과성취동기(resultant achievement motivation)'라는 용어로 표현하였다(Atkinson & Litwin, 1960). 성공 가능성과 실패 가능성은 각각 '기대'를 나타내는 것이고, 성공에 대한 유인가와 실패에 대한 부적 유인가는 각각 '가치'를 나타내는 기대×가치이론의 전형을 보여 주는 것이다.

앳킨슨과 리트윈은 다양한 조건에서의 공식에 수치들을 대입해서 결과성취동기를 산출하고, 높은 성취동기를 가진 사람은 중간수준의 난이도를 가진 과제를 선호하고, 낮은 동기를 가진 사람은 아주 어렵거나 쉬운 극단적인 과제를 선호한다는 가설 검증을 위해 많은 연구를 수행하였다. 그러나 대부분의 실증적 연구에서 모형이 예측하는 바대로 결과가 나타나지 않았고, 또한 TAT를 사용한 성취동기의 측정에 대한 부적절성의 논란으로 새로운 측정방법과 요소들을 포함시킨 수정 도형이 등장하였으나 그다지 주목을 받지 못해서 성취동기이론에 대한 연구는 정체기에 들어갔다.

1980년대에 들어서 에클스와 위그필드(Eccles & Wigfield, 1995)는 앳킨슨의 기대×가치체계를 수정하여 학업상황에 적용시킨 성취동기이론을 연구했으며, 일부 연구자들은 성취상황에서 어떤 과제를 선택하느냐보다는 왜 선택하느냐에 관심을 두는 성취목표에 관한 연구를 시작하였다.

② 학습된 무기력이론

학습된 무기력이론(Learned Helplessness Theory)은 실수나 실패가 개인에게 미치는 영향을 잘 보여 주는 이론을 말한다. 또한 피할 수 없거나 극복할 수 없는 환경에 반복적으로 노출된 경험으로 인하여 실제로 자신의 능력으로 피할 수 있거나 극복할 수 있음에도 불구하고, 스스로 그러한 상황에서 자포자기하는 것이다. 학습된 무력감이라고도 한다.

학습된 무기력은 셀리그만(Martin E. P. Seligman) 등이 그들의 저서 『이상심리학(*Abnormal Psychology*, 2001)』에서, 동물을 대상으로 회피학습을 통하여 공포의 조건형성을 연구하던 중 발견한 현상이다. 그들은 24마리의 개를 세 집단으로 나누어 상자에 넣고 전기충격을 주었다. 제1집단의 개에게는 코로 조작기를 누르면 전기충격을 스스로 멈출 수 있는 환경을 제공하였다. 제2집단은 코로 조작기를 눌러도 전기충격을 피할 수 없고, 몸이 묶여 있어 어떠한 대처도 할 수 없는 환경을 제공받았다. 제3집단은 비교집단으로 상자 안에 있었으나 전기충격을 주지 않았다. 24시간 이후 이들 세 집단 모두를 다른 상자에 옮겨 놓고 전기충격을 주었다. 세 집단 모두 상자 중앙에 있는 담을 넘으면 전기충격을 피할 수 있게 되어 있었다. 제1집단과 제3집단은 중앙의 담을 넘어 전기충격을 피했으나, 제2집단은 전기충격이 주어지자 피하려 하지 않고 구석에 웅크리고 앉아 전기충격을 받아들이고 있었다. 즉, 제2집단은 자신이 어떤 일을 해도 그 상황을 극복할 수 없을 것이라는 무기력이 학습된 것이다. 그들은 혐오 자극으로 회피 불가능한 전기충격을 경험한 개들은 회피 가능한 전기충격이 주어진 경우에도 회피반응을 하지 못하는 사실을 보고 이를 '학습된 무기력'이라 하였다.

학습된 무기력 현상은 이후에 수행된 많은 동물연구에서 반복적으로 검증되었고, 히로토와 셀리그만(Hiroto & Seligman, 1975)에 의해서 인간을 대상으로 한 실험에서도 검증되었다. 학습된 무기력은 통제 불가능한 상황에서의 반복적인 실패경험이 학습, 정서, 동기에서의 장애를 초래하는 것을 보여 주는 현상으로, 실패경험의 부정적 효과는 특히, 교육현장에서 부각되었다. 즉, 학생들에게 가능한 한 실패경험을 주지 않는 교육환경을 만들어야 한다고 하여 학생들을 성적에 의해 등급을 매기고 낙제시키는 것을 배제하고, 가능한 한 많은 성공경험을 제공하도록 하자는 교육실천이 도입되었다(Glaser, 1962).

그러나 학습된 무기력이론을 검증하기 위한 많은 연구결과가 실패경험이 항상 학습이나 동기, 정서의 장애를 초래하는 것은 아니고 상황에 따라서는 긍정적인 결과를 초래한다는 것을 보여 준 연구(Kuhl, 1985 ; Roth & Boozin, 1974)들도 나타났으며, 그에 따른 실패의 건설적 효과를 주장하는 건설적 실패이론이 대두되기도 하였다(Clifford, 1984).

『동기부여이론』
(1981년 출판)

③ 귀인이론

귀인(attribution)이란 어떤 사건의 결과에 대한 원인을 찾는 것이다. 동기에 관한 귀인이론은 어떤 행동의 결과에 대한 원인을 분석하고, 그 원인을 무엇으로 보느냐에 따라 사람들의 후속 행동이 달라진다는 것으로, 개인의 행위결과에 대한 설명이나 정당화가 어떻게 후속 행동에 영향을 미치는가를 설명하는 것이다(Weiner, 1981).

와이너(Bernard Weiner)는 그의 저서 『동기부여이론: 메커니즘에서 인지로(*Theories of motivation: From mechanism to cognition*, 1981)』에서, 그는 성취동기이론에 귀인이론을 접목시켜 교육현장에 적용하고 체계화하여 많은 시사점을 제공하였다. 그는 성공이나 실패에 대한 귀인을 세 가지 차원에서 특징지을 수 있다고 하였다. 즉, 행동의 원인을 개인 내부에서 찾는가, 외부에서 찾는가에 관한 인과소재(locus of causality) 차원, 원인이 얼마나 안정적인 것인가, 즉 변하지 않는 것인가 쉽게 변하는 것인가에 관한 안정성(stability) 차원, 그리고 통제가 가능한 원인인가 가능하지 않은 원인인가에 관한 통제가능성(controllability) 차원의 세 가지 차원에서 결과 행동을 구분할 수 있다. 또한 와이너(Weiner, 1992)는 이 세 차원에 따라 학생들이 시험의 실패에 대해 원인으로 돌릴 수 있는 예들을 <표 4-1>과 같이 제시하였다.

<표 4-1> 귀인들의 시험 실패에 대한 가능한 원인들의 예

	내적		외적	
	안정	불안정	안정	불안정
통제 가능	절대 공부를 안 함.	그 시험을 위해 공부하지 않았음.	교사가 편파적임.	친구들이 도와주지 못했음.
통제 불가능	낮은 적성	시험 당일 아팠음.	학교의 요구사항이 너무 높음.	운이 나빴음.

자료: Weiner(1992.)

이 결과에 따르면, 학생들이 자신의 실패 원인을 어디에 돌리느냐에 따라 후속 행동이 영향을 받는다. 다양한 원인 중에서 학업상황에서 가장 바람직한 내적-불안정-통제 가능한 원인인 '그 시험을 위해 공부를 하지 않았다'로서, 다음번 시험에서는 노력하면 성공할 수 있다고 믿기 때문이다. 가장 바람직하지 않고 자칫하면 학습된 무기력으로 빠지게 할 원인은 '낮은 적성'이다. 적성은 노력한다고 쉽게 변하는 것이 아니고, 스스로 통제하기 어려운 내적 원인이기 때문에 무기력감을 느끼게 되며, 이러한 상황이 반복되면 아예 노력할 시도조차 하지 않고 포기하는 무기력을 학습하게 될 것이다(Covington & Omelicfa, 1979). 한편, 귀인결과는 정서적인 반응에도 영향을 주는 것으로 나타났다(Weiner, 1985). 실패를 낮은 적성에 귀인하는 학생은 수치심과 우울을 경험할 것이며, 성공을 많은 공부에 귀인하는 학생

은 자부심을 느낄 것이다. 이러한 정서반응은 후속 유사과제 수행상황에서 과제의 유인가에 영향을 미치고, 수행수준태도에 영향을 미칠 것이다.

④ 내재동기이론

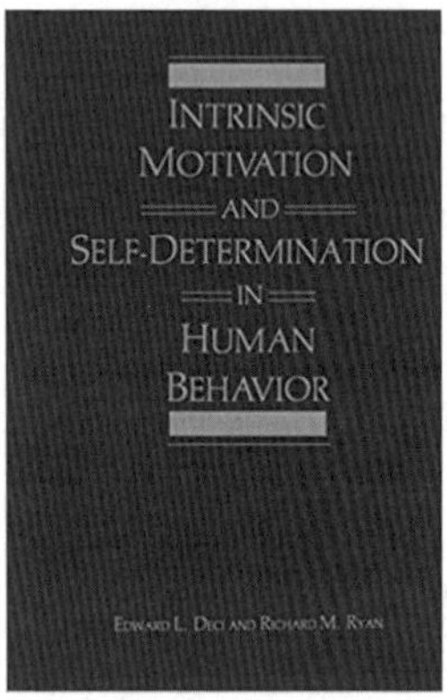

『인간행동의 내재동기와 자기결정』 (2013년 출판)

데씨와 라이언(Edward L. Deci & Richard M. Ryan)은 1985년 그들의 저서 『인간행동의 내재동기와 자기결정(*Intrinsic motivation and self-determination in human behavior*, 1985)』에서, 그들은 내재동기가 무엇이냐에 대해 모든 연구자가 동의하는 하나의 단일한 정의를 제시하기는 어려우나, 내재동기란 개인이 관심을 보여 자신의 능력을 발휘하고, 그러기 위해 최적의 도전을 추구하고 달성하려는 타고난 성향이라고 하였다(Deci & Ryan, 2013). 즉, 내재동기는 심리적 욕구, 개인적 호기심 그리고 타고난 성장을 향한 노력으로부터 자발적으로 생기는 것이다. 어떤 과제를 수행하는 데 내재적으로 동기화된 사람은 과제에 대한 흥미 때문에, 그 과제를 하는 자체가 즐거워서, 그 과제가 제공하는 도전감과 행위에 대한 느낌 때문에 수행한다. 연구자마다 내재동기를 유발시키는 결정인자를 무엇으로 보느냐에 따라서, 또는 내재동기를 어떻게 측정하느냐, 즉 조작적 정의를 어떻게 내리느냐에 따라 다양한 이론이 제시되었다.

⑤ 과잉정당화이론

『보상의 숨겨진 비용』 (2015년 출판)

과잉정당화이론(overjustification theory)은 보상이나 다른 외적인 제약들이 행위자에게 어떻게 해석되며, 그러한 해석이 내재적 동기에 어떤 영향을 미치는지에 관심을 가진다(Lepper & Greene, 2015).

레퍼와 그린(Mark R. Lepper and David Greene)은 2015년 그들의 저서 『보상의 숨겨진 비용: 인간 동기의 심리학에 대한 새로운 관점(*The Hidden Costs of Reward: New Perspectives on the Psychology of Human Motivation*)』에서, 그들은 과잉정당화이론에 따라 내재동기 때문에 촉발된 행동이 보상과 같은 외적 요인과 연결되는 순간 사람들은 그 행동이 내적 요인으로 인해 발생하였다고 생각하기보다 위협이나 처벌, 뇌물과 같이 외부 요인 때문에 발생한 것으로 귀인하는 경향이 있다. 즉, 내적으로 동기화되어 시작된 행동에 보상이 더해지면 해당 행동에 대해 다중인과 스키마(multiple causal schema)가 형성되게 된다(Kelly, 1971). 다중인과 스키마가 형성되면 행동의 원인 요인 중에서 가장 현저한 외적 요인을 행동의 원인으로 생각하는 과잉정당화가 일어나게 된다는 것이다. 이로써 행동을 유발하는 내적 요인은 최소화되고, 켈리는 이러한 현상을 절감원리(discounting principle)로 명명하였다.

레퍼와 그린의 연구는 과잉정당화이론 지지자들에게 인용되고 있다. 그들은 그림 그리기를 좋아하는 유치원 아동을 대상으로 실험을 수행하였다. 연구에 참여한 아동은 그림을 그려 달라고 부탁하고, 그림에 대한 보상을 약속한 집단, 그림을 그려 달라고 부탁한 후 그림을 완성했을 때, 깜짝 보상을 받은 집단, 보상에 대한 언급 없이 그림을 그려 달라고 부탁하고 실제로 아무런 보상도 지급하지 않은 집단 중 하나에 할당되었다. 연구결과, 보상을 약속한 집단의 그림은 다른 집단의 아동이 그린 그림보다 질이 떨어지는 것으로 나타났다. 또한 일주일 후 실험에 참여한 아동들의 자유놀이 시간 행동을 일방경을 통해 관찰해 본 결과, 사전에 보상을 약속했던 집단의 아동은 다른 두 집단에 비해 그림도구를 가지고 노는 빈도가 가장 낮은 것으로 나타났다. 이러한 결과는 내재적 동기가 있는 상태에서 외재적 보상이 주어지면 행위자는 활동의 원인을 내적인 것에서부터 외적인 요인으로 전환해 귀인하는 절감원리를 보여 준다(현성용 외, 2020: 285).

2 정서

어떤 과제에서 성공 또는 실패를 한다든지, 중간고사가 코앞에 다가왔다든지, 연인이 다른 사람 때문에 이별을 고한다든지, 또는 산길에서 뱀을 본다면, 이런 모든 사건은 당사자에게 강한 정서를 불러일으킬 것이다. 이런 환경적 사건에 의해 발생한 '정서(emotion)'는 우리의 사고와 행동에 강력한 영향을 미친다. 정서에 대한 이해의 편의성을 위해서 일상생활에서 흔히 이해하고 있는 정서의 정의를 살펴보면, '정서는 심적으로 특정 대상을 향하는 주관적 느낌'이다. 물론 정서에 대한 과학적 연구를 위해서는 이런 단순한 정의보다는 좀 더 정교화된 정의가 필요하다.

1) 정서의 개념

우리말에서 '정서', '감정', '기분' 등과 같은 용어를 서로 중첩된 의미로 사용하듯이, 영어에서도 'feeling', 'emotion', 'affect', 'mood' 등의 단어가 혼용되어 사용되고, 심리학 안에서도 이 단어들의 번역이 혼용되고 있다. 현실적으로 'mood'에 대한 번역으로 '기분'이라는 단어가 사용되는 데는 대체로 이견이 없는 듯하지만, 'emotion'과 'affect'에 대해서 '정서'와 '감정' 또는 '정동'이라는 말로 번역되고 있다. 심리학에서는 대체적으로 'emotion'을 '정서'로 번역한다. 'affect'를 정신의학에서는 '정동'으로 번역하지만, 일부 심리학자들은 '감정'이라고 번역하기도 한다. 그런데 'affect'를 '감정'이라고 하면 'feeling'에 대해서는 번역할 마땅한 용어가 없다. 하지만 일반적으로 '정서(emotion)'에 대한 정의들이 '－한 feelings'라는 방식을 취한다(오경기 외, 2020: 290).

르네 데카르트

동기와 마찬가지로 정서에 대한 인간의 학문적 관심은 그리스 철학자들까지 거슬러 올라간다. 플라톤은 인간을 이성적인 존재로 보고 정서를 통제해야 하는 부정적인 것으로 보았다. 이 견해는 중세 데카르트까지 계속되었다. 그의 이원론에서는 마음의 세계와 신체의 세계를 구분하고 정서는 동물 정신의 흐름 같은 본능적·선천적인 것으로 보았다. 분트나 티치너와 같은 초기 과학적 심리학자들은 정서를 경험의 내용으로 취급하고 내성법을 통해 개인이 자신의 내부를 들여다보고 인식하는 것을 보고하도록 함으로써 연구하였다(Beck et al, 2015). 심리학자들은 정서에 대해 최소 90가지 이상의 정의를 내리고 있다(Plutchik, 2001). 정서의 정의는 일반적으로 다차원적인 측면을 갖고 있다. 먼저, 주관적 차원에서 정서는 개인적 중요성과 의미를 지닌 경험으로 정의된다. 생물학적 차원에서 정서는 적응적 대처 행동을 준비하고 조절하는 데 관여하는 자율신경계와 내분비체계의 활동을 포함한다. 기능적 차원에서 정서경험은 개인이 상황에 적절한 대처반응을 하려는 욕구를 발생시킴으로써 생존에 도움을 준다. 끝으로 표현적, 즉 사회적 차원에서 정서는 소리치기, 얼굴표정 및 신체 자세를 통해서 사회적 의사소통에 기여한다.

칼슨과 핫필드(John G. Carlson and Elaine Hatfield)는 1991년 그들의 저서 『정서심리학(*Psychology of emotion*)』에서, 정서는 특정한 내적·외적 변인에 대해서 경험적, 생리적, 행동적으로 반응하려는, 유전적으로 결정되거나 습득된 동기적 경향이라고 정의하고 있다. 정서를 동기적 경향성으로 보는 이유는 정서가 유기체로 하여금 정서를 유발시킨 대상에 접근하거나 회피하는 행동을 유발하기 때문이다. 정서는 개인의 적응행동 진전에 대한 정보를 알려주는 기능을 한다. 예를 들어, 목표를 달성하는 과정이 잘 진행될 때 기쁨을 느끼고, 실패할 것 같으면 괴로움을 느낀다. 즉, 정서는 동기의 상태를 반영한다.

『정서심리학』
(1991년 출판)

일상생활에서 사용하는 정의에 따르면, 정서는 느낌(feeling)과 대상(object)이라는 구성요소를 갖는다. 어떤 정서의 대상은 실제 또는 상상의 사람, 사물 또는, 사건일 수 있으나, 대상은 정서를 경험하는 사람에게 의미가 있는 것이다. 느낌과 대상은 정서경험에서 복잡하게 서로 얽혀 있는데, 대상은 정서의 원인으로 지각된다. 사람들은 어떤 사람이 사랑스럽기 때문에 그 사람을 사랑하고, 뱀이 위험하기 때문에 뱀을 무서워하고, 친구와 헤어지는 것이 괴로워서 친구를 잃는 것을 슬퍼한다. 정서적 느낌은 항상 대상과 관련되는 것은 아니다.

심리학자들은 대상과는 독립적인 정서와 관련된 느낌을 '감정(affect)'이라고 구분한다. 그런 느낌은 이 차원에서 변동될 수 있는데, 한 차원은 쾌 또는 불쾌의 정도와 관련이 있고, 다른 차원은 심적·신체적 각성의 정도와 관련이 있다. 때때로 정서적 느낌은 특정 대상을 향하기보다는 제멋대로일 수 있다. 대상과 관련이 없는 자유로운 정서적 느낌이 오랫동안 지속된다면 심리학자들은 그것을 기분(mood)이라고 부른다. 기분은 몇 시간, 며칠 또는 그보다 더 지속될 수 있으며, 우리의 사고와 행동의 모든 측면에 영향을 미칠 수 있다(김보기 외, 2017c: 66).

2) 정서이론

여기에서는 현대 심리학 발생 초기에 시작되고 후속 연구자들에게 전수되어 현대 정서이론의 기초를 제공하고 방향을 제시하였던 초기 이론들을 간단히 검토하고, 최근까지 지지를 받는 대표적인 정서이론을 살펴본다.

(1) 제임스-랑게 이론

정서에 대한 심리학적 연구는 100여 년 전에 "자율신경계가 주관적 정서경험에 어떤 역할을 하는가?"라는 물음에 답하기 위해서 시작되었다. 대부분의 정서반응에 동반되는 자율신경계와 말초적 변화는 우리가 타인과 감정에 관한 의사소통을 하는 것 또는 위기에 대해 대처할 수 있도록 신체를 준비하는 것을 돕기 때문에 적응적이다.

『심리학의 원리(1권)』
(1950년 출판)

우리는 상식적으로 정서경험이 이런 말초적 변화를 선행한다고 설명한다. 예를 들어, 우리는 "내가 두렵기 때문에 내 심장이 고동치고 떨린다.", "내가 화가 났기 때문에 내 얼굴은 붉어지고 내 이는 악물어진다." 또는 "내가 슬픔을 느끼기 때문에 눈물이 눈에서 솟구치고, 목이 멘다."라고 설명한다. 그러나 제임스(William James, 1842–1910)는 1890년 그의 저서 『심리학의 원리(*The Principle of Psychology*)』에서, 그는 기존의 상식을 뒤집으며, 정서가 신체반응을 초래한다기보다는 신체반응이 정서경험을 선행한다고 제안하였다. 즉, "내 심장이 고동을 치고 떨리기 때문에 나는 두려움을 느낀다.", "내 얼굴이 붉어지고 내 이가 악물어지기 때문에 화가 났음을 느낀다." 또는 "내 눈물이 눈에서 솟구치고, 목이 메므로 슬픔을 느낀다."라는 것이다. 이런 제임스의 관점은 거의 동시적으로 같은 주장을 한 랑게(Carl Georg Lange, 1834–1900)를 포함하여 '제임스–랑게 이론(James–Lange theory)이라고 부른다. 제임스–랑게 이론의 핵심은 어떤 정서를 일으키는 자극에 따른 신체반응은 의식적 사고나 느낌이 없이 발생하기 때문에 자동적이고, 어떤 사람이 신체반응을 기초로 하여 자신의 정서적 상태를 나중에 평가한다는 것이다. 따라서, 어떤 사람이 예기치 못하게 곰을 만나면 뇌는 무의식적 수준에서 즉시 곰이 위험하다고 판단하고, 그 사람이 도망을 갈 수 있도록 준비시키는 신체반응을 촉진한다. 위기상황에서는 의식적 반성을 할 시간이 없기 때문에 신체는 즉시적으로 반응을 한다. 그 후 위험이 사라지거나 최소한으로 감소하면, 그 사람은 심장이 뛰고 있는 것과 무릎이 떨고 있는 것을 느끼고 자신이 두려워하고 있다고 결론을 내린다. 이러한 주장을 설명한 제임스의 예는 다음과 같다(James, 1950).

> 우리가 산속에서 곰을 만났다고 하자. 상식적으로는 곰을 보자 무서운 생각이 들고 그래서 도망을 친다. 그러나 제임스는 우리가 곰을 보면 자율신경계의 흥분을 비롯한 신체적 변화가 생겨서 우선 도망치기 위해 뛰고, 뛰면서 이러한 자신의 신체적 변화에 대한 지각이 공포라는 정서체험을 하게 된다는 것이다.

제임스가 주장하는 대안적 모형은 <표 4-2>와 같다.

<표 4-2> 정서유발 사건에서 반응과 자극 간의 관계에 대한 제임스의 대안적 모형

상식적인 생각	자극 (곰)	⇒	감정 (공포심)	⇒	반응 (뛴다)
제임스-랑게의 생각	자극 (곰)	⇒	반응 (뛴다)	⇒	감정 (공포심)

자료: 김보기 외(2017c: 68) 재인용.

오늘날 상당한 양의 증거가 제임스-랑게 이론을 지지한다. 세상 도처의 사람들은 자신의 정서를 신체반응으로 설명하고, 각각의 정서와 연합하는 변화의 종류에서 매우 일관성을 보인다. 심박률의 변화 같은 자신의 내부상태의 변화를 탐지하는 데, 특히 익숙한 사람들이 다른 사람들보다 자신의 정서상태를 탐지하고 보고할 가능성이 높다. 실제로 뇌 영상 연구는 신체상태를 감지할 때, 활성화되는 대뇌피질의 체감각 영역이 정서상태를 의식적으로 평가할 때에도 활성화됨을 보여 주

었다(Critchely et al., 2004). 제임스-랑게 이론을 시작으로 정서에 대한 체계적인 연구는 정서의 생물학적 측면에 대한 탐색, 정서반응에서 사고의 역할을 포함하는 인지적 측면, 그리고 정서의 유형을 탐색하는 접근으로 진행되어 왔다.

이 이론은 1920년대에 심한 공격을 받았는데, 이런 공격은 생리학자인 캐논(Cannon, Walter Bradford, 1871-1945)이 주도하였다. 특히, 자율신경계의 각성을 다루는 부분에서 많은 비판을 받았다(Nolen-Hoeksema, 2014).

(2) 캐논-바드 이론

제임스-랑게의 "울다 보니 슬퍼진다."라는 견해와는 달리, "우는 것과 슬픈 것"이 동시과정이라고 보는 견해가 캐논-바드 이론(Cannon-Bard theory)이다. 이들은 정서의 의식적인 느낌과 신체변화는 인과적 관계에 있는 것이 아니라, 두 구성 성분은 외부 자극에 의하여 동시적으로 나타나는 동반적 성분이라고 해석하고 있다. 즉, 정서적 경험과 신체적 각성(지각)이 동시에 발생한다는 정서이론이다. 감정상태는 말초적 내부조직과 자발적 근육조직으로부터 지각된 정보의 피드백으로부터가 아닌, 피질에 영향을 미치는 시상(thalamus)/시상하부(hypothalamus)로부터 기인한다. 이 이론에 따르면, 시상은 감정의 경험을 제어하고, 시상하부는 감정의 표현을 제어한다. 신체적 변화의 지각 후에 정서적 경험이 이루어진다고 말하는 제임스-랑게의 이론과 달리, 이 이론은 신체적 지각과 정서적 경험이 동시에 일어난다고 말한다.

『신체의 지혜』
(1963년 출판)

캐논은 1932년 그의 저서 『신체의 지혜(*The wisdom of the body*)』에서, 그는 정서에서 중심 역할을 하는 것이 뇌의 시상이라고 생각하였다. 즉, 환경으로부터 정서를 유발시키는 자극은 시상에 전달되며, 이 사상은 다시 대뇌피질과 신체의 여러 부위에 정보를 보내어 정서적 경험과 신체적 변화를 동시에 유발시킨다고 주장하였다. 또한 캐논(Cannon, 1963)의 이러한 주장은 그의 제자 바드(Bard, 1934)에 의해 확장되어 '캐논-바드 이론(Cannon-Bard theory)'이라고 부른다. 그들은 정서의 원천이 중추신경조직에서 비롯된다는 것을 알아냈다. 정서만 전담하는 특정한 뇌중추는 없지만, 정서에는 정신과 육체와 관련된 생리적인 변화의 복잡한 조직망과 관련이 있음을 알게 된 것이다. 즉, 그들에 의하면 인간은 동시에 느끼고 행동한다.

(3) 샤흐터-싱어의 두 요인 이론

샤흐터와 싱어(S. Schachter & J. E. Singer)에 따르면, 정서경험은 자율신경계의 각성과 각성에 대한 인지적 해석이라는 두 요인에 달려 있다고 보았다. 즉, 정서는 각성에서 비롯된다는 제임스-랑게의 이론에 동의하면서 정서경험이 달라도 각성 패턴은 다르지 않다는 캐논-바드의 이론도 수용하였다. 그들은 이 두 이론을 절충하였지만, 이와는 달리 사회적·환경적 요인을 더 강조한다. 그들은 제임스와 마찬가지로 신체적 각성 또는 피드백이 정서경험을 만들어 내는 데 매우 중요하다고 생각했지만, 제임스가 말하는 방식으로는 아니었다. 이들은 또한 캐논과 마찬가지로 생리적 피드백은 특수성이 결여되어 있다고 믿고, 인지가 피드백의 모호성과 느끼는 경험의 구체성 사이의 간격을 메워 준다고 주장하였다. 앞에서 제임스가 이야기한 상황으로 가 보면, 곰을 만났을 때 심장이 두근거리고, 도망가기 위해 뛴다. 뛰면서 지금은 무서운 상황이라고 명명하면 공포를 느끼게 된다는 것이다. 샤흐터와 싱어는 상황에 대한 이러한 인지적 평가와 해석이 정서경험에 필수적이라고 주장하였다(Schachter & Singer, 1962).

이와 같이 샤흐터와 싱어가 지각된 정서란 내적 각성과 그 각성에 이름을 붙이는 적절한 인지가 함께 만들어 내는 것이라고 제안하였기 때문에 정서에 대한 두 요인이론(two-factor theory)이라고도 부르며, 많은 후속 연구를 촉발시켰으나 후속 연구에서 같은 결과를 얻지는 못하였다.

위에서 보듯이, 제임스-랑게 이론과 캐논-바드 이론의 대립은 신체변화와 정서 경험의 순서에 관한 것이었다. 그러나 샤흐터-싱어 이론은 사회심리학의 귀인으로 정서를 설명한다.

3) 정서의 표현

(1) 언어적 행동

정서를 연구하기 위한 접근을 보면 인간의 정서표현양식을 알 수 있다. 우선, 언어를 가지고 표현할 수 있다. 인간은 자신의 감정상태를 말로 표현한다. 다양한 정서적 상태를 표상하는 단어들이 있으며, 적절한 단어를 선택해서 자신의 상태를 보고할 수 있다.

일대일의 면접이나 자기보고식 설문지의 사용이 그 예가 된다. 그러나 언어로 표현한 자기보고에 의한 자료는 언어표현능력 수준이나 사회적 바람직성 등에 의한 고의적·미고의적 편파성이 내재되어 있다.

(2) 비언어적 행동

언어 이외의 모든 우리의 행동은 정서를 표현하는 방법이 될 수 있다. 얼굴표정이나 몸동작을 통해 정서상태나 감정을 표현할 수 있다. 주먹을 불끈 쥐거나 휘두르는 행동은 분노의 표현으로, 어떤 사람 곁으로 바싹 다가가거나 멀리 떨어지려는 행동은 대상에 대한 호감이나 혐오감의 표현이라고 일반적으로 해석될 수 있는 정서표현 행동이다. 그러나 이러한 몸동작은 개인에 따라서, 또는 문화적 배경에 따라 다른 정서를 표현할 수 있고, 달리 해석될 수 있기 때문에 의식적으로 통제할 수 있는 몸동작을 통한 정서에 대한 해석은 신중하게 할 필요가 있다.

정서 연구자들에 의하면, 몸동작과는 달리 얼굴표정은 의식적인 통제가 비교적 어렵고, 인간의 대표적 정서를 표현하는 보편적 얼굴표정이 있다. 그러나 얼굴표정에 의한 정서표현 역시 문화적 또는 개인적 차이가 있다. 예를 들어, 동양 문화권에서 남자는 자신의 정서를 솔직하게 표현하는 것보다 가능한 한 감추고 억제하는 것을 미덕으로 삼는다. 반면에, 서양 문화권에서는 자신의 감정을 솔직하게 표현하는 것을 어릴 때부터 배운다. 따라서, 몸동작이나 얼굴표정만으로 개인의 정서를 정확하게 파악하는 데는 한계가 있을 수 있다.

4) 동기와 정서의 관계

벡(Aaron T. Beck) 등은 1979년 그들의 저서 『우울증의 인지치료(*Cognitive Therapy of Depression*)』에서, 벡은 동기이론에 대한 관련 개념 중에 바람(desire)과 혐오(aversion)의 두 개념이 동기와 동기가 초래하는 그 결과 행동 사이에 존재하는 매개변인으로 기능한다고 한다(Beck et al., 2015). 즉, 유기체는 원하거나 바람직한 결과(desirable outcome)가 예상되는 목표나 행위에는 접근하고, 불쾌하거나 혐오적인 결과(aversive outcome)가 예상되는 목표나 행위는 회피한다. 동기와 정서 사이에 이 욕망과 혐오 개념이 중간에서 연결기능을 한다고 보는 것이다. 즉, 욕망이라는 동기적 개념은 유쾌한 상황 또는 중간수준의 각성(최적각성)을 예상하게 하며, 반면에 혐오라는 동기적 개념은 불쾌한 상황 또는 지나치게 낮거나 높은 각성을 예상하게 한다. 이러한 예상은 무조건적으로 정서적 각성을 유발하는 정서적 사건에 대한 사전경험에 기초하는 것이다. 정서는 초기에는 특정한 조건하에서 발생하는 과정들이다. 동기 측면에서 보면 동일한 각성이 다시 생기리라고 기대하면서 이러한 조건을 다시 만들려고 노력할 수 있다. 이와 같은 기대가 동기(motives)인 것이다. 따라서, 동기와 정서는 분리해서 생각할 수 있는 과정이 아니고 밀접하게 연결된 과정이라고 할 수 있다.

『우울증의 인지치료』
(2015년 출판)

Chapter 5

스트레스와 건강

학습목표

1. 스트레스와 정신건강과의 관계
2. 스트레스의 심리적 반응에 대한 경험 토의
3. 실생활에서의 적용

학습내용

1. 스트레스
2. 건강

개요

현대사회에서 스트레스는 누구에게나, 어디에서나 존재한다. 현대인들은 많은 스트레스를 경험하면서 생활하고 있으며, 개인마다 적절하게 대처해 나가고 있다. 건강은 인간생활의 모든 측면인 의식주, 노동, 인간관계 및 사회생활 등과 밀접한 관계가 있으며, 개인의 정서적 균형, 정신적 구조의 외부환경에의 적응은 물론, 사회생활을 영위해 나갈 수 있는 능력을 포함한다. 여기에서는 스트레스와 건강을 학습하고자 한다.

Chapter
5

스트레스와 건강

1 스트레스

1) 스트레스의 개념

스트레스는 살아 있는 한, 누구나 겪는다. 심리상태가 신체반응을 유발한다는 사실은 이미 널리 알려져 있다. 사소한 실수, 대인관계 문제, 경쟁 등은 스트레스를 유발한다. 스트레스 누적은 삶의 질을 크게 떨어뜨릴 뿐 아니라, 질병 발생과 사망의 위험성을 높이기도 한다. 스트레스는 심리사회적 요구에 대한 심리적·신체적 각성반응으로, 삶의 과정에서 항시 존재한다. 따라서, 스트레스는 예방·관리할 수는 있어도 치료할 수는 없다(강진령, 2022: 343).

현대인들이 자주 사용하고 있는 대표적 상용어로 '스트레스(stress)'가 주목을 받고 있다. 직장일로 스트레스 받고, 남편 때문에 스트레스 받고, 이성문제, 취업고민 등 수없이 많은 스트레스 요인이 도처에 버티고 있다. 신문에 유행어처럼 실리는 '월요병', '출근 공포증', '학교 공포증', '무기력', '우울', '나태' 등도 스트레스 관련 변인들이고, 40대 남성들을 긴장하게 만드는 '40대 과로사'도 역시 주범이 스트레스이다. 심지어 산업사회 유망직종으로 스트레스 관련 산업이 부상하고 있다(김남일 외, 2015: 269).

현대사회에서 스트레스는 누구에게나, 어디에서나 존재한다. 현대인들은 많은 스트레스를 경험하면서 생활하고 있으며, 개인마다 적절하게 대처해 나가고 있다. 스트레스의 개념은 전문가들 사이에서도 관점에 따라 다르게 정의를 내리고 있고, 학문적 관점에 따라 스트레스를 보는 시각과 초점이 다르게 때문에 정확한 정의를 내리기 어렵다. 스트레스의 어원은 라틴어 '*stringere*'로, '팽팽하게 죄다'라는 뜻에서 유래되었다. 스트레스의 개념은 14세기에 고뇌, 억압, 곤란, 역경 등의 심리정서적인 의미로 사용되어 왔으며, 19세기에 물체나 인간에게 작용하는 힘, 압력 등의 강한 영향력을 가리키는 기술과학에 관련된 공업적 의미로 사용되어 오다가 비로소 20세기에 생물학, 심리학, 사회학 분야까지 확대되어 사용되는 등 시대에 따라 개념을 달리해 사용되고 있다.

일반적으로 스트레스는 의학적으로 경험에 의해 부신피질 호르몬 및 카테콜라민(catecholamine)이 상승하는 상황인데, 이는 스트레스 상황에 장시간 노출될 경우, 혈관을 수축시켜 혈압의 상승효과로 고혈압에 노출되기 쉽고, 혈당을 상승시키는 기능을 하게 되므로 심한 경우, 당뇨에까지 이를 수 있다. 스트레스는 개인이 환경으로부터 가해지는 압박 때문에 느끼는 일종의 심리적이고 신체적인 증상을 말한다. 즉, 사람들이 원하지 않는 자극이나 상황과 조우하였을 때 그것을 통제하지 못함으로써 겪게 되는 곤란이나 곤경이 바로 스트레스이다. 즉, 일반적으로 불편함이나 만족스럽지 않을 때 스트레스라고 말한다. 각자 처해 있는 상황에 따라서, 여러 가지 증상을 스트레스로 표현하기도 한다. 예를 들어, 학생들은 과중한 학업과 시험, 직장인들은 상사와의 갈등이나 과다한 업무 그리고 가정에서는 경제적 문제와 부부관계 갈등 등 각각 자신의 생활에서 겪는 문제들을 스트레스라고 정의한다(김보기 외, 2017c: 98).

지금까지 스트레스 전문가들이 사용해 온 스트레스의 정의들을 종합해 보면, 다음과 같이 정리할 수 있다(이억범 외, 2014: 206).

첫째, 사회적·환경적인 스트레스로 긴장과 불안감을 일으키는 스트레스원으로 주로 외부 환경으로부터 스트레스가 발생하는 경우이다.

둘째, 생리적인 반응의 스트레스로 심장박동 수 증가, 면역 기능의 변화, 혈압 상승, 스트레스 호르몬 증가 등으로 주로 병원에서 의사로부터 진단받게 되는 경우를 들 수 있다.

셋째, 심리적인 스트레스로 경험과 인지, 정서의 반응으로서 느껴지는 것으로 긴장감과 불안 등의 어려움을 겪는다.

그러므로 스트레스의 정의는 생리적, 심리적, 사회환경적인 상황들을 종합적으로 접근해야 할 것이다. 스트레스란 환경에 적응하는 과정에서 겪는 불가피한 현상이라고 할 수 있는데, 환경자극에 대한 인간의 방어적인 태도와 긴장되는 심리적인 상태라고 할 수 있다. 따라서, 변화와 위험 및 자극에 대한 불안, 긴장, 두려움, 갈등과 같은 일련의 정신생리현상을 스트레스라고 할 수 있다.

2) 스트레스원

개인에게 스트레스를 유발하는 상황이나 사건을 '스트레스원(stressor, 스트레스 요인 또는 스트레스 인지)'이라고 한다(강진령, 2022: 344-345). 스트레스는 어디서 오는 것일까?

물리적 원인을 찾아보면 좁은 작업 공간, 통풍이 제대로 되지 않는 공간, 너무 춥거나 불균형의 영양섭취, 과음, 과식, 수면 부족, 카페인이 많이 든 기호식품(커피, 콜라, 홍차 등)의 섭취 등 많은 요인이 산재해 있음을 알 수 있다. 또한 자신이 처한 사회적 요인도 주요 스트레스 원천이다. 철길 옆에 사는지, 비행기가 날아가는지, 소리가 지나치게 크지는 않은지, 옆집 아이들이 너무 시끄럽게 떠들지는 않는지 등의 소음과 관련된 요인들도 스트레스의 원천이며 교통체증, 밀집된 공간, 희미한 조명 등의 요인 그리고 변화 없는 생활, 엄격한 규칙 등도 스트레스를 유발시키는 원인이 된다. 예를 들어, 소방관이 화재진압 시 다양한 개인용 보호 장비를 착용하고 화재를 진압하더라도, 소방관들은 이 과정에서 연기 등과 같은 화학적 유해물질뿐만 아니라, 소음성 난청, 고온의 화염 등 물리적인 위험요인들에 노출된다(김남일 외, 2015: 272).

여기서는 스트레스의 원인을 환경적 원인, 인지적 원인, 사회적 원인 등으로 분류하여 설명하고자 한다.

(1) 환경적 요인

예측할 수 없는 천재지변이나 각종 돌발사고, 그에 따른 생활의 변화 등과 같은 외부 상황적 요인이 개인의 스트레스를 발생시키는 하나의 원인이 될 수 있다. 천재지변이나 예측 불가능한 돌발사고 등 갑작스러운 재난은 엄청난 스트레스 자극이 된다는 것이다(이억범 외, 2014: 213). 이렇듯 우리가 경험하는 다양한 생활사건은 스트레스를 유발하는 주된 원인이 된다. 이러한 생활사건뿐 아니라, 요즈음 물리적 환경도 중요한 스트레스 원천이다. 기후, 물, 공기, 음식, 주거환경 등이 오늘날 우리에게 많은 스트레스를 주고 있다. '엘니뇨(El Niño 현상)'로 각종 자연재해가 증가하고, 황사로 고통받는 현실은 외면할 수 없는 문제들이다. 자연파괴로 인하여 물과 토양, 공기의 오염은 심각한 지경에 이르고, 우리의 기본적인 생명 유지를 위협하여 삶의 동기를 좌절시킬 정도의 스트레스 반응을 일으키고 있다.

대도시의 소음과 과밀현상도 오늘날 스트레스를 일으키는 환경적 요소다. 장시간 시끄러운 소음에 노출되면 청력에 손상을 가져오고, 호흡기나 순환기 또는 소화기에 영향을 미쳐 자율신경장애를 일으킬 수 있다. 그뿐만 아니라, 소음은 짜증과 불쾌감 및 분노를 일으키고 인지능력의 저하, 수면장애 그리고 식욕과 성욕 감퇴를 초래한다. 인구 증가와 생활공간 변화, 분주함과 경쟁의 심화로 인한 도시생활의 복잡함은 군중 속의 고독과 피로를 가져오고, 주거와 직장 등 일차적인 물리적 환경의 과밀화는 현대인에게 정신적 피로와 스트레스를 주는 환경적 원천이 되었다(이주희 외, 2013: 317).

(2) 인지적 원인

각 개인의 사회적 스트레스 원인과 정도는 개인마다 다를 수 있다. 이는 사람들마다 동일한 상황이지만, 이 각각의 상황에 대해 다르게 해석하고, 수준을 파악하기 때문이다. 이는 사람들이 가지고 있는 인지적 요인에 의해서이다. 스트레스에 취약한 사람들은 비논리적이거나 현실적이지 않은 인지에 바탕을 두고 있다. 이러한 인지를 일반적으로 비합리적 신념이라고도 하는 데 비합리적인 신념은 동기의 직접적인 원인이 되는 경우가 많다. 예를 들어, "나는 항상 1등을 하고 싶다."는 동기는 어쩌면 "항상 1등을 해야만 부모로부터 사랑과 인정을 받을 수 있다."는 인지 또는 믿음이 있기 때문일 수 있다. 또 "나는 나를 아는 모든 이들로부터 사랑 또는 인정을 받고 싶다."는 동기는 "나를 아는 모든 이로부터 사랑과 인정을 받아야만 가치 있는 사람이다."라는 믿음이 원인이 될 수 있다.

이렇게 형성되는 비합리적이고 부정적인 믿음은 자기에 대한 믿음과 세상에 대한 믿음으로 크게 나누어진다. 자기에 대한 비합리적이고 부정적인 신념의 예로는 "나는 무능하다.", "나는 사랑받을 수 없다.", "나는 나쁘다." 등을 들 수 있다. 세상에 대한 예로는 "세상은 썩었다.", "세상은 공정하지 못하다." 등을 들 수 있다(이주희 외, 2013: 314).

이러한 신념의 문제는 그것이 현상을 정확하게 나타내 주지 못하며, 지나친 과일반화에서 형성된 것이라는 점이다. 자기에 대한 비합리적 신념은 살면서 경험한 부인을 자신에게 돌리며 과일반화한 것이고, 세상에 대한 비합리적인 신념은 살면서 경험한 부정적인 경험의 원인을 세상으로 돌리며 과일반화한 것이다. 이를 '일반화의 오류(fallacy of hasty generalization)'라고 한다. 일반화의 오류란 부분을 전체로 착각하여 범하는 생각의 오류이다. 이는 논쟁에서 설정하는 중간 단계를 거치지 않고 성급하게 제한된 증거를 제출하는 오류를 말한다. 즉, 성급한 일반화의 오류가 되는 것이다. 우리는 흔히 '하나를 보면 열을 안다'고 한다. 사실 이 말처럼 위험한 말도 없다. 하나를 보면 열을 알 수도 있겠지만, 대부분의 경우 그렇지 않다. 이를 가리켜 '범주화된 지각(categorical perception)의 오류'라고 한다. 즉, 인간이나 사물 또는 현상의 단면을 보고 저것(사람)은 당연히 저럴 것이라고 미리 짐작하여 판단하는 오류이다. 나무를 보지 말고 숲을 보라는 것과 농구나 축구할 때 공을 보지 말고 사람의 몸을 보라고 한 것들이 모두 '일반화의 오류'를 지적한 말이다.

이러한 비합리적이고 부정적인 신념은 자신과 세상에 부정적인 결과를 가져올 가능성이 높은데, 자기에 대한 부정적이고 비합리적인 신념은 부정적인 정서의 스트레스 반응을 수반하게 된다. 세상에 대한 부정적이고 비합리적인 신념은 살면서 세상에 대해 지나치게 공격적으로 대하거나 교활하게 대함으로써 사회에 해를 끼칠 가능성이 높아진다. 이러한 사회적 행동은 다시 자신에게 부정적인 결과를 줄 확률이 높아진다.

(3) 사회심리적 원인

여기에는 결핍과 욕구좌절이 있다(김남일 외, 2015: 272－274).

① **결핍**

결핍(deprivation)이란 개인의 욕구를 만족시킬 수단이 박탈되거나 제거된 상태를 말한다. 식욕이나 성욕처럼 생리적인 욕구든 인간의 자아실현과 존엄에 대한 욕구처럼 추상적이거나 심리적인 것이든 간에 원하는 욕구가 충족되지 않았을 때 인간은 스트레스를 받게 되며, 소외나 고립 등을 통해서도 심리적·사회적 결핍을 느낀다. 사실 결핍이란 주관적 사실임에도 불구하고, 타인과의 비교, 자신의 기대치, 과거의 경험 등에 비추어 현재의 상황이 부족하다고 느끼게 되면, 상대적 결핍과 주관적인 불행을 느끼게 된다. 반대로, 자신보다 더 못한 처지의 사람과 비교함으로써 스트레스를 완화할 수도 있다. 많은 사람은 자신의 상황을 타인들과 비교해 보고, 그 결과를 가지고 주관적인 판단의 만족과 불만족을 스스로 결정한다. 현대인들은 풍요한 삶을 살아가면서도 한편으로는, 돈이나 시간의 결핍을 겪기도 한다. 지금 당장 경제적 여력이 없을 경우라도, 신용카드를 사용하거나 은행대출을 이용해 상품을 구매하기도 하며, 24시간 또는 한 달이라는 주어진 시간이 절대적으로 부족할 경우에는 일을 끝내기 위해서 중요하고 긴급한 일을 먼저 하는 바람에 상대적으로 덜 중요한 일들은 미루어지거나 연기되고 만다. 이처럼 평소 결핍을 경험하게 될 경우, 선택행위는 직접적으로 이 결핍에 영향을 받는다. 따라서, 결핍은 현대생활에 있어서 스트레스를 일으키는 주요 원인으로 작용한다고 할 수 있다.

② **욕구좌절**

욕구좌절(frustration)은 목표 지향적 활동이 전체적으로 또는 부분적으로 차단되거나 방해를 당하고 있는 상황을 말한다. 물리적 장애, 보상의 감소나 철회, 반응 또는 행동의 연쇄를 차단하는 것 등이 욕구좌절을 초래하는 상황이 될 수 있다. 또한 실망·패배·목표달성 과정의 방해 등으로 인해서 생기게 된 혼동·당혹·분노·비애 등의 상태를 가리키기도 한다. 그리고 목표달성의 좌절로 인해서 생기게 된 반작용을 가리키는 것으로, 흔히 공격성·퇴행·고착, 또는 반응강도의 상승이나 하강 등의 현상이 규명되어 있다. 즉, 자기가 하려고 원하는 목표를 달성하는 데 방해를 받거나 실패하게 되면 나타난다. 이러한 좌절을 겪게 되면 정서적으로 분노나 공격감정이 나타나는데, 이것이 스트레스로 작용하기도 하고, 무력감에 빠져 자신을 무가치하게 생각하게 만들기도 한다. 개인적인 목표 지향행동이 장애에 부딪혔을 때 좌절로 나타나므로 좌절이란 지극히 개별적인 경험이라고 말할 수 있다.

좌절을 일으키는 장애의 요인은 다음과 같다(이억범 외, 2014: 213−214).

첫째, 물리적 장애 요인으로서 생활상의 사소한 일, 예를 들어, 날씨가 더운데 창문이 열리지 않는다든가, 열쇠를 분실하였다든가 하는 일로부터, 크게는 지진으로 소중한 피해를 입어 좌절을 한다든가, 태풍으로 한 해의 농사를 망친다든가 해서 소득을 얻고 싶은 욕구를 좌절시키는 것까지 모두 포함된다.

둘째, 사회적 장애로서 꼭 배워야 할 것들을 가정에서 배우지 못한다거나, 경제적 여건 때문에 갖고 싶지 않은 직업을 선택한다거나, 사회적으로 여성차별을 받는다든가 하는 모든 사회적 장애들이 포함된다.

3) 스트레스 반응

일상적으로 겪는 적당한 스트레스는 생활에 적절한 긴장감과 활력을 제공하는 요인이 되기도 하나, 스트레스의 정도가 심하거나 지속될 경우에 건강문제와 대인관계문제 등이 발생한다. 스트레스의 증상들은 다음과 같다.

스트레스 증상은 <표 5−1>과 같다.

<표 5-1> 스트레스의 증상

분류	구체적 증상
신체적 증상	피로, 두통, 불면증, 빠른 맥박, 근육통, 땀 등
행동적 증상	안절부절, 손톱 깨물기, 과식, 흡연, 욕설, 폭력
인지적 증상	집중력 및 기억력 감소
정서적 증상	불안, 예민해짐, 우울, 분노, 근심

자료: 김보기 외(2017c: 103) 재인용.

(1) 신체적 반응

캐논은 1932년 그의 저서 『신체의 지혜(*The wisdom of the bod*)』에서, 인간이 분노와 공포 같은 정서를 경험하게 되면, 신체적인 변화로 혈당 수준, 맥박, 호흡, 혈압 등이 증가하고 근육으로 보내는 혈액량이 증가하는 현상을 발견하였다. 스트레스를 받을 때, 즉 화가 많이 났을 때나 심하게 놀랐을 때, 심장이 쿵쾅거리고, 얼굴에 열이 확 달아오르거나 핏기가 없어지고, 근육이 저절로 긴장되거나 풀리는 경험을 하게 된다. 이는 스트레스를 받을 때 발생하는 생리적 반응인데, 교감신경계의 작용으로 심장은 빨리 뛰고 많은 양의 혈액이 근육으로 흘러들어 가기 때문이다. 이때 호르몬 체계에도 영향을 미쳐 스트레스 호르몬을 방출하게 된다. 이는 고혈압, 위궤양, 편두통, 천식 등과 같은 신체 질병을 야기시킬 수 있다(Cannon, 1963).

(2) 심리적 반응

① 불안

불안이나 공포는 대상이 위협적이고 통제할 수 없다고 평가할 때 느껴지는 정서이다. 이때 불안의 대상은 객관적으로 위협적일 수 있지만 주관적일 수 있으며, 어떤 경우에는 자신의 욕구나 충동 등의 내적 상태가 불안을 유발할 수 있다(정의석, 2013: 323).

불안은 스트레스로 인한 가장 흔한 반응이다. 스트레스로 인해 안절부절못함, 쉽게 피로해짐, 집중곤란, 쉽게 화를 냄, 과민한 기분상태, 근육긴장, 수면장애는 불안과 걱정으로 야기되는 부수적인 증상들이다. 불안에 대한 개인적인 반응이 적절한지에 따라 정상과 신경증으로 특징지을 수 있다.

스트레스로 인한 신경증으로는 노이로제(neurosis)가 있다. 노이로제란 불안이 특징인 해결되지 않은 갈등에 의한 정서장애를 말하는 데, 여기에는 불안, 과로, 갈등, 억압, 억울 등의 감정적인 체험과 스트레스가 원인이 되어 발생하는 신체적인 병적 증상을 말한다.

노이로제는 필요 이상으로 자기의 증상과 질병을 의식하여 어떻게 하지 않으면 안 될 것 같은 초조감이 있는 것이 특징이다. 그 증상은 사소한 일에 신경을 곤두세우고, 문이 제대로 잠겼는지, 불이나 가스를 끄고 나왔는지, 도둑이 들지는 않았는지 등의 불안 증세와 사람을 만날 때마다 무슨 말을 해야 할지 또는 저 사람이 나에 대해 나쁜 생각을 하고 있지는 않은지, 부끄러움이나 창피를 당하지는 않을지 계속 생각하게 되는 강박 신경증세가 있다. 복잡한 생활환경 조건과 경쟁적 인간관계 속에서 심리적·물리적 스트레스를 경험하는 현대인에게 노이로제는 스트레스의 대표적인 증상이 되어가고 있다.

② 분노와 공격

스트레스를 경험할 때, 대표적인 반응으로 분노가 있다. 어떤 동물들은 기대한 보상을 제공받지 못하면, 스트레스의 반응으로 공격행동을 보인다고 한다. 사람들은 종종 좌절을 경험하게 되면 분노와 공격행동을 보인다. 이를 '좌절－공격가설(frustration－aggression hypothesis)'이라고 한다. 좌절이 공격을 유발한다는 것이다. 목표에 도달하려는 노력이 방해받게 되면, 좌절을 일으키게 한 대상이나 다른 사람을 해하려는 공격충동이 생긴다. 그러나 좌절감을 경험하게 한 원천에 대한 직접적인 공격이 항상 가능한 것은 아니다. 종종 그 원천이 애매하거나 알 수 없을 때가 있다. 좌절의 원천에 대한 직접적인 공격이 차단되는 상황에서는 실제 좌절감을 준 대상 대신에, 아무런 책임이 없는 제3의 대상에게 공격행동이 전위될 수 있다. 즉, 나쁜 학점을 준 교수에게 화가 난 여학생이 남자 친구에게 화풀이를 할 수 있다.

③ **우울**

스트레스가 분노를 유발시키기도 하지만, 우울과 같은 반대의 정서를 발현시키기도 한다. 동일한 상황에서도 사람들은 각기 다르게 반응할 수 있다. 좌절에 대한 적극적인 반응이 공격이라면, 정반대인 반응은 위축이다. 스트레스 상황이 지속되면 사람들은 대처하지 못하고 우울 및 무기력 상태에 빠져들 수 있다(이주희 외, 2013: 308).

우울은 외상적이며 장기적 스트레스에서 많이 나타나는 경향이 있다. 사건 자체보다는 과거의 학습경험과 사건을 바라보는 태도 등에 의해서 영향을 받는다. 그리고 분노는 자신이 바라는 것이 좌절되기는 했지만, 아직까지 욕구가 남아 있고 가능성이 있다고 생각할 때 나타나는 반면에, 우울은 더 이상 실현 가능성이 없다고 평가할 때 나타난다(정의석, 2013: 323).

4) 스트레스의 대처

(1) 대처에 대한 기본자세

스트레스는 생활방식과 밀접한 관계가 있다. 실제적으로 스트레스성 질환 중 심장병과 뇌졸중의 가장 중요한 원인을 제공하는 고혈압의 예방과 치료에는 스트레스를 포함한 생활습관이 중요한 요소로 관여한다는 사실은 이미 잘 알려져 있다. 즉, 스트레스는 생활방식과 밀접한 관계가 있으며, 스트레스 상황이 생기면 이에 대처하기 위해 생활방식을 바꾸는 경우가 많다. 스트레스 유발 요인에는 외부 요인도 있지만, 자신의 내부에서 스스로 만들어지는 내부 요인도 있으므로 스트레스를 대하는 태도를 긍정적으로 가지는 것이 가장 중요하다고 할 수 있다.

스트레스를 대할 때, 다음과 같은 마음자세를 가지는 것이 필요하다(이억범 외, 2014: 213).

첫째, 스트레스를 인생의 불가피한 일부로 받아들이는 것이다. 회피할 수 있는 경우도 있겠지만, 회피할 수 없는 경우가 훨씬 많다는 것을 수용해야 한다. 스트레스가 없는 삶은 변화와 발전이 없으며, 무의미하고 죽음을 의미한다.

둘째, 스트레스를 해결할 수 있는 문제로 보는 것이다.

셋째, 스트레스를 성장을 위한 도전으로 받아들이는 것이다. 스트레스는 부정적으로 위협적이긴 하지만, 성장을 위한 기회가 되는 것도 사실이다. 그것을 극복함으로써 자신의 잠재력을 개발하고 성취감을 경험할 수 있다.

넷째, 자신의 스트레스를 잘 파악하고 이해해야 한다. 자신이 느끼는 스트레스 감정이 분노, 긴장, 불안, 초조 중 어느 것인지, 자신의 스트레스 상황에 대해 전반적으로 파악하는 것이 도움이 된다.

다섯째, 지금까지 익숙한 비효과적인 스트레스 대처방안을 바꾸려고 결심하고 새로운 방식을 배워야 한다.

(2) 대처를 방해하는 요인

『스트레스와 평가 그리고 대처』(1984년 출판)

라자러스와 폴크먼(Richard S. Lazarus and Susan Folkman)은 1984년 그들의 저서 『스트레스와 평가 그리고 대처(*Stress, appraisal, and coping*)』에서 그들에 따르면, 개인이 환경을 다루어 나가는 것을 방해하는 요인을 제약(constraints)이라고 하며, 이 제약은 개인적, 환경적 측면에서 나타날 수 있다. 그 내용은 다음과 같다(Lazarus & Folkman, 1984).

첫째, 개인적 제약은 어떤 유형의 행동이나 감정을 배척하는 내재화된 문화적 가치와 신념 및 독특한 개인적 발달의 산물인 심리적 결함을 말한다. 유머는 논쟁이 고조된 상태에서는 긴장을 해소하는 적절한 수단일 수 있지만, 장례식장에서는 부적절한 것으로 긴장을 유발할 수 있다. 상황적, 개인적 차이를 허용한다 하더라도, 문화적으로 유도된 가치, 신념, 규준은 중요한 속박 요인으로 작용한다.

둘째, 많은 자원이 한정되어 있기 때문에 이것들이 대처를 방해한다. 예를 들어, 돈과 같은 물적 자원은 개인에 따라 한정되어 있는데, 돈을 적게 가진 사람은 여러 가지 돈과 관련된 상황에서 대처능력이 떨어지기 마련이다.

셋째, 위협 수준을 고려해 볼 수 있는데, 개인이 위협을 느끼는 정도는 대처를 결정하는 데 중요한 역할을 한다. 개인이 위협을 느끼는 정도는 부분적으로는 특별한 상황에서 개인이 내적 및 외적 요구의 관점에서 대처 자원을 평가하는 것과, 그것의 사용을 억제하는 속박에 대한 평가의 함수이다. 반대로, 위협 수준은 사용 가능한 자원들이 대처에 사용될 수 있는 정도에 영향을 준다. 과도한 위협은 인지적 기능과 정보처리능력에 영향을 미쳐 문제중심적 대처를 방해한다.

(3) 개인적 대처 자원

중요한 개인적 대처자원으로는 다음 몇 가지를 들 수 있다(Lazarus & Folkman, 1984).

첫째, 건강과 에너지(health and energy)가 있어야 대처할 수 있다. 건강하고 튼튼한 사람은 약하고 아픈 사람보다 외적, 내적 요구를 좀 더 잘 관리할 수 있다. 신체적 안녕은 개인에게 다가오는 스트레스 상황에 에너지를 투입할 수 있는 기본 조건이 된다.

둘째, 긍정적 신념(positive belief)이 있어야 한다. 자신을 긍정적으로 보는 것이 대처에 매우 중요한 심리적 자원이 된다. 스트레스에 대처하는 능력은 개인이 바라는 결과를 성공적으로 얻어낼 수 있다고 믿을 때 증진된다.

셋째, 문제해결기술(problem solving skills)이 있어야 한다. 문제해결기술은 정보를 탐색하고 대안적 활동을 발견하기 위해 상황을 분석하게 한다. 여러 대안활동의 결과를 예측하여 비교하고, 적절한 행동을 선택하도록 한다. 문제해결기술은 폭넓은 경험, 개인이 보유한 지식, 그 지식을 사용하는 인지적·지적 능력 및 자기통제력과 같은 다른 자원들을 활용하는 것이다. 문제해결기술을 더 많이 가진 사람이 그렇지 않은 사람보다 스트레스를 더 잘 관리할 수 있다.

넷째, 물질적 자원(material resources)이 필요하다. 돈과 돈으로 구입할 수 있는 상품과 서비스를 말한다. 금전적 자원이 있으면 스트레스 상황에서 대처 선택안이 많아진다. 돈을 많이 가진 사람은 법적, 의학적, 재정적 및 다른 전문적 도움에 훨씬 더 효과적으로 접근할 수 있기 때문이다. 비록 돈에 의존하지 않더라도, 돈을 가지고 있는 것만으로도 위협에 대한 개인의 취약성이 줄어들고 효율적인 대처를 촉진할 수 있다.

다섯째, 사회적 기술(social skills)을 갖추어야 한다. 사회적 기술은 사회적으로 적절하고 효율적인 방식으로 타인들과 의사소통을 하고 행동하는 능력을 말한다. 사회적 기술은 타인과 협동하여 문제를 해결하도록 돕고, 타인의 협동 또는 지지를 얻을 가능성을 증가시키며, 사회적 상호작용에 대해 더 많은 통제를 할 수 있도록 도와준다. 또한 다른 사람과 협력할 수 있는 개인의 능력에 대한 확신은 스트레스 관리에 중요한 자원이 된다.

여섯째, 사회적 지지(social support)가 있어야 한다. 스트레스를 극복할 수 있는 좋은 방법은 사회적 지지 대상을 추구하는 것이다. 스트레스 상황에 정보를 제공하며 이해를 해 주는 사람 또는 사람들의 집단과 개인적인 관계를 가지는 것이다. 스트레스를 극복하는 과정에서 심리적 힘이 될 수 있고, 관계 속에서 여러 가지 정보나 도움을 받으면서 문제를 극복할 수 있는 기회를 가질 수 있다(이주희 외, 2013: 308). 사회적 지지는 한 개인이 다른 사람들로부터 받는 다양한 물질적·정서적 지원을 말한다. 친구나 가족 등으로부터 지지를 받은 사람이 지지가 부족한 사람보다 건강하게 오래 살 수 있다.

(4) 정서적 대처

스트레스 상황에 정보를 제공하며, 이해해 주는 정서적 자원이 될 수 있는 사람들과의 좋은 관계는, 스트레스를 극복하는 과정에서 심리적인 지원과 정보와 안내를 받아서 문제를 극복하는 데 도움이 되는 사회적 자원이다. 또한 웃음은 긴장을 이완하는 효과가 있으며 스트레스에 효과적인 방법의 하나로 인식되고 있다. 유머와 웃음은 긍정적인 감정과 면역에 도움이 되는 호르몬을 분출해서 우리가 스트레스 상황에서 견딜 수 있는 힘을 갖도록 한다.

정서적 대처에서 특히, 분노에 대한 내용을 잘 다루게 된다면, 스트레스를 극복하는 대처방안에 크게 영향을 미칠 것으로 보는데, 그 대처방안은 다음과 같다(이억범 외, 2014: 224-225).

첫 번째, 의존성이 있는 경우인데, 의존성이 있으면 화를 쉽게 낼 수 있다고 하며, 누군가에게 의존하기보다는 여러 가지 방법을 선택할 수 있는 방안에 대해 설명해 주고 자율성과 독립성을 가지고 스스로 선택할 수 있도록 한다.

두 번째, 대인관계에서 권위의식적인 의사소통 방식은 스트레스를 겪게 된다. 민주적이며 긍정적인 의사소통으로 스트레스를 줄이도록 한다.

세 번째, 문제를 해결하는 데 있어서 한계를 설정하는 것은, 불분명하고 혼란스런 상황에서 분노를 줄이고, 업무를 수행할 때에 도움이 된다.

네 번째, 복잡하고 혼란스러운 상황에서 우리는 화를 내기 쉽다. 따라서, 복잡한 과정을 쉽고 단순하게 분류하는 것은, 매우 일처리를 단순하게 하며, 복잡한 상황에서 벗어나 쉽게 과제를 이행하여 스트레스를 피할 수 있게 한다.

다섯 번째, 미해결 과제나 갈등은 분노의 원인이 될 수 있다. 모든 것에 완벽을 기울이지 말고, 해결 가능한 부분을 중심으로 해결하는 방법을 갖도록 한다. 그러면 모든 것을 해결하려는 상황에서 분노를 줄이고 스트레스를 덜 받게 된다.

여섯 번째, 관점이 다르거나 이해관계의 차이에서 손해를 보는 경우에는 분노를 일으킬 수 있다. 따라서, 여러 가지 상황이나 갈등요인이 가능하면 해결되도록 적절한 대처방안을 적용해야 한다.

2 건강

1) 건강과 건강심리학

(1) 건강의 정의

건강의 문제는 점차 단순히 신체적인 것뿐 아니라, 심리적인 문제라고 알려지고 있다. 과거의 건강의 문제였던 급성질환이던 인플루엔자, 폐렴, 결핵 등은 의료기술의 발전으로 감소하고 있다. 그러나 최근에 들어서는 만성질환인 심장병, 암, 당뇨 등이 증가하고 있고, 이들에 대한 치료법은 예방이 가능하다고 알려지고 있다. 예방하면 건강문제를 해결할 수 있는 사례들로서, 금연을 하면 암의 25-30%를 줄일 수 있고, 저 콜레스테롤의 식사를 하면 심장병 감소를, 음주운전을 하지 않으면 교통사고를 50%나 감소시킬 수 있다. 이와 같이 건강심리학에서는 건강을 위한 태도의 변화에 주목한다.

건강(health)이라는 용어는 'whole(전체, 완전한)'에서 시작되어 'hale'로, 그리고 'health'로 변형되었는데, 이것은 건강의 개념이 신체적, 정신적, 사회적으로 완전한 안녕상태로서, 단지 질병이 없다거나 허약하지 않은 상태를 말하는 것만은 아님을 의미한다. 건강은 인간생활의 모든 측면인 의식주, 노동, 인간관계 및 사회생활 등과 밀접한 관계가 있으며, 개인의 정서적 균형, 정신적 구조의 외부환경에의 적응은 물론, 사회생활을 영위해 나갈 수 있는 능력을 포함한다. 실제로 건강의 개념이 사회적 안녕상태까지를 제시하기 때문에 각기 다른 사회적 특성, 즉 문화·제도·관습 등 여러 가지 사회적 환경요인에 따라 달라지는 '상대적 개념(relative concept)'이다(이효순 외, 2020: 14). 건강에 대한 정의는 명확히 할 수 없지만, 일반적으로 '질병이 없거나 허약하지 않은 상태' 정도로 여기는 경향이 있다. 하지만 '질병 없음', '허약', '건강의 상태' 등의 용어는 상당히 추상적이어서 건강을 구별하는 일은 매우 어렵다. 그 이유는 임상적으로 질병이 발견되지 않았다고 해서 이를 '건강하다'라고 단정적으로 말할 수 없기 때문이다. 즉, 건강은 막연한 상태나 조건이 아니라, 한 개인의 신체적·정신적·사회적 요소 각각이 안녕한 상태로 생활 속의 일반적인 스트레스에 대처하여 다른 사람들과의 조화로운 삶을 영위할 수 있으며, 인간생활의 모든 측면에서 인간이 사회생활을 독립적으로 영위해 나갈 수 있다는 의미를 포함하고 있다(최희철 외, 2019: 42).

『정신분석의 개요』
(2014년 출판)

세계보건기구(World Health Organization, WHO)에 따르면, 건강은 단순히 질병이나 허약함이 없는 상태가 아니라, 신체적, 정신적, 사회적으로 완전한 안녕상태를 규정하고 있다. 또한 표준국어대사전에 따르면, 정신은 육체나 물질에 대립되는 영혼이나 마음이며, 정신적으로나 육체적으로 아무 탈이 없고, 튼튼함 또는 그런 상태이다.

프로이트(Sigmund Freud)는 사후 1년 후인 1940년 출판된 그의 저서 『정신분석의 개요(*An outline of psychoanalysis*)』에서, 건강은 사랑할 수 있고 생산적인 일을 할 수 있는 능력에 있다고 보았다. 프로이트에 따르면, 건강한 성격은 원초아(id), 자아(ego), 초자아

(superego)의 세 영역이 조화를 이룬 상태를 의미한다. 즉, 건강한 사람은 원초아, 자아, 초자아가 잘 통합되어 어느 한 편에 치우치지 않으며, 본능적 욕구와 현실적 제약 간에 적절한 조정을 할 수 있을 만큼 자아가 강해져서 욕구 간의 갈등을 적절히 해결할 수 있는 사람이다. 또한 성숙된 성격은 정신성욕발달(Psychosexual Development)의 원만한 진행과 관련이 있는데, 이는 사랑할 수 있고 일할 수 있는 능력을 가지고 있는 건강한 사람이다.

건강을 유지하는 행동들로는 건강식을 하고, 정기적인 운동을 하며, 흡연·음주·약 유해물질을 회피하고, 숙면·안전벨트·콘돔 사용·비만 감소·신체검진(암, 신상) 등을 주기적으로 하는 것이다. 그러나 이러한 지침들은 특히, 청년층에서 잘 지켜지지 않고 있으며, 단지 노인들에게만 경각심을 주는 것으로 알려졌다. 건강심리학은 건강을 위한 행동을 하도록 사전에 태도를 조사하고 이 태도를 변화시켜서 건강을 유지할 수 있는 것으로 본다. 우리나라에서는 2002년 초에 저명한 코미디언이 흡연으로 인한 암으로 사망하기 직전에 내놓은 금연 CF가 많은 흡연자의 생각을 바꾸어 놓은 것으로 알려졌다. 특정인의 행동을 알면, 그가 건강행동(금연, 신체검진, 피임, 운동)을 할 것인지 예언이 가능하고, 자기유능감과 자기통제감은 건강을 유지하는 행동에 중요한 것으로 나타났다. 그 밖에 상황 때문에 어쩔 수 없이 흡연·음주·불안전한 섹스를 하는 경우도 있으며, 부정적인 기분이나 음주가 자기통제를 어렵게 하고, 이것이 건강을 지키는 행동에 나쁜 영향을 줄 수 있다. 또한 체계적이고 합리적인 생각보다 주변 사람들에 동조하여 건강관리를 하기도 한다.

(2) 건강심리학의 정의

건강심리학(health psychology)은 이러한 요소들을 찾아 보다 합리적이고, 체계적인 건강관리를 위한 태도와 습관을 연구하는 학문이다. 건강심리학은 건강증진, 질병 예방 및 치료, 건강 위험요인 분류, 건강관리체계 향상, 건강에 관한 여론형성 등 건강과 관련된 일에 심리학적 기술을 사용하는 학문이다. 즉, 건강에 해로운 행동을 변화시켜 질병을 예방해 건강한 상태를 유지하게 하거나(Orleans, Ulmer, & Gruman, 2004), 통증을 경감시키고 스트레스를 낮추고 의료적 충고를 따르도록 하며, 만성질환 환자 및 가족구성원들을 도와주는 일 등과 관련이 있다.

건강심리학의 정의는 건강심리학 발전의 공헌자의 하나인 마타라조(Joseph D. Matarazzo)의 견해가 수용되고 있다. 그에 따르면, 건강심리학이란 건강의 증진과 유지, 질병의 예방과 치료, 건강, 질병 및 이와 관련된 기능장애에 대한 병인론적, 진단적 정립 그리고 건강관리체계와 건강정책의 개선을 도모하기 위하여 교육적, 과학적, 전문적 공헌을 하는 심리분야의 집합체이다(Matarazzo, 1980: 815).

건강심리학의 특징은 다음과 같다(김보기 외, 2017c: 349 재인용).

첫째, 건강심리학은 신체병리에 일차적인 관심을 갖는다. 반면에, 전통적으로 임상심리학자들은 정신병리(예, 우울, 불안 등)에 주로 관심을 보여 왔다.

둘째, 건강심리학은 건강의 회복과 함께 건강의 유지 또는 증진, 그리고 질병의 예방을 강조한다. 반면에, 전통적으로 임상심리학은 건강의 회복에 보다 강조를 두어 왔다.

셋째, 건강심리학은 비록 행동의학보다는 덜 강조되지만, 학제 간 협력과 인간의 전인적 측면을 강조한다. 반면에, 전통적으로는 신체적, 심리적 또는 사회적 수준 가운데 어느 한 가지 측면만을 강조하여 왔다.

2) 질병

(1) 문제점

건강은 삶에서 매우 소중한 것이다. 그러나 건강이 무엇인가에 대해 간단하고 분명한 답을 하기는 어렵다. 시대나 문화에 따라서, 건강을 바라보는 관점은 다양하게 변화해 왔다. 건강을 어떤 관점에서 바라보느냐에 따라 건강을 어떻게 추구할 것이며, 건강에 대한 일차적 책임이 누구에게 있는지가 달라진다.

인류 역사의 초기에는 자연현상에 대해서와 마찬가지로 인간의 건강이나 질병에 대해서도 '초자연적 힘에 의해 결정되는 인체의 상태'라는 초자연적 건강관(supernatural model)이 지배적이었다. 정체를 알 수 없는 전염성 질환으로 많은 사람이 고통을 받거나 죽어갈 때, 자연을 거역하였다거나 신이 노하였다거나 악령이 들었다고 생각하고, 건강이나 장수는 신의 은총이나 우주 기운과의 조화 덕분이라고 생각하였다. 이런 관점의 건강관에서는 신의 뜻이나 초자연적 힘에 순응하며 살아가는 것이 건강을 도모하는 길이며, 질병을 예방하거나 치료하는 방법이 될 것이다. 이 시대에는 사제나 무당 등 초자연적 힘과 교류할 수 있는 집단이 질병치료의 일차적 책임자였다.

몸과 마음이 분리되어 있고, 몸은 자연법칙에 따라 움직인다고 보는 데카르트의 주장이 널리 수용되고, 세균성 질병은 육안으로 보이지 않는 미생물이 몸에 침범하고 세력을 얻어서 일어난다는 사실이 밝혀진 19세기 이래, 생물의학적 모형(biomedical model)이 건강과 질병을 조망하는 지배적 관점으로 자리잡게 되었다. 이 모형에서 건강은 질병이 없는 상태를 의미하며, 질병은 병원체(pathogen)에 의해 발생하고, 그 병원체를 없애거나 세력을 약화시킴으로써 치료될 수 있다.

20세기를 거치면서 생물의학적 모형은 많은 전염성 질병의 병원체 확인과 예방 백신 및 치료약물의 성공적 개발을 통해 널리 확산되었고, 건강과 질병을 조망하는 표준관점으로 자리 잡게 되었다. 그래서 질병을 특정한 신체부위의 기계적 고장으로 생각하고 문제가 되는 부품을 수리하거나 교체함으로써 치료가 가능하며, 치료에 대한 일차적 책임과 권리는 생물의학적 전문지식과 기술을 갖춘 의사에게 있다는 생각이 지배적이 되었다.

그러나 생물의학적 모형은 현대인의 건강에 대한 욕구에 부응하고, 질병을 효율적으로 치료하는 데 적지 않은 문제점을 드러내고 있다.

첫째, 한국을 비롯한 산업화된 국가에서 사망이나 질병의 양상이 크게 변화해서 생물의학적 모형으로는 이를 잘 설명하고 대처할 수 없게 되었다. 예를 들어, 폐렴이나 결핵과 같은 전염성 질환 대신, 심혈관계질환, 암, 고혈압, 당뇨병 등의 만성질환이 사람들을 괴롭히고 죽게 만드는 일차적 원인으로 등장하였다. 이런 질환은 단일한 병원체 때문에 생기는 것이 아니라, 일상적인 습관이나 생활양식 등이 중요하게 작용해서 발생하고 유지된다.

둘째, 만성질환에 대한 생물의학적인 접근이 비효율적이라는 사실이다. 노령화와 만성질환의 증가는 의료 수요를 크게 증가시켰다. 수많은 신약개발과 새로운 수술기법 및 첨단의료장비의 발달에도 불구하고, 만성질환은 줄어들지 않았고, 환자들의 의료서비스에 대한 만족도도 낮다. 반면, 의료비용은 크게 증가하였다.

의료비용의 증가를 억제하기 위해서 질병의 조기발견과 예방 및 건강한 생활습관이 강조되었다. 예를 들어, 고혈압과 높은 혈청 콜레스테롤 수준 및 흡연 등이 심장질환의 위험요인으로 밝혀졌다면, 이런 조건들을 사전에 통제함으로써 심장질환이라는 심각한 질병의 발생이나 이로 인한 사망 위험성을 낮출 수 있다. 아울러 만성질환은 치료가 어렵고, 환자 및 주위 사람들의 생활의 질을 크게 떨어뜨린다. 건강한 생활습관을 통해 건강을 유지하는 것이 질병이 발생한 후에 치료나 회복을 시도하는 것보다 더 쉽고 비용도 적게 든다. 따라서, 건강한 생활양식을 통해 질병을 예방하고, 질환의 초기 증상을 미리 발견하여 위험을 줄이는 것이 건강관리 분야의 새로운 시대정신이 되었다.

이런 시대정신을 반영하는 건강 개념은 단순히 질병이 없는 상태로만 조망하기에는 부족하다. 세계보건기구(WHO)의 정의와 유사하게 엥겔(Engei, 1977)은 신체적 요소뿐만 아니라, 심리적·사회적 요소까지 포함시킨 질병에 관한 '생물심리사회적 모형(biopsychosocial model)'을 제안하였고, 이는 건강심리학을 비롯한 많은 건강 관련 학문 분야의 지배적인 패러다임으로 자리 잡아 가고 있다.

(2) 증상과 치료

건강심리학에서는 사람들이 사회적 또는 심리적으로 자신이 질병에 걸렸는지를 어떻게 판단하는가를 다룬다. 우선, 자신의 증상을 알아야 병에 걸렸다고 말할 수 있을 것이다. 그런데 내부에 초점을 둔 사람들은 대체로 수동적인 사회성으로 인하여 자신의 증상을 쉽게 인식해내는 데 비하여, 외부에 초점을 둔 사람들은 활발한 사회생활을 하는 반면에, 자신의 증상을 알아내지 못한다. 증상을 인식하고 해석하는 데 영향을 주는 질병도식에는 상황적 요소들이 내외로 주목하는 데 영향을 준다. 지루하면 내부상태를 주목하게 된다. 단조로운 길을 조깅한다면 쉽게 증상을 인식하나, 흥미가 있는 일에 둘러싸이면 주의분산이 일어난다. 어떤 것을 기대하느냐에 따라서도 인식과 해석에 영향을 줄 수 있다. 특정인이 놓인 문화권이 증상의 원인에 대한 공통적 설명을 하기 마련이다. 또 기분도 해석방향에 영향을 준다. 기분이 안 좋으면 행복한 사람보다 통증과 불안을 더 보고하였다. 그리고 가정과 직장에서 업무부담 가중, 불만족이 높을수록 증상이 증가하였다. 마지막으로는, 특정한 질병에 대한 경험이 해석에 영향을 주게 된다. 오랜 투병 경험이 있으면, 특정 증상에 무관심하도록 둔해질 수도 있다.

질병을 인식한 다음에는 환자와 치료자인 의사, 간호사 사이의 의사소통, 대인지각, 사회적 판단, 사회적 영향이 치료에 영향을 줄 수 있다. 환자가 치료자의 능력을 신뢰하는지가 중요하다. 환자는 치료에서 중요한 것은, 자신들을 돌보는 매너를 기술만큼 중시한다. 환자와 치료자 사이의 상호작용 중 발생하는 문제 하나는 잘못된 의사소통이다. 흔히 치료자는 전문용어를 사용하고, 환자의 증상으로만 언급하고, 인격체로 보지 않기 쉽다. 반면에, 환자는 치료자의 지시에 불응하거나 잘못 순응하기 쉽다. 치료장면에서는 사전에 치료비를 납부하게 하고, 가급적 다수의 환자를 대하려는 나머지 상담시간이 촉박하기 쉽다. 가능하면 환자가 효과적으로 자신의 증상을 설명하도록 해야 한다. 잘못된 의사소통으로 불만족한 환자가 동일한 치료자를 기피하거나, 치료자가 권고하는 대로 순응을 하지 않기도 한다.

의료처치에서의 순응도가 낮은 것으로 알려졌다. 복용량과 치료량의 15%, 흡연·체중 감소 등 생활양식을 바꾸라는 처방에 93%가 따르지 않았다. 불응하는 이유로는 자신에 대한 치료자들의 배려에 대한 불만에서 권고를 안 따르기도 하고, 처방을 이해 못하는 경우도 있는데, 이때는 자세하게 적어 주고, 반복해 말해야 한다. 치료는 장기간에 걸친 치료에 순응해야 감소하기 때문이다. 흔히 환자는 생활습관은 치료와 무관하다는 생각을 하기 쉽고, 의사는 자신의 일상과 다른 것을 이해하지 못한다고 이해한다. 더구나 생활스타일은 이미 습관화되어 순응하지 못할 수도 있다. 건강심리학은 이러한 문제들을 다루어 효과적인 치료를 돕는다.

만성질병에 대한 심리적 효과를 살펴보면, 전 인구의 약 50%가 치료를 요하는 만성질환을 갖고 있는 것으로 알려지고 있다. 이들 만성질환은 장기적이므로 사회적·심리적 생활에 영향을 준다. 질병을 인식할 때, 자신의 잘못으로 귀착시키는지,

남의 탓으로 보는지의 문제가 관련된다. 흡연, 음주 등 나쁜 습관, 스트레스를 자기 잘못으로 돌리면, 자기 병에 적응을 잘 못하지만, 앞으로 통제 가능한 점은 도움이 될 수 있다. 반면에, 남의 탓으로 보는 경우는 타인에 대한 적대감, 분노를 보이는 것으로서 치료에 부적응적이 된다. 자기통제감이 있을수록 예후가 양호하며, 만성질환에서의 통제 관련 신념들에 따라 치료시기가 결정되는 것으로 나왔다.

당뇨, 암 등 만성질환은 모든 환자의 삶에 영향을 주어, 심리적·신체적 제한을 받고, 직장을 상실하는 등 생활에 큰 영향을 준다. 단지 만성질환으로 진단을 받는 경우에도 극도의 불안, 공포, 우울증을 보인다. 그러한 진단으로 신체변화, 직장 상실로 인한 수입 감소, 이에 따른 타인의 도움이 필요해지므로 배우자, 자녀, 그리고 친지들이 추가적인 부담을 맡는 등 새로운 적응이 요구되는 것이다. 이러한 과정에서 가족과 친지들의 태도가 영향을 준다. 대개의 가족과 친지들은 암에 대한 혐오와 암에 대한 공포의 양가감정을 갖기 마련이다. 이러한 양면성이 환자에 대한 태도와 접촉에서의 불안을 일으킨다. 만성질환의 긍정적 측면도 있다. 일단 암으로 진단을 받으면, 오늘 할 수 있는 일을 내일로 연기하지 않고 오늘을 감사하며 생활하게 된다. 타인을 더 이해하고 공감하며, 불행한 사람에 대한 이해가 증가된다. 심장병, 신체장애, 그리고 에이즈와 같은 질환으로 생긴 불리한 변화에 더 잘 적응해 나간다(홍기원 외, 2016: 405-407).

(3) 전인적 건강

건강심리학에서 중요한 부분의 하나가 전인적 건강이다. 건강과 질병과 스트레스와 행동은 서로 매우 밀접한 관계를 맺고 있다. 또 이들은 모두 인간이 추구하는 동기와 깊이 관련된다. 인간은 신체적·심리적·사회적·영적인 이상상태를 추구하려고 동기화된 존재라고 할 수 있다. 아무런 동기가 없다면 스트레스도 없을 것이다. 동기가 좌절되거나 동기 좌절이 예상될 때 스트레스가 발생하고, 동기가 충족되거나 동기 충족이 예상될 때 웰빙이 초래된다. 이때 복지나 안녕감은 적극적 의미의 건강 개념과 동일하다고 볼 수 있다. 현대인에게는 스트레스에 어떻게 대처하느냐가 건강과 질병에 중요한 역할을 담당한다. 의식적 자각 없이 자동적으로 진행되는 생리적 반응과 정서적 반응에 비해, 자각과 조절이 가능한 대처과정은 인간이 조절력을 행사할 수 있는 핵심 대상이 된다. 흔히 집착하기 쉬운 신체건강은 안녕의 한 요소일 뿐이다. 안녕은 혈액 콜레스테롤이나 골밀도 수준 그 이상의 것이다. 심리적 예민성, 배우려는 열정, 나와 다른 생각에 대한 개방성, 공감, 연민, 낙관적 조망, 인생에 대한 감투정신, 신뢰와 희망의 태도 등이 필요하다. 심리적, 사회적, 영적 수준의 안녕이 달성되면 신체적 건강(안녕)은 자연스럽게 달성된다.

3) 정신건강

(1) 정신건강의 정의

정신건강(mental health)은 시대적·사회적·문화적 상황에 따라서 얼마든지 건강의 기준이 달라질 수 있다. 따라서, '건강'에 대한 정의는 다양하게 전개될 수밖에 없다. 오늘날 현대인이 경험하는 질병들은 신체적 결함에 따라 나타나기도 하지만, 상당 부분은 스트레스와 같은 정신적 측면의 영향도 많이 받는다. 인간은 행복하고 만족스러운 삶을 위해 심신상태를 건강하게 유지하려고 노력한다. 그래서 격언이나 속담에서도 '정신'이 들어간 어구가 유독 많은 이유도 여기에 있다(임혁 외, 2020: 14).

정신건강은 '정신'과 '건강' 두 가지 용어의 합성어로서, 개인이 자신의 몸과 마음 그리고 주변 환경을 대상으로 생각하며, 판단하는 능력 또는 어떤 유혹에도 흔들리지 않는 평온한 마음의 자세나 태도를 의미한다. 그런데 정신건강은 지역과 문화적 전통에 따라 그 이해의 수준이 다르다. 동양에서는 건강을 질병에 초점을 두기보다는 정신의 고양과 고취라는 측면을 강조한다. 즉, 만병의 근원은 마음에서 오는 것이며, 마음을 다스리는 것이 곧 건강을 회복하는 지름길이라고 한다. 동양에서는 마음을 정신과 동일하게 간주하는 경향이며, 마음을 다스리도록 수련하는 것이 조화로운 삶의 기본이라고 하는 경향이 강하다. 따라서, 질병의 치료는 정신으로부터 시작된다는 견해이다. 반면에, 서양에서는 주로 과학적 관점에서 정신건강문제에 접근하고 있다(고명수 외, 2019: 21). 즉, 과학실증주의 및 경험주의의 전통에 따라서 정신건강을 병리적 강조하는 경향이 주를 이루는데, 정상(normal)과 이상(비정상, abnormal)을 대립관계로 본다. 이는 이분법적 사고로부터 출발하는 데, 정신장애인들을 신에게서 버림받은 사람으로 간주하기도 하고, 마녀사냥의 희생양으로 삼는 경우도 많았다. 구약성경에 보면, 신체적으로나 정신적으로 온전한 사람만이 하나님께 제사드리는 의식이 있다. 장애인에 대한 반인권적인 처우는 18세기 이후 새로운 치료법의 개발과 입원보호가 보편화되면서 변화하기 시작하였다. 19세기 말에는 정신분석의 등장으로 정신치료 패러다임의 혁명적 변화가 등장한다. 정신장애의 증상과 원인에 대한 과학적 설명이 어느 정도 가능해진 20세기에는 정신과학의 세계 실존주의적 접근마저 가능해졌다. 그리고 '환경 속의 인간'과 같은 관점이 새롭게 도입되어 정신건강의 문제에 대해 개인의 내적 원인과 가족 및 사회환경적 요인을 종합적으로 고려하는 새로운 전통이 생겨나기 시작하였다(임혁 외, 2020: 17-18).

이처럼 정신질환은 오랜 시간 정신과학의 세계에서 치료의 대상으로만 여겨졌던 것이다. 그래서 인류는 보다 적극적 의미에서 회복의 의미를 더 강조하는 '정신건강'이라는 용어로 대체하게 되었다. 그 결과, 2000년대 들어서, 정신건강은 개인이 자립정신을 가지고, 일상의 일들을 잘 처리하고, 스트레스에 잘 대처하며, 환경에 대한 적응력도 높은 상태로 정의하게 되었다.

정신건강에 대한 정의를 살펴보면 다음과 같다.

미국정신위생위원회(National Committee for Mental Hygiene, NCMH)에 따르면, 정신건강은 다만 정신적인 질병에 걸려 있지 않은 상태만이 아니고, 만족스러운 인간관계와 그것을 유지해 나갈 수 있는 능력이다. 즉, 이것은 모든 종류의 개인적·사회적 적응을 포함하며, 어떠한 환경에도 잘 적응해 나갈 수 있는 건전하고(wholesome), 균형 있고(balanced), 통일된(integrated), 성격(personality)의 발달을 의미한다(나동석 외, 2015: 14).

세계보건기구(WHO, 2001)에 따르면, 정신건강은 개인이 자신의 능력을 깨닫고, 삶에서 발생하는 정상적 범위의 스트레스에 대처할 수 있으며, 생산적으로 일을 하여 결실을 맺을 수 있고, 개인이 속한 사회에 기여할 수 있는 안녕의 상태(a state of well-being in which he individual realizes his or her own abilities, can cope with the normal stresses of life, can work productively and fruitfully, and is able to make a contribution to his or her communication)이다. WHO의 이러한 정의는 개개인의 정신적 안녕을 넘어 개인과 사회의 유기적 연결성을 강조하는 보다 적극적인 의미로 받아들여지고 있다.

영국 보건교육청(Health Education Authority, 1997)에 따르면, 정신건강은 고통과 좌절과 슬픔을 감내할 수 있게 하는 정서적·영적 회복력이며, 인간의 존엄성과 가치에 대한 근본적인 믿음이다. 즉, 정신건강의 개념은 과거와 달리, 현대적 의미에서는 포괄적 형태로 변모하고 있는 것이다. 정신과학의 세계에서 행복을 추구하는 인간의 근본 성향을 믿고 마음의 면역력을 높이는 등 회복탄력성 개념의 적극 수용은 이제 일반 시민의 정신과 치료에 대한 높은 문턱을 낮추어 주는 데 크게 기여하는 계기를 마련해 주기도 하였다.

고재욱 외(2019: 14)에 따르면, 정신건강은 행복하고 만족하며 원하는 것을 성취하는 것(well-being), 또는 정신적으로 병적인 증세가 없을 뿐 아니라, 자기능력을 발휘하고, 환경에 대한 적응력이 있으며, 자주적이고 건설적으로 자기의 생활을 처리해 나갈 수 있는 성숙한 인격체를 갖추고 있는 상태를 말한다.

김영철 외(2021: 17)에 따르면, 정신건강은 정신적 안녕과 신체적·사회적·도덕적 건강의 개념이 모두 내포되어 있고, 정신적으로 건강하지 못한 상태의 예방 및 치료라는 소극적 측면과 정신적으로 건강한 상태의 유지와 증진이라는 적극적인 측면을 모두 갖고 있다. 따라서, 정신건강은 개인의 몸과 마음이 건강하며, 질병이 없고, 정신적으로 건강하며, 안정된 정서상태에서 사회생활을 원만하게 유지하고, 주변 환경에 적응하는 것을 말한다(2021: 17).

(2) 정신건강의 조건

영국 사회심리학자 야호다(Marie, 1907-2001)는 1958년 그의 저서 『현대 긍정적인 정신건강 개념(*Currant Concepts of Positive Mental Health*)』에서, 그는 지속적인 정신건강을 위한 6가지 조건들을 제시하고 있다. 그 내용은 다음과 같다(Jahoda, 2018).

① 자신에 대한 긍정의 태도

자신을 긍정적으로 바라보는 삶의 태도(positive altitudes toward self)는 비록 부족한 점이 있더라도, 전체적으로 자신을 괜찮은 사람이라고 바라볼 수 있게 해 준다. 있는 그대로 자신을 수용하고 자신이 원하는 바에 따라 행동할 줄 알며, 자신을 객관적으로 바라볼 수 있게 해 준다. 긍정의 마인드로 자신을 바라보는 사람은 자기이해력이 높고 타인에게 자기개방을 잘하여 인간관계가 원만하다.

② 자아실현

모든 인간은 적절한 성취를 통해 성장과 발달을 향해 나아가려고 하며, 궁극적으로 자아실현(self actualization)에 대한 강한 동기를 가지고 살아간다. 자아실현은 개인으로 하여금 잠재력을 개발하도록 도와주고, 어려운 과제 앞에서도 도전하고 성취하도록 이끌어 준다. 우리의 정신은 도전하고 성취하는 가운데 행복의 경험들과 자아실현의 경험을 동시에 가지게 되는 것이다.

③ 통합력

통합력(integration)은 개인 내면의 갈등이나 환경의 영향으로 생겨나는 외적 갈등에 압도되지 않도록 도와주는 '마음의 근육'과 같다. 높은 통합력을 가진 사람은 자신의 감정을 조절하는 능력이 탁월하여 균형감각을 잘 갖추고 살아가며, 스트레스나 불안에 대처하는 능력도 탁월하다.

④ 자율성

자율성(autonomy)은 타인이 정해 준 삶을 살아가는 것이 아니라, 순전히 자기결정에 따라 살아가는 능력을 말한다. 높은 자율성을 가진 사람은 자신이 내린 결정에 대해 책임질 줄 안다. 자신의 생각과 감정 그리고 행동들이 전적으로 자신에게 있음도 잘 안다. 내가 하기 싫은 일은 남도 하기 싫은 것을 잘 알기에, 타인의 자율성과 선택의 자유 또한 존중하며 공생의 삶을 살아간다.

⑤ 현실판단능력

현실판단능력(perception of reality)은 개인이 현실을 어떤 형태로 지각하고 있는지를 가늠할 수 있는 인지능력이다. 건강한 사람을 세상을 바라볼 수 있는 능력이 유연하고, 문제해결방식 또한 실현가능성에 무게를 두는 등 자기존재의 가치를 중요시하며, 실존의 삶을 살아간다.

⑥ 환경의 통달

환경의 통달(environmental mastery)은 환경을 지배하려는 것이 아니라, 자신이 처한 환경에 잘 적응하고 대처해 가는 능력을 말한다. 이런 사람들은 성급하게 문제를 해결하려 들지 않고 갈등을 잘 관리하며 살아간다. 그리고 긍정적인 인간관계를 형성하고, 자신의 욕구와 환경의 조건을 조정하는 능력이 탁월하다.

(3) 정신건강의 영향요인

정신건강에 영향을 미치는 요인은 다음과 같다(김민정 외, 2020: 30−32 ; 고명수 외, 2019: 34−56).

① 생물학적 · 유전적 요인

정신건강에 영향을 미치는 생물학적·유전적 요인은 다음과 같다(고명수 외, 2019: 49−50).

부모의 유전인자로부터 출발하여 태내기까지 형성되어 출생 시부터 나타나는 선천적 본성은 흔히 기질로 설명될 수 있다. 이는 이후 개인이 만나고 교류하는 모든 환경에서 또는 그런 환경과의 상호작용에서 반응(양식)의 차이를 만들어낸다. 예를 들어, 선천적으로 수줍음이 많거나 높은 사회적 철회 성향이나 행동억제가 높은 아동은 대인 간 상호작용과 외적 자극에 대해 접근보다는 회피반응을 나타내기 쉬우며, 이는 이후의 상호작용에 지속적으로 영향을 미쳐 아이가 경험하고 만들어 가는 환경에 영향을 미친다. 예를 들어, 기질적 까다로움, 극도의 내향성과 수줍음, 위축성향 등은 다양한 정신건강의 문제(예, 우울, 불안, 적응력 부재, 사회적 고립 등)에 개인을 취약하게 만들 수 있다.

타고난 기질적 요인 이외에도, 중요한 생물학적 요인으로 뇌 기능을 들 수 있다. 뇌 기능에 문제가 생기면 정신기능의 변화를 가져와 정신장애를 일으키거나, 정신건강의 문제가 발생하는 것으로, 최근 많은 연구들에서 나타나고 있다. 유전인자뿐 아니라, 뇌 기능의 문제 혹은 신경생리적 결함 등이 여기에 해당된다. 특히, 주의력 결핍과잉행동장애(attention deficit hyperactivity disorder, ADHD), 품행장애, 조현병,

학습장애, 반사회적 성격장애, 우울장애, 불안장애 등의 병인론을 분석하는 데서 최근 뇌 기능의 문제가 갖는 설명력이 더욱 커지고 있다. 신체와 정신은 서로 밀접하므로 신경계의 이상, 호르몬 이상, 각 신경세포에서 활동하는 신경전달물질의 문제는 개인의 정신건강에 영향을 미친다. 예를 들어, 뇌의 신경전달물질의 하나인 세로토닌(serotonin)의 수치가 정상보다 높을 경우, 불안장애가 정상보다 낮을 경우, 공격적 행동의 발생 가능성이 높다.

이처럼 정신건강 여부에 영향을 미치는 여러 요인들 중 개인의 본성, 기질, 두뇌구조 등을 포함한 생물학적 특성은 다른 요인들의 기능과 작용 정도에 영향을 미치는 기본 요인이다. 예를 들어, 개인의 특성 중 회복탄력성(resilience), 높은 자아통제감, 낙관성 등은 개인을 둘러싼 여러 역기능적 환경에 맞서 적응력을 높여 주는 요인이 될 수 있다.

(2) 환경적 요인

정신건강에 영향을 미치는 환경적 요인은 다음과 같다(김민정 외, 2020: 31－32 ; 고명수 외, 2019: 49－50).

첫째, 미시적 환경이다.

미시적 환경은 사람이 직접적으로 접촉하고 교류하는 가장 근접한 인적 환경을 의미한다. 여기에는 부모부터 친구, 선생님, 동료, 이웃까지도 해당된다. 아동을 예로 든다면, 가장 가까운 미시적 환경은 부모와 가족 환경으로, 여기에서 형성되는 부모와 자녀 간 안정애착과 우호적인 가족관계, 더 나아가 원만한 교우관계와 학교생활 등은 아동의 정신건강을 지켜 주는 보호요인이 될 수 있다.

부모와 아동 간 상호작용과 관계 특성은 아동의 정신건강과 발달에 큰 영향을 미친다. 부모와 자녀관계를 좌우하는 큰 요인들 중 하나는 부모의 양육행동으로, 이는 아동이 출생 시부터 직접적으로 경험하게 되는 강력한 환경 특성이 된다.

이러한 미시적 환경에는 부모뿐만 아니라, 또래집단과 맺는 관계도 있다. 특히, 청소년기에는 또래집단의 영향력이 더욱 커진다. 아동이 속해 있는 미시적 환경이 안정적이고 그런 환경과의 긍정적 교류가 이루어진다면, 정신건강도 긍정적 영향을 받아 정상발달에서 크게 일탈되지 않는다.

둘째, 거시적 환경이다.

거시적 환경은 개인이 소속된 커다란 공동체 사회(예, 지역사회, 국가 등)의 정치적·역사적·경제적·문화적 특성과 시스템 등을 의미한다. 사회적 동물인 인간은 모든 면에서 자신이 속한 준거집단과 더 큰 사회의 영향을 받게 된다. 성인의 경우, 미시적 환경으로서의 직장 내 교우관계와 직장문화의 직접적 영향 아래 놓이며, 더 나아가 우리 사회가 처한 현실, 경제상황, 정치적·사회적 풍토 등과 직·간접적으로 부딪치며 영향을 받는다. 한국사회에서 지속되고 있는 경제불황과 이에 따른 가계빈곤, 취업시장 진입의 어려움과 높은 실업률, 급증하는 교육 및 빈부 격차 등은 국민 개개인의 안정된 삶의 일차적 토대를 무너뜨리며, 개인의 정신건강의 발달노선을 좌우한다. 이러한 현실은 한국사회가 경제협력개발기구(OECD) 국가 중 노인빈곤율 1위, 자살률 1위를 차지하고 있을 뿐 아니라, 알코올남용, 인터넷 및 도박 중독, 학교폭력 등 현재 한국사회에서 이슈가 되는 다양한 정신건강의 문제들이 급속도로 확장되고 있는 상황과 관계가 깊다.

일반적으로 '건강하다', '건강하지 않다'라고 말할 수 있는 것은, 건강 여부를 가늠하고 진단할 수 있는 보편적 기준이 있기 때문이다. 정신건강에 영향을 미치는 요인들은 독립적으로 작용하지 않는다. 예를 들어, 타고난 공격적 소질이 있다 하더라도, 발달과정에서 정서적으로 안정되고 애정적인 가족관계와 미시적 환경을 경험하고, 건강한 사회적 지지체계 안에서 생활할 수 있다면, 공격적 소질이 사회적 대인관계에서 극단적으로 발휘되는 경우는 많지 않다. 따라서, 정신장애의 발현과 정신건강의 문제에서 선천적 본성의 중요성 못지않게 사회환경의 중재효과는 크다.

셋째, 심리적 요인이다.

인간의 심리는 매우 복잡다단하고 역동적이다. 개인의 정신건강이 얼마나 안정적인가의 문제는 개인의 심리상태와 가장 깊게 관련이 있다. 모든 사람은 평안함을 추구하고 안정된 마음상태를 원하지만, 다양한 체계와의 상호작용 속에서 끊임없는 갈등을 겪으며, 자기에 대한 이해를 새롭게 정립해 간다. 즉, 다른 사람들이 자기를 어떻게 바라보고, 어떤 반응을 보이는가에 따라 자아개념을 형성해 간다.

PART Ⅲ

심리학의 영역

Chapter 6

사회심리학

학습목표

1. 사회심리학의 이론과 실제
2. 개념 정리
3. 사례연구

학습내용

1. 사회심리학의 개념
2. 사회심리학의 관심 주제들
3. 태도와 태도변화
4. 사회적 지각

개요

사회심리학이란 사고, 느낌, 지각, 동기, 행동이 사람들 간의 교류와 상호작용에 의해 영향을 받는 방식에 관한 학문이다. 즉, 어떻게 다른 사람들을 알게 되고, 또 어떻게 다른 사람에게 반응하고, 또 다른 사람들은 어떻게 우리에게 반응하는가, 그리고 어떻게 우리는 우리를 둘러싸고 있는 사회적 상황 속에 존재하는 것들에 의하여 영향을 받는가 등의 문제를 체계적으로 연구하고 과학적으로 해명하려고 한다. 여기에서는 사회심리학을 학습하고자 한다.

Chapter 6

사회심리학

1 사회심리학의 개념

사회심리학(social psychology)은 개인의 사고, 행동 등이 타자의 존재에 의해 영향을 받는 과정 및 상호작용을 연구하는 학문이다. 사회심리학은 한 개인이 타자와 어떻게 관계를 맺는가를 과학적으로 연구하며, '개인과 개인', '개인과 사회' 간 서로 영향을 주고받는 상호작용을 구체적으로 고찰한다. 따라서, 분석의 단위를 주로 개인의 행위와 사고에 두고 있을 뿐만 아니라, 개인에게 영향을 미치는 다양한 사회적·문화적 요건들도 주요 연구대상이 될 수 있다(민웅기, 2021: 11).

사회심리학의 연구내용은 사회학과 심리학의 학문적 성향이 함께 포함되어 있다. 타인과 관계를 맺고 살아가는 사회구성원, 사회적 사실 등을 폭넓게 고찰하는 사회학과 인간 개인의 특성을 설명하는 심리학의 연계적 고찰을 통해 사회심리학자들은 복잡한 현상을 과학적으로 설명하기 위해 노력한다. 우리가 타인을 지각하는 방식, 판단, 태도 등은 미시적 수준의 개인적 사고이다. 그리고 한 사회를 구성하는 문화, 조직 등에 의해 독특하게 나타나는 집단 사고 등은 거시적인 사회질서이다. 사회심리학의 연구범위는 이 두 가지 미시적·거시적 범주의 연구내용을 모두 포함하고 있다. 인간 개인의 사고와 사회적 영향력은 밀접한 관련성을 지니고 있다. 사람들이 살아가는 과정에서 타자와의 관계 맺음 속에서 나타나는 고정관념,

편견, 친밀감, 공격성, 이타성 등의 인간의식과 그에 따르는 행동은 한 사회의 문화 속에서 다양하게 표현된다. 사회심리학은 인간 개인이 어떻게 사고하여 자신의 사회적 실체를 구성하는지, 그리고 사회적 영향력이 인간의 생각과 행동에 어떤 영향을 미치는지에 대한 관계성에 대해서 구체적으로 논의하는 학문분야이다.

사회심리학자들이 취급하는 주제들이 매우 다양하기 때문에 사회심리학을 정의하기가 곤란하다. 사회심리학자들은 사회적 지각, 자기지각과 자존감, 대인관계, 성행동, 동조와 복종, 태도와 편견, 리더십, 의사소통, 모험하기, 사회적 동기와 정서, 그리고 여러 응용분야들의 주제들을 연구한다. 따라서, 사회심리학적 연구의 영역 내로 들어가는 것들이 너무 다양하고 많으므로, 이것들을 통합해서 정의하기가 매우 곤란하다. 하지만, 사회심리학이 취급하는 주제들의 다양성에도 불구하고, 대부분의 사회심리학자들은 그들의 관심을 하나의 핵심과제, 즉 사회적 상황들 속에서의 사람들의 행동과 사고를 이해하는 것에 집중시키고 있다. 더 일상적 용어로서 표현한다면, 사회심리학자들은 사람들이 행동하고, 사고하고, 느끼는 방식과 이유를 이해하는 것에 대해 주로 관계하고 있다(홍대식, 2019: 3). 사회심리학에서 개인에게 영향을 미치는 사회구조는 중요한 연구주제이다. 계층, 성, 지역, 가족, 사회화 기관 등 다양한 사회문화적 특징들이 인간의 사고와 행동에 영향력을 행사한다. 이 때문에 사회심리학은 타인의 인상, 의상, 표정 등의 상황요인은 물론, 기온, 계절, 습도, 활동이 이루어지는 시간대 등 환경적 요인 역시 주요 연구주제가 된다(민웅기, 2021: 12).

심리학의 한 분야인 사회심리학은 사회적 장면 속에서 개인의 행동을 비롯한 사고, 느낌, 지각, 동기 등의 심리과정을 연구하는 분야이다. 여기서 '사회적 장면'이란 친구나 지인을 만나고, 가족이나 좋아하는 연예인 사진을 방안에 걸어두거나 TV 프로그램을 시청하는 경우 등과 같이 '타인'이나 '타인의 존재를 떠오르게 만드는' 상황을 말하고, '개인을 연구한다' 함은 연구의 대상 또는 분석의 단위가 개인이라는 뜻이다. 즉, 사회심리학이란 사고, 느낌, 지각, 동기, 행동이 사람들 간의 교류와 상호작용에 의해 영향을 받는 방식에 관한 학문이다(이주희, 2013: 261).

사회심리학은 인간의 사회적 행동을 대상으로 연구하는 과학이다. 그것은 어떻게 다른 사람들을 알게 되고, 또 어떻게 다른 사람에게 반응하고, 또 다른 사람들은 어떻게 우리에게 반응하는가, 그리고 어떻게 우리는 우리를 둘러싸고 있는 사회적 상황 속에 존재하는 것들에 의하여 영향을 받는가 등의 문제를 체계적으로 연구하고 과학적으로 해명하려고 한다. 사회심리학은 이러한 사회적 존재로서의 인간이 사회적 맥락 속에서 타인들과 어떻게 상호작용하며, 집단, 조직 또는 제도로부터 어떻게 영향을 받고 있고, 또 개인과 사회와의 관계는 어떠한가 등을 체계적으로 이해하고 설명하려고 하는 학문이다(정철수, 1985: 9).

오귀스트 콩트

에밀 뒤르켐

사회심리학의 모태라고 볼 수 있는 분야는 사회학과 심리학이다. 이 두 가지 상이한 학문의 줄다리기 속에서 사회심리학은 각 학문의 특성을 아우르면서 나름의 독특한 영역을 구축하게 되었다. 우선, 사회학적 영향은 콩트(Auguste Comte, 1798－1857)와 뒤르켐(뒤르켕, Emile Durkheim, 1858－1917)으로부터 발견된다. 이들은 사회현상이 개인의 의식과는 구분되어 독립적으로 존재한다고 보았다. 집단적인 실체는 구성원 개개인의 의식으로부터 기원한 것일 수도 있지만, 개개인의 의식을 규제하는 독립된 실체로서 개인적 접근으로 파악될 수 없는 특성을 지니고 있다는 것이다. 사회학은 이러한 관점에서 인간 개개인보다는 사회단위, 조직, 계층, 집단, 국가 등과 같은 단위를 연구 대상으로 삼는다. 관찰되는 규범, 양상, 집합적 행위(자살률, 출산율, 분규발생률 등)와 같은 사회적 행위는 역사, 정치, 경제, 문화적 요인들로 설명된다. 예를 들어, 사회의 변혁과 운동을 연구하는 사회학자들은 시위 건수의 증감, 시위의 과격성, 참가인원 수 등에 대한 특정집단의 통계치들을 구하여 정치의 민주화 정도, 분배구조의 왜곡 정도, 권력의 특정 계급에 의한 점유도 등으로써 설명한다(한규석, 2020: 18).

사회심리학의 접근과 인접 학문의 접근 차이는 [그림 6－1]과 같다.

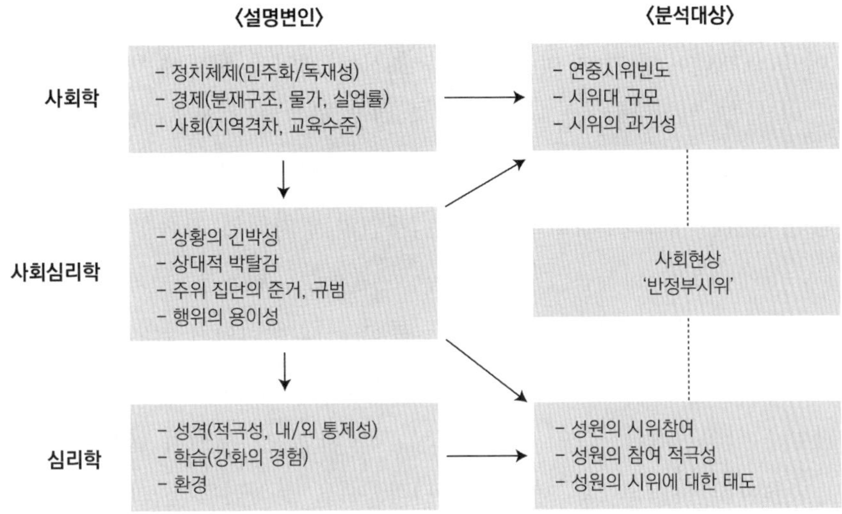

[그림 6-1] 사회심리학의 접근과 인접 학문의 접근 차이

자료: 김보기 외(2017c: 212) 재인용.

심리학은 사회학과 달리, 분석의 궁극적 단위를 통상 사회구성원 각자에게 둔다. 개인의 행위, 사고에 대하여 개인의 성장과정, 태도, 사회성, 성격, 동기, 인식, 신념 등 개인 내적 과정에 의하여 설명을 하는 접근방법을 취한다. 예를 들어, 촛불시위에 대한 심리학적 접근은 개인이 시위에 참여하는 정도에 대하여 각 개인이 지닌 동기, 사회불평등의 인식, 성격, 시위행동에 대한 학습의 경험 등에 의하여 설명하려는 것이다. 인간행동을 연구함에 있어 심리학자들은 집단, 조직, 제도 등 사회체계에 의한 분석을 중요시하는가 하면, 문화인류학자들은 문화체계에 의한 분석에 관심을 기울인다. 한편, 사회심리학자들은 개인의 행동과 특성을 기본 대상으로 삼지만, 이 세 가지 분석의 체계, 즉 퍼스낼리티 체계, 사회체계, 그리고 문화체계 등을 고려한 종합적인 관점에서 인간행동을 이해하려는 입장을 취한다(정철수, 1985: 10). 그러나 사회심리학이 사회 안의 개체의 행동을 연구하는 학문이라고 하지만, 사회학, 문화인류학, 개인심리학 등과 어느 점에서 다른가라는 질문에 대해서 쉽게 대답하기는 어렵다(송대현, 1981: 4).

사회심리학은 심리학적 접근과 사회학적 접근을 모두 포용하고 있다. 즉, 인간의 행위에 대한 영향요인으로써 개인의 심리적 과정－학습, 동기, 성격 등－을 인정하고, 아울러 개인이 처한 사회적 환경과 조건이 개인의 행동에 미치는 영향을 인정한다. 이들 두 가지 영향력과 그 과정에 대한 탐구가 사회심리학의 연구과제다. 여기서 사회적 환경의 특성을 더욱 명확히 할 필요가 있겠다. 개인을 둘러싸고 있는 사회적 환경은 실로 다양하다. 좁게는 개인의 일차적인 가족상황, 어울리는 사람들의 특성에서부터 넓게는 개인이 속한 사회계층, 계급 및 문화가 모두 개인의 행위에 영향을 미치는 힘을 지니고 있다. 특히, 사회심리학자들의 관심을 끌고 있는 것은 개인을 둘러싼 즉각적인(immediate) 상황조건이 미치는 영향력에 있다. 이 같은 관심은 사회심리학자들이 사회구조나 제도와 같은 체제의 골간을 이루는 요인들이 중요하지 않다고 생각해서가 아니라, 주요 분석단위인 개인의 행위와 그 같은 거시적인 요인 간에는 너무나 많은 과정이 개재하여 직접적인 영향과정을 규명하기가 불가능하다고 보기 때문이다. 또한 일반 심리학자들처럼 실험실에서 조작할 수 있고 그 조작효과를 관찰할 수 있는 실험적 연구방법을 사회심리학자들도 선호하다 보니, 실험적 조작이 불가능한 거시적 요인보다는 실험적 접근이 가능한 즉각적 상황요인에 관심을 지니게 되었다. 그래서 시위참여 행동에 대한 설명변수로서 즉각적인 상황자극이라고 볼 수 있는 상황인식, 참여행동의 기대효과, 타인 및 준거집단의 행동, 상황규범, 개인의 역할 등에 관심을 기울인다.

사실 사회현상에 대한 각기 다른 접근법이 때로는 상반된 설명을 제시하기도 하지만, 대부분의 경우에 전체를 이해하는 데 상보적인 관계에 있다. 오늘날 학문 간의 경쟁보다는 총체적 이해를 위해 학제 간 연구와 융합연구의 필요성이 증대되는 데서 이러한 인식이 확산되는 것을 볼 수 있다(한규석, 2020: 21).

2 사회심리학의 관심 주제들

사회심리학자들은 사회생활에서 나타나는 개인들의 행동과 생각, 정서의 양상을 정리하고 이들을 이해하는 데 필요한 다양한 요인과 조건을 밝히는 작업을 한다.

수많은 요인을 몇 가지 영역으로 구분할 수 있다.

1) 사회적 상황

사회적 상황이란 개인이 처한 상황에서 작용하는 개인 및 대인적 요인들이다. 대표적인 것은 타인의 존재, 그의 행위 및 타인과의 교류양상이다. 타인의 옷, 자세, 인상, 행동이 자기와는 관계없이 취해지더라도, 이를 맞이하는 사람들의 행동은 영향을 받는다.

이러한 상황에서 사람들은 무엇에 의해서 영향을 받는지, 그러한 영향이 어떻게 나타나는가에 관심을 가진다. 예를 들어, 사회심리학에서는 일찍부터 첫인상의 중요성을 연구하였다. 이런 연구관심사가 발전하여 사람들이 타인의 외모의 영향을 받지 않을 수 있는지, 좋은(또는 나쁜) 인상에 대한 평가는 어떻게 이루어지고 있는지에 대한 연구가 이루어지고 있다.

사회적 상황에서 작용하는 영향은 그 상황에서 접하는 정보들이 어떠한 인지과정을 통해서 처리되느냐에 따라서 다르게 나타난다. 한가한 버스에서 다 들리도록 휴대폰을 사용하는 사람을 보면서, 상식 없는 짓이라고 여긴다면, 이를 연인 간의 애틋한 대화의 연속이라고 여기는 경우와는 전혀 다른 행동이나 감성을 촉발시킬 것이다(한규석, 2020: 21).

2) 환경적 요인

사람들은 늘 환경의 영향을 받는다. 문제는 어떠한 환경요인이 어떻게 사람들의 사회적 행위에 영향을 주는가 하는 점이다. 환경요인도 물리적 환경요인과 심리적 환경요인으로 구분할 수 있다.

물리적 환경요인으로는 기온, 기후, 주거환경, 시간대 등이 있다. 오랫동안 그들은 사람들이 처한 물리환경적 요인들이 사회적 행위에 영향을 줄 수 있다고 보았다. 즉, 기온이 높아지면 짜증이 잦고, 이러한 짜증은 사소한 좌절을 분노로 연결되어 폭력성이 높아질 수 있다.

문화심리적 환경요인으로는 사람들이 생활하는 지역, 국가의 문화를 들 수 있다.

사람들의 행동이 이러한 문화의 영향을 받는다는 것은 전혀 새로울 것이 없다. 예를 들어, 1970년대만 하더라도 이혼은 드문 사례였다. 그렇지만 오늘날 한국사회는 신혼부부 세 쌍 중 한 쌍이 이혼하는 현실에 있다. 즉, 사회변화는 더 이상 이혼을 크게 문제 삼지 않는 문화로 정착할 수 있다. 이 같이 연령대, 주거지역, 사용언어, 부족, 국가 등으로 구분될 수 있는 특정 집단의 사람들이 공유하고 있는 규범이나 사고방식 등을 이해하는 것은, 사회적 개인의 행동을 이해함에 불가결한 내용이다. 1990년대 이후에 사고방식, 정서, 동기에 있어서 문화권에 따라 큰 차이가 있다는 연구들이 계속되면서 이 분야의 연구가 큰 활기를 띠고 있다(Markus & Kitayama, 1991).

3 태도와 태도변화

1) 태도의 정의

태도(attitude)에 대한 정의는 이론적 전통에 따라 상이하게 규정되고 있다. 학습이론적 전통의 영향을 받은 올포트(Gordon W Allport)는 『사회심리학 핸드북(*Handbook of Social Psychology*)』에 게재 된 그의 논문 「태도(Attitudes, 1935: 810)」에서, "태도란 경험을 통해 조직된 것으로서, 관련되어 있는 모든 대상과 상황에 대한 개인의 반응에 직접적이거나 역동적인 영향을 주는 심적이고 생리적인 준비상태"라고 정의하고 있다. 그는 여기에서 태도란 특정한 방식으로 반응하는 일련의 체계라고 보고, 그것이 개인의 행동에 미치는 영향과 과거의 경험을 통해서 형성된다는 점을 강조하고 있다(정철수, 1985: 45-46). 반면, 인지이론가들은 태도를 개인세계의 어떤 측면에 대한 동기적·정서적·지각적·인지적 과정들의 지속적인 구성체라고 정의하였다. 이론적 경향에 따라 강조하는 측면은 다르지만, 결국 태도란 특정 대상에 대하여 일반적으로 우호적 또는 비우호적으로 반응하는 경향으로, 개인의 지각, 주목, 반응, 행동 등에 영향을 준다고 할 수 있다(이광자 외, 2009: 117).

그러면 태도는 어떻게 형성되는가? 태도는 주로 학습경험과 심리적 요인에 의해 형성된다. 그 내용은 다음과 같다(이주희, 2013: 275-277).

첫째, 태도는 지식이나 습관의 습득과 마찬가지로 학습의 세 과정, 즉 고전적 조건형성, 조작적 조건형성, 사회학습을 통해 학습된다. 화장품 광고에서 미인을 등장시키는 것은 자사제품과 미인을 연상시켜 상품에 대한 태도를 좋게 형성하려는 것인데, 이것은 고전적 조건형성의 원리에 응용한 것이다. 친환경운동에 관한 UCC(User Created Contents), 사용자 제작 콘텐츠(개인적으로 직접 만든 저작물) 공모전에 참여하고, 그에 대해 적절한 보상을 받게 되면 환경에 대해 호의적인 태도를 형성하게 되는데, 이것은 조작적 조건형성의 원리를 응용한 것이다. 그리고 존경하는 사람이나 영향력 있는 사람이 행하는 봉사활동을 보고 봉사에 대한 긍정적 태도를 갖게 되는데, 이것은 모방을 통한 태도 형성이다.

둘째, 사람들은 심리 내적인 인지요소들 및 대인관계에서 일관성을 유지하려는 경향이 강하다. 이런 일관성을 유지하려는 과정에서도 태도가 형성 또는 변화된다. 이런 행동과 태도의 일치성에 관한 연구를 주도한 이론이 인지부조화 이론이다. 인지부조화의 가장 유명하고 고전적인 실험(Festinger & Carlsmith, 1959)에서는 피험자들에게 매우 지루한 과제를 30분 동안 시킨 다음, 실험 보조자를 대신하여 밖에서 기다리는 다음 실험 참가자에게 과제가 즐거웠다는 이야기를 해 달라고 요청하였다. 그 일에 대한 대가로 한 집단에게는 1달러를, 다른 한 집단에게는 20달러를 주겠다고 하였다. 실제로 요청을 받은 모든 피험자가 기꺼이 실험자의 요청을 수락하고, 자신의 실제 태도와는 반대되는 이야기를 하였다. 나중에 실험과 무관한 상황에서 실험과제에 대한 흥미도를 측정하였을 때, 1달러를 받은 집단의 사람이 과제를 더 즐거웠던 것으로 평가하였다. 즉, 태도와 행동 간에 불일치가 존재할 경우, 인지부조화가 발생하며, 이것은 부조화를 감소시키려는 동기에 의해 조화 또는 균형을 회복하는 방향으로 태도 또는 행동의 변화를 가져온다.

셋째, 인간은 매우 적극적이며, 계산적이고, 합리적인 존재로 자신의 과거 경험보다는 현재 자신의 손익을 계산하여 자신에게 가장 도움이 되는 방향으로 태도를 형성하게 된다는 것이다. 예를 들어, 어떤 정책이나 법, 행동을 결정할 때, 그 결과가 자신들에게 미칠 긍정적 측면과 부정적 측면을 저울질하여 태도를 형성한다는 것이다. 기대-가치이론이 대표적인 것으로, 어떤 결정의 결과(가치)와 그 각각의 결과들이 발생할 확률(기대)의 득실을 따져 자신의 태도를 결정한다는 것이다.

그렇다면 어떤 사람의 태도를 알면 그 사람의 행동을 예측할 수 있는가? 여러 연구에 의해 태도가 행동을 결정짓는 중요한 요소가 된다는 결론이 지지되고 있다. 태도가 행동에 영향을 미치는 태도-행위 부합성을 설명하려고 제시된 이론 중 가장 잘 알려진 이성적 행위모형이다. 이 이론에 따르면, 사람들은 의식적인 행동의도에 따라 행동을 하며, 이 행동의도는 행동에 대한 자신의 태도와 주위의 중요한 사람들이 그 행동에 대해 어떻게 생각할 것인지(주관적 사회규범)를 검토하여 결정된다고 본다. 예를 들어, 과체중인 여성이 체중을 감소시킬 것인지 말 것인지에 대한 태도는 체중감소 의도(체중을 감소시킬 것인가?), 체중감소에 대한 태도(체중감소가 A의 건강에 도움이 된다고 보는가?), 주관적인 사회규범(남편이나 다른 주위 사람들이 체중감소에 대해 어떻게 생각할 것인가? 그런 주위 사람들의 생각과 기대에 부응하려는 동기의 크기) 등을 종합적으로 고려하여 결정된다는 것이다. 이외에는 소비자 선택, 수유행동 및 여성의 직업선택 등에서 잘 적용되는 것으로 나타났다.

다른 한편으로는, 여러 가지 요인에 의해 태도와 행동 간에 괴리가 발생할 수 있다는 것도 밝혀지고 있다. 태도가 관련행동을 예측하기 위해서는 태도의 강도가 강해야 하고, 이런 태도의 강도에 영향을 주는 요인들로는 지식, 직접경험 등이 있다. 태도 대상에 대한 지식이 많고, 직접경험을 한 경우, 그리고 자신의 손익이 관여된 경우에는 강한 태도를 지니게 된다.

2) 태도의 구성요소

태도는 사람들이 어떤 대상에 대해 지니는 마음의 자세나 특정한 일이나 주변 상황 등에 대응하는 개인의 입장을 의미한다. 태도는 어떤 대상과 상황에 대한 사람의 반응으로 직접적이고 역동적인 영향력을 주는 심적이고 생리적인 준비 상태이다. 태도는 주로 다양한 직간접적인 경험을 통해 형성되는 경우가 많으며, 크게 인지적 요소, 정서적 요소, 행동적 요소로 구성된다. 그 내용은 다음과 같다(민웅기,

2021: 107－108).

첫째, '인지적 요소'는 태도의 대상에 대해 어떤 사람이 갖고 있는 모든 상념과 지식 전체를 말한다. 따라서, 태도를 구성하는 인지적 요소는 그 범위가 넓다.

둘째, '정서적 요소'는 평가적 요소라고도 명명되며, 태도의 대상에 대해 전반적으로 지니고 있는 좋고 나쁨의 감정을 의미한다. 앞서 살펴본 인지적 요소가 특정 태도를 지니게 되는 대상에 대한 모든 심적 상황이 포함되어 있는 것에 비하여, 정서적 요소는 그 범위가 좁고, 단순한 특성을 지닌다. 사람들은 어떤 대상에 대한 태도를 형성하는 과정에서 시간이 지나면 인지적 요소는 대부분 잊어버리지만, 정서적 요소는 기억에서 지속적으로 유지되는 경우가 많다.

셋째, 태도는 인지적 요소와 정서적 요소를 통해 '행동적 요소'로 연결되어 구체적으로 표출되기도 한다. 행동적 요소는 태도의 대상에 대한 호의적이거나 호의적이지 않는 행동의도나 의향, 구체적으로 이루어지는 행동까지를 모두 포함한다. 물론 특정 태도가 행동의도를 무조건 결정하는 것은 아니지만, 행동의 형성과정에 태도가 주로 영향을 미치는 경우가 많다. 예를 들어, 한 기업에서 직장상사가 신입사원을 나무라는 말 중 "너는 태도가 틀렸어."라고 말하였다면, 신입사원의 태도는 직장상사가 목격한 신입사원의 행동에서 추론된 것이므로 결국 그런 이야기를 하게 된 것이다. 그리고 마음에 들지 않는 태도를 고치면 자신이 원하는 행동의 변화로 이어질 것이라는 확신을 가지고 말하는 것이다.

3) 태도변화 방법

태도는 태도 대상에 관한 사실이나 지식에 해당되는 신념(belief), 태도 대상에 대한 좋은－나쁜 감정을 나타내는 평가(evaluation), 태도 대상에 대해 향하는 반응이라는 측면에서의 행동(behavior)의 세 가지 요소로 구성되어 있다. 따라서, 태도를 변화시키기 위해서는 이 세 요소 중 어느 한 가지 또는 여러 가지를 변화시키면 된다.

설득(persuasion)은 태도변화를 유도하는 가장 직접적인 방법으로서, 태도 대상에 대한 인지나 감정을 직접적으로 변화시키는 방법이다. 신념, 즉 인지를 변화시키기 위해서는 논리적인 주장을 펴거나, 새로운 정보나 사실을 제공하는 등의 방법을 사용한다. 이런 설득에 영향을 미치는 중요한 요소들에는 설득자, 전달내용, 수신자 요소들이 있다. 그 내용은 다음과 같다(이주희, 2013: 277－278).

첫째, 전달자 요소이다. 설득자가 매력적이거나, 호감을 주거나, 인정받는 전문가이거나 신뢰가 있는 사람일 때가 그렇지 못한 설득자보다 더 설득효과가 크다. 이는 '전문가 휴리스틱(heuristics)'이라고 부르는데, 말을 잘하거나, 실력이 있어 보이는 사람, 자신감 있는 어투, 전문가로서의 차림새나 외모를 지니고 있는 사람이 달변을 구사할 때 설득력이 더 있는 이유가 여기에 해당된다.

둘째, 전달내용 요소이다. 전달내용이 수신자의 태도와 지나치게 격차가 작을 때 잘 수용되지만, 전달내용의 수신자의 태도와 반대되는 경우일 때에는 일방적인 내용 전달보다는 쌍방향적인 내용(담배가 해로운 이유와 유익한 점)을 모두 제시하는 것이 더 효과적이다.

셋째, 수신자 요소이다. 같은 내용이라도 듣는 사람의 특성에 따라 설득효과가 달라진다. 특히, 전달내용에 대한 수신자의 자존감과 설득효과 간에는 역 U자형의 관계가 있다. 즉, 설득내용과 관련하여 자존감이 낮은 사람은 불안이나 주의결핍으로 메시지 수용이 잘 안 되어 설득효과가 덜 나타나고, 자존심이 높은 사람은 외부 설득에 대해 반발이 커서 설득효과가 덜 나타나지만, 중간 정도인 사람들에게 설득효과가 가장 크게 나타난다는 것이다.

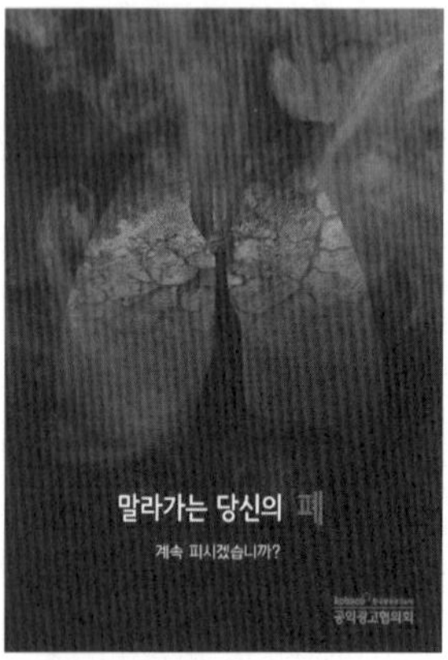

금연포스터
자료: 한국방송광고공사(www.kobaco.co.kr)(kobaco, 2020).

신념이나 논리가 태도에 영향을 미치는 것처럼 정서, 유발감정 같은 것도 우리의 태도에 영향을 미친다. 예를 들어, 신문이나 TV 광고에서 모든 사람이 가 보고 싶어 하는 장면에 좋은 음악을 배경으로 한 상품광고를 많이 보는데, 이것이 좋은 정서를 이용한 설득방법의 한 예이다. 청소년 및 일반인들을 대상으로 하는 금연교육에서 금연 결심에 도움을 주기 위해 심장이 변질되는 상태를 보여 주기도 하는 데, 이것 역시 혐오스러운 정서를 이용한 설득방법의 예이다.

4 사회적 지각

효과적인 사회생활을 하기 위한 출발점은 상호작용을 하게 될 상대방이 어떤 성향의 사람인지, 그리고 그 사람의 생각과 행동의 배경이 무엇인지를 정확하게 파악하는 일이다. 상대방에 관하여 이러한 문제에 대해 정확하고 타당한 정보를 갖게 될 때, 대인관계 상호작용은 보다 더 성공적으로 이루어질 수 있다. 이와 같이 상대가 어떤 부류의 사람인가를 판단하고자 가능한 모든 정보를 활용하려 들 때, 이를 대인지각(person perception)의 과정이라고 한다(김남일 외, 2015: 228). 대인지각의 과정을 크게 두 가지로 나누어 접근해 보면, 타인의 성향에 대한 판단을 인상형성(impression formation), 그리고 타인의 생각과 행동의 동기나 배경에 대한 추리를 귀인(attribution)이라고 한다.

1) 인상형성

일상생활 속에서 어떤 사람을 만나게 되면, 첫눈에 그 사람의 몇 가지 모습이나 언어 또는 행동 등의 단서에 기초하여 거의 즉각적으로 그 사람의 성향에 대하여 인상을 형성하게 된다. 인상형성에 사용되는 단서는 여러 가지가 있는데, 직접대면을 통해 얻을 수 있는 얼굴생김새와 얼굴표정, 신체 크기, 체형, 자세, 옷차림, 몸짓, 걸음걸이, 행동거지, 말소리의 크기와 높낮이, 말의 빠르기 등이 있다. 이러한 단서들은 사람에 대한 전반적인 성향을 파악하는 데 사용되기도 하지만, 일시적인 기분이나 동기, 의도 등을 추리하는 데도 사용된다. 이 단서들은 대상인물이 자신의 인상을 좋게 보이거나, 자신의 감정이나 의도를 드러내 보이지 않기 위하여 조작할 수 있으며, 실제로 조작이 되는 경우도 많기 때문에 잘못된 단서가 될 수 있다. 이렇게 꾸며진 단서로 사람의 성향을 추리하는 경우 오류를 범할 가능성이 높아진다.

올포트(Gordon W. Allport)의 저서 『성격의 패턴과 성장(*Pattern and Growth in Personality*, 1961)』에 따르면, 단서에 기초하여 일시적인 기분이나 동기, 의도 등을

『성격의 패턴과 성장』
(1961년 출판)

추리하는 경우에는 그 판단의 정확도가 더 높아질 수 있다. 특히, 조작하기가 상대적으로 어려운 반언어적 단서(예, 말소리의 크기, 높낮이, 말의 빠르기, 사투리, 독특한 용어의 사용 등)나 몸짓, 신체의 긴장 정도 등을 사용하는 경우 판단이 더 정확할 수 있다. 또한 사람에 따라서, 판단의 정확도가 다를 수 있는데, 경험의 폭, 지능, 자아 통찰력, 대인관계, 감각, 사고의 다양성 등이 높은 사람일수록 판단의 정확도가 더 높다.

인상형성의 간접적인 단서로서 제삼자가 말하는 대상인물의 특성, 대상인물에 대한 제삼자의 의견이나 평가가 있다. 이러한 간접적 단서에 의해 인상이 형성되는 경우는 보다 더 복잡한 과정이 포함되는데, 제삼자에게 대상인물에 관한 이야기를 듣는 경우에는 그 이야기를 곧이곧대로 받아들이기보다는 제삼자와 대상인물과의 관계, 자신과 대상인물과의 관계, 자신과 제삼자와의 관계 등의 사항을 고려하여 인상을 형성하게 되기 때문이다.

(1) 인상형성의 특징

사람은 집단 속에서 태어나 집단 속에서 성장하고 생활하다가 집단의 애도를 받으며 생을 마감한다. 어려서부터 수없이 많은 사람을 봐 왔고, 그들의 성향과 동기에 대해 판단하고 추리를 해 왔다. 그래서 자신이 다른 사람들에 대한 추론, 즉 그들의 감정, 신념과 욕구, 능력과 열망, 의도, 요구, 성격 등을 추리하는 데 전문가라고 생각한다. 그러다 보니 사람들은 일상생활 속에서 어떤 사람을 만나거나 보게 되면 첫눈에 본 그 사람의 모습이나 언어, 또는 행동을 보고 거의 즉각적으로 그 사람의 성향에 대하여 전반적인 인상을 형성하게 된다. 처음 본 사람에게서 얻을 수 있는 정보란 너무나 제한되고 단편적인 것임에도 불구하고, 그 사람의 성향에 대해 거의 모든 것을 다 파악하였다는 식으로 생각한다. 그래서 많은 사람이 "한번 보면 첫눈에 어떤 사람인지 바로 알 수 있지."라고 말한다. 그러나 과연 그 판단이 맞는지는 의심스럽다.

사람들은 이렇게 한번 인상을 형성하고 나면, 자신이 갖게 된 그 인상을 일관되게 유지하려는 경향을 강하게 갖고 있다. 마치 물질세계에서 정지한 물체는 계속 정지해 있으려고 하고, 움직이는 물체는 계속 움직이려고 하는 관성의 법칙과 비슷하게, 한번 판단되어 머릿속에 저장된 내용 역시 계속 같은 모습으로 남아 있으려고 하는 것처럼 보인다. 대개 자신이 갖고 있는 인상과 모순되거나 불일치하는 정보가 들어오는 경우, 그 정보가 정확하고 타당한 것이라는 증거가 있는 경우라 할지라도, 그런 정보를 무시하거나 반대 방향으로 해석하여 자신의 첫인상을 유지하려고 한다. 자신이 좋게 본 사람에 관하여 누가 근거 있는 단점을 말하면 인간적인 매력으로 해석하고, 자신이 나쁘게 본 사람에 대해 누가 근거 있는 장점을 말하면 그 사람에게 어울리지 않는 흑으로 해석한다.

(2) 인상형성에서의 왜곡과 편향

인간은 이성적인 존재이기 때문에 합리적으로 생각하고 판단할 수 있다. 그래서 첫인상을 형성할 때도 가용한 정보를 잘 따져서 판단하려고 노력한다. 어떤 사람의 좋은 점 또는 나쁜 점을 나타내는 여러 가지 특성 정보가 동시에 주어졌을 때 사람들은 이 특성의 평가치를 평균하여 통합된 인상을 형성한다. 이것을 '평균원리(averaging principle)'라고 한다. 예를 들어, 자신의 소속 부서에 새로 입사한 사원이 성실하지만 약간 내성적이라는 말을 들은 부서장은 그 신입사원에 대해 성실하다(+3)는 특성과 내성적(−2)이라는 특성의 평균값인 +0.5 정도의 인상을 갖게 된다는 것이다. 그러나 인간은 항상 이렇게 이성적이고 합리적으로만 판단하는 것은 아니다. 모든 조건을 속속들이 따져서 철저하게 이성적으로 판단할 수가 없는 것이다. 인상형성 시에 사람들은 나름대로 합리적이고 이성적으로 판단하려고 노력하지만, 자신도 모르게 여러 가지 부정확한 판단을 내리기 쉬운데, 이것을 인상형성에서의 왜곡 또는 편향이라고 한다.

그러한 편향 중의 하나가 초두효과(primacy effect)이다. 이것은 대상인물에 대하여 상반되는 정보가 순차적으로 제시되는 경우 앞에 제시되는 정보가 뒤에 제시되는 정보보다 인상형성에 더 큰 영향을 미치는 현상을 말한다. 이것은 앞서 말한 인상형성의 특징 중에서 두 번째 특징으로 제시된 인상형성의 일관성 유지 경향과 유사한 현상이다. 사람은 자신이 한번 형성하여 가진 인상은 계속 유지하려는 경향이 있는 것처럼, 먼저 제시된 정보가 기준이 되어서 나중에 제시되는 정보에 대해서는 그 의미를 먼저 제시된 정보와 일치하는 방향으로 해석하기 때문에 이런 현상이 일어난다. 즉, 처음에 제시된 정보가 틀(맥락)을 형성하고 이 맥락 속에서 나중에 제시된 정보를 해석하기 때문에 나중 정보가 지니는 의미가 달라지는 것이다. 예를 들어, 어떤 사람이 '똑똑하다'고 들었는데, 그가 이미 성실하고 정직하다는 것을 알았을 때와 그가 성실하지 못하다는 것을 알았을 때는 '똑똑하다'는 정보가 달리 해석되어, 앞의 경우는 유능하고 믿음직하다는 인상이 형성되고, 뒤의 경우는 요령꾼, 사기꾼이란 인상이 형성되기 쉽다. 한편, 일단 정보가 접수되면, 그 후에 접수되는 정보들에는 주의가 소홀해지는 것도 작용할 수 있다. 주의감소 가설에 따르면, 사람들이 제시된 모든 정보에 주의를 기울일 수 있게 되면 초두효과는 안 나타날 것이다. 한 연구에서 피험자들에게 인물에 대한 특징을 기술하는 형용사들을 제시하면서 이들을 회상할 필요가 있다고 했을 경우에는 초두효과가 나타나지 않았다(Anderson & Hubert, 1963).

한 사람에 관한 특성으로 좋은 점과 나쁜 점이 동시에 주어졌을 때, 통상 나쁜 점이 인상형성에 미치는 영향이 더 크다. 비슷한 정도의 절대평가 값을 갖는 특성으로서 좋은 것 하나와 나쁜 것 하나가 동시에 제시된 경우, 좋지도 나쁘지도 않은 중간 정도의 인상이 형성되는 것이 아니라, 좋지 않은 쪽으로 인상이 기울어진다. 이것을 '부정적 정보의 중시 현상'이라고 부른다. 사람은 이득을 얻는 것보다는 손해를 보는 것에 대해 더 민감하기 때문에 다른 사람에 대한 평가를 들을 때 좋은 점보다는 나쁜 점에 더 주의를 많이 기울이게 되므로 부정적 정보가 인상형성에 더 큰 영향을 미치게 된다.

인상형성 시에 사람들이 보이는 또 다른 편향 중 하나가 암묵적 성격이론(implicit personality theory)에 입각해서 판단하는 경향이다. 각 사회나 개인에 따라서, 특성을 갖고 있는 사람은 다른 어떤 특성도 함께 갖고 있다는 식의 판단이다. 예를 들어, 많은 사람은 지능이 우수한 사람이 냉정하고, 이기적이고, 내성적이라는 식의 이론을 갖고 있다. 그래서 어떤 사람이 일류대학교 출신이라는 말을 들으면 자신이 갖고 있는 이 암묵적 성격이론이 매개가 되어, 곧 그 사람은 냉정한 성격의 사람일 것이라고 추리하게 된다. 암묵적 성격이론에 들어 있는 특성은 통상 논리적으로 그럴듯하게 연결되어 보이기 때문에 사람들은 자신이 갖고 있는 암묵적 성격이론의 타당성에 대해 상당한 확신을 갖는 경우가 많다.

타인에 대해 형성하게 되는 인상은 그 지각내용이 맞는 부분도 많이 있지만, 앞서 논의된 각종 편파들에서 볼 수 있듯이, 왜곡되고 편향된 판단도 많이 들어 있다. 따라서, 이런 편향에 대해 주의를 잘 기울인다면, 다른 사람에 대한 판단이 보다 더 정확해진다는 것을 알 수 있다.

2) 귀인

타인의 얼굴표정을 지각하여 그의 정서를 파악하는 것은 대인관계에서 필요한 일이나, 이것은 인간이해의 서곡에 지나지 않는다. 이러한 작업의 근본 목적은 그 사람을 평가하는 것이다(그 사람은 사귈 만한 사람인가 아니면 회피해야 할 인물인가의 평가).

사람을 지각할 때에는 특질(trait)상에서, 즉 신뢰로운가, 외향적인가, 냉정한가 등으로 평가한다. 이러한 특질평가는 그의 여러 가지 행동을 토대로 이루어지며 아울러 그가 왜 그러한 행동을 했는가를 추리하여 평가한다. 이러한 행동의 원인을 추리하는 과정을 귀인(attribution)이라고 부른다. 귀인은 호기심 많은 사람들이 재벌 총수는 어떻게 해서 그렇게 많은 돈을 벌었으며, 내게 유독 쌀쌀맞게 대하는 그녀의 속마음은 무엇인지를 궁금해한다. 이를 알기 위해서는 그들의 말이나 행동 또는 상황을 관찰한 결과를 토대로 추론하게 되는데, 이와 같이 타인이나 자신에 관해 인과적 설명에 이르는 과정이다. 성격 특성이 같은 타인의 내적 성향을 파악해야 효율적으로 상호작용하고 행동을 예측할 수 있다는 점에서 귀인은 타인의 이해에 중요한 역할을 한다(이훈구, 1995: 39).

귀인이 사회심리학에서 중요하게 다루어지는 이유는, 귀인이 추후 행동에 미치는 영향력 때문이다. 사람들이 예기치 못했던 나쁜 일을 접하였을 때 더욱 귀인을 탐색하는 경향이 강한데, 이는 추후에 유사한 일의 발생을 예측하거나 예방하려는 동기 때문이다. 귀인은 1950년대 하이더(Fritz Heider, 1896-1988)로부터 시작되어 지금까지 가장 활발하게 연구되어 온 사회심리학의 주요 영역이 되어 왔다.

(1) 귀인방식

『대인관계심리학』
(2015년 출판)

하이더(Fritz Heider)는 그의 저서 『대인관계심리학(*The psychology of interpersonal relations*, 2015)』에서, 그는 '항상성 원리(principle of invariance)'를 설명하고 있다. 그에 따르면, 사람들이 원인을 규명하는 방식을 보면 마치 과학자가 가설을 검증하는 것처럼 매우 논리적이고 체계적으로 한다. 사람들은 어떤 행동이나 사건의 원인을 추리할 때, 그 행동이나 사건이 일어나기 전에 발생한 사건들을 훑어보고, 문제의 행동이나 사건과 항상 짝지어서 일어나는 선행사건을 발견하게 되면, 이것을 원인으로 지목한다. 따라서, 하이더는 사람들의 이런 귀인방식을 항상성 원리라고 불렀다.

항상성의 원리는 [그림 6-2]와 같다.

[그림 6-2] 항상성의 원리

자료: 김보기 외(2017c: 223).

하이더(Heider, 2015)는 귀인방식을 내부귀인(internal attribution)과 외부귀인(external attribution)으로 구분한다.

내부귀인은 자신이나 타인의 행동을 행동한 사람의 성격, 태도, 동기 또는 능력과 같은 개인 성향에 귀인하는 경우를 말한다. 일반적으로 타인의 행동이 사회적으로 바람직하지 못하거나, 그의 역할과 일치하지 않거나, 자발적으로 선택한 경우 내부귀인이다. 예를 들어, TV 화면에 나오는 배우의 광고가 과연 그 음료수를 일반인에게 권하고 싶어서인지 아니면 단순히 보수를 받았기 때문인지를 추론해야 한다. 만약 행동의 원인이 주로 그 사람의 내적인 특성으로 추론된다면, 이는 내부귀인이다. 따라서, 내부귀인은 특정의 결과를 그 사람의 기질, 속성, 성향 등의 내적 속성 탓으로 돌리는 사고이다. 이를 '속성' 또는 '기질적 귀인'이라고도 한다.

외부귀인은 환경, 운 또는 과제 난이도와 같은 상황요인에 귀인하는 경우를 말한다. 예를 들어, 위에서 언급한 배우의 행동에 대해 주로 외부의 힘이 원인인 것으로 결론짓는다(예, 피치 못할 사정, 어려운 환경, 돈, 위협, 사회규범 등). 이 추론은 외부귀인이 된다. 따라서, 외부귀인이란 원인을 주변 상황 탓으로 돌리는 사고이다.

(2) 공변모형

어떤 원인이 존재할 때만 어떤 효과가 나타나서 원인과 효과가 공변하면 그 효과를 그 원인에 귀인하게 되는데, 이를 '공변원리(covariance principle)'라고 한다. 공변법은 어떤 현상의 변화에 따라 같은 방식으로 변하는 다른 현상 간에는 인과적인 관련이 있다고 추리하는 방법이다(현성용 외, 2020: 373-374).

켈리(H. H. Kelley)는 그의 저서 『사회심리학의 태도이론(*Attribution theory in social psychology*, 1967)』에서, 켈리는 귀인이론을 공변원리와 통합원리(configuration principle)로 설명한다. 공변원리는 어떤 현상을 다수의 관찰을 통해 수집된 정보를 토대로 인과추론하는 것이며, 통합원리는 단 한 번의 관찰에 의해 추론하는 것이다. 통합원리가 단 한 번의 관찰로 추론이 가능한 것은, 과거 경험에 의한 인과 스키마(casual schema)가 장기기억에 저장되어 있기 때문이다. 공변원리를 활용하는 3가지 차원의 정보는 원인의 독특성(distinctive), 시간적 및 상황적 일관성(consistency over time-modality), 원인의 일치성(consensus)이다. 이 3가지 차원의 정보들 간 상관관계 높낮이에 따라 인과추론한다. 또한 켈리는 공변원리를 확장하여 사람들이 인과추론에 있어서 세 유형의 공변관계, 즉 어떤 행동이 상황, 대상 및 행위자에 따라 어떻게 나타나는지에 주목함으로써 합리적이고 객관적으로 판단한다는 공변모형을 제안하였다. 공변모형은 사람들이 자신과 타인이 왜 특정한 방식으로 행동했는지에 대해 인과적인 추론을 하는 과정을 설명하는 모형이다. 다른 사람들도 같은 행동을 하는지, 다른 대상에 대해서도 같은 행동을 하는지, 다른 상황에서도 같은 행동을 하는지의 세 가지 정보를 토대로 해서, 내부귀인(행동의 원인을 행위자의 성향으로 설명하는 것) 또는 외부귀인(행동의 원인을 대상이나 상황 때문으로 설명하는 것)을 하게 된다. 켈리의 공변모형은 사람들이 자신과 타인의 행동의 원인을 설명하는 데 어떤 추론을 하는지를 설명하는 모형이다. 켈리는 사람들이 타인의 행동을 귀인할 때, 자료를 수집한 뒤에 판단한다고 믿었다. 이 모형에서는 사람들이 합리적이고 과학적으로 정보를 수집, 종합하고 분석하여 행동에 대한 결론을 내린다고 가정한다.

공변모형이라고 하는 이유는, 행위자의 행동과 관련한 정보들이 변화함에 따라 행동이 어떻게 변화하는지를 살펴봄으로써 행동의 원인을 추론한다고 보기 때문이다. 구체적으로, 이 모형에서는 행위자(행동의 주체), 자극(행동의 대상이 되는 사람 또는 다른 객체), 상황(시간 또는 장소)이라는 세 가지 항목이 변화할 때 같은 행동이 관찰되는지 여부에 대해 관찰자가 정보를 수집하고, 그 수집된 정보에 따라 행동을 설명한다. 따라서, 이 모형은 여러 번에 걸쳐 행위자의 행동을 관찰할 수 있을 때 특히 유용하다.

공변모형을 적용한 결과, 나타나는 귀인의 형태는 크게 두 가지로 나뉜다. 행위자의 변화에 따라 행동이 변화한다면 행위자의 성격이나 태도 등 내적 특성에 귀인하는 내부귀인이 일어나고, 자극이나 상황의 변화에 따라 행동이 변화한다면, 반대로 외적 요인들에 귀인하는 외부귀인이 일어난다(한국심리학회, 2014). 구체적으로, 사람들은 일관성(행위자의 행동은 다른 때나 다른 맥락에서도 항상 나타나는가?), 독특성(그 행동은 특정 대상에게만 나타나는가?) 및 합의성(다른 사람들도 그 상황에서 그렇게 행동하는가?)의 세 가지 정보를 검토하여 내부 또는 외부귀인에 이르게 된다. 세 가지 모든 물음에 대하여 긍정적 대답이 나오면 외부(대상)귀인하게 되며, 일관성에 관해서만 긍정적 대답을 얻고 나머지 두 물음에 관해서는 부정적 대답을 얻으면 내부(행위자)귀인하게 된다. 그리고 독특성 물음에는 긍정적 대답이고, 나머지 두 물음에는 부정적 대답이 나온다면 외부(상황)귀인하게 된다. 예를 들어, 한류 스타인 영화배우 송중기에게 열광하는 여고생 수정이의 행동을 분석해 보면 다음과 같다.

공변모형에 따른 행동분석의 예는 [그림 6-3]과 같다.

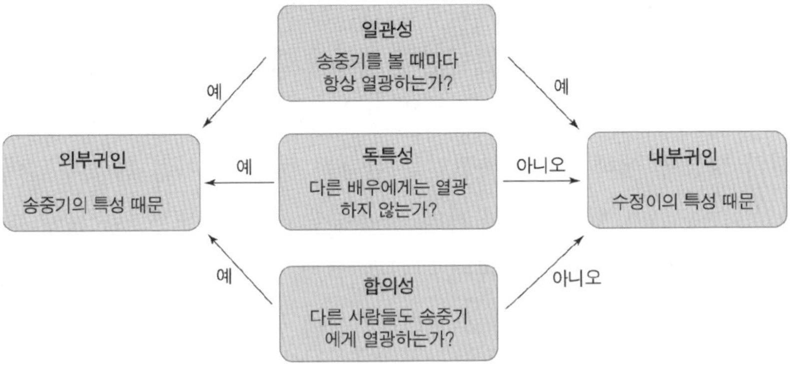

[그림 6-3] 공변모형에 따른 행동분석의 예

자료: 김보기 외(2017c: 225) 재인용.

(3) 귀인편향(편파)

비록 사람들이 과학자가 연구를 하는 것처럼 정보를 수집하고 이를 활용하여 사람들의 행동의 원인을 논리적이고 체계적으로 추리한다고는 하지만, 그 추리와 논리 전개과정이 학자들이 하는 관찰이나 실험과 같이 그렇게 논리적이고 정밀하고 체계적이지 못하기 때문에 판단에 오류가 있는 경우가 많다.

사람들은 어떤 사람의 행동(또는 그 결과)에 대해 일반적으로 외부 요인에 귀인보다는 그 행위자의 내부 요인, 즉 행위자의 기질이나 성격, 동기 등에 귀인하는 경향이 강하다. 예를 들어, 밤늦은 시간에 귀가하던 여성이 치한에게 봉변을 당하였다는 뉴스를 들었을 때, 사람들은 그 여자가 뭔가 그런 봉변을 당할 만한 사람이었기 때문에 그런 일을 당하지 않았겠느냐는 식의 해석을 곧잘 한다. 여자가 불가피한 어떤 일 때문에 밤늦게 귀가할 수밖에 없었으리라는 가능성을 생각하기보다는, 그 여자가 평소에 품행이 좋지 않았기 때문에 밤늦게 거리를 돌아다니다가 결국은 나쁜 일을 당하였다는 식의 해석을 내린다는 것이다. 이와 같이 외부귀인보다는 행위자의 기질이나 성향 쪽으로 귀인이 편향되는 경향을 '기본(근본)귀인오류(fundamental attribution error)'라고 한다. 이러한 오류는 기본적으로 행동이 성격이나 기질, 또는 의도의 외부적 표현이라고 여기기 때문에 생긴다(오경기 외, 2020: 463).

기본귀인오류에서 언급되었듯이, 사람들은 일반적으로 내부귀인, 즉 행위자 귀인을 많이 한다고 했는데, 이것은 타인의 행동에 대한 경우이며, 자신의 행동에 대해서는 외부귀인을 더 많이 하는 경향이 있다. 즉, 타인의 행동에 대해서는 내부귀인, 자신의 행동에 대해서는 외부귀인을 한다는 것이다. 이런 편향이 일어나는 이유는 타인(피관찰자)의 행동이 관찰자의 시야에서 특출한 자극으로 눈에 띄기 때문에 관찰자는 피관찰자인 행위자에게 귀인을 하게 된다. 반면에, 관찰자, 즉 본인은 자신의 행동을 자신의 눈으로 볼 수 없고 자신의 눈에 띄는 것은 외부 요인이므로 그 외부 요인 중에서 가장 그럴듯한 요인에 귀인을 하게 되기 때문이다.

또한 사람은 자신의 자존감을 높이고 유지하려는 동기가 매우 강하며, 이런 자존감의 동기가 귀인과정에서 편파적인 작용을 하게 된다. 사람들이 자신의 행동 또는 그 행동의 결과에 대한 귀인을 할 때, 그 결과가 좋으면 자기자신의 성향에 귀인을 하고, 그 결과가 좋지 않으면 외부 요인에다 귀인을 한다. 이런 현상을 '자아고양편향(self-serving bias)'이라고 한다.

3) 고정관념, 편견, 차별

고정관념, 편견 그리고 차별은 20세기 말에 이르러 엄청난 재난을 초래하고 있다. 사실상, 요즈음은 불관용과 편협 때문에 생기는 여러 가지 새로운 폭력을 보지 않고는 단 한 주를 보내기가 불가능할 정도이다. 진보와 보수의 대결, 약사와 한의사 간의 갈등, 학생들의 격렬한 데모, 이스라엘과 아랍 간의 수십 년간에 걸친 전쟁, 그리고 최근 우크라이나와 러시아의 분쟁 등 이러한 사건들은 편견이 동기가 된 사건들로서 끝없는 혼란의 연속을 나타내는 소수 사례에 불과하다.

그러나 만일 사람들에게 그들이 타인에게 편견을 가지고 있느냐고 물으면, 누구나가 곧 "절대적으로 아니다."라고 대답한다. 많은 사람이 다른 사람을 차별적으로 그리고 편협하게 지각하면서도 정작 그들 자신은 자신의 그러한 경향성을 인식하지 못한다. 그리고 이러한 이유 때문에 증오의 악순환은 지속된다. 위험하고, 악의를 품고 있으며, 그리고 믿을 수 없는 것은 항상 타인들이다. 이와 반대로, 자기가 속한 집단의 구성원들은 이러한 또는 다른 많은 품성에서 크게 훌륭한 사람들이다.

그러나 정확하게 편견과 차별이란 무엇인가? 그리고 어떤 원인 때문에 이것이 존재하는가? 아마 이 문제보다도 더 중요한 것은, 어떻게 편견과 차별을 없애고 감소시킬 수 있는가 하는 것일 것이다. 다양한 인종이 존재하고 서로 다른 인종, 민족, 그리고 국적을 가진 사람들 간의 접촉이 절대적으로 증가하고 있는 현 상황에서 이러한 문제는 지극히 중요하다.

오늘날 고정관념, 편견, 그리고 차별을 극복하는 것이 인간이 당면한 가장 중요한 과제 중 하나라고 말하는 것은 과언이 아니다. 그리고 이러한 부정적인 압력이 지속되고 증가하도록 허용하는 것은, 증오와 폭력의 끊임없는 파도 속에 우리를 묻혀버리게 만들 것이다. 고정관념, 편견 그리고 차별의 근원을 이해하고자 하는 사회심리학자들의 개입은 확실히 시의적절한 것이다.

일상 대화에서, 많은 사람이 고정관념, 편견 그리고 차별을 동의어로 사용하고 있는 실정이다. 그러나 대부분의 사회심리학자는 이 세 가지 용어를 구분하여 사용한다. '고정관념'은 우리가 어떤 사회집단에 대해서 갖고 있는 신념을 말하고, '편견'은 태도의 한 구체적 유형, 즉 일반적으로 어떤 뚜렷한 사회집단의 구성원에 대한 부정적인 태도를 말한다. 이에 비해 '차별'이란 이러한 개인들에 대한 부정적인 행위를 나타낸다.

(1) 고정관념

사람들이 세상을 파악하는 양상의 중요한 특징 하나는 범주화(categorization)이다. 사람을 파악하는 데 있어서도 그 사람이 갖고 있는 어투, 생김새, 종교, 인종, 국적, 성에 의해서 사람들을 분류하고, 같은 범주에 속해 있는 사람들은 비슷한 특성을 공유하고 있는 것으로 여긴다. 따라서, 표적인물이 가진 특성에 의해서 분류되면, 그는 그 범주의 사람들이 가졌다고 여겨지는 특성을 으레 갖고 있는 것으로 여긴다. 이러한 식으로 범주의 특성을 그 구성원들의 특성으로 일반화시킬 때 고정관념을 적용시킨다고 한다. 이러한 범주화는 끼리끼리 잘 어울리는 사람들이 공유하고 있는 눈에 띄게 현저한 속성들에 의해 이루어진다. 사람들을 범주화시킬 수 있는 거의 모든 것에 대하여 사람들은 고정관념을 가지고 있는 것으로 보인다(한규석, 2020: 137).

고정관념(stereotypes)은 대상범주집단에 대해 집단구성원들의 공통된 특징이라고 사회에서 널리 수용되는 인식이다. 고정관념은 때로는 과장될 수 있고, 부정확하며 새로운 정보에 저항을 일으키기도 한다. 고정관념은 우리가 복잡한 세상을 단순화시켜 보려는 의식과정에서 형성되는데, 선입견에 근거한 예단적 판단이며, 지속적으로 사람들의 해석에 영향을 미친다. 한 집단의 구성원들이 관찰자가 기대한 것처럼 행동하면, 사람들은 그 현상을 보고 사실로 받아들여 자신들이 갖고 있는 이전의 생각을 강하게 확인하게 된다(민웅기, 2021: 162-163).

편견은 태도로 간주할 수 있는 반면에, 고정관념은 신념이다. 즉, 고정관념이란 어떤 사회집단에 대해 형성된 지식과 신념을 말한다. 성별, 인종, 민족, 출생지역, 그리고 여러 직업 집단에 대한 고정관념을 가지고 있는데, 이 고정관념은 각 사회집단의 모든 구성원이 어떤 특질이나 특징을 갖고 있다고 믿는 것을 말한다. 특히, 여자가 남자보다 더 감정적, 의존적이라고 생각하고 있는데, 이것은 성 고정관념을 반영하는 것이다. 고정관념은 편견과는 달리 좋은 내용도 포함된다(이훈구, 1995: 211).

타인의 성향에 대한 평가와 판단의 내용이 편향과 왜곡으로 가득 차게 만드는 것 중 하나가 바로 고정관념에 의한 판단이다. 고정관념이란 특정한 집단의 사람들에 대해 그들 모두가 공통적으로 특정한 특성을 갖고 있다고 생각하는 믿음이다. 이러한 고정관념을 근거로 하여 어떤 집단 전체를 나쁘게 보는 것을 편견이라고 한다. 편견은 오늘날 사회심리학자들에 의하여 중요한 관심의 대상이 되고 있는 태도의 범주 가운데 하나이다. 편견은 정상적인 사회관계를 저해하고 대립과 분쟁을 일으키는 중요한 원인이 된다(정철수, 1985: 70).

어떤 사람을 청소년, 여성, 연예인, 군인 등과 같이 한 집단의 일원으로 생각할 때, 그 집단에 관한 지식에 기초하여 그 사람의 성향을 추정하고 판단하게 된다. 그런데 많은 사람이 그런 집단에 대해 갖고 있는 이 고정관념이라는 지식이 정확하지 않은 내용으로 구성되어 있는 경우가 많다. 예를 들어, 많은 사람은 유대인이 이해관계에 밝고 물질주의적이라고 하는 데, 과연 그러한가? 그리고 그 사람들만이 그러한가?

어떤 사람이 소속된 집단에 근거하여 그의 성향에 대해 추론하는 것은, 그가 소속되어 있는 집단에 대한 고정관념이 정확한 정도만큼만 맞다. 이러한 고정관념을 원래부터 갖고 태어난 것은 아닌데 어떻게 해서 이러한 생각을 습득하게 되었을까? 어떤 대상에 대하여 어떠한 생각을 갖게 되는 과정은 자기자신이 직접 보거나 아니면 그것에 대해 다른 사람이 하는 말을 채택하거나 둘 중 하나이다.

사실상, 많은 집단에 대해 알고 있는 것의 대부분은 부모나 친구, 친척 등으로부터 들은 것이거나, TV나 신문에서 본 것이거나, 개그 프로그램, 영화, 드라마 등에서 보고 들은 것과 같은 풍문들이다. 유대인이 이해관계에 밝다고 믿는 사람 중에서 상당수가 유대인을 실제로 만난 적이 없다. 그가 갖고 있는 생각은 다른 사람들이 그에게 말해 준 것을 그대로 기억하여 갖고 있는 내용이다. 우리가 지식의 지혜를 전수받는 과정에서 그 지식의 무지 역시 함께 전수받게 된다.

자기 눈으로 직접 관찰했더라도, 부정확한 고정관념을 만드는 경우도 있다. 대부분 진실을 보기보다는 자기가 보고 싶은 것을 보는 경우가 많다. 또한 진실을 보기보다는 자기가 아는 것만을 보는 경우도 많다. 또한 우리는 진실을 아는 데 요구되는 충분한 만큼의 모습을 보기에는 시간과 노력, 비용이 너무 많이 들기 때문에 진실을 아는데는 불충분한 일부분을 보고서 진실을 아는 데 필요한 만큼을 다 보았다고 생각하는 경우도 많다. 그래서 직접 관찰한 것이라도 그 내용이 부정확한 경우는 무수히 많다.

(2) 편견

편견(prejudice)은 어떤 집단의 구성원을 단순히 그가 그 집단에 속한다는 것을 토대로 그에 대해 흔히 부정적 태도를 보이는 것이다. 다른 말로 하면, 한 개인이 어떤 사회집단이나 사회범주에 대하여 편견을 가지고 있으면, 그는 그 구성원을 단지 그가 그 집단에 속하였다는 이유만으로 특징적으로(흔히 부정적으로) 평가하는 경향이 있다. 그들의 개인적인 특질(trait) 또는 행동은 중요한 역할을 하지 못한다. 그들이 미움을 받는 것은, 단지 그들이 어떤 구체적인 집단에 속하고 있기 때문이다. 다시 말해서 편견은 상대방이 특정 집단의 구성원이라는 이유만으로 상대방을 평가하여 지니는 태도이다. 즉, 개인이 특정 집단이나 구성원에 대해서 호의적 또는 비호의적으로 인지하고 느끼고 행동하도록 촉구하는 태도이다.

대부분의 편견은 특정한 집단과 여기에 소속된 사람들에 대해 미리 갖고 있는 부정적 판단에 의해 이루어진다. 그리고 다양한 구성원들로 이루어진 사회에서 자주 나타나며, 지속적으로 진행되어 온 집단 갈등에 항상 깊게 자리 잡고 있는 일종의 태도, 신념처럼 대인 및 집단 교류에 영향을 미친다. 편견은 일단 한번 형성되면 관성에 의해 잘 바뀌지 않는다(민웅기, 2021: 165).

특정 집단에 대한 편견이 어떤 사회에 광범위하게 존재하는 것은 매우 파괴적이다. 많은 종족 간 갈등은 이러한 편견을 수반하고 있다. 잔인한 종족말살 행위가 최근에도 르완다와 발칸반도에서 벌어진 바 있는데, 이러한 행위는 근거 없는 악성적인 편견에 의하여 정당화되기도 한다. 사회를 구성하고 있는 일부 집단의 사람들을 대상으로 한 편견이 그 사회에 팽배하다면 그 집단구성원의 사회경제적 처지를 보는 시각을 달리하게 한다. 한국사회에서 호남인에 대한 편견은 특히, 부정적인 요소를 지니고 있다. 즉, 똑똑하지만 이기적이고 믿을 수 없는 사람들이라는 인식이 외부 지역민들에게 많이 있는 것으로 나타난다. 호남지역이 경제적으로 낙후된 이유에 대해서 편견이 강한 사람들은 호남지역민의 탓으로 여기는 경향이 높다(한규석, 2020: 514).

마찬가지로 미국에서 인종차별이 많이 잠잠해진 1981년에는 흑인의 열등한 사회적 위치를 그들의 동기결여, 능력부족 등의 내적인 탓으로 여기는 백인이 59%, 인종차별 탓으로 여기는 사람이 39%로 나타났다. 특히, 정치적으로 보수적이며, 편견이 심한 백인들은 내부귀인을 많이 하고, 편견이 약하거나 없는 백인들은 외부귀인을 하는 것으로 나타났다(Apostle et al., 1983). 그러나 흑인 당사자들은 46%

가 동기부족을, 72%가 차별을 드는 것으로 나타났다(Bobo, 1988).

(3) 차별

태도는 항상 외현적 행동으로 나타나지는 않는다. 사실 개인이 지니고 있는 견해와 실제 행동 간에는 상당한 괴리가 있다. 편견도 이 법칙에서 예외가 아니다. 많은 경우, 여러 집단의 구성원에 대해 부정적인 태도를 지닌 사람들은 그들의 이러한 견해를 직접 표현할 수 없음을 알게 된다. 법률, 사회적 압력, 보복의 공포 이 모든 것이 그들로 하여금 공개적인 부정적 행위를 하지 못하게 억제한다. 어떤 경우에는 이러한 억제요인이 없을 때가 있다. 그러면 위에서 기술한 부정적인 신념, 감정, 그리고 행동적인 경향성이 외현적 행위로 나타날 수 있다. 그러한 차별(또는 차별적 행동)은 여러 가지 형태로 나타날 수 있다. 비교적 부드러운 수준에서 그 행동은 단순한 회피를 포함한다. 더 강한 수준에서는, 그것은 직업상의, 교육기회상의, 또는 구체적 이웃에 대한 배척이 될 수 있다.

이러한 배척의 한 극단적인 예는 남아프리카의 인종차별정책에서 찾아볼 수 있다. 최근까지 그 나라에서는 흑인은 법률에 의해 각종 직업을 갖는 것, 각종 학교나 대학에 입학하는 것, 그리고 여러 지역에 거주하는 것, 그리고 주요 선거에서 투표할 수 있는 권리가 제한되어 있었다. 결국 흑인과 교제하는 것에 대한 강한 법적 장애와 심한 차별이 공식적으로 제도화되어 흑인시민과 백인시민 간의 여러 종류의 접촉을 제한하게 만들었다. 이 제도에 대한 근원은 복잡하여 남아프리카의 독특한 역사와 함께 부정적인 인종 간의 태도가 모두 개재되어 있다. 그러나 남아프리카의 인종차별은 세계 여론이 인종적 편견의 아주 극단적 예로 모두들 이를 저주하고 있다는 사실에 대해서는 의심의 여지가 없다.

가장 극단적인 경우에 있어서, 편견은 편견의 목표로 향한 공개적인 형태의 공격과 폭력을 초래한다. 그러한 예는 편견이 일으킨 폭력의 한 단발적 사건(예를 들어, 최근 독일의 큰 도시에서 일어난 다른 인종에 대한 살인)으로 발생하거나, 한 집단의 구성원이 다른 집단의 구성원에 대항하는 대규모 사건으로(다른 인종에 대한 집단 린치 또는 살인) 발생한다. 그러한 행위는 그 자체가 불행한 것이지만 더욱 불안한 것은 그 사건이 가해자의 견해로는 흔히 정당한 것으로 간주된다는 사실에 있다. 즉, 강한 편견의 대상에 대해 폭력을 행사하는 사람은 피해자가 그러한 취급을 받을 만하다고 믿는다(이훈구, 1995: 214－215).

Chapter 7
교육심리학

학습목표

1. 교육학과 교육심리학의 차별적 이해
2. 교육심리학의 학문적 접목
3. 현장과의 대화

학습내용

1. 교육심리학의 개념
2. 교육심리학의 역사
3. 교육심리학의 영역
4. 교육심리학의 현장 적용

개요

교육심리학은 교육현상을 대상으로 하는 교육학과 인간행동을 과학적으로 이해하려는 심리학의 이론을 접목시킴으로써 형성된 학문영역이다. 따라서, 교육심리학은 교육학 영역 중 인간행동과 관련된 측면에 대해 심리학적인 방법론을 사용하여 이해하려는 학문적 성격을 갖는다. 여기에서는 교육심리학을 학습하고자 한다.

Chapter

7

교육심리학

1 교육심리학의 개념

1) 교육심리학의 정의

교육심리학이 어떤 학문인지에 대해서 모든 학자들이 동의하는 정의는 없지만 분명한 것은, 교육심리학은 교사를 위한 도구(a tool for teachers)를 제공하는 학문이라는 것이다. 유능한 교사는 자신의 전공에 관한 지식과 교육학에 대한 지식, 그리고 전문적 판단능력을 지녀야 한다. 한편, 교사가 학생의 학습을 지도하고, 생활을 지도하는 역할을 수행하기 위해서는 무엇보다도 교육심리학에 대한 이해가 필수적이다. 유능한 교사가 지닌 특징은 여러 가지가 있다. 유능한 교사는 성격이나 각자 재능에 있어 매우 다양하며, 초보자에 비해 더 많은 지식을 가지고 있고 보다 효율적이며, 보다 깊은 통찰력이 있다. 따라서, 유능한 교사가 되기 위해서는 지식과 효율성, 문제에 대한 통찰력을 기를 필요가 있다. 예비교사는 이런 세 가지 기술을 교육심리학과 다른 교과목들, 그리고 실제 수업연습을 통해 발달시킬 수 있을 것이다(윤길근 외, 2019: 16).

교육심리학은 초기에 주요 과제가 선천적 소질의 문제, 학습심리학의 문제, 개인차와 그 원리인 데 반해, 오늘날은 성장과 발달, 유전과 환경, 동기, 학습, 교수-학습환경, 개인차, 성격과 적응, 지도와 상담, 교과의 실제, 특수아의 문제, 측정과 평가 등 교육심리학의 연구영역이 크게 확대되고 있다. 한편, 넓은 의미에 있어 교육심리학은 개개 학생의 지도와 상담, 심리검사 및 부적응학생의 진단과 지도에 주안을 두는 학교심리학이나 생활지도·상담심리학 등을 포함하나, 좁은 의미의 교육심리학은 이들에 비해 다소 일반적인 문제에 관심을 가지고 있다(서울대 교육연구소, 1995).

교육심리학은 교육에 내재되어 있는 심리적 현상을 과학적으로 연구하여 교육방법의 이론적 근거를 제공하고 이를 토대로 교육실천의 과정을 지원하려는 학문이다. 교육심리학의 주요 연구영역으로는 인지적 특성, 정의적 특성, 발달, 교수, 학습, 교육평가 등이다. 교육심리학은 일반 심리학이 발견한 원리를 교육에 적용하는 것으로부터 시작하였으나, 점차 독자적인 개념체계와 연구방법을 확립하려는 방향으로 발전해 가고 있다(한국교육심리학회, 2000).

그러므로 교육심리학에서 심리학적 측면을 강조하는 경우에는 학습자의 발달과정이나 학습방법과 관련된 법칙 정립이 그 핵심이 되어 가치 중립적인 과학적 연구가 된다. 한편, 바람직한 방향으로 학습자를 성장하도록 도와준다는 교육적 측면이 중요시되는 경우에는 여기에 가치가 개입된다. 따라서, 교육심리학은 교육학 영역 중에서는 과학적인 성격이 가장 강한 연구영역이지만, 심리적 원리를 바탕으로 하여 교육목표나 교육과정의 타당성 등에 대한 고찰을 연구대상으로 하는 경우에는 가치문제를 벗어나기 어려운 성격을 가지고 있다.

2) 인접 학문과의 관계

다양한 교육현상을 이해하고 교육문제를 해결하는 데 유용한 교육심리학은 기본적으로 교육학과 심리학의 이론과 연구를 기초로 형성되었다. 따라서, 교육심리학을 정의하려면 교육, 교육학, 심리학과의 차이를 우선적으로 연구할 필요가 있다.

교육심리학과 관련된 인접 학문과의 차이를 살펴보면, 교육을 보는 관점은 다양하다.

교육(education)은 인간행동을 계획적으로 변화시키려는 과정이라고 보는 정의가 널리 수용되고 있다. 이 정의 속에는 인간행동, 계획, 변화라는 세 가지 주요 키워드를 포함하고 있다. 즉, 교육은 인간행동을 대상으로 한다. 여기서 행동은 겉으로 드러나는 외현적 행동뿐만 아니라, 추리, 사고, 판단과 같은 내재적 행동까지 모두 포함한다. 또 교육에서 계획이 의미하는 것은, 어떤 목적과 의도를 지니고 인위적으로 변화시키려는 활동을 말하는 것이며, 본능이나 생리적 반사에 의한 행동의 변화나 성숙에 의해 자연히 이루어지는 변화는 제외된다. 또한 교육에서의 변화란 모든 변화를 포함하는 것이 아니라, 바람직한 변화만을 의미한다(이옥형 외, 2012: 17).

교육학(pedagogy)이란 근대 과학의 연구방법을 사용하여 교육의 다양한 현상을 설명하고 연구함으로써 그 성과를 체계화한 하나의 과학체계로서 교육심리학을 비롯하여 교육철학, 교육사학, 교육사회학, 교육행정학, 교육법학 등 다양한 영역을 포함하고 있다. 심리학(psychology)은 인간행동을 기술·예언·설명·통제하려는 학문을 말하는 데, 인간행동의 원인과 표출 양식의 근본적인 이해에 도움을 주고 있다. 심리학의 학문적 이론을 기초로 형성된 학문영역으로는 교육심리학, 임상심리학, 상담심리학, 발달심리학, 산업심리학 등이 있다.

교육심리학(educational psychology)은 교육현상을 대상으로 하는 교육학과 인간행동을 과학적으로 이해하려는 심리학의 이론을 접목시킴으로써 형성된 학문영역이다. 따라서, 교육심리학은 교육학 영역 중 인간행동과 관련된 측면에 대해 심리학적인 방법론을 사용하여 이해하려는 학문적 성격을 갖는다. 그러나 교육심리학은 교육과 관련된 인간행동의 원인을 단순히 이해하고 설명하는 것에만 관심을 갖지는 않는다. 왜냐하면 교육이란 인간행동의 계획적인 변화를 의도하는 활동이기 때문이다. 즉, 교육에는 인간행동을 바람직한 방향으로 변화시키고자 하는 의도와 목적이 내재되어 있다(임규혁 외, 2013: 20). 즉, 교육이 인간행동의 계획적인 변화를 유도하는 것이고, 심리학이 교육의 목표를 달성하기 위한 과학적인 방법을 제공해준다면, 교육심리학은 인간행동의 계획적인 변화를 달성하기 위해 언제(when, 교육시기), 어떻게(how, 교육방법) 교육하는 것이 가장 효과적인가를 밝히는 학문이다(이옥형 외, 2012: 18).

교육심리학은 교육학 및 심리학과의 관련성에서 과연 어떠한 교육의 특성을 가질 수 있는가에 대해서는 논란의 여지가 있다(신희경 외, 2011: 16-17). 교육심리학의 학문적 성격에 대하여 두 가지 논쟁이 대립하고 있다. 하나는 교육심리학이 심리학의 이론과 법칙을 교육 실제에 적용하는 응용분야인지, 아니면 그 자체의 이론 구조를 가진 독립적인 학문인지 하는 것이다. 초기의 교육심리학은 심리학을 실생활에 응용하는 응용심리학의 한 분야로 출발하였다. 그러나 교육현상이 복잡해짐에 따라 교육현장에서 발생되는 많은 문제를 심리학 연구에서의 일반적인 원리를 단순히 적용시켜 해결하는 것이 적합하지 못함이 지적되면서, 심리학의 단순한 응용분야가 아닌 독자적인 학문으로 발전하게 되었다.

오늘날 많은 학자들은 교육심리학이 하나의 독립된 학문으로 독자적 이론과 연구방법을 가지고 있음을 주장하고 있다. 이들은 인간을 능동적인 환경의 지배자로 보고, 실험실이라는 제한된 공간에서 얻은 심리학 원리나 법칙을 학교 상황에 그대로 적용시키는 것은 적합하지 못함을 지적하였다. 이처럼 교육심리학은 독립된 학문영역으로의 위치뿐만 아니라, 교육의 실제 적용에 관심을 가지면서 실천적이고 현장지향적인 학문으로서 변화와 발전을 동시에 이루어가고 있다(이옥형 외, 2012: 18).

그러므로 교육심리학은 교육의 과정에서 일어나는 여러 가지 문제를 심리학적 측면에서 연구하여 그 원리와 방법을 밝혀 교육활동에 도움을 주고자 하는 심리학의 한 응용분야를 말한다. 전통적으로 교육심리학은 교수와 학습을 중심과제로 하고 있으나, 최근의 교육심리학은 교육의 전 영역에 걸쳐서 교육문제의 해결에 심리학적 원리와 연구결과를 적용할 뿐만 아니라, 교육연구에 필요한 심리학적 원리와 이론을 정립하고자 하여 그 독자성을 추구하려 하고 있다(서울대 교육연구소, 1995).

교육학과 심리학의 차이는 <표 7-1>과 같다.

<표 7-1> 교육학과 심리학의 차이

교육학	심리학
① 개개 학습자의 특성을 변화시키는 데 그 목적이 있다. ② 다소의 정밀성과 경제성의 희생을 무릅쓰고라도 학습자의 행동에 의미 있는 변화를 일으키는 변인에 관심을 갖는다. ③ 교육은 가치 지향적이며, 처방적이다. ④ 교육은 자연상태에 가까운 교실에서 일어나는 과정이다.	① 인간행동에 관한 보편적 원리와 법칙을 확립하는 데에 주목적이 있다. ② 정밀성과 경제성을 중요시하면서 일관성만 있다면 행동의 작은 변화와 차이도 중요한 고려의 대상으로 하고 있다. ③ 보편적으로 가치 중립적이며, 기술적이다. ④ 심리학의 원리나 법칙들은 주로 통제된 실험실에서 확립되었다.

자료: 윤길근 외(2019: 15).

2 교육심리학의 역사

교육심리학은 19세기 말과 20세기 초반에 영국과 독일 등에서 싹이 트기 시작했으며, 이후 양적으로나 질적으로 큰 성과를 보이며 결과적으로 교육학 내에서 가장 중요한 역사의 하나로 입지를 견고히 하고 있다.

교육심리학이 학문으로서 성립되고 발전되어 가는 과정은 크게 세 시기로 나누어 볼 수 있다.

첫 번째는, 20세기 이전 시기로 교육심리학의 초창기인데, 아직 학문으로서 겉으로 드러나지는 않았지만 이미 교육 장면에 심리학이 적용되어서 교육심리학이라는 학문의 싹이 움트고 있는 시기이다.

두 번째는, 20세기 초로 교육심리학의 확립기인데, 이는 교육심리학이 학문으로서의 틀을 확립하여 하나의 독립된 학문으로 인정받게 되는 시기이다. 마지막으로 20세기 중반 이후는 교육심리학의 발전기로서 여러 학자의 다양한 이론을 통하여 교육심리학이 괄목할 만한 발전을 이루는 시기이다.

1) 초창기

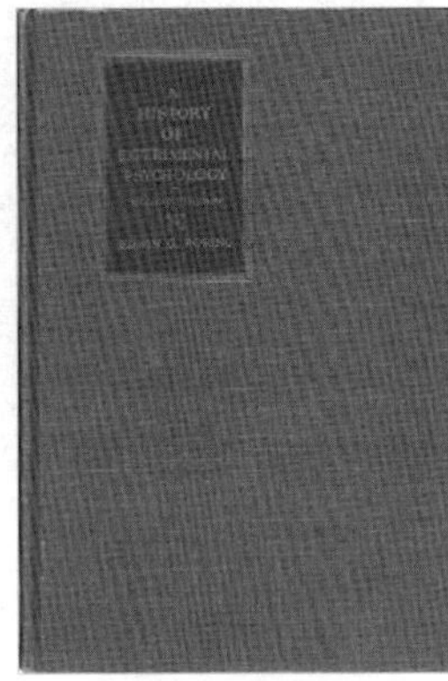

『실험심리학의 역사』
(1950년 출판)

보링(Edwin G. Boring)의 저서 『실험심리학의 역사(*A history of experimental psychology*, 1929)』에 따르면, 교육에 대한 심리학적 관심은 오히려 과학적 심리학의 역사보다 앞선다. 교육심리학은 19세기 전반기 생리학자, 물리학자, 천문학자 등의 연구에서 이미 그 태동이 시작되었다. 이 시기에 감각기관에 대한 연구와 두개골의 형태를 근거로 인간의 특성을 분석하는 골상학이 나타났으며, 인간의 뇌에 정신이 존재한다는 주장은 인간행동에 대한 새로운 시각을 제시하였다. 또한 반사행동에 관한 연구는 의식과 무의식에 대한 논의를 전개하는 데 기초를 제공하였다. 다양한 분야에서 수행된 이와 같은 연구는 19세기 중반의 '새로운 심리학'으로 발전되었다. 이는 교육심리학의 발전에도 지대한 영향을 주었다. 또한 현대 교육심리학이 형성되는 데에는 철학적 사고 역시 중요한 기초를 제공하였다(임규혁 외, 2013: 23).

요한 헤르바르트

19세기 초 독일 헤르바르트(Johann Friedrich Herbart, 1776－1841)는 4단계 교수법의 제시자이다. 그는 교육이란 어디까지나 심성을 연구하는 심리학에 기초를 두고 그 방법을 찾아야 한다고 하면서 처음으로 심리학을 교육에 응용하였으며, 그의 이론을 '심리주의 교육학'이라고 한다. 그러나 그 당시까지의 심리학은 오늘날의 과학적 심리학과 달리, 심리학이 철학으로부터 완전하게 독립되지 못한 상태의 사변적 심리학이었다. 따라서, 교육에 대한 심리학적 관점도 사변적인 것이었다.

1879년 독일의 분트는 처음으로 독일 라이프치히(Leipzig)대학에 심리실험실을 세우고 심리학을 과학적으로 접근하기 시작하였으며, 이 시점을 오늘날 과학적 심리학의 출발점으로 평가하고 있다. 즉, 당시 심리학의 연구방법은 내성법이었으나, 분트는 심리실험실 연구를 통하여 변별반응, 반응시간, 정적 반응 등을 정확히 측정하는 과학적인 연구를 시도함으로써 심리학을 철학으로부터 분리

『실험교육입문과 심리학적 기초강의』
(2018년 출판)

시키는 계기를 마련하였다. 특히, 그의 제자인 근대 심리학의 아버지 모이만(Ernst Meumann, 1862–1915)은 그의 저서 『실험교육입문과 심리학적 기초 강의(*Vorlesungen zur Einfurhung in die Experimentellen Pedagogik*, 1907–1920)』에서 분트의 실험심리학 방법을 교육에 적용하여 교육심리학의 기초를 닦았으며, 교육심리학의 과학적 연구에 지대한 공헌을 하였다. 그에 따르면, 종래의 교육학은 교육의 목적으로부터 교육학을 연역하려 하기 때문에 주관적 편견과 독단에 빠지기 쉽다고 보고, 교육 사실에 대한 과학적 실험연구를 기초로 하여 새로운 교육학 건설의 필요성을 주장하였다. 그러나 그가 생각하는 실험교육학은 연구의 영역을 교육이념과 교육사실의 두 영역으로 구분하고, 실험이 가능한 것은 후자의 영역으로 보고 있다. 그는 실험교육학에서 연구할 사항으로 ① 아동의 신체 및 정신적인 발달 ② 아동 개인의 성격 · 지능 및 소질 ③ 교육 및 교수 방법의 규칙 설정 ④ 학교조직 등을 들고 있다. 그의 실험교육학 사상은 영국의 러스크(R. Rusk), 프랑스의 비네(A. Binet), 미국의 홀(S. Hall), 저드(C. H. Judd) 등에게 영향을 주어 교육의 심리적 실험연구를 성취하게 하였다(이옥형 외, 2012: 20).

2) 확립기

『교육심리학 3』
(2021년 출판)

교육심리학은 20세기에 들어오면서 미국 심리학자를 중심으로 독립된 학문으로서 체제를 갖추기 시작하였다(Glover & Ronning, 2013). 교육심리학을 독립된 학문으로 구축한 대표적인 학자는 손다이크이다. 그는 1903년 『교육심리학(*Educational Psychology*)』을 최초로 체계적으로 저술하였는데, 이 책은 세 권으로 된 교과서이다. 인간의 근원적 특성에 대한 연구를 다룬 1권 『인간의 본성(*The Original Nature of Man*)』, 학습에 대한 심리적 문제를 다룬 2권 『학습심리학(*The Psychology of Learning*)』, 정신적 활동과 피로를 주제로 발달과 개인차의 원인에 대해 설명하고 있는 3권 『개인차와 그 원인(*Individual Differences and Their Cause*)』을 출판하였다. 이 세 권은 과학적 학문으로서 교육심리학의 출현을 알리는 것이었다(문선모, 2012: 27). 1929년에는 『교육의 기초원리(*Elementary Principles of Education*)』 등을 발표하였다. 이 저서들은 이전까지의 교육심리학에 관한 연구를 집대성한 것으로, 많은 심리학자들이 이 저서들을 통하여 교육심리학이 어떤 학문인지를 이해하게 되고, 교육심리학을 하나의 독립된 학문으로 인정하게 되면서 교육심리학이 학문으로서 체계를 잡게 되었다. 이런 점에서 손다이크를 현대 교육심리학의 창시자로 꼽고 있다. 그는 실험을 통해 학습은 자극에 대한 반응이며 강화에 의해서 촉진된다는 결론을 얻고 '자극-반응이론(S-R이론)'을 주장하여 학습방법의 발전에 크게 공헌하였다. 그의 주장을 '결합주의(connectionism)'라고도 한다. 이 이론은 스키너(B. F. Skinner), 헐(C. L. Hull) 등의 연구와 함께 더욱 발전하여 오늘날에도 가장 중요한 학습이론의 하나이다. 특히, 스키너는 교육심리학에 매우 큰 영향을 주었다. 그는 가설적인 이론구조를 사용하지 않고 관찰 가능한 명확한 행동을 통하여 연구하였다. 그가 구성한 법칙들에는 강화, 벌, 소거, 지극, 통제, 변별 등이 포함된다. 행동주의자들은 비둘기, 쥐, 그리고 인간을 대상으로 행동과 대상 간의 강화로서 환경에 대한 기능적 관계를 밝히려 노력하였다(Skinner, 1953).

이러한 행동주의는 교육심리학의 이론과 실제에 지대한 영향을 주었으며 이 때문에 교사를 양성하는 사범대학에서는 학급경영뿐만 아니라, 교사훈련 교과과정에도 스키너의 원리를 반영하려는 노력이 계속되었다(임규혁 외, 2013: 27).

3) 발전기

독자적인 학문체계를 갖춘 교육심리학은 이후 여러 학자의 다양한 이론적 접근과 방법론적 연구를 통하여 학문적으로 괄목할 만한 발전을 이루게 되었다. 20세기 중반의 두드러진 특징은 행동주의를 바탕으로 한 학습이론의 발전을 들 수 있다. 행동주의의 발전에 공헌한 대표적인 학자인 스키너는 조작적 조건형성의 강화원리에 근거하여 프로그램 학습을 고안하고 교수기계를 발명하여, 교수-학습 설계에 커다란 공헌을 하였다. 그는 학습원리를 문제행동에 적용하여 바람직한 행동으로 바꾸는 행동수정원리를 제안하여 상담 및 생활지도에도 많은 도움을 주었다. 그 밖에 가네(R. M. Gagné)는 수업설계의 방법으로서 위계적 분석법을 소개하였고, 블룸(B. S. Bloom)의 교수목표 분류체계는 효과적인 수업을 설계하는 준거로서 영향을 끼쳤다. 또한 글레이저(R. Glaser)도 이들과 더불어 교수개발 및 교수설계 분야에서 두드러진 업적을 남겨 교육심리학 발전에 많은 영향을 미쳤다(신희경 외, 2011: 20).

1970년대에 들어와 심리학의 흐름이 행동주의에서 인지이론(cognitive theory)이나 인본주의(humanism)로 변화함에 따라 교육심리학도 자연스럽게 그 변화의 영향을 받았다. 행동주의가 겉으로 드러난 인간의 반응에 초점을 두었다면, 인지이론은 인간의 지각·추리·문제해결과 같은 사고과정에 초점을 둔다. 인지적 접근은 일찍이 스위스의 피아제에게서 시작되었고, 미국의 브루너(J. S. Bruner) 등이 더욱 발전시켰다. 브루너에 따르면, 학습이론은 기술적(descriptive) 지식을 습득하는 조건이나 상황을 말해 주지만, 수업이론은 처방전(prescriptive)으로 여러 수업절차와 교실상황의 실제적 적용을 다룬다. 즉, 수업이론은 학습의 경향성, 지식의 구조, 계열성, 강화를 강조한다. 따라서, 교육심리학은 독자적으로 발전할 수가 없다(서울대 교육연구소, 1995). 최근에는 스턴버그(R. J. Sternberg), 앤더슨(C. A. Anderson) 등이 교과지식의 획득과 관련하여 정보처리적 접근으로 활발히 연구하고 있다.

한편, 인본주의는 심리학이 지나치게 과학적 접근방법을 추종하기 때문에 인간의 본성을 간과하고 있다고 비판하면서, 인간은 환경을 능동적으로 창조하는 존재로 자신에 대한 지각과 통찰에 의해 자신을 긍정적이고 적극적으로 발달시킨다고 보고 인간의 주관적 지각 및 적극적 의지를 강조하였다. 인본주의 심리학자인 매슬로우(E. Maslow), 로저스(C. Rogers), 콤스(A. W. Combs) 등은 자아실현, 인간성장, 개인적 성취 등을 교육에 적용하여 학습자 중심의 교육을 강조하였다. 인본주의적 관점의 교육에서는 전통적으로 강조되어 온 인지적 능력의 향상뿐만 아니라, 인간의 정의적 측면도 강조하고 있다.

최근 SSCI(사회과학논문인용색인, Social Science Citation Index)에 의해 밝혀진 교육심리학 관련 학술지에서 다루고 있는 주요 연구주제는 정보처리과정, 수업설계 및 교수-학습과정, 인력계발 및 교과개발을 위한 지능과 적성, 교사 동기 및 기대 등으로 나타났다. 이러한 경향에서 최근 교육심리연구는 이론 검증보다 교실현장을 위한 실제 적용연구가 더 두드러지고 있음을 알 수 있다(이옥형 외, 2012: 22).

3 교육심리학의 영역

교육심리학은 실험실에서 주로 연구되는 심리학과 달리, 교육현장의 과학적 연구를 통하여 고유한 학문영역을 구축하고 있다. 교육심리학의 연구 영역에 관한 최근 연구동향을 살펴보면, 고츠 외(Goetz et al., 1992)는 교육심리학이 학습과 교수, 그리고 그와 관련된 요인들을 연구하는 학문이라고 주장하였으며, 따라서, 교육심리학은 학생들의 심리적 발달에 대한 이해와 학습과정 그리고 학생이 익혀야 할 지식과 기술의 본질을 이해하는 데 도움을 줄 수 있고, 학생의 수행에 대한 평가와 측정에 유용한 기초를 제공해야 한다고 보았다.

『교육심리학』
(2022년 출판)

슬라빈(Robert E. Slavin)은 1973년 그의 저서 『교육심리학: 이론과 실제(*Educational psychology: Theory and practice*)』에서, 교육심리학의 영역으로 인간발달이론, 학습자의 개인차, 학습론, 효과적인 수업, 학습동기, 교실관리, 특수학습자, 학생 학습평가 및 표준화검사를 다루었다. 스턴버그와 윌리엄스(Robert Sternberg and Wendy Williams)는 그들의 저서 『교육심리학(Educational Psychology, 2009)』에서, 지능 및 인지양식, 창의성 및 개인차, 학습이론, 동기유발, 교실관리평가에 관한 표준화검사와 교실평가를 포함시켰다. 에겐과 커차크(Paul Eggen & Don Kauchak Eggen)는 그들의 저서 『교육심리학: 교육 실제를 보는 창(*Education Psychology: Windows on Classroom*, 2022)』에서, 인지발달과 언어발달, 학습자 다양성, 특수성을 지닌 학습자, 학습이론, 동기이론 및 교실수업과 학습동기, 학습 환경 조성을 위한 교수원리와 모형, 교실에서의 학습평가 및 표준화검사를 연구 영역으로 다루었다.

그러므로 교육심리학은 교육현상의 사회적 제 기능에 관한 심리학으로서 그 영역은 비교적 광범위하다. 즉, 교육활동이 사회 안에서 부단히 성장·발달하고 있는 피교육자와 교육자 사이의 작용이라고 본다면, 교육심리학은 교육의 장으로서의 사회의 변화현상의 문제(사회심리학), 교육을 받는 피교육자, 즉 아동·학생들의 심리발달의 문제(발달심리학), 그리고 능률적이고 효과적인 지도를 위한 교육기술의 문제(학습심리학) 등을 모두 포괄할 수 있다.

위에서 언급한 바와 같이 교육심리학의 연구 영역에 대한 여러 학자의 연구들을 종합해 보면 다음과 같다.

1) 발달

어원적으로 볼 때, 발달(development)은 잠재하고 있는 본질(가능성)이 점차 그 모습을 나타내면서 변화하는 현상을 의미한다. 여기서 변화는 신체와 운동기능, 지적 사고능력, 성격 등 인간의 모든 양적인 증대는 물론, 구조와 기능의 질적인 변화인 성숙도 포함하고 있으며, 또한 증가나 향상과 같은 긍정적인 변화와 함께 감소와 쇠퇴라는 부정적인 변화도 포함하고 있다. 따라서, 성장과 성숙 역시 발달이란 용어와 함께 사용되고 있다(구광현 외, 2019: 33).

효과적인 교육이 이루어지기 위해서는 학습자에 대한 이해가 필수적이다. 한편으로는, 학습자의 연령이나 발달단계에 따른 보편적인 발달특징을 이해할 필요가 있으며, 다른 한편으로는 학습자 고유의 특성에 따른 개인차의 특수성을 이해할 필요가 있다.

교육이란 교육자가 피교육자로 하여금 인간으로서의 바람직한 성장과 발달을 완성시키는 것이라는 점에서 발달은 인간형성의 과정이라고도 할 수 있다. 따라서, 교육심리학은 유아기, 아동기, 청소년기는 물론 대상에 따라서는 성인기, 노인기에 이르는 인간의 발달과정에 대한 이론과 실제 및 단계 등을 다루는 영역이 필요하다(김이영 외, 2015: 15).

발달이란 용어는 사람들은 일생의 과정에 걸쳐 어떻게 그리고 왜 성장하고, 적응하고, 변화하는지를 가리킨다. 임신과 죽음 사이에 인간(또는 동물)에게서 일어나는 어떤 변화를 말한다. 발달이란 용어는 모든 변화에 적용되는 것이 아니라, 규칙적인 방식으로 나타나서 비교적 장기간 남아 있는 변화에 적용된다. 교육의 목적이 피교육자의 바람직한 발달을 조장함에 있다면, 신체 및 정신적인 면에서 부단히 성장하는 아동 및 청년의 발달과정과 그 속도, 제반 행동양식과 정신능력의 발달관계, 성숙과 학습의 기능, 행동의 변용과 쇠퇴, 새로운 행동양식의 출현 등에 대하여 교육적 측면에서 포괄적으로 연구하는 분야이다.

인간의 생명이 시작되는 수정의 순간에서부터 죽음에 이르기까지의 전 생애를 통해 이루어지는 변화의 양상과 과정을 의미하는 발달적 변화의 과정에는 신체, 운동기능, 지능, 사고, 언어, 성격, 사회성, 정서, 도덕성 등 인간의 모든 특성이 포함된다. 인간의 전 생애에 걸친 발달과정에는 어떤 특징이 양적으로 증대되고, 기능이 유능해지며, 구조가 더욱 복잡해지는 긍정적인 변화와 더불어 양적으로 감소되고, 기능과 구조가 쇠퇴하는 부정적인 변화가 함께 포함된다. 종래에는 흔히 아동기와 청년기의 발달은 긍정적인 변화인 반면에, 중년기 이후부터 노년기의 발달은 쇠퇴로 인한 부정적인 변화라는 생각이 지배적이었다. 그러나 최근에 밝혀진 연구결과에 의하면 노년기에도 분석, 통합, 추론, 문제해결능력 등 여러 영역에서 긍정적인 발달이 지속되고 있는 것으로 나타났다(문선모, 2012: 36-37).

2) 학습자

효과적인 교육을 위하여 교사는 교육의 대상자인 학습자의 특성을 잘 이해하여야만 한다. 학교교육과 밀접히 관련된 학습자의 특성은 지능·창의력·인지발달 등의 지적 특성, 성격·사회성·도덕성 등의 정의적 특성, 그 밖에 영재 및 특수아동을 들 수 있다. 이러한 학습자의 특성을 잘 이해함으로써 학급 내에서 각각의 학습자가 지닌 개인차를 적용한 교육을 하고, 학습자의 특성에 대한 발달단계의 연구는 교육계획 수립에 유용한 준거를 제공한다(이옥형 외, 2012: 33).

교수자는 학습자가 무엇을 생각하고 어떻게 생각하는지 그 인지발달의 수준을 알아야 적합한 수업을 설계하고 교수방법을 선정할 수 있다. 또한 학습자에게 어떤 도움이 필요한지를 결정하기 위하여 학습자의 성격, 사회성, 도덕성의 발달에 관한 지식도 필요하다. 그뿐만 아니라, 교수자는 교실에서 아주 다양한 학습자를 만나게 된다. 지능과 창의력의 개인차는 학업성취에 주요한 영향을 주는 변수다. 학습자의 학습 유형과 문화적 배경은 교수자와의 상호작용에 영향을 준다. 특히, 특수아동의 존재는 초임교사에게 큰 도전이 된다. 최근 통합교육의 경향으로 모든 교사에게 특수교육이 필요한 아동에 대한 이해와 지도방법의 습득이 필요하게 되었다(김이영 외, 2015: 16).

3) 학습

학습(learning)은 학교에서 교사와 학생 간에 이루어지는 계획적·의도적인 활동에만 한정되는 것은 아니며, 글자와 낱말, 단어를 익히고 암기하거나 물리현상, 화학현상들을 관찰하고 이해하는 과정처럼 이해나 기억 활동에 한정되는 것도 아니다. 부모가 자녀의 태도를 바로잡도록 도와주거나 동료들끼리 공부하며 서로 주고받는 도움 등은 모두 배우고 가르치는 학습활동의 하나이다. 어떤 문제해결 상황에 부딪쳤을 때, 지금까지의 행동형식으로 적응이 불가능하면 새로운 적응방식을 찾아 행동하게 된다. 이 새로운 적응방식이 그와 비슷한 문제장면에 직면하였을 때 보다 원만하게 적응하도록 도움을 주었다면, 이것으로 학습이 이루어진 것이다. 이렇게 새롭게 학습된 행동은 반복되면서 더욱 민첩해지고 효과적으로 되어 그 문제장면에 보다 훌륭하게 적응해 간다. 즉, 학습은 이전 경험을 기초로 해서 일정한 지식과 기술, 태도를 습득하여 다음 행동을 새로운 상황에 적응시켜 가는 진보적 과정이다(안영진 외, 2018: 145).

학습은 변화를 뜻한다. 학습은 일정 장면에서 반복된 경험에 의해 일어나는 유기체의 행동 또는 행동잠재력에 있어 비교적 영속적인 변화이다. 즉, 경험에 의한 행동 및 정신적 연합에 있어 비교적 영속적인 변화이다. 변화에는 글씨, 달리기, 동작 등 관찰 가능한 구체적인 행동의 변화에 해당하는 외적 변화(external change)와 지식, 성격, 사고 등의 눈에 보이지 않는 추상적인 내면적인 내적 변화(internal change)가 포함된다(문선모, 2012: 172). 교육활동 중에서 가장 중심이 되는 것은 학습이다.

교육심리학에 있어서 학습의 연구는 교육목표에 비추어 학습이 어떻게 진척되고 있는가에 관심을 가지며, 교육과 생활의 장으로서의 학교에서 학생들이 어떻게 교육목표에 접근하려는 활동을 하는가, 또 최선의 조건이 무엇인가를 연구하는 것이다. 특히, 학습의 원리, 유형, 문제해결, 학습의 효과와 전이 등의 문제는 교육심리학의 중심과제로 손다이크 이후 많은 발전이 이루어졌다.

학습은 교육현장에서 가장 주요한 변인으로서 교육의 핵심은 학습자의 변화에 있다. 인간행동의 형성이나 변화의 기제를 설명하는 학습이론 관점, 인지이론적 관점, 구성주의적 관점으로 나누어진다. 행동주의적 관점에서는 인간행동을 있는 그대로 기술하는 입장으로 학생들의 바람직한 행동을 증진시키고, 바람직하지 못한 행동을 감소시키는 데 유용한 기법을 제공한다. 행동주의는 인간의 학습을 이해하는 데 매우 중요한 시각을 보여 준 최초의 심리학적 이론이다(임규혁 외, 2013: 157). 인지이론적 관점에서는 사고의 변화에 초점을 두고 있으며, 학습과정 동안 정보를 처리하고 표상하는 것의 바탕이 되는 정신기제를 강조한다. 구성주의적 관점에서는 능동적으로 지식과 현상을 구성한다는 입장으로 학습자의 적극성과 사회적 상호작용을 통한 유의미 학습을 강조한다.

한편, 학습자의 동기는 학습효과에 결정적 영향을 미치는 변인으로 학습동기 유발에 대한 이론 및 학습동기를 증진시키는 데에 관심을 갖는다(이옥형 외, 2012: 33).

4) 수업

학교교육에서 핵심으로 이루어지고 있는 활동은 가르치고 배우는 것이다. 흔히 가르친다는 의미로 교수(teaching)와 수업(instruction)이란 용어를 사용하고 있다. 대체로 교수와 수업을 같은 의미로 사용하고 있으나, 엄밀히 구분하면 약간 다르다. 교수는 교사가 의도적인 목적을 가지고 하는 일체의 활동이고, 수업이란 학습이 일어날 수 있도록 학습자의 내·외적 조건을 체계적으로 조정하는 과정이다(구광현 외, 2019: 217).

학습과 수업은 마치 동전의 양면과 같이 분리할 수 없는 관계로 학습과정에 대한 이해는 수업의 계획과 그 실천의 근거가 된다. 교사는 학습자 특성에 대한 이해를 기초로 적절한 학습이론을 적용하여서 최선의 학업성취를 이루도록 수업방법을 선정하여 수업을 실시해야 한다. 효과적인 수업을 위한 접근방법으로 '교사 중심 접근방법(teacher–centered approach)'은 교사가 학생들이 학습할 지식을 제시하고 학생들의 학습과정을 명시적 방식으로 지도하는 역할을 맡는 반면에, '학습자 중심 접근방법(learner–centered approach)'은 교사의 지도를 받는 학습자들이 그들 자신의 이해를 구성하는 책임을 맡게 된다(문선모, 2012: 306).

효과적인 수업모형을 설계하고, 강의와 질문, 협동학습 등 여러 가지 수업방법에 대한 연구는 그러한 모형이나 방법들을 학습자의 개인차를 고려한 교실수업에 어떻게 적용할 수 있는지에 대한 이론적 근거를 제시한다. 최근 교육심리학에서는 수업 효율성에 대한 높은 관심과 함께 여러 형태의 다양한 수업모형을 실제적 측면에서 다각도로 연구하고 있다.

글레이저(R. Glaser)는 수업을 네 단계를 걸쳐서 진행되는 체계적인 과정으로 이해하였다. 그 내용은 다음과 같다(Glaser, 1962).

(1) 1단계 : 수업목표의 설정

수업목표는 수업을 통해 학생들이 달성해야 할 도착점 행동(terminal behavior)이다. 즉, 수업이 끝났을 때 학생들이 보여 주어야 하는 목표행동으로서의 관찰, 기술, 측정 가능한 행동으로 나타나야 하고 세분화되어 기술되어야 한다. 예를 들어, 단순히 '응용력을 키운다'는 식의 기술이 아니라, '–와 같은 문제를 풀 수 있다'는 식으로 구체적인 목표행동이 기술되어야 한다.

(2) 2단계 : 출발점 행동 진단

출발점 행동 진단은 새로운 수업을 시작하는 단계에서 학생의 사전지식이나 그 시점에서의 학습수준에 대한 진단하는 것을 말한다. 출발점 행동의 진단은 학생이 수업내용을 어느 정도 이해할 수 있을 것인지, 얼마나 적극적으로 참여할 것인지 등을 예측하고 교사가 계획한 수업내용과 방식을 조정할 수 있는 기본 정보를 제시한다. 따라서, 여기에는 단순히 학생의 사전지식뿐 아니라, 학습동기의 수준, 학습양식, 학습경험, 적성, 흥미와 같은 요인이 포함되어야 한다.

(3) 3단계 : 수업절차

수업절차는 실제 수업을 진행하는 과정으로서, 먼저 수업목표에 따라 구체적이고 단계적으로 수업을 진행하는 절차에 따른 계획이 수립되고 계획을 수행하기 위한 구체적인 수업 재료와 매체를 준비하며, 적절한 교수법을 고안하여 최종적으로 수업을 실행하는 단계이다.

(4) 4단계 : 성취도 평가

처음에 설정하였던 수업목표가 수업을 통해 얼마나 달성되었는가를 평가하는 단계로서 항목별로 세분화된 목표를 각각 평가하여 다음의 수업계획을 수립하는 데 반영하게 된다.

글레이저의 수업모형의 특징은 비록 4단계가 평가의 단계이기는 하지만 나머지 3단계에서의 피드백도 각각 전체 수업모형을 연구하고 발전시키는 데 영향을 줄 수 있도록 피드백 회로를 강조하고 있다는 점이다. 이는 1단계에서 시작하여 순서를 거쳐서 4단계로 끝나는 단선형 구조로 이해하기보다는 각각의 단계에 대한 피드백이 다음 단계와 전체 모형에 영향을 주고 현 단계의 수업결과물을 수정하고 보완하는 역할을 하는 것으로 이해하여야 한다(신희경, 2011: 363).

글레이저의 수업모형은 다음과 같다.

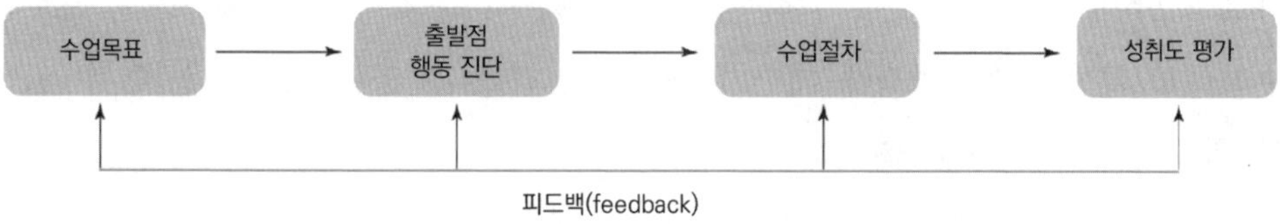

[그림 7-1] 글레이저의 수업모형

자료: 김보기 외(2017c: 204) 재인용.

5) 평가

평가란 일반적으로 아동·학생의 학습과 행동의 발달을 교육목표에 비추어 측정하고 판단하는 일을 말한다. 다시 말해서 평가란 교육과정의 계획·실천에 있어서 교육목표는 올바르게 설정되었는지, 목표실현을 위한 교육활동의 계획과 과정은 적절한지, 그리고 궁극적으로는 교육의 목표가 제대로 성취되었는지를 확인하고 판단하는 일련의 과정을 말한다. 교사는 학습자의 특성을 고려하여 수업지도와 생활지도를 수행한 후, 그 성과를 평가해야 한다. 평가는 학습자의 동기를 유발시키며, 미래 학습에 영향을 미친다. 또 교수자는 평가를 통해 수업목표의 달성을 확인하고, 교수－학습과정의 개선을 위한 피드백으로 활용한다. 교육목표의 달성도를 측정하기 위한 좋은 검사도구의 조건, 평가문항의 유형, 수행평가, 표준화검사 등에 대한 연구는 평가와 관련된 기술적인 이론과 실제를 제공한다(이옥형 외, 2012: 34).

평가는 수업을 통해 수업의 목적이 얼마나 달성되었는지, 달성되지 못하였다면 그 이유가 무엇인지를 파악하여 다음 수업의 계획에 반영하도록 하기 위해서 수행하는 활동이다. 바람직한 수업평가는 단순히 수업의 목적달성 여부를 확인하는 수준에 그치는 것이 아니라, 활동과정에 대한 감독의 기능을 수행할 수 있다. 학생에게는 자신의 학습과정과 학습결과가 관련되어 있음을 알게 해 주는 피드백 정보를 줄 수 있다. 또한 교사에게는 수업의 목표가 적절하게 설정되었는지, 수업내용이나 자료의 난이도, 분량, 속도, 양식 등이 적절했는지 등의 정보를 제공해 줌으로써 수업목표 설정과 수업과정에 대한 효율성을 점검할 수 있는 피드백을 줄 수 있어야 한다(신희경 외, 2011: 396).

평가의 개념과 관련해서 유사한 용어로 많이 혼용되는 단어가 시험(test), 고사(examination), 검사(test), 측정(measurement), 사정(assessment), 평가(evaluation)이다. 그러나 이런 단어의 개념은 혼용될 수 없는 각기 다른 의미를 지니고 있다. 시험은 주로 지필검사(필답고사, written test)에 초점을 맞추어 쓰이는 말이고, 고사는 시험과 근본적 차이 없이 쓰이는 것으로서 주로 월례고사(monthly examination), 중간고사

(midterm examination), 기말고사(term–end examination, final examination) 등 총괄평가의 도구로 대용되는 용어이다. 검사는 주로 지능검사(intelligence test), 적성검사(aptitude test) 등 인간의 어느 능력이나 특성을 객관적으로 측정하는 도구의 개념으로 쓰이고 있다. 측정은 평가를 위한 증거수집활동으로서, 객관성 · 공정성 · 정확성 · 엄밀성이 특히 강조되며, 수집된 증거의 수량화에 초점을 둔다. 사정은 의사결정에 필요한 자료를 수집하고 평가하는 과정이다. 이와 관련해서 평가는 측정한 결과를 교육목적에 비추어 '잘되었다', '나쁘다' 등의 가치를 판단하는 행위라고 하겠다.

그러므로 평가는 각종 검사(시험 또는 고사)와 측정활동 등의 선행과정에서 얻은 정보를 기초로 하여 교육목표의 달성 정도를 파악하는 가치판단 행위이다.

4 교육심리학의 현장 적용

교육심리학이 구체적으로 교육현장에 어떤 도움과 영향을 줄 수 있는가는 교육심리학과 심리학의 차이를 명백히 해 줄 것이다. 교육심리학이 자체의 이론을 가진 독립된 학문이라도, 실제 교육현장의 적용이 뒷받침되지 않는다면 학문으로서의 유용성을 갖지 못할 것이다. 학교현장에서 교육심리학의 적용을 고려한 교사의 역할을 살펴보면 전 교과 및 수업전문가, 동기 촉진자, 학급관리 및 경영자, 상담자, 지도자, 동일시 대상자 등을 들 수 있다.

1) 강의 연구가 및 전문가

현대와 같은 지식기반사회는 단순히 양적으로 많은 정보와 지식을 가지고 있는 학습자를 필요로 하는 것이 아니라, 문제해결력과 창의력을 가진 학습자를 요구하고 있다. 이에 따라, 교사의 전문성 향상에 대한 요구도 더욱 증가하고 있다. 따라서, 교사는 교육현장에서 당면하는 과제에 대한 문제해결을 위해 자신이 가지고 있는 사전지식과 경험의 오류를 찾아내고 타당성을 검증해야 하며, 새로운 지식과 이론의 적용과 평가를 수행할 수 있는 연구가로서의 역할을 갖게 된다(신희경 외, 2011: 23).

교사는 해당 과목에 대해 강의 전담 및 전문가로서의 역할이 우선적으로 중요하다. 교사는 직업적으로 교과목의 정통한 수업전문가이다. 그리고 학생의 요구와 능력, 교육목표 등을 고려하여 최상의 수업교재와 수업방법을 결정하는 수업 전문가이다. 또한 교사는 수업교재와 교수방법에 대해 끊임없이 의사결정을 해야만 한다. 이러한 결정에는 교과의 내용과 학생의 능력 및 요구, 습득해야 할 학습목표 등 다양한 요인이 고려된다.

뺄셈을 가르치는 가장 좋은 방법은 무엇인가? 과제를 개인별로 할당할 것인가, 아니면 소집단별로 할당할 것인가? 이 단원은 강의식으로 진행해야 할 것인가, 아니면 프로그램 학습방법으로 가르쳐야 할 것인가? 등은 모두 교수전문가로서 교사가 결정해야 할 문제들이다. 교사는 하루에도 수십 번씩 이와 같은 문제에 대해 결정을 하고 있다. 또한 교사는 교수전문가로서 이러한 문제뿐만 아니라, 기본적으로 교수내용에 정통해야 한다고 기대된다(임규혁 외, 2013: 32). 따라서, 유능한 교사일수록 어떤 수업방법이 가장 효과적인가에 대하여 항상 고심하고 연구하여서 변화하는 교육환경에 가장 적합한 수업방법을 찾고자 한다.

2) 동기촉진자

교사가 수행해야 할 중요한 역할 중 하나는 동기촉진자로서의 역할이 사회의 정보통신 발달로 다양한 정보매체에 노출된 학생들에게 학교생활이나 수업은 자칫 흥미 없는 단조로운 시간이 될 수 있기 때문에 교사는 학생들의 흥미를 불러일으키고 능동적으로 수업에 참여시킬 수 있는 방안을 고안해야 한다. 교과내용은 학생들의 능력 수준과 흥미를 고려하여 조직하고, 교사의 일방적인 수업보다 학생들과 상호작용 기회를 많이 마련하고, 과제물은 현실적으로 유용하게 이용할 수 있는 주제를 주며, 교사가 어떻게 평가하면 학생들이 더 열심히 노력할 것인가 등에 관심을 기울여야 한다(이옥형 외, 2012: 23).

그런 이유로 학생들은 분명히 무엇인가를 행동한다. 교사가 수행해야 한다고 가정되는 가장 중요한 역할 중 하나는 동기촉진자이다.

오늘날 다양한 대중매체에 익숙해져 있는 학생들에게 학교에서의 생활은 어쩌면 지루하고 단조롭게 느껴질 수도 있다. 학습내용을 아무리 재미있게 시작한다고 하더라도, 학생들의 관심과 주의를 계속해서 유지시키기란 쉽지 않다. 따라서, 교사들의 순간순간의 의사결정은 학생들의 동기에 효과적이어야 한다. 어떠한 방법으로 학생들을 능동적으로 학습에 참여시켜야 하는가? 교사는 항상 이와 같은 문제를 자문하고 있어야 한다(임규혁 외, 2013: 33).

3) 학급관리 및 경영자

교사는 일과 중 많은 시간을 학급관리자 및 경영자로서의 역할을 수행해야 한다. 학생 행동의 감독, 학급분위기 조성, 학급 운영 계획, 물리적 환경 조성, 시험 준비 및 성적 평가, 학년 교사회의, 학부모 면담, 학급일지 작성 등 교사가 관리하고 경영할 학급업무는 다양하다. 그러나 관리자로서 교사가 수행하는 가장 중요한 업무는 학급의 질서 유지와 관련된 학급관리다(Doyle, 1985). 초등학교 교사의 경우, 학생들에게 직접적으로 개입하는 비율이 하루 일과 중 20－30% 정도나 된다(Rosenshine, 1977).

이렇듯 직접적으로 관여함으로써 학급을 관리하는 비율은 학년이 높아질수록 감소하지만, 그래도 여전히 교사는 자신의 시간을 학급관리에 사용하고 있다. 교사는 학급의 크고 작은 문제가 최소화될 수 있도록 노력해야 한다. 교사는 이러한 문제를 최소화할 수 있는 기술과 방법을 이해하고 있어야 한다(이옥형 외, 2012: 23). 따라서, 교사가 학급 질서를 유지함으로써 적절히 학급을 관리하고 경영해야 교육의 효율성을 높일 수 있다.

4) 상담자

교사는 전문적인 생활지도 상담자는 아니지만, 학생들의 문제행동에 대하여 적절히 상담할 수 있어야 한다. 또한 교사는 전문적인 생활지도 상담가는 아니지만, 학생들의 정서적 행동에 민감하게 반응해야만 한다. 어떠한 학급이든지 교사의 상담이 필요한 학생들은 반드시 있다. 또한 교사는 학생들의 정서적인 측면뿐만 아니라, 학업 성적이나 진로 등에 대해 학생뿐만 아니라, 학부모와도 상담해야 한다. 또 정신건강 전문가의 도움이 필요한 학생을 파악하여 학생의 동의를 받고 위탁(refer)해야 한다. 따라서, 교사가 상담가의 역할을 수행하는 데는 신중하고 사려 깊은 의사결정이 요구된다. 학부모의 감정, 사회의 규범, 동료 교사들과 학생들의 요구 등의 다양한 변인을 고려하여 최선의 상담을 진행할 필요가 있는 것이다(임규혁 외, 2013: 33).

5) 지도자

교사는 지도자로서의 역할을 해야 한다. 교사는 학생 개개인의 요구에 관심을 기울여야 하지만, 실제 교육현장에서 모든 학생을 개인적으로 지도하는 것은 어려운 일이다. 따라서, 교사의 대부분 교육활동은 교실에서 집단으로 이루어지고 있다. 이때 교사에게 요구되는 것은 집단을 대상으로 하는 교사의 지도력이 학생 개개인의 성장을 신장시킬 수 있어야 한다는 것이다. 집단지도자의 역할을 수행하기 위해서 교사는 평가자, 탐정가, 학생들의 사회적 관계형성의 조력자, 학생들 간의 갈등조정자, 학생의 심리적 지원자 등 다양한 역할을 담당해야 한다. 또한 지도자의 역할은 단순히 학급 학생들과의 관계에만 제한되는 것은 아니다. 교사는 학교와 지역사회에 참여하고 그곳에서도 지도적인 역할을 해야 한다.

6) 동일시 대상자

교사는 학생들의 사회화 과정에서 교사 스스로 원하든 원하지 않은 학생들의 동일시 대상이다. 교사의 행동 하나하나는 학생들의 사회적 가치나 규범습득과정에서 동일시의 모델로서 작용한다. 교사는 부모와 함께 학생들이 가장 자주 접하는 역할모델로서 우리 사회의 문화적 가치를 대변하는 동일시 대상이다. 학생들은 교사의 말투, 행동, 태도, 가치관 등을 동일시하여 닮게 된다. 예를 들어, 학생들은 교과지식이 풍부한 교사의 정확한 설명보다는 교과에 열정을 가지고 최선을 다하는 교사에 의해 보다 교과에 관심을 가지고 최선을 다하도록 동기화되는 경향이 있다. 때때로 교사는 학습과 관련하여 자신들이 모델이 되고 있다는 사실을 지각하지 못하는 경우가 많다. 예를 들어, 물리학이나 화학 또는 경제학 등에서 교사는 직접적인 모델을 사용하여 수업을 하기 때문에 그 자신이 모델이 되고 있다는 사실을 알지 못하지만, 학생들은 교사가 어떻게 문제를 해결하는지를 주시하고 있다. 결국 교사는 문제를 해결하는 방법을 보여 주는 모델이 되고 있는 것이다. 따라서, 교사가 교과내용을 다소 잘못 가르치는 것은 양해가 되기도 하나, 사회적 가치나 규범에 어긋나는 행동을 하는 것이 용납되지 않는 것은 교사가 동일시 모델이기 때문이다(이옥형 외, 2012: 24).

그러므로 교사는 하나의 문제를 해결하는 데도 가능한 다양한 접근을 보여줌으로써 학생들이 다양한 상황에 접하였을 때, 현명하게 문제를 해결할 수 있는 힘을 길러 주어야 한다.

이상에서 살펴본 바와 같이 교사는 다양한 역할을 수행하고 있으며, 또 그러한 역할을 수행해야 한다고 기대되고 있다. 효과적인 교사는 가르치는 일을 흥미 있고 가치 있는 도전으로 인식한다. 그들은 학교에 산재해 있는 다양한 문제점을 극복할 수 있다고 믿고 있으며 해결책을 찾기 위해 동기화되어 있다. 그러나 비효과적인 교사는 자신의 역할을 지루한 작업에 불과하다고 인식한다. 그들은 학생의 학습에 대하여 책임지려 하지 않기 때문에 문제를 쉽게 포기하는 경향을 보인다. 비효과적인 교사는 자신이 학생들을 변화시킬 수 있다는 사실을 믿지 않으며, 이에 실제로 학생들의 변화에 주도적인 역할을 하지 못한다. 물론 긍정적인 기대만으로 효과적인 교수활동이 보장되는 것은 아니다. 그렇지만 긍정적인 기대가 없다면 교사는 결코 교실에서 효과적일 수 없다. 결국 성공적이고 효과적인 교사는 적극적인 의사결정자다. 성공적인 교사는 그들 자신이 문제를 명확히 진단하고 해결하는 문제해결자로 인식한다. 그들에게는 뚜렷한 목표가 있으며, 변화가능성에 대한 확고한 신념이 있다.

그러므로 비록 교육심리학이 모든 문제에 대해 미리 만들어진 해결책을 제공해 줄 수는 없다 하더라도, 문제를 인식하고 정의하는 과정, 가능한 해결책을 만드는 과정, 그 해결책들의 효과를 평가하는 과정에 귀중한 도움을 줄 수 있다. 이상적인 교육은 이론적 기초와 교사의 적극성이 조화될 때에만 가능하다. 따라서, 그리고 교육심리학은 이상적인 교육을 수행하면서 교사들이 실제적으로 적용하고 활용할 수 있는 기본적이고 필수적인 이론적 기초를 제공하고자 하는 것이다.

Chapter 8

성격심리학

학습목표

1. 성격심리학에 대한 이론적 이해
2. 성격의 결정요인 토의
3. 사례연구

학습내용

1. 성격심리학의 개념
2. 성격의 결정요인
3. 성격의 구조
4. 성격측정방법

개요

사람들은 살아가면서 다양한 관계를 맺는데, 그 과정에서 성격이라는 요소가 큰 역할을 한다. 성격심리학은 성격을 기술·설명하고 성격의 형성과정, 성격의 분류·진단·측정 방법 등을 연구하는 심리학의 분야이다. 여기에서는 성격심리학을 학습하고자 한다.

Chapter 8

성격심리학

1 성격심리학의 개념

성격심리학(personality psychology)은 성격을 기술·설명하고 성격의 형성과정, 성격의 분류·진단·측정 방법 등을 연구하는 심리학의 분야이다.

성격은 캐릭터(character)와 퍼스낼리티(personality)가 있다. 이들은 같은 의미로 쓰일 때도 있지만, 의미가 조금은 다르다. 'character'는 원래 그리스어로 '새겨 넣은 것' 또는 '새겨진 것'을 의미하며, 우리말로 '인격' 또 '품성'으로 번역되고 있다. character는 흔히 어떤 생활양식이나 생활태도가 성숙하고 고정된 성인이나 집단에 대해서 쓰이며, 또한 인간의 사고, 감정, 행동의 양식을 결정하는 도덕적인 면이 강조된 개념을 나타낸다. 'personality'는 사회적·개인적 관계에서의 행동양식을 결정하는 정적인 면이 강조된 개념이다. personality의 어원은 라틴어 페르조나(*persona*)로 연극에서 사용하는 가면에서 유래되었다. *persona*는 어떤 사람의 참모습이라기보다는 배우가 '가면'을 쓰고 무대에서 연극하듯이, 사람들이 공적으로 보여 주는 외관이다. 개인이 사회생활을 하면서 2차적으로 맺게 되는 인간관계 속에서 나타나는 얼굴이라는 뜻이다. 특히, 기독교에서 *persona*는 삼위일체에서 '위격'을 설명하는 매우 중요한 단어이다. 즉, character가 도덕적·윤리적 면에서 개인의 성질을 강조한다면, personality는 대인관계에 있어서의 행동·사고·감정의 기초가 되는 신체적 · 정신적 · 감정적 특징을 나타낼 때 사용하고 있다.

사람들은 살아가면서 다양한 관계를 맺는데, 그 과정에서 성격은 큰 역할을 한다. 성격은 학문적으로 정의가 확립되지는 않았다. 수많은 학자들이 성격을 측정하기 위해 측정방법을 연구 · 개발했는데, 성격은 유전과 환경의 영향을 받아 형성된다고 보고 있다. 사람마다 부모에게서 받는 유전자가 다르고 지낸 환경이 다르기 때문에 개개인의 성격 역시 다를 수밖에 없다(이주희 외, 2013: 219).

성격(personality)은 심리학 용어인 동시에, 일상생활에서도 많이 활용되고 있는데, 일반적으로 성격은 사교적 기술 또는 효율성이라는 의미로 쓰인다. 우리는 이렇게 정의되지 않은 성격을 좋다느니 나쁘다느니, 강하다느니 약하다느니 하며 표현하곤 한다. 심리학자들은 성격을 정의하고자 노력했고, 종종 개인 연구의 관점에서 성격을 정의하였다. 많은 정의 중 가장 고전적이고 많은 학자들이 보편적으로 인정하는 것은, 올포트(Allport, 1961)의 정의는 다음과 같다.

> 성격은 심리생리적 체계로 이루어진 개인 내에 존재하며 개인의 특징적인 행동과 사고를 결정하는 역동적인 체제이다(Personality is the dynamic organization within the individual of those psychophysical systems that determine his characteristic behavior and thought).

이 정의에서 '역동적인 조직(dynamic organization)'은 성격이 일정한 구조와 체계를 갖춘 것이기는 하지만, 성격은 계속적으로 발달하고 변화하며 적응해 나가는 과정의 것임을 뜻하고 있다. '심리생리적 체계(psychophysical systems)'는 성격이 전적으로 심리적인 것이라든가, 신경적인(neural) 것 중의 어느 하나라기보다는 심리와 생리 양자가 함께 작용하는 것을 의미한다. '결정하는(determine)'은 성격이 개개인의 행동의 결정 경향성을 지니고 있음을 뜻한다. 올포트는 성격을 '개인의 특징적인 행동과 사고'를 결정하는 것으로 보았다. 즉, 성격은 나름대로의 적응방식을 결정한다는 의미를 내포하고 있다.

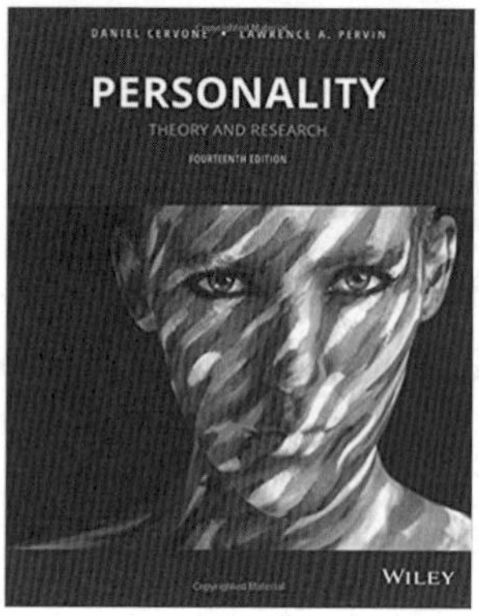

『성격』
(2018년 출판)

성격의 정의는 시간이 흐르면서 연구결과와 개념들에 대한 합의가 이루어지고 있으며, 최근 가장 적절하다고 받아들여지는 커본과 퍼빈(Daniel Cervone and Lawrence A. Pervin)은 2018년 그들의 저서 『성격: 이론과 탐구(*Personality: Theory and Research*)』에서 다음과 같이 정의하고 있다.

> 성격은 개인의 삶에 방향성과 형태(응집성)를 부여하는 인지, 정서 및 행동의 복잡한 조직체이다. 신체와 마찬가지로 성격은 구조와 과정이 있고 선천성(유전)과 후천성(경험)을 둘 다 반영한다. 그리고 성격에는 현재와 미래의 구성물뿐만 아니라, 과거에 대한 기억을 포함하는 과거의 영향도 포함되어 있다(Personality is the complex organization of cognitions, affects, and behaviors that gives direction and pattern(coherence) to the per-son's life. Like the body, personality consists of both structures and processes and reflects both nature (genes) and nurture (experience). In addition, personality includes the effects of the past, including memories of the past, as well as consists of both structures and processes and reflects both nature(genes) and nurture(experience). In addition, personality includes the effects of the past, including memories of the past, as well as constructions of the present and future.).

이 정의에서는 성격이 개개인의 행동의 방향과 자기 나름대로의 방식(pattern)을 갖고 생활조건에 맞추어 상호작용을 한다는 점, 성격이 구조와 과정을 지닌 역동적 조직이라는 점, 그리고 성격의 형성은 유전과 환경의 영향을 받을 뿐만 아니라, 과거의 경험과 미래에 대한 기대가 동시에 영향을 미친다는 점을 지적하고 있다(안범희, 2011: 20).

위의 두 정의를 살펴보면, 개인차가 이 분야의 핵심적인 부분으로 나타나지만 그것이 전체는 아니다. 사람들이 생각하고 느끼고 행동하는 것에 관해서도 성격을 연구할 수 있으며, 시간이라는 개념과 접목해 연구할 수도 있다.

2 성격의 결정요인

성격이 선천적으로 타고나는 것인가, 아니면 후천적으로 학습되는 것인가 하는 문제는 많은 논란이 되어 왔다. 그러나 성격 개념을 기준으로 생각해 보면, 성격의 선천성은 부인하기 어렵다(김태형 · 전양숙, 2007: 19).

1) 생물학적 요인

태어나면서부터 자신이 원하는 것을 잘 표현하는 아이가 있고, 또 반대의 아이가 있다. 이렇게 출생 시부터 아이의 요구나 행동에 차이가 난다는 것은 성격이 유전적인 요인에 영향을 받는다는 것을 의미한다(윤가현 외, 2022: 271). 유전에 대한 연구는 주로 쌍생아를 통해서 하게 된다. 특히, 일란성 쌍생아에 의한 연구가 주를 이루고 있다. 일란성 쌍생아의 경우, 유전인자의 배열이 거의 유사하지만, 이란성 쌍생아는 일반 형제와 비슷한 유사성을 보이기 때문이다.

카텔(Raymond B. Cattell)은 2021년 그의 저서 『성격연구개요(*An Introduction to Personality Study*)』에서, 쌍생아에 의한 성격의 유전적 요인 연구결과를 보면, 조울성 기질(안일하고 인정 있고 수다스러운 성격), 분열성 기질(융통성 없고 냉정하고 말이 없는 성격 특성), 모험적 순환 기질(사교를 즐기며 친절하고 충동적인 성격 특성), 퇴행적 분열성 기질(수줍고 적대적이고 억제적인 성격 특성) 등의 성격 특성은 유전의 영향이 더 큰 것으로 나타났다.

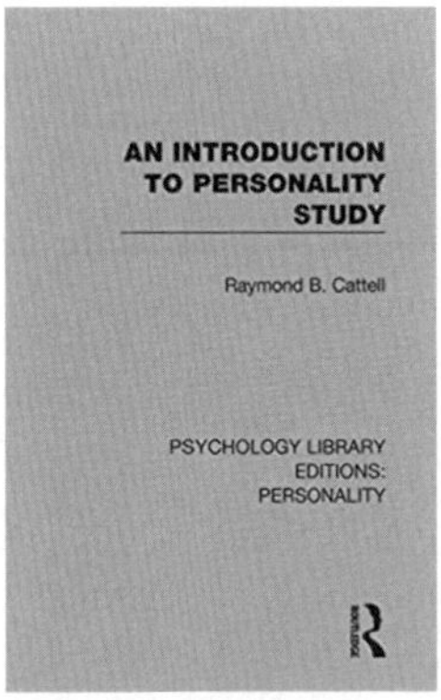

『성격연구개요』
(2021년 출판)

다운증후군(Downs syndrome), 몽골리즘(Mongolism)과 같이 정신박약아로 태어나는 아이의 대다수는 염색체에 이상이 있어서이다. 또한 페닐케톤뇨증(Phenylketonuria, PKU) 역시 정상적인 신진대사에 필수적인 효소 부족으로 일어나는 유전장애이다. 출생 후 바로 치료하지 않으면 정신박약아가 된다. 이에서 보듯 정신지체아나 박약아의 유전요인은 뚜렷하게 드러나고 있으나, 정상인의 유전요인은 밝혀진 것이 아직 많지 않다.

토마스와 체스(Alexander Thomas and Stella Chess)는 1968년 그들의 저서 『아동의 기질 및 행동장애(*Temperament and Behavior Disorders in Children*)』에서, 150명의 아동들을 생후 약 10년 동안 종단적으로 추적, 연구하였다. 각기 아동이 속한 가정에서 연구자들의 관찰과 이들 부모들과의 면담을 통해 아이들의 출생 시 기질이 서로 다르며, 이 차이는 후일까지 지속된다는 결론을 내렸다. 양순했던 유아는 커서도 문제행동이 별로 없고, 싹싹하고 활발한 아기는 역시 싹싹한 십대가 되는 경향이 있다는 것이다.

정신분열증에 대한 유전적 요인에 대해서는 엇갈리는 연구가 많다. 그런 가운데 미일(P. E. Meehl)은 정신분열증에 대한 '소질－스트레스 접근방식'을 채택하였다. 이른바 '정신분열추성'이라는 신경적 결손을 유전적으로 타고나는 사람들이 있는데, 이 추성은 환경여건이 좋으면 그냥 잠복한 상태로 있어서 정신병으로 진행되지는 않는다는 것이다. 범죄성향, 이타성, 공격성 같은 사회적 행동도 부분적으로는 유전이 작용한다고 보는 연구자들이 적지 않다(Meehl, 1962).

일반적으로 부드러움이라든가, 일반 신경증, 의지력, 신체 불안, 쾌활성, 정력성, 적응성 등은 환경의 영향이 큰 것으로 알려지고 있다. 논리적으로 결론을 내린다면, 에너지의 이동과 정서반응성에 관계되는 성격 특성은 유전의 영향이 상대적으로 크고, 사회성, 사기에 관계되는 성격 특성은 환경의 영향이 큰 것으로 볼 수 있다.

인간의 기본적 정서(분노, 슬픔, 기쁨, 혐오, 두려움 등)가 유전자 속에 정보 부호화되어 있는 생득적인 것이라고 주장하는 일단의 심리학자들도 있다. 따라서, 성인, 아동은 물론 침팬지도 그러한 정서를 경험한다는 것이다. 전체적으로 유전자는 개별적으로 차이 나게 하면서도 인류를 비슷하게 만드는 역할도 한다는 것이다(Pervin, 2005). 의학에서의 성격의 유전요인에 대한 발견이 종종 진행되고 있어서 성격의 유전적 요인에 대해 더 많은 정보를 제공할 것으로 보인다.

2) 신체적 요인

신체적 요인은 호르몬 작용, 신경, 생리적 조건, 감각미의 예민성, 체격 등과 같은 생리적 구조를 말한다. 신체적 요인이라고 해서 순전히 유전적인 것만은 아니고, 어느 정도는 환경의 영향을 받는다(안범희, 2011, 36).

셀던(W. H. Sheldon)은 사람의 체격을 3가지로 분류하여 성격과 결부시키고 있다(Sheldon, 1940).

① 내장형 : 이완된 자세, 신체적 위안을 즐기고 반응이 늦다. 잠이 많고, 말썽이 있을 때, 구원을 요청하기를 잘한다.

② 신체형 : 자세와 운동이 자기주장적이며, 신체적 모험을 즐겨하고, 경쟁적, 공격적이며, 떠들썩하고, 행동적이다.

③ 뇌수형 : 자세와 운동이 억제적 소극적이며, 반응이 빠르고, 사회적 반응은 금지적이며, 불면증이나 만성적 피로가 있고, 말썽이 있을 때에는 혼자 있기를 좋아한다.

셀던은 크렛쉬머(Kretschmer)의 초기 연구를 확대 해석하면서 성격과 행동은 체격의 기능인 것을 증명하려고 하였다. 그는 사람은 3개의 차원 각각에 알맞은 등급(7단계 평정척도)에 지정되는 절차를 개발하였다. 이 등급들은 매우 객관적이고 대상이 매우 정확하게 옷을 벗고서 자세를 취한 사진으로 측정된 것으로 배에서 가슴의 비율과 같은 다양한 지표에 의존하고 있다. 체형과 기질은 같은 유전적 요인에 근거하는 것으로 셀던은 믿었으므로, 그는 각각의 체형은 기질에 상응하는 구성 요소를 갖는다는 주장을 하고 있다. 내배엽형은 내장형(느슨한 자세, 편안한 상태를 좋아하는 것, 동의의 욕구)과 관련이 있고, 중배엽형은 신체형(독단적 자세, 행동의 욕구, 공격성)과 관련이 있으며, 외배엽형은 뇌수형(억제된 자세, 부끄러움, 두려움)과 관련이 있다는 것이다. 200명의 대학생을 대상으로 한 초기의 연구에서 셀던은 내배엽형과 내장향성 사이에는 .79, 중배엽형과 신체형 사이에는 .82, 그리고 외배엽형과 뇌수형 사이에는 .83의 상관이 있다고 주장하였다. 이러한 주장에 대해 양자 간의 상관이 너무 높아서 이 결과가 지나치게 과장된 것이 아니냐는 지적이 뒤따랐다.

환경의 영향도 무시할 수 없다는 지적도 나왔다. 즉, 중배엽형의 사람은 그들의 강한 근육 때문에 공격성이 그들에게 이익을 가져온다는 사실을 배울지도 모르며, 내배엽형은 그들이 비대한 탓에 비난받는 경향을 가지고 있기 때문에 찬성의 욕구를 개발시킬지 모른다는 것이다. 허약하고 선이 가는 외배엽형의 억제경향은 어린 시절 배운 육체적 안녕에 효과적인 이해관계를 반영할지 모른다는 주장이다. 체질과 기질 사이에 적절한 관계는 이와 같이 호기심을 자아내지만, 이에 대한 해석은 불분명하다.

셀던 이후에, 심리학자들은 일반적으로 인성이론에 관련 있는 전형적인 접근법을 포기하였다. 하나 또는 또 다른 하나의 범주에 사람들을 지정하는 것과, 그러고 나서 그들 행동에 관한 광범위한 일반화를 하는 것은 흥미 있는 것일지도 모르는 반면에, 이 성격연구접근법은 좀처럼 경험적인 지지를 받지 못하고 있다. 그러나 체격은 신체적 활동이라는 측면에서 긍정적 자아개념 또는 부정적 자아개념을 형성하는 데에도 영향을 미치며, 정력 수준에도 관계된다. 신체적인 결함도 영향을 미친다. 이는 열등감에 대한 보상으로 잘 나타난다.

신체요인 중에서도 내분비선에서 분비되는 호르몬의 영향을 뜻하는 바, 예를 들어, 갑상선 호르몬이 과다 분비되는 경우에는 흥분되고, 잠을 못 자는 현상이 뚜렷하고, 과소한 경우에는 무기력해지고 피로해지기 쉽다. 췌장에서의 인슐린 분비가 교란되면 정신적 혼란이 일어나기도 한다. 공격성과 성호르몬은 밀접한 관계가 있는 것으로 보고되고 있다.

미국 시카고대학교 의과대 아동심리학 교수 키스 맥버네트 박사는 타액검사 결과, 호르몬의 일종인 코르티솔(cortisol)이 적게 분비되는 아이들이 공격적인 행동을 할 가능성이 매우 높다고 밝힌 바 있다. 코르티솔은 나쁜 짓을 한 다음 처벌을 받을까 두려워할 때 많이 분비되는 호르몬이다. 코르티솔은 콩팥의 부신피질에서 분비되는 스트레스 호르몬이다. 코르티솔은 외부의 스트레스와 같은 자극에 맞서 몸이 최대의 에너지를 만들어 낼 수 있도록 하는 과정에서 분비되어 혈압과 포도당 수치를 높이는 것과 같은 역할을 수행한다.

코르티솔은 [그림 8-1]과 같다.

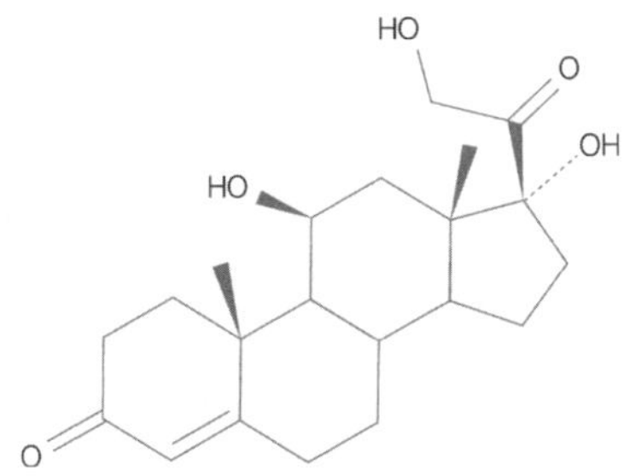

[그림 8-1] 코르티솔

자료: 김보기 외(2017c: 167) 재인용.

맥버네트는 공격적인 행동으로 정신과 치료를 받고 있는 7－12세의 남자아이들을 대상으로, 2년에 한 번씩 타액검사를 해 코르티솔 분비량을 측정하여 이를 비행증상과 비교한 결과, 분비가 가장 적은 12명은 평균 5.2가지의 비행 증상을 보인 반면, 나머지는 평균 1.5가지에 지나지 않았다. 그는 이 결과에 대해 만성적인 반사회적 행동 증상은 환경이나 부모의 영향이 아니라, 생물학적 요소에 의해 생기는 것임을 보여 준다고 주장하였다(동아일보, 2000년 1월 15일자).

3) 사회적 요인

(1) 유아기의 경험

성격형성과 관련하여 대부분의 성격이론가들이 유아기의 경험을 강조하고 있으나, 이들의 견해에는 다소 차이가 있다. 수유방법, 이유시기, 배변훈련 문제가 논쟁이 되고 있다. 일반적으로 다음과 같은 견해에 접근하고 있다.

수유방법은 방법(모유, 우유) 자체가 문제가 아니라, 그 방법이 유아에게 주는 특수한 의미가 중요하다. 같은 방법이라 할지라도, 어머니에 따라 심리적으로 차이가 날 수 있다. 수유는 규칙적인 것이 좋은데, 젖을 규칙적으로 마음껏 먹으면 후에 낙천적이고, 자신감을 가지며 조바심이 적은 데 비해, 아무 때고 원할 때마다 주면 만능감을 초래하여 어른이 되어서도 자기욕구가 곧 채워지지 않으면 신경질을 잘 부리게 된다. 불규칙적으로 먹이면 의존성, 비꼬는 성격이 되기 쉽다.

수유와 이유에 있어서 각기의 사례에 따라 권유되는 방법은 다음과 같다(안범희, 2011: 39).

① 온화한 성격의 어머니 : 딸에게 모유를 먹임이 좋다.
② 냉정한 어머니 : 아이에게 혼란을 적게 하는 방법으로 인공영양(우유)이 권장된다.
③ 남자아이 : 사회적, 개인적 환경이 좋을 때에는 이유의 시기는 별로 문제가 되지 않는다.
④ 여자아이 : 어머니가 안정한 상태이면 조기에 이유해도 괜찮으나, 불안정 상태이면 늦은 이유가 부적응이 적다.

결국 가장 좋은 수유방법은 유아의 성과 어머니의 성격 특성에 따라 결정된다.

(2) 사회 및 문화

개인이 속한 문화권이 지니고 있는 가치와 규범은 성격형성에 큰 영향을 미친다. 사회변동에 따라 그 사회의 가치와 규범 또한 변하므로 한 사회, 한 문화권에서도 세대차에 의한 의식구조나 성격의 차이가 생긴다. 이는 우리나라의 경우에도 두드러지게 나타나고 있다. 산업화, 도시화, 대중사회화라는 커다란 사회변동 추세를 따라 변화한 한국 젊은이들이 지니고 있는 의식구조의 특성에 대해 일반적으로 통용되는 견해는 다음과 같다(안범희, 2011: 40).

첫째, 이기적이며 자기중심적인 개인주의적 성향이 강하다.

둘째, 목적달성을 위해서는 수단과 방법을 가리지 않아도 된다는 식의 요령주의, 편법주의 내지는 출세 제일주의 성향이 높다.

셋째, 황금만능주의로 대변되는 물질주의적 성향이 높다.

전반적으로 요즘 젊은이들의 의식구조는 실리와 평등, 개인 우선의 서구적 의식구조화 추세를 보이고 있으며, 이러한 흐름이 매우 빨라지고 있다. 그러한 와중에서 이들은 가족주의적 집합주의, 인정주의, 권위주의, 도덕주의 등을 골자로 하는 우리나라의 전통적 의식구조와 서구적 의식구조를 혼란스러운 상태로 공유하고 있어서 이로부터 상당한 갈등과 자기모순적 대립양상을 보이고 있기도 하다. 개인주의의 예를 들어, 타인의 인격과 권리가 존중되는 가운데 자기를 실현하는 이상형 개인주의로 진전되지 못한 채, 자신의 권리만 내세우려 하는 편협한 개인주의의 양상을 보이고 있다.

사회계층 역시 성격형성에 적지 않은 영향을 미친다. 사회적 분류 속에서 소속감의 결과로써 특정한 성격이 발전한다. 그 개인이 속한 사회집단은 성격형성에 특별히 중요한 의미를 갖는다. 사회계층적 요소들은 개인의 지위, 신분을 결정하고 그들의 역할, 의무, 그리고 그들이 참여하는 권리들을 결정한다. 문화적 요소와 비슷하게 사회계층적 요인은 사람들이 상황을 정의하는 방법과 그들이 그것들에 대해 반응하는 방법에 대해서 영향을 끼친다.

(3) 가정

중요한 환경적 요인 중 하나는 가정의 영향이다. 부모는 따뜻하고 사랑하거나 적대적이거나 거절하며 과잉보호를 하거나 소유하며, 또는 그들의 아이들에 대한 자유나 자율의 욕구를 잘 알고 있는지도 모른다. 부모의 각각 일련의 행동은 아이들의 성격형성에 반영된다. 부모들은 적어도 3가지 방법으로 아이들의 행동에 영향을 미친다(Pervin, 2005).

① 부모의 행동이 자녀의 어떤 행동을 유발시킨다(좌절감은 공격성을 유발한다.).

② 부모는 동일시의 모델 역할을 한다.

③ 부모는 자녀의 행동에 대해서 선택적으로 보상을 준다.

가정의 사회경제적 지위에 따라 아동이 누리는 환경도 다르지만, 부모들이 아동에게 강조하는 성품도 각기 다름도 볼 수 있다(안범희, 2011: 41).

① 노동계층 부모 : 체벌을 많이 사용한다.

② 중류층 이상 부모 : 실망을 표시한다든가, 애정을 철회하는 등 심리적인 벌을 더 많이 사용한다.

아동에게 길러주어야 할 특성으로 부모가 중히 여기는 것은, 노동계층이나 중류층 이상 모두 정직성에 가장 큰 가치를 두고 있으나, 그 외의 것으로 전자의 경우는 복종성과 단정함, 청결성을 강조하고, 후자의 경우는 자기억제, 호기심, 타인에 대한 배려 등을 강조한다.

가정이 성격형성에 미치는 영향은 다음과 같은 이유로 매우 크다(안범희, 2011: 42).

첫째, 가정은 우리가 가장 많은 시간을 보내는 곳이다.

둘째, 가정은 행동의 통제를 가장 많이 받는 곳이다.

셋째, 가정은 정서적으로 짙게 물들여진 인간관계를 맺고 있는 곳이다.

넷째, 인생의 초기의 경험을 겪는 곳이 가정이라는 점이다.

다섯째, 가정은 가장 안전하고 안정된 환경이다.

(4) 형제관계

『사회성과 성격 개발』
(2008년 출판)

샤퍼(David R. Shaffer)의 저서 『사회성과 성격개발(*Social and Personality Development*, 2008)』에 따르면, 가족관계 중에서도 부모의 역할 못지않게 형제나 자매관계 역시 아동의 성격형성에 적지 않은 영향을 미친다. 대개의 부모는 형제나 자매간의 지나친 경쟁과 다툼이 후일의 사회생활에 좋지 않은 영향을 미칠까 걱정하고, 반대로 외자식은 외롭고 자기만 아는 제멋대로의 성격이 될 것을 우려한다. 대체적인 결론은 이러한 걱정은 크게 우려할 만한 것은 아니라는 점이다. 형제들은 아동의 삶에서 다음과 같은 점에서 매우 긍정적인 역할을 할 수 있다(Shaffer, 2008).

① 정서적 지원자로서의 형제

아동은 부모 다음으로 형제에게 애착감 같은 정서적 유대와 지지를 받는다. 나이가 듦에 따라 형제들은 부모를 신뢰하는 것보다 더 자주 서로를 보호하고 신뢰하며, 형제간에 도움을 주고받게 된다. 형제간의 결속은 학령기 이후 또래로부터 무시당하거나 위협을 받을 때, 자주 보이는 불안이나 적응문제들을 최소화하는 데 도움을 준다.

② 모델 및 교사로서의 형제

형은 동생에게 새로운 기술을 가르치거나, 지식의 습득에 모델이 되거나, 이를 직접 돕는다. 동생뿐 아니라, 형도 이렇게 가르치는 행위를 통해 학업이나 그 밖의 능력에서 그런 기회가 없는 또래에 비해 높은 성취를 보이기도 한다.

③ 사회인지적 이해에 대한 기여자로서의 형제

형제간의 상호작용 빈도와 강도는 사회인지적 능력의 신장을 가져온다. 이를 통해 사회성, 타인에 대한 정서적 이해, 타협과 화해의 능력 증진이 이루어지고, 성숙한 형태의 도덕적 추론도 가능하게 된다.

(5) 동료집단

최근 연구자들은 다음과 같은 의문에 관심을 기울이고 있다. 같은 부모를 둔 형제들이 왜 그렇게 다른 행동을 보이는가? 그 답은 타고난 차이뿐만 아니라, 같은 경험을 달리 받아들이고, 가정 밖에서의 경험이 차이를 가져온다는 것이다(Harris, 1995). 이 견해에 따르면, 아동이나 성인의 동료집단에서의 경험이, 가정에서의 경험보다 성격발달에 더 많은 영향을 미친다. 가정은 매우 제한된 환경적 요인만을 제공하는 데 비해, 동료집단의 환경적 요인은 매우 다양할 뿐만 아니라, 강력하다. 동료집단은 개인이 행동의 새로운 규칙을 받아들이도록 하는 데 영향을 미치고, 개인 성격발달에 지속적인 영향을 미치는 경험에 반영된다. 이 견해가 시사하는 바는, 부모의 영향은 아동의 초기 성격발달에 중요하고, 동료집단은 후기 또는 계속적으로 성격발달에 영향을 미친다는 점이다.

3 성격의 구조

프로이트의 초기 성격구조이론의 중심이 되는 개념은 무의식적인 정신과정이었다. 그러나 프로이트는 인간의 다양한 행동을 설명할 수 있는 좀 더 정교한 성격이론을 개발하기 위해 끊임없이 노력하였다. 프로이트는 1923년에 발표한 『자아와

『자아와 원초아』
(2018년 출판)

『프로이트 정신분석상담과 심리치료』
(2022년 출판)

『프로이트 심리학 입문서』
(2021년 출판)

원초아(*The Ego and the Id*)』에서 마음의 지형학적 모델을 성격의 삼원구조이론으로 발전시켰다. 그는 원초아, 자아, 초자아라는 세 가지 심리적 구조를 제안했으며, 특히 자아의 기능을 중요하게 여겼다. 인간의 정신세계는 매우 충동적이고 비합리적인 마음, 현실을 인식하는 합리적인 마음, 도덕과 양심을 중시하는 마음이 서로 충돌하고 타협하면서 외부세계와 상호작용한다고 하였다(Freud, 2018).

박계자 · 김화인의 저서 『프로이트 정신분석상담과 심리치료』(2022)에 따르면, 인간의 정신이 원초아(Id), 자아(Ego), 초자아(Superego)의 세 가지 부분으로 되어 있다는 가설을 프로이트가 최초로 사용한 후, 지금은 정신병리를 논할 때 이 생각의 방법이 필요불가결하게 되었다. 이것으로 인해 성격의 각각 다른 부분이 상충하는 역동도 잘 이해될 수 있고 또 구조도 설명이 되지만, 이를 구체적인 현실로 잘못 인식해서는 안 된다. 오히려 세 가지의 각기 다른 기능과 '힘의 할거'라고 하겠다. 프로이트에 따르면, 구조학적 모형의 원초아, 자아, 초자아는 비록 세 부분이 밀접하게 상호작용하더라도, 각 부분들은 그 자체의 특징을 가지고 있다(박계자 · 김화인, 2022: 38).

홀(Calvin Springer Hall)의 저서 『프로이트 심리학 입문서(*A Primer of Freudian Psychology*, 1954)』에 따르면, 인간의 성격구조는 다음과 같다(Hall, 2021: 22－35 ; 노안영, 2018: 180－181).

1) 원초아

원초아(Id)는 원초적 자아 또는 자아의 원초라는 뜻의 한자 조어로, 프로이트의 이론에서는 '그것'이라는 독일어 3인칭 대명사인 'Es'이다. '그것'의 내용은 유전된, 신체조직에서 유래하는 충동들로서, 심리학적으로 중요한 것은 배고픔과 목마름 같은 생리적 욕구들보다는 성과 공격의 충동들이다. 현실과 접촉이 없으므로 진정하게 '심리적' 현실이라고 할 수 있는 원초아는 쾌락원칙을 따르며, 일차과정적으로 기능한다.

배고픈 아기가 마구 울다가 젖을 먹으면 웃는 것처럼, 충동들이 만들어 내는 긴장이 해소될 때 즐거움과 행복이 느껴진다. 일차과정이란 욕구충족의 방식이면서 사고의 양식이다. 일차과정적 욕구충족은 즉각적인 대신, 대상이나 방법이 유동적이다. 배고픈 아기는 엄마가 자기 앞에서 우유를 타고 있는데도 즉각적 충족을 요구하며 울어대지만, 엄마가 빈 젖꼭지(소위 '공갈 젖꼭지')를 물려주면 그친다. 자기 손가락을 빨며 울음을 그치기도 한다. 물론 빈 젖꼭지나 손가락에서 젖이 나오는 것이 아니므로 아기는 곧 다시 운다. 일차과정적 사고양식은 비합리적이고 시각적 심상에 의존하며, 시간의식이 없는 것이 특징이다. 꿈 사고가 바로 이러한 양식이다. 우리는 오줌이 마려울 때 꿈에서 화장실에 가지만(즉각적 욕구충족, 유동적 대상/방법), 결국은 방광이 터지기 전에 일어난다. 또 주로 시각적 심상들로 나타나며, 과거와 현재가 뒤섞이는 꿈의 사고는 너무 비합리적이어서 '사고'라고 하기도 어려울 지경이다. 일차과정적 사고는 자아가 무너진 정신병(조현병 등) 환자의 알아듣기 어려운 횡설수설에서도 볼 수 있다.

원초아는 심리적 에너지의 원천이자 본능이 자리 잡고 있는 곳이다. 그리고 근본적으로 성적이고 공격적인 충동으로 마음에 대한 본능적 압력의 종합적인 조직을 나타낸다. 이는 '쾌락의 원리(pleasure principle)'에 따라 본능적 욕구를 충족시키기 위하여 비논리적이고 맹목적으로 작용한다. 원초아에는 욕망 실현을 위한 사고능력이 없으며, 단지 욕망의 충족을 소망하고 그것을 위해 움직일 뿐이다. 원초아는 무의식적(unconscious)이거나, 의식 외적(out of awareness)인 존재이다. 반사작용으로 생리적이며 자동적 반응, 즉 눈 깜박임, 재채기 등을 말한다. 이는 일차적 과정으로 긴장을 제거해 주는 대상의 영상을 떠올림으로써 긴장을 해소하는 것으로, 예를 들어 목마른 나그네가 물을 보는 상상을 하는 것을 들 수 있다.

2) 자아

라틴어 *ego*의 번역인 '자아(Ego)'는 독일어 일인칭 대명사인 '나'이다. '나'는 보고 들으며, 기억하고, 감정을 느끼며, 판단을 내린다. '나'는 수의적 운동을 맡는다는 점에서 성격의 '집행자'이다. 원초아로부터 자아가 분화되는 이유는, 욕구충족과 긴장해소가 결국 바깥세계에서 오는 또는 찾는 대상들을 통해서만 가능하기 때문이다. 자아는 너무 강한 자극들은 피하고 적당한 자극들을 찾아내며, 결국 바깥세계를 유리한 쪽으로 변화시키기를 배운다.

현실의 원리에 입각하여 욕구충족을 위해 적합한 대상이 발견될 때까지 긴장해소를 보류할 수 있다. 이차적 과정으로 현실적 사고과정을 통하여 통제하고 반응할 환경의 성질을 검토, 선정하고 욕구를 어떤 방법으로 만족시킬 수 있는가 결정한다. 현실을 무시하고 쾌락의 원리에 입각하여 작용하는 원초아(Id)와 이상 지향적 작용을 하는 초자아(Superego)를 통합, 조정하는 중재자 역할을 한다. 예를 들어, 목이 마를 때 '물'의 심상을 떠올리는 것이 아니라, 기다리면 물을 가져다 줄 것이라고 기대하는 것이다.

3) 초자아

초자아(Superego)는 프로이트에서 '위 - 나', 즉 '나의 위'에 있는 존재이다. 인간의 아동기는 유난히 길며, 부모에 의존해 사는 기간이 길기 때문에 이 부모의 영향을 지속시키는 구조가 자아로부터 분화되어 독립하게 된다. 부모의 영향에는 물론 부모의 개성뿐 아니라, 부모가 이어가는 가족, 민족 전통의 영향, 부모가 대표하는 당시의 사회적 환경의 요구들도 작용한다. 또한 아동이 커가면서 초자아는 부모의 대리인들, 즉 교육자, 공적인 모델들이 주는 영향도 받게 된다.

사회적·전통적 가치와 이상의 내적 기준으로 성격의 도덕적 무기, 현실보다는 이상을, 쾌락보다는 완성을 위해 작용한다. 이는 자아에서 분리된 부분으로 개인이 생의 초기에 받는 도덕적 훈련의 잔재이며, 가장 중요한 아동기 동일시와 이상적인 포부의 침전물이다. 따라서, 초자아는 사회기준을 내면화하여 심리적인 보상과 처벌을 한다. 보상은 자존심과 자기애의 느낌이고, 벌은 죄의식과 열등감의 느낌이다. 부모가 어린이에게 설명해 줌으로써 부모가 어린이에게 주는 보상이나 벌에 대한 반응으로 발달한다. 이때 양심, 즉 부모가 자녀의 행동에 대하여 부적합하다고 하거나 벌하는 것으로 발달하며, 자아이상, 즉 자녀의 행동을 승인, 칭찬해 주는 것으로 발달함으로써 선에 대한 개념이 발달한다.

인간의 성격구조는 <표 8-1>과 같다.

<표 8-1> 인간의 성격구조

구조	의식성	내용과 기능
원초아(Id)	무의식적	기본적인 충동(성과 공격), 결과와 관계없이 즉각적인 만족 추구, 이성과 논리는 통하지 않음. 즉각적 · 비합리적 · 충동적
자아(Ego)	현저하게 의식적	원초아의 충동과 초자아의 억제 사이를 중재하는 집행부, 현실을 검증, 공간과 시간을 합리적이고 논리적으로 고려함.
초자아(Superego)	의식적 및 무의식적	이상과 도덕, 완전 추구, 부모로부터 내면화됨. 관찰한다 · 지시한다 · 비평한다 · 금한다. 만족에 대한 한계를 지움. 개인의 양심이 됨.

자료: 박계자 · 김화인(2022: 64).

4) 원초아, 자아, 초자아의 관계

내면의 이 세 구조는 각각 고정되어 있는 것이 아니라, 어느 것이 강해지면 다른 것이 약해지는 관계에 있다. 어린아이같이 원하는 것은 즉시 가져야 하고 현실도, 도덕도 무시하는 사람이 있는가 하면, 현실논리만 따지는 지극히 이성적이고 계산적인 사람이 있고, 옳고 그름만 따지며 욕망도, 자기이익도 초월한 사람이 있는데, 이는 각각 원초아, 자아, 초자아가 다른 구조들에 비해 상대적으로 강한 경우들이 된다. 원초아와 자아만 기능하고 초자아는 발달하지 않은 사람을 생각해 보면, 사기꾼, 조직폭력배 두목 같은 유능한 범죄자가 떠오른다.

세 구조의 세력관계에는 발달적 변화도 있어서 사춘기와 갱년기 같이 호르몬 변화가 클 때, 원초아 추동들이 강해지면서 자아와 초자아 기능이 일시적으로 교란, 약화되기도 한다. 훨씬 짧은 시간 범위에서 주기적이거나 일시적인 변화도 있다. 잠잘 때 자아의 기능이 약해져서 원초아적 일차과정이 우세해지는 것처럼, 술에 취하거나 몸이 아플 때 또는 외적 유혹(예를 들어, 밤에 도승의 암자에 찾아온 황진이)이 있을 때에도 평소의 세력균형이 일시적으로 흔들린다.

세 구조 중 대들보는 물론 '집행자' 자아이다. 자아는 우선 원초아의 물불 안 가리는 요구들을 상대하여 즉각적 긴장해소를 미루고, 개체의 안전을 지켜야 한다. 원초아가 어린아이처럼 막무가내로 보챈다면 초자아는 부모처럼, 흔히 실제의 부모보다 더 엄격하게 자아를 감시하고, 옳고 그름을 따진다. 현실을 전혀 고려하지 않는 두 구조의 요구들을 자아는 현실 속에서의 행위를 통해 충족시켜야 하는 데, 현실세계는 현실세계 나름대로 제약과 요구들이 있다. 예를 들어, 배가 고프다고 돈 없이 남의 물건을 가져가면 교도소에 들어가야 한다.

원초아, 초자아, 현실의 요구들을 감당하기 어려울 때 자아는 불안으로 반응하는데, 위험의 출처에 따라 이를 각각 원초아 불안(신경증적 불안), 초자아 불안(죄책감), 현실불안(공포)이라고 부른다. 불안은 위험이 있으므로 대책을 찾아야 한다는 신호이다. 현실불안 또는 공포를 느낄 때 자아는 객관적 위험을 피하거나 공격할 가능성 등을 찾아내려고 한다. 나머지 두 유형의 불안들에는 대처하기가 힘들다. '위험'이 무엇인지 보이지 않기 때문이다.

왜 어떤 사람은 유난히 초자아가 강하거나가 혹할 정도로 엄격한 것일까? 왜 어떤 사람은 이성의 접근을 받아들이지 못하는 것일까? 이러한 물음들은 '성격은 어떻게 발달하는가'라는 물음들이 된다.

4 성격측정방법

오래전부터 사람들은 성격에 관심을 갖고 여러 방법을 사용하여 성격을 측정하고자 하였다. 과거에 시작되어 과학적이지는 않지만, 현재도 많은 사람에게 영향을 미치고 있는 성격측정방법이 있다.

1) 비과학적 방법

첫째, 점성술은 별의 위치로부터 각 개인의 운과 성격을 예언할 수 있다고 주장한다.

둘째, 수상학은 점성술만큼 역사가 깊은 것으로 손금을 봄으로써 개인의 성격과 미래를 예측할 수 있다고 한다.

셋째, 골상학은 머리의 윤곽으로 개인의 특성을 알아보는 것이다.

넷째, 관상학은 얼굴을 면밀히 관찰하여 개인의 운과 성격을 예언한다. 이는 현재에도 많이 쓰이는 방법 중 하나로서, 면접시험에서 이를 적용하는 경우도 있다.

다섯째, 필적학은 필적을 분석하여 개인의 성격을 평가하는 방법이다. 다른 것들보다 과학적인 면이 있다고 하지만, 타당성에 대한 과학적 증거는 아직 부족하다.

2) 과학적 방법

위에 예로든 방법은 과학적으로 증거가 미비한 비과학적인 방법들이다. 이렇게 비과학적인 방법들이 계속 사용되다가 19세기 말이 되어서야 과학적인 성격 평가 방법이 발달하기 시작하였다.

과학적인 측정 방법에는 질문지, 등급 평가, 실험 검사에 대한 반응, 선호도, 생리학적 측정 등이 포함되는데, 수없이 다양한 측정 자료를 분류하는 데 공헌한 사람이 바로 블록(Block)이다. 블록은 1993년에 성격측정 자료들을 생애기록 자료(life-record data), 관찰자 자료(observer data), 객관적 검사 자료(objective test data), 자기보고 자료(self-report data)의 네 가지로 분류하였다. 그 내용은 다음과 같다.

첫째, L-data는 생애기록이나 생애역사 자료로 구성된다. 업적 및 과거의 범죄기록 등이 여기에 속한다. 정확한 자료이기에 매우 객관적이고 중요한 정보를 제공할 수 있다는 장점이 있다.

둘째, O-data는 부모, 교사, 배우자, 동료와 같은 관찰자들의 평가로 이루어진다. 이 자료는 실험상황이 아닌 자연적인 상황에서 자료를 얻는다는 장점이 있지만, 관찰자의 주관적 평정에 전적으로 의존하기 때문에 신뢰도에 문제가 생길 수 있으며, 평가자 간에 의견이 일치하지 않을 때는 평균 등급이 올바른 측정치라고 볼 수 없다. 생활기록 자료는 개인의 전기와 생활기록으로부터 얻어질 수 있는 정보로 구성된다. 예를 들어, 어떤 사람이 지능과 학업 성적 간의 관계에 대하여 관심이 있다면, 학적부로부터 얻어진 성적을 사용할 수 있을 것이다. 또는 성격과 범죄 간의 관계에 관심이 있다면, 범죄성의 기준으로서 판결과 구속기록을 사용할 수 있을 것이다. 일반적으로 그러한 자료는 성격특성에 대한 평정의 형태로 제공된다. 즉, 친절함, 외향성, 성실성 등과 같은 성격특성에 대해서 평정을 하도록 친구에게 요구한다. 어떤 연구에서는 관찰자가 일상적 삶에서 개인을 관찰하고, 관찰에 기초하여 성격 평정을 하도록 훈련된다. O-data는 행동의 특정한 부분에 대한 관찰, 행동의 관찰에 기초한 평정으로 구성된다. 추가로 자료는 한 명의 관찰자 또는 여러 명의 관찰자로부터 얻어질 수 있다. 후자의 경우에 연구자는 관찰자 간의 일치도와 신뢰도를 확인할 수 있다(노안영 · 강영신, 2011: 55).

셋째, S-data는 개인차가 강조되는 경우에 많이 쓰인다. 이 자료는 응답자가 자기에 관해 보고하도록 하는 자기보고 자료(self-report data)이다. 전형적으로 그러한 자료는 질문에 대한 답변의 형태이다. 이러한 경우에 개인은 관찰자로서 자신에 대해 평정을 한다(예, 나는 양심적인 사람이다). 성격질문지는 단일한 성격 특성에 대한 것이거나 성격의 전체 영역을 포괄할 수 있다. 여기에 쓰이는 측정법은 광범위한 현상에 대해 빠른 시간 안에 많은 표본을 추출할 수 있다는 장점이 있는 반면, 사람들이 의식적 · 무의식적으로 자신의 모습을 솔직하게 나타낼 것이라는 점과 문장을 제대로 이해하고 답변할 것이라는 가정에 의존하는 취약성이 있다.

넷째, T-data는 실험 절차나 표준화된 검사로 얻는다. 이 자료는 성격기능에 관한 가설들을 검증하는 데 주로 사용되며, 홀로 쓰이기보다는 다른 종류의 자료와 함께 자주 사용된다. 이 자료들은 실험 상황 및 검사로부터 얻어내는 자료이기에 여러 면에서 객관적인 자료를 얻을 수 있다. 하지만 인위적으로 만든 상황 속에 한정된 피험자만을 표집할 수 있고, 개인행동에 대한 매우 제한된 표본이기 때문에 일반화하기에는 한계가 있다. 검사 자료는 실험이나 표준화된 검사로부터 얻어진 정보로 구성된다. 예를 들어, 만족의 지연을 참을 수 있는 능력은 즉각적으로 이용될 수 있는 작은 보상보다는 큰 보상을 얻기 위해서 얼마나 오랫동안 일을 할 것인가에 대한 결정에 의해 측정될 것이다. 지능검사와 같은 표준화된 검사에서의 수행도 T-data의 예가 될 수 있다.

많은 성격심리학자들이 일차적으로 자기보고 자료(S－data)에 의존하고 있지만, 다른 자료원 또한 사용하고 있다. 즉, L, O, T－data에 기초한 측정은 보다 쉽고 일반적으로 얻어진 자기보고 측정의 유용성을 평가하는 것을 도울 수 있다. 불행하게도 같은 성격 구성개념을 측정하기 위해서 다중 방법을 사용한 연구가 많지 않다. 전반적으로, 지금까지 성격연구에서 다중방법을 사용하는 연구설계가 적게 사용되어 왔다. 성격연구자들은 어떻게 여러 자료원이 서로 관련이 되는지 이해하기 위해 보다 많은 노력을 해야 한다(노안영 · 강영신, 2011: 56).

이 측정 자료들의 실례를 블록의 분류대로 나타내면 <표 8－2>와 같다.

<표 8-2> 성격 측정 사례

척도	개념	심리학자
	L-data(삶의 기록 자료)	
전과기록	범죄성	마그누손(Magnusson)
	O-data(관찰자 자료)	
등급평가 California Q-set	활동 과다	마그누손(Magnusson)
	자아조절	블록(Block)
	자아복원	
	S-data(자기보고식 자료)	
EFT	인지 양식	위트킨(Witkin)
GSR	각성	와그너(Wegner)
Helper T cells	자기효능감	반두라(Bandura)
MMPI	비정상적 행동	해서웨이와 맥킨리 (Hathaway & Mckinley)
TAT	성취동기	머레이와 맥클랜드 (Murray & McClelland)
접근-회피	갈등	밀러(Miller)
표창 던지기	무의식	실버만(Silverman)

T-data(객관적 검사 자료)		
ASQ	귀인양식	셀리그만과 피터슨 (Seligman & (Peterson)
EPI	특질	아이젠크(Eysenck)
I-E 척도	일반화된 기대	로터(Rotter)
LOT	낙관주의	샤이어와 카버 (Scheier & Carver)
NEO-PI	특질	코스타와 맥클레이 (Costa & McCrae)
Rep 검사	개인 구성요소	켈리(Kelly)
SIDE	가정 환경	둔과 플로민 (Dunn & Plomin)
구조화된 면담	A 타입	프리드먼과 로젠만 (Friedman & Rosenman)
꿈	자기표출(opening up)	페네베이커(Pennebaker)
대처 방식	대처	라자루스(Lazarus)
배우자 선호	자기입증	스완(Swann)
자유 응답	개인적 계획	리틀(Little)
	개인적 노력	에먼스(Emmons)
	삶의 과제	캔토(Cantor)

자료: Pervin(2005).

Chapter 9

상담심리학

학습목표

1. 상담, 치유, 심리치료에 대한 용어 토의
2. 다양한 상담의 형태 숙지
3. 현실과의 접목

학습내용

1. 상담심리학의 개념
2. 정신분석상담
3. 인간중심상담
4. 행동주의상담
5. 게슈탈트상담
6. 현실치료

개요

상담심리학은 인간행동의 연구를 통해 밝혀진 심리학적 지식을 내담자에게 적용하여 바람직한 변화를 돕는 학문으로 응용심리학의 분야에 속한다. 상담자는 어떤 문제나 증상이든 정신적·심리적 도움이 필요한 사람에게 심리학적 인간이해에 기초하여 전문적인 도움을 주는 역할을 하게 된다. 여기에서는 상담심리학을 학습하고자 한다.

Chapter

9

상담심리학

1 상담심리학의 개념

1) 상담심리학의 정의

상담심리학(counseling psychology)은 정신건강, 성격, 발달, 교육, 진로선택, 직업적응, 가족관계, 부부문제, 개인적 성장 등의 다양한 분야에 도움을 주는 상담활동에 대한 심리학적인 학문체계를 의미한다. 상담심리학은 인간행동의 연구를 통해 밝혀진 심리학적 지식을 내담자에게 적용하여 바람직한 변화를 돕는 학문으로 응용심리학의 분야에 속한다. 임상심리학이 병리적인 측면에 중점을 두는 반면에, 상담심리학은 개인의 성장욕구를 충족시키는 건설적인 측면을 강조하는 것이 특징이다. 상담심리학은 성격, 발달, 진로 선택, 직업생활, 가족 및 부부 관계 등 여러 분야에 적용되어 내담자의 발전적인 변화를 돕는다.

상담심리학은 1950년대 초반부터 전문적인 학문분야로서 정체성을 확립하기 시작하였다. 이후 비약적인 발전을 거듭하여 응용심리학의 하나로 확고한 전문성을 갖게 되었다. 정신분석학은 상담심리학의 이론적 발전에 영향을 미쳤을 뿐 아니라, 이후 다양한 상담 및 심리치료 이론의 발전에 막대한 영향을 미쳤다. 로저스(Carl Ransom Rogers, 1902－1987)의 인간중심상담 역시 상담심리학의 발전에 큰 공헌을 하였다. 로저스는 인간이 지니고 있는 근본적인 자기실현적 속성을 발휘할 수 있도록 돕는 것이 상담심리학의 역할이라고 주장하였다.

상담심리학은 시대적 요청에 의해 전문적인 영역으로 자리 잡을 수 있었다. 제2차 세계대전은 상담심리학이 독립적인 응용심리학의 한 분야로 발전하는 데 결정적으로 기여하였다. 전쟁이 진행됨에 따라 심리적 장애를 가진 병사들이 속출했고, 많은 병사가 심리적 문제로 군 복무에서 제외되었다. 이러한 상황에서 상담과 임상 분야의 심리학자들이 병사들의 심리치료에 전문적인 도움을 제공할 기회가 많아졌다. 전쟁 이후에도 퇴역군인들의 사회 적응과 정서적 문제의 치료를 돕기 위한 상담심리학의 활동은 계속되었고, 그 결과 1952년에 상담심리학자를 위한 공식적인 조직이 결성되기에 이르렀다.

상담심리학을 심리학의 전문분야로 출범시키기 위한 미국심리학회의 노력으로 1943년 상담심리학은 미국심리학회 제17분과로 출범하였다. 이후 미국심리학회 제17분과는 여러 번에 걸쳐 그 명칭을 변경하면서 운영되었는데, 1952년에 '상담심리학'이라는 명칭을 얻었다. 1953년 미국심리학회 연차 학술대회에서 공식적으로 채택되어 오늘날까지 사용되고 있다. 1950년대는 상담심리학이 비약적으로 발전한 시기였다. 로저스는 내담자 중심 치료에 대한 초기 이론을 확장하는 세 편의 저서를 출간했고, 모우러(O. H. Mowrer)와 그의 동료들은 심리치료에 대한 연구 및 평가 방법론의 발전에 중요한 공헌을 하였다. 또한 상담심리학 교재들이 대거 출판되기도 하였다. 1960년대는 상담심리학이 양적으로 발전한 시기였다. 상담자와 내담자의 상호작용에 대한 연구가 활발하게 진행되었고, 상담 성과와 상담방법에 관한 다양한 연구가 이루어졌다. 또한 상담심리학자의 역할에 대한 관심이 높아졌는데, 상담심리학자의 치료적·예방적·교육적 역할이 강조되었다. 현재 미국심리학회의 공식적인 보고서에 따르면, 상담심리학자의 직업적 역할은 개인의 심리적 발달을 촉진하는 것이다.

심리치료가 시작된 19세기 후반에서 20세기 초에 이르는 시기에는 상담치료기법을 개발하고, 그 치료효과를 검증하는 사례연구가 활발히 진행되었다. 즉, 특정한 증상을 가진 내담자에게 각각의 치료법이 얼마나 효과적인가에 대한 연구가 진행되었다. 성과연구를 통해 심리치료의 방법이 정립되자, 각 치료방법들을 표준화하기 위한 노력이 시작되었다. 그 결과, 정신분석기법, 행동수정기법, 체계적 둔감법, 인간중심치료, 게슈탈트 치료 등의 이론과 방법이 하나의 명칭을 갖고 보급되었다. 이에 따라, 각 치료법이 어떤 내담자에게 효과가 있는가에 대한 의문이 제기되었고, 내담자의 특성에 관해 탐구하는 '내담자 연구'에 관심을 갖게 되었다. 전통적으로 상담심리학의 적용 분야는 두 부류로 나누어진다. 하나는 정서, 성격, 대인관계 문제를 다루는 분야이고, 다른 하나는 진로 발달, 진로선택, 직업적응을 다루는 분야이다. 1980년대 이후 상담심리학의 적용범위는 전통적인 분야를 넘어 다양한 영역으로 확대되고 있다.

2) 상담의 이해

현대사회에서 전화나 매스커뮤니케이션을 통한 개인적 대화부터 법률, 병무, 은행업무, 세무, 유학과 같은 공적 대화는 물론 심지어는 예견, 투자, 피부미용 등과 같이 지극히 '개인적'이며 '개별적' 대화를 모두 상담이라고 부른다고 해도 지나친 표현은 아니다. 우리나라에 '상담'이라는 학문이 들어오게 된 것은, 1950년 초 미국교육사절단이 방문하여 상담, 심리검사, 생활지도 등을 소개하면서부터였다. 그러나 그 이후에도 상담이라는 활동이 생소하여 '카운슬링'이라는 원어 발음 그대로 통용되었다(박계자 · 김화인, 2022: 11).

상담을 뜻하는 'counseling'의 어원을 살펴보면, 라틴어 '*consulere*'에서 시작되었다. 이 말은 '고려하다(to consider)', '반성하다(to reflect)', '숙고하다(to deliberate)', '조언을 받다(to ask counsel)', 그리고 '조언을 구하다(to ask counsel of)' 등의 다양한 의미를 내포하고 있다. *consulere*가 고대 프랑스어에서는 'conseller(상담하다)'로 사용되었고, 영어에서는 'counsel'로 사용하게 되었다. 또한 한자인 '상담(相談)'의 의미를 글자 그대로 풀이하면, 상담이란 두 사람이 마주 보고 긴밀히 이야기를 나누는 행위이다. 즉, 두 사람이 마주 보고 나누는 대화 가운데 한 사람은 도움을 받기 위해, 다른 한 사람은 도움을 주기 위해 대화를 나누는 조력적 면담을 의미한다.

counseling이란 용어 사용의 시작 시점은 분명하지 않으나, 초기에는 법률, 경제, 종교 등의 영역에서 도움을 주는 변호사, 고문, 조력자를 뜻하는 용어로 사용되었다. 교육계에서 이 말이 사용된 것은, '직업지도(vocational guidance)'라는 용어가 사용된 1908년 무렵이다. 현대적 의미의 '상담'이란 용어가 사용된 것은 윌리암슨(Edmund Griffith Williamson)이 1939년에 그의 저서 『학생상담법(*How To Counsel Students, A Manual of Techniques for Clinical Counselors*)』을 출판한 이후이다. 그 이전에는 치료·처치(treatment) 등의 용어를 사용한 것으로 알려져 있다. 그런데 이 상담이 전문화되면서 다양한 기능을 가지게 되었다. 또한 상담은 조언 외에도 심리치료, 생활지도, 태도 변화, 행동수정, 의사결정, 문제해결, 정보제공 등 전문적 기법에 의한 새로운 기능을 보유하고 있다(오윤선, 2007: 15-16).

상담자는 어떤 문제나 증상이든 정신적·심리적 도움이 필요한 사람에게 심리학적 인간이해에 기초하여 전문적인 도움을 주는 역할을 하게 된다. 상담에 대한 정의는 많지만, 대체로 다음과 같다.

김충기·강봉규(2003: 10)에 따르면, 상담은 인간을 다루는 학문으로써 인간이 최대한의 발달과 복지를 이룩하도록 돕는 것이기에, 상담은 심리학, 사회학, 문화인류학, 교육학, 경제학, 정치학 및 종교와 철학 등 여러 학문분야로부터의 다양한 지식을 망라한 통합적인 바탕 위에 형성·발전하는 하나의 다학문적(interdisciplinary) 전문직이다. 따라서, 근본적으로 인간을 다루는 현명한 방법임에는 틀림없다고 정의한다.

김춘경 외(2016: 17)에 따르면, 상담이란 도움을 필요로 하는 내담자와 도움을 주는 전문적인 상담자 간의 관계형성을 통해 내담자의 자기 이해, 문제 예방과 해결, 삶의 질 향상 등 바람직한 인간적 성장과 변화를 조력하는 과정이라고 정의한다.

쉘쩌와 스톤(Shertzer & Stone, 1968)에 따르면, 상담이란 자기와 환경에 대한 의미 있는 이해를 촉진하고, 장래 활동의 목표나 가치관을 확립해서 명료화하도록 하는 상호작용의 과정이다. 그들은 자신과 환경에 대한 의미 있는 학습을 제시하고 있다.

브라머 등(Brammer, 1989)에 따르면, 상담이란 일상생활에 있어서 위기사태 또는 문제사태에 임하였을 때, 현명한 선택, 적응, 해결을 하도록 조력하는 과정이다.

상담에 대한 정의는 다양하지만, 일반적으로 다음과 같은 내용을 공통적으로 담고 있다. 즉, 상담이란 언어적 및 비언어적 커뮤니케이션(verbal and nonverbal communication)을 통해 내담자의 행동변화를 목적으로 한 인간관계라고 할 수 있다. 이 정의에서 알 수 있듯이, 상담의 궁극적 목표는 내담자의 행동변화이며, 이를 위해서는 두 사람의 인간관계를 바탕으로 상담사가 내담자의 심리적인 문제나 고민에 대해 전문적인 도움을 주게 된다. 즉, 상담사는 어떤 문제나 증상이든 정신적·심리적 도움을 필요로 하는 사람에게 심리학적 인간이해에 기초하여 전문적인 도움을 주는 역할을 하게 된다.

『상담 이론과 실제』 (2022년 출판)

뉴크러그와 헤이즈(Edward Neukrug and Danica G. Hays)의 저서 『상담 이론과 실제(*Counseling Theory and Practice*, 2022)』에 따르면, 어떤 사람들은 상담과 심리치료의 의미상의 상이한 명암을 인식하기도 하지만, 자발적 서비스와 대조되는 전문적 서비스를 제공한다는 점에서 유사성이 차이점을 압도한다. 종종 이 두 가지 용어는 교호적으로 사용되며, 대부분의 이론가들은 자신들의 작업을 상담과 심리치료 모두에 적용 가능한 것으로 본다(Neukrug, 2022). 사실 오늘날 이 두 용어는 심리적 지원에 대한 이론 및 방법을 나타내는 표현일 뿐 거의 구분하지 않고 사용하고 있다. 물론 각각은 서로 기원이 다르며 다른 의미를 주기도 한다(현정환, 2019: 19).

상담은 목적현상과 자연현상의 결합이다. 자연현상으로서의 상담은 보편성을 띠고 있는 활동이다. 즉, 개인이나 집단의 선호도와는 관계없이 자연적으로 존재하는 현상이라는 의미다. 상담의 자연성은 만남현상으로서 존재한다. 만남현상으로서 상담은 문화, 세대, 지역, 시대를 막론하고 존재한다. 상담은 보편현상이라는 점이다. 그렇지만 상담은 인간의 활동이므로 보편현상으로만 존재하지 않는다. 보편현상으로서의 만남은 목적현상을 수반한다. 인간의 활동은 목적현상과 자연현상의 결합으로 이루어져 있다. 목적이 없는 자연 또는 자연이 없는 목적은 인간 세계에 존재하지 않는다. 인간의 세계에는 목적과 자연이 함께 존재한다. 상담은 인간의 활동 중 하나다. 인간의 다른 여러 가지 활동들과 마찬가지로 상담은 목적을 수반하는 자연현상이다(김용태, 2007: 61).

상담에 대한 견해는 기능, 대상, 상담자의 역할에 따라 다른 견해를 가질 수 있지만 공통적으로 치료, 예방, 발달, 교육적 접근을 상담의 영역 안에 포함시키고 있으며 환경촉진 및 생태체계적 접근 또한 강조하고 있다, 그리고 거시적·다학문적 접근으로도 확장을 모색하고 있음을 알 수 있다. 이처럼 시대가 변함에 따라 상담에 대한 견해는 조금씩 확장되었다. 특히, 긍정적인 요소들이 추가되고 있음을 알 수 있고, 또한 환경의 중요성에 대해서도 이야기하고 있다. 또한 학문으로서 상담의 가능성 또한 고려되고 있음을 알 수 있다(김형란, 2013: 6). 특히, 거시적·다학문적 접근은 상담을 하나의 학문으로 발전시키고자 하는 노력의 일환이라고 볼 수 있다. 상담이란 인간을 다루는 학문이며, 상담의 기능은 그 인간이 최대한의 발달과 복지를 이룩하도록 돕는 것이기에, 그 인간 존재에 영향을 미치는 가능한 모든 요인에 대하여 이해할 뿐 아니라, 이들 요인에 관한 지식을 충분히 활용해야 한다(이형득, 1998)는 것이 이 접근의 핵심이라고 할 수 있다. 이는 상담을 하나의 독립된 학문영역으로 인정하는 입장을 취한다(김형란, 2013: 7).

3) 상담과 심리치료

내담자의 문제나 증상의 개선을 위해 도움을 주는 행위를 소위 '상담(counseling)'이나 '심리치료(therapy)'라는 용어로 표현하고 있는데, 최근 들어 이 두 용어를 구분하지 않고 혼용하고 있다. 즉, '인지치료(Cognitive Therapy)'를 '인지상담'이라고 하는 경우이다. 상담(counseling)은 심리치료와 매우 유사한 활동으로서 우리나라에서는 심리치료와 상담이라는 용어가 혼용되는 경향이 있다. 일반적으로, 심리치료는 병원과 같은 임상장면에서 비교적 심각한 심리적 문제, 즉 심리장애나 정신질환을 지닌 사람을 치료하는 활동을 지칭하는 반면, 상담은 학교나 기업과 같은 비임상장면에서 비교적 심각성이 경미한 심리적 문제나 적응 과제를 돕는 활동을 지칭한다.

코리(Gerald Corey)는 2020년 그의 저서 『상담과 심리치료의 이론과 실제(*Theory and Practice of Counseling and Psychotherapy*)』에서, 코리는 '심리상담'과 '심리치료'를 동일어로 사용하고 있다. 그 이유는, 상담의 목표인 행동변화는 '회복되다'와 '성장

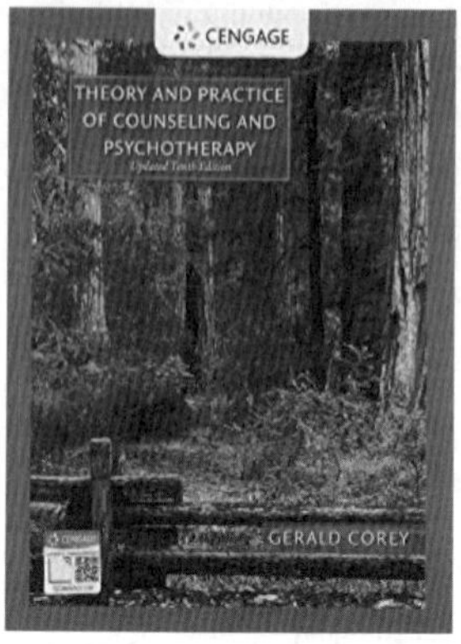

『상담과 심리치료의 이론과 실제』(2020년 출판)

하다'의 두 가지 의미를 담고 있어서 상담의 개념은 더욱 성숙한 인격적 성장을 지향하는 개발적 상담의 측면만이 아니라, '회복되다'의 표현에서 알 수 있듯이, 부적응행동의 개선이라는 치료적인 측면도 포함하고 있기 때문이다. 사실 오늘날 이들 용어는 심리적 지원에 대한 이론 및 방법을 나타내는 표현일 뿐 거의 구분하지 않고 사용하고 있다. 물론 각각은 서로 기원이 다르며, 다른 뉘앙스를 주기도 한다(현정환, 2019: 19).

최근에 우리나라에서는 상담이라는 용어가 다양한 영역의 도움을 제공하는 서비스활동에 광범위하게 사용되고 있다. 예컨대, 교육상담, 진로상담, 직업상담뿐만 아니라, 법률상담, 재무상담, 부동산상담 등과 같은 다양한 분야에서 상담이라는 용어가 사용되고 있다. "서로 만나 대화를 통해 의논한다."는 사전적 의미를 지닌 상담은 도움을 주고받는 모든 일상적 대화를 지칭하는 데 사용되고 있다. 따라서, 이러한 상담활동과 구별하여, 심리적 문제나 장애를 극복하도록 돕는 전문적인 상담활동은 '심리상담(psychological counseling)'이라고 지칭하는 것이 적절하다고 볼 수 있다(권석만, 2018: 23). 우리나라에서는 일반적으로 임상심리학자와 정신과 의사들이 하는 상담활동은 심리치료라고 칭하고, 상담심리학자들이 하는 치료적 활동은 심리상담이라고 칭해 왔다. 최근에는 상당수의 임상심리학자와 정신과 의사들이 임상장면에서 자신이 하는 치료적 활동을 심리상담이라고 지칭할 뿐만 아니라, 상담심리학자 역시 자신의 활동을 심리치료라고 부르는 현상이 나타나고 있다. 요컨대, 심리치료와 심리상담의 구분이 모호해지고 있다(박계자 · 김화인, 2022: 16).

그러므로 인간의 심리적 고통과 불행을 완화하고, 나아가서 심리적 성장을 촉진하는 전문적 활동을 모두 심리치료 또는 심리상담이라고 부른다. 특히, '국가기관이나 공신력 있는 단체로부터 전문적 교육과 훈련을 받고, 규정된 심사과정을 통해서 전문가로서의 능력을 인정받은 사람이 심리적 문제나 장애를 지닌 사람을 돕는 전문적 활동'의 경우에는 심리치료와 심리상담이라는 용어를 구별 없이 호환적으로 사용하고 있다.

4) 상담의 분류에 따른 상관성

상담의 종류는 영역별 분류와 수준별 분류로 나눌 수 있다. 영역별 분류는 상담의 여러 가지 적용 영역에 따라서 부동산상담, 민원상담, 심리상담, 교육상담, 신앙상담, 직업상담 등 상담을 분류하는 방식이다. 여기서는 각 영역들이 가지고 있는 특성이 우선된다. 각 영역에서 보이는 특성들은 서로 중첩되기도 하고 배타적이기도 하다. 따라서, 각 영역별 분류에 의해서는 상담의 질적 차이를 찾기가 어려워진다. 그러나 상담을 수준별로 보면 질적 차이는 분명해진다. 수준에 따른 상담은 정보상담, 과학상담, 예술상담, 철학상담 등으로 분류될 수 있다. 각각의 영역에 따라서, 어떤 방식과 수준의 접근을 하느냐에 따라서, 상담의 활동은 달라진다. 예를 들어, 심리상담인 경우에 단순히 인간의 심리에 대해서 정보를 제공받으려는 내담자들이 있다. 이러한 경우 심리상담은 정보제공의 활동에 머물게 된다. 즉, 상담자는 정보상담을 하게 된다. 그러나 같은 심리영역이라 할지라도, 상담을 좀 더 과학적이고 체계적으로 할 수 있다.

기존의 심리치료이론들이 가지고 있는 과학적 지식에 따라서, 상담을 진행할 수 있다. 이러한 경우 상담자는 과학상담을 제공하게 된다. 과학상담은 인간의 마음에 관한 과학적이고 체계적인 지식에 따라서, 제공되는 상담을 말한다. 이러한 상담의 방식이 현재 많은 전문가들이 하고 있는 상담이다. 과학상담에는 정보제공활동이 들어가게 된다. 과학상담은 정보제공을 할 뿐만 아니라, 과학적이고 체계적인 방식으로 정보를 제공하게 된다. 과학상담은 정보상담을 포함하는 포괄 차이를 보이는 상담활동이다.

심리영역에 대해서 예술상담을 제공할 수도 있다. 예술은 기본적으로 수많은 변화와 더불어 이루어지는 활동이다. 즉, 사람의 마음에 대해서 과학적이고 체계적인 적용을 한다고 할지라도, 상담자는 수많은 변화에 직면하게 된다. 상담자가 아무리 체계적이고 과학적인 지식을 가지고 있다 할지라도, 실제로 적용을 하는 경우에는 변화에 따라서, 과학적 지식을 활용해야 한다. 이러한 상담을 예술상담이라고 한다. 예술상담은 과학을 근거로 하면서 마음의 변화에 대처하는 방식의 상담을 말한다. 이런 의미에서 예술상담은 과학상담보다 한 차원 높은 수준의 상담이라고 볼 수 있다. 예술상담은 과학상담을 포함하는 포괄 차이를 보인다.

예술상담은 철학상담에 포함이 된다. 철학상담은 상담에 대해서 가치판단이 개입되는 상담을 말한다. 예술상담을 하다 보면, 상담자는 변화의 방향에 직면하게 된다. 어느 방향으로 변화를 이끌 때, 과연 상담이 제대로 이루어지는가 하는 주제에 직면하게 되는 것이다. 철학상담의 입장에서 보면, 과학상담과 예술상담은 내담자에게 방향성을 제공하지 못한다. 과학상담은 기계적 적용을 하는 상담이고, 예술상담은 변화에 대처하는 상담이지만, 둘 다 방향성에 대한 제시를 하지 못한다. 예를 들어, 표현의 가치에 대해서 아무런 철학적 논의를 거치지 않은 상태에서 상담이 진행이 된다. 프로이트의 정신분석에서는 표현의 가치를 이미 중요한 가치로 내포하면서 상담을 진행한다. 그러나 이러한 표현의 가치는 집단주의 문화에서 오히려 사회질서에 위협이 된다. 그리고 사회질서의 위협은 역으로 개인의 정신건강에 다시 영향을 주게 된다. 정신분석에서는 이러한 순환적 원리를 도외시하고 있다. 철학상담의 관점에서 보면, 이러한 표현의 가치가 상담자에 의해서 충분히 소화된 상태에서 상담이 진행되어야 한다. 상담자는 사회질서와 가족의 분위기 그리고 개인이 처해 있는 상황 등을 종합적으로 평가하면서 표현의 가치를 조심스럽게 적용하여야 한다. 철학상담을 하기 위해서는 과학적 지식을 가지고 있으면서도 변화에 대한 예술적 안목이 필요하다. 철학상담은 단순 정보제공, 과학적이고 체계적인 지식, 예술적 안목 모두를 종합적으로 갖춘 상담이다. 이런 의미에서 철학상담은 정보상담, 과학상담, 예술상담을 모두 포함하면서도 철학적 가치를 하나 더 가지고 있는 상담이다. 따라서, 철학상담은 이런 모든 종류의 상담에 대해서 포괄 차이를 보인다(김용태, 2007: 64-65).

위의 논의를 종합해 볼 때, 상담은 인간을 자유롭게 하는 만남의 과정이라고 할 수 있다. 인간의 자유에 대해서는 철학적 측면을, 인간의 만남에 대해서는 과학성을, 만남의 과정에 대해서는 예술성을 적용하였다. 상담은 과학성, 예술성, 철학성을 포함하는 종합적인 활동이다. 이 세 가지 측면은 상담을 하는 데서 수준별로 엮인다. 과학성을 근거로 하는 예술과 과학과 예술을 포함하는 철학이 그 방법이다.

따라서, 상담이 철학적 수준까지 이르기 위해서는 많은 노력이 필요하다. 정보 습득, 과학적 지식과 예술적 적용, 방향성에 대한 혜안 등 여러 가지 종합적 특성을 필요로 하는 활동이 상담이기 때문이다.

5) 상담의 형태

(1) 위기상담

위기에 관한 연구는 그 접근방법에 있어서 다양하고, 이론적 및 임상적인 면에서 복합적이기 때문에 위기의 개념도 많은 학자들에 의하여 다양하게 정의된다.

라이트(H. Norman Wright)는 1985년 그의 저서 『위기상담: 위기와 스트레스에 처한 사람들 돕기(*Crisis Counseling: Helping People in Crisis and Stress*)』에서, 성경에 근거하여 위기에 대한 개념을 설명하고 있다. 그에 따르면, 성경에는 위기에 처한 사람이 많은데 사도 바울도 그러한 사람들 중의 한 사람이었다(Wright, 1985: 8)고 주장한다.

『위기상담』
(1985년 출판)

> 사울이 주의 제자들에 대하여 여전히 위협과 살기가 등등하여 대제사장에게 가서 다메섹 여러 회당에 가져갈 공문을 청하니 이는 만일 그 도를 따르는 사람을 만나면 남녀를 막론하고 결박하여 예루살렘으로 잡아오려 함이라 사울이 길을 가다가 다메섹에 가까이 이르더니 홀연히 하늘로부터 빛이 그를 둘러 비추는지라 땅에 엎드러져 들으매 소리가 있어 이르시되 사울아 사울아 네가 어찌하여 나를 박해하느냐 하시거늘 대답하되 주여 누구시니이까 이르시되 나는 네가 박해하는 예수라 너는 일어나 시내로 들어가라 네가 행할 것을 네게 이를 자가 있느니라 하시니 같이 가던 사람들은 소리만 듣고 아무도 보지 못하여 말을 못하고 서 있더라 사울이 땅에서 일어나 눈은 떴으나 아무것도 보지 못하고 사람의 손에 끌려 다메섹으로 들어가서 사흘 동안 보지 못하고 먹지도 마시지도 아니하니라(사도행전 9:1-9).

이 성경 구절은 바울의 '회심사건'으로 유명하다. 이 사건은 위기의 본질을 알려주는 귀중한 자료이다. 이 같은 급작스런 회심은 가장 널리 알려진 예 중 하나이며, 종종 이런 회심은 하나의 위기를 촉발시킨다. 이는 위기의 특성 가운데 가장 현저한 예라고 할 수 있다. 바울의 이러한 체험은 그의 삶에 있어서 여러 방향으로 영향을 미쳤다. 그는 아무것도 보지 못한 채 다른 사람의 손에 이끌려서 도시로 갔기에 육체적인 영향을 받았고, 그리스도인이 되었기 때문에 신앙적인 변화를 경험했으며, 그리스도인들을 대하는 태도를 완전히 바꾸었기에 영적인 변화를 체험하게 된다. 그는 정신적으로나 감정적으로도 많은 영향을 받아 3일 동안 먹지도 마시지도 못하였다. 그의 회심은 여러 가지 면에서 위기를 유발했고, 더 나은 방향으로의 전환점을 제시하였다.

『기독교상담』
(2007년 출판)

콜린스(Gary R Collins)는 2007년 그의 저서 『기독교상담(*Christian Counseling*)』에서, 위기는 항상 피할 수 없는 전환점이라고 주장한다. 위기는 예상된 것일 수도 있으며, 또는 뜻밖의 일일 수도 있다. 동시에 위기는 실제적으로 일어날 수 있거나 상상 속에 머물기도 하지만, 현실적으로 다가올 수도 있으며(사랑하는 사람의 죽음 같이), 잠재적(사랑하는 사람이 곧 죽을 것이라는 예상과 같이)일 수 있다. 중국어로 위기는 두 가지 의미를 내포하고 있다. 하나는 위험을 뜻하고 다른 하나는 기회를 의미한다. 콜린스에 따르면, 위기는 삶을 파괴하고 사람을 압도하기 위해 우리의 삶을 위협하기 때문에 매우 위험한 것이다. 어른으로 성장하면서 우리는 모두 인생의 기복을 다룰 수 있도록 문제해결의 기술을 개발하게 된다. 문제가 발생했거나 예상치 않았던 문제가 나타나면 우리는 그 문제들을 잘 처리하기 위해 특별히 노력하게 된다. 그 결과, 대부분의 사람들은 인생의 도전을 성공적으로 대처하게 된다(Collins, 2007: 813).

스톤(Howard W. Stone)은 2009년 그의 저서 『위기상담(*Crisis Counseling*)』에서, 위기는 어떤 외적인 위험에 대한 개인의 내적 반응을 의미한다고 주장한다. 여기에는 위험에 대한 일시적인 상실, 즉 정서장애가 역전될 수 있을 것이라는 은연중에 확신의 상실을 포함한다(Stone, 2009: 3). 다시 말해서 위기란 '위험한 고비', '어떤

『위기상담』
(2009년 출판)

일의 전환점'이라고 말할 수 있으나, 위기상담에서는 '어떤 외적 위험에 대한 개인의 내적 반응'을 말한다(정정숙, 2002: 373). 또한 위기는 정신사회적 성숙의 연속적인 각각의 새로운 발달단계에서 유발되어, 우발적으로 발생되기도 하는 데, 위기상태는 그 자체가 일종의 병이라기보다는 안정상태의 혼란 또는 생의 전환점인 체계(system)의 불균형상태를 의미한다(김헌수, 1991: 21). 위기는 영적(spiritual) · 정서적(emotional) 균형(equilibrium)을 깨뜨리는 사건으로 인해 일어난다. 근본적으로 위기는 위협을 느끼거나, 적응이 불가능한 사건을 만날 때 다가온다. 여기서 위협을 '느낀다(perceive)'는 것은 매우 중요하다. 위기가 올 것이라고 느낄 수 있다면, 실제로 그 사건이 일어나든, 일어나지 않든 이미 위기를 맞고 있는 것이기 때문이다. 어떤 사람이 직장 상사가 자기를 좋지 않게 보고 곧 해고할 것이라고 느낀다면, 실제로는 그렇지 않더라도 그는 이미 위기에 빠져 있는 것이다.

위기는 어떤 변화가 발생하여 내 편에서 정서적 적응(emotional adjustment)을 해야 할 필요가 있을 때 일어난다. 통상적으로 위기는 대부분 갑자기, 아무런 예고 없이 찾아온다. 그러나 위기를 미리 예상할 수도 있다. 결혼은 오래전부터 미리 계획하고 준비하는 것이 보통이다. 그러나 결혼도 위기를 불러올 수 있다. 정년퇴직도 마치 결승점의 테이프처럼 눈앞에 훤히 보이는 것이지만 막상 퇴직하고 나면 예기치 않았던 위기를 몰고 올 수 있다. 아무튼 미리 예상할 수 있는 것이든 뜻밖의 사고든 간에 위기를 만나면 반드시 빠른 시일 내에 적절한 대응을 해야 한다. 따라서 위기는 삶의 위기에 직면한 내담자(counselee)와 어떠한 대처를 했는가에 따라 새로운 도약이 이루어지거나, 패배적인 삶으로 빠져버릴 수 있는 결단의 긴급을 요하는 시기요, 궁극적인 관심을 제기하는 시기이다.

이 정의에 들어 있는 가정들을 구체적으로 설명하면 다음과 같다.

첫째, 위기는 내적인 위험에 대한 반응으로서 하나의 전환점이다.

둘째, 전환점으로서의 위기는 방어기제가 무너져 버리게 하고, 변화하고자 하는 강한 의지를 갖게 한다.

셋째, 위기는 인생의 전 분야에서 초래되며, 짧은 순간에 개인의 외적인 삶에 변화를 가져다준다.

넷째, 인간의 위기 속에 하나님이 들어와 새 생명의 변화 역사가 일어난다.

그러므로 위기는 육체적·감정적·관계적 손상을 가져다주지만, 대응을 잘할 경우에는 위기 이전의 기능을 회복할 수 있다는 의미이다.

(2) 집단상담

집단은 상호 의존적인 관계에서 사회적 상호작용을 통해 서로 영향을 주고받는 두 명 이상의 독립적인 집합체를 말한다. 집단상담은 말 그대로 일대일의 개인상담이 아닌, 한 명의 상담자와 여러 명의 내담자가 함께 상담하는 것이다. 그렇다고 단순히 사람들이 모여 있다고 해서 그들을 집단이라고 하지 않는다. 이는 길을 걸어가고 있는 많은 사람을 집단이라고 하지 않는 것과 같다. 그들은 다수이기는 하나 공동의 목적을 달성하기 위한 협조적인 관계가 아니기 때문이다. 집단은 일반적으로 같은 시공간 안에서 상호작용이 이루어지는 사람들의 무리를 일컫는 말이다. 따라서, 집단상담은 같은 시공간에 머물면서 서로 간의 상호작용을 중요하게 여기는 상담활동이다(천성문 외, 2022: 18). 다시 말해서 집단상담은 정상인으로 하여금 그들의 '문제'가 더 심각해지기 전에 발견하고 해결할 수 있도록 도와주는 상담의 집단적 접근이라고 할 수 있다.

상담의 3대 역할(예방, 교정, 발달촉진) 중 특히, 예방적인 역할이 강조된다고 할 수 있다. 학교상담의 경우, 통상적 문제의 인식, 해결뿐만 아니라, 정서적 발달을 촉진하기 위해 자신과 주변 사람들을 보다 잘 이해할 수 있는 성숙의 기회를 마련해 주는 것이 집단상담이라고 할 수 있다(이장호, 2009: 336). 따라서, 집단상담에서는 상담자에게서만 피드백을 받는 것이 아니라, 구성원 모두에게서 피드백을 받을 수 있으며, 더욱 활발하게 이루어질 수 있다.

과학기술이 인간생활을 지배하게 됨에 따라 사회의 어디에서든 '가족적 분위기'가 사라지면서 점차 비인간화되고 있다. 산업경제의 발달을 통한 문명의 이기로 생활은 편리해졌지만, 현대인이 겪게 되는 긴장감, 불안, 소외감 등의 정서적인 문제는 증가하게 되었다. 예를 들어, 교육기관과 직장에서 인간적 대화의 결핍, 세대 간의 가치관 갈등, 부부 사이나 자녀와의 갈등 등은 집단상담이 필요한 시대적 배경이 되고 있다. 전문의를 찾아야 할 만큼 심각한 상태는 아니라고 해도, 누군가의 도움이 필요한 수많은 사람을 위해서도 집단상담은 필요하다. 특히, 의사소통, 대인 불안, 사회적 행동학습 등의 측면에서 집단상담의 효과는 여러 문헌을 통해 입증되고 있다(이장호, 2009: 336).

집단상담(group counseling)은 개인상담과는 달리, 집단 특유의 기능이나 특성을 활용한 상담이며, 최근 집단의 이런 효과를 활용한 상담이 널리 행해지고 있다. 처음으로 오늘날의 집단상담이나 집단심리치료에 가장 가까운 형태로 집단을 활용한 사람은 미국 내과의사인 프래트(J. H. Pratt)였다. 그는 결핵환자들에 대한 위생강연을 통해서 환자들이 단지 이야기를 듣는 것만으로도 건강회복에 긍정적인 효과가 있다는 사실을 발견하였다. 이 효과는 마치 연극을 보거나 음악을 듣거나 할 때 느낄 수 있는 일종의 카타르시스(katharsis)와 비슷하며, 의사와 직접 이야기를 하지 않아도 동일한 병이나 고민으로 힘들어하는 사람들끼리 함께하는 그 자체만으로도 치료나 심리적 건강에 도움이 된다는 사실을 알게 된 것이다.

한편, 정신분석가들 가운데 정신분석적 심리치료를 집단으로 실시하는 것에 대해 의미를 발견한 사람도 있다. 자유연상을 집단으로 실시하면 다른 사람의 이야기를 듣는 가운데, 자신의 갈등을 직시하게 되면서 자신을 발견하게 되고, 이제까지 힘들었던 자유연상을 보다 쉽게 할 수 있다는 사실을 발견하게 된다. 이것이 바로 집단의 특성이 갖고 있는 독자적인 의미와 효과라고 할 수 있다. 그러나 정신분석적 심리치료는 그 초점이 어디까지나 개인에게 있으며, 개인의 심리치료나 성장을 위해 집단을 수단으로 활용한 것에 지나지 않는다.

그러나 집단에 대한 연구가 본격적으로 이루어지면서 집단은 집단으로서의 고유 특성을 갖고 있으며, 또한 집단은 개인이 모인 단순한 집합체가 아니라는 사실이 밝혀지고 있다. 즉, 집단 자체가 개인의 집합을 초월한 독자적 효력을 갖고 있으며, 집단 그 자체가 집단으로서의 기능과 성장으로 인해 치료적 효과를 만들어 내고 있다고 보는 것이다. 이런 관점은 가족치료의 기본적 생각과 맥락을 같이하고 있다. 집단을 집단구성원의 상호작용의 총체로서 이해하고, 집단의 이런 기능과 특성을 활용한 심리치료에 대해서 관심이 점점 커지고 있다. 인간은 세상에 태어나서 죽을 때까지 타인과의 상호작용의 틀 안에서 살아가야 하는 존재이기 때문에 집단에 대한 분석이나 집단 그 자체를 치료대상으로 삼는 것이 보다 현실적인 접근이라고 할 수 있다. 집단상담에서 상담사나 심리치료사는 집단구성원 간의 관계를 조정해 나가기 때문에 합창부의 지휘자 역할과도 같다고 할 수 있다. 한편, 상담이나 심리치료에 있어서 개인이나 집단 중 어느 쪽에 초점을 맞출지라도, 각각의 장단점은 있기 때문에 어느 것이 보다 효과적이라고 하는 판단은 쉽지 않다. 어쨌든 자연스럽게 생성되는 집단의 프로세스를 중요시하는 방법과 집단 프로세스 그 자체를 치료적으로 이용하려고 하는 방법은 현재 집단치료 또는 상담에 있어 큰 흐름을 형성하고 있으며, 그 통합적 접근도 이루어지고 있다(현정환, 2019: 327-328).

집단상담 구조의 특징은 대개 집단을 평균 6-7명으로 구성하며, 여기에는 촉진자(facilitator) 또는 심리치료사(therapist)로 불리는 스태프가 한 명 또는 두 명이 있다. 이들은 개인의 심리적 역동, 즉 마음의 갈등이나 균형의 과정을 이해할 수 있어야 하며, 동시에 집단역할, 즉 집단 내외의 상호작용과정이나 집단 전체를 이해하는 능력이 필요하다. 물론 이를 위해 이론학습과 기법의 습득이 불가결하다. 진행은 대개 한 섹션에 90분 정도 이야기를 나누게 되며, 구성원들의 상호작용이나 이야기를 통해 자기이해, 타인이해, 인간관계의 이해, 치료 등이 이루어지게 된다.

집단은 유사한 문제나 고민을 갖고 있는 사람의 모임인 경우가 많기 때문에 타인과 동일한 고민을 함께 나누는 가운데, 자신의 모습을 재발견하게 되고 타인과의 마음의 접촉이나 깊은 인간적, 인격적 만남을 체험할 수 있는 장이 되기도 한다. 물론 집단구성원들은 처음에는 타인과의 관계형성에 대한 어려움을 경험하게 되지만 서로에게 도움을 주는 과정을 통해 일대일 상담에서 얻을 수 없는 다이내믹한 인간관계를 체험하게 된다. 이러한 집단상담은 외국의 경우, 대학의 상담실이나 병원의 정신과 등에서 이루어지고 있다.

집단상담은 대개 다양한 멤버로 집단이 구성되어 있으며, 동일한 증상을 갖고 있는 사람들로 구성하여 치료적 접근을 하는 경우도 많다. 한편, 한 명의 내담자가 개인상담(치료)과 집단상담(치료)을 병행해서 받는 경우도 있으며, 그 치료적 효과를 인정받고 있다(현정환, 2019: 329).

위와 같은 여러 정의를 통해서 공통적인 요소를 추출해 낸다면 다음과 같은 다섯 가지로 요약할 수 있다(김홍규, 2015: 155).

첫째, 집단상담의 대상은 정상인의 범주에 속하는 사람들이다.

둘째, 상담집단의 구성 규모는 약 10명 내외로 제한됨이 바람직하다.

셋째, 상담자(지도자)는 집단상담에 대해 전문적으로 수련을 쌓은 전문가여야 한다.

넷째, 상담의 분위기는 집단성원 간의 상호 존경과 신뢰, 수용의 분위기가 필수적이다.

다섯째, 집단의 역동적인 상호작용을 적용하는 과정이라는 것 등이다.

결론적으로 집단상담은 전문적인 훈련을 받은 1－2명의 상담자의 지도 아래 정상인 범주에 속하는 10명 내외의 집단성원들이 자신의 문제와 관심사를 내어 놓고 집단의 사고와 역동을 이용하여 자기탐색과 자기이해, 문제해결방안의 모색과 문제해결의 실천의지를 다짐함으로써 스스로의 진전을 도모하게 하는 역동적·집단적 접근법이라고 정의할 수 있다.

(3) 가족상담

경제적 실리주의와 편의 위주의 생활관 그리고 공리주의적 인간관의 팽배로 인해 현대사회의 가족생활도 크게 변화해 가고 있으며, 다양한 가치관과 삶의 형태가 공존하고 있는 상황이다. 삶의 형태가 다양한 만큼 가족마다 직면하게 되는 문제유형도 다양해지고 있다. 현대사회의 급격한 변화와 갈등 속에서 많은 사람은 가족이 험난한 사회의 안식처가 되기를 원한다. 하지만 몇십 년 동안 다른 환경과 문화 속에서 살아온 두 사람이 아무런 노력 없이 가족이라는 이름으로 안식처를 이루기란 쉽지 않다. 특히, 가족이라면 달리 설명하지 않아도 내 생각과 감정을 다 이해해 줄 것이라고 생각하지만, 실상 들여다보면 가족은 성과 세대에 따라 구분되어 있는, 그야말로 그 어느 조직보다 갈등이 일어나기 쉬운 집단이다. 대표적인 예가 가치의 차이로 인해 나타나는 가족갈등이다. 그리고 이러한 상이한 신념에 대한 배려나 존중보다는 경쟁과 물질주의 가치를 강조하면서 갈등과 문제는 확대되고 있다(최연실 외, 2020: 5).

건강한 가족은 변화하는 환경 속에서 능동적으로 가족생활을 영위하지만, 그렇지 못한 가족은 예상되는 변화에서도 적절히 반응하지 못하여 가족구성원 간에 갈등을 유발하거나 위기에 처하기도 한다. 가족구성원의 긴장과 불안감을 초래하는 가족환경에 대해 가족 내에서만 해결방법을 찾거나, 한 개인의 희생으로 문제를 해결하던 시대는 지났다. 가족이 생활해 나가면서 경험하게 되는 변화나 다양한 문제에 대한 전문적인 조언, 심리적 지지, 조정과 타협 등이 필요하며, 이러한 과정을 통해 가족의 건강성과 잠재력을 향상시키기 위한 가족상담이 요구된다. 우리 주위를 둘러보면, 가족구성원 간에 불화와 갈등이 자주 발생하고, 가족구성원의 일탈행동, 별거, 이혼 등의 가족해체 현상도 증가하며, 알코올중독, 가족폭력 같은 병리적 현상과, 사업파산, 실직, 사별 등의 위기문제들이 증가하고 있다. 이런 가족의 문제들을 가족구성원만의 힘으로 해결하기 어려울 때 전문가의 도움을 받아야 하는데, 주로 가족 내 인간관계의 문제와 부적응 문제의 해결을 돕는 분야가 가족상담 및 가족치료이다. 즉, 가족상담 및 가족치료란 가족구성원 개인의 부적응과 대인관계 문제를 해결하기 위하여 개인을 둘러싼 환경요소 중에서도 특히 가족을 매개로 사용하여 가족관계의 역동성에 초점을 두어 치료하는 과정이다(송정애, 2017: 51).

가족상담은 가족 전체는 물론 각 구성원의 사회적인 기능수행을 효과적으로 증진하여 구성원 모두에게 행복을 도모할 수 있도록 하는 사회복지실천의 독특한 한 분야라고 할 수 있다. 따라서, 가족상담은 가족의 잠재력을 개발하여 가족문제를 예방 및 해결하고 가족구성원의 사회적 기능의 수행 활성화를 통해 생활의 질적 향상을 도모하고 전문적 기법과 지식을 동원하여 가족구성원의 안위와 가족 전체의 안녕에 관심을 두는 학문이며, 가족상담은 그에 관한 중요한 개입방법이다(곽라은 외, 2017: 15-16).

가족상담은 단순한 개인상담의 연장이라고 볼 수는 없다. 개인상담은 문제를 호소하는 개인에 초점을 둔다. 가족을 다루기는 하지만, 가족은 단지 인간행동을 이해하는 배경으로 보고 접근한다. 가족상담은 개인상담의 한계와 개인의 문제가 가족의 병리적인 현상의 결과임을 입증하는 사례가 보고되면서 가족을 하나의 단위체로 보고 접근해야 한다는 움직임 속에서 하나의 전문상담영역으로 자리매김해 왔다(최연실 외, 2020: 19).

그러므로 가족상담은 가족을 하나의 체계로 본다. 한 개인의 문제행동 자체보다는 그 행동이 가지고 있는 가족기능의 다양한 의미와 더불어 가족문제를 유발하는 가족환경과 가족 체계 또는 구조에 대해서도 관심을 갖고 접근한다. 개인의 문제보다 가족의 기능 회복이나 강화 등을 목적으로 가족의 의사소통기법, 가족체계의 경계 만들기 등을 통한 대인관계의 질적 변화를 꾀하고자 하는 일련의 상담활동 모두가 가족상담이라고 할 수 있다.

그런데 1980년대 이후 가족에 대한 개입은 탈근대주의(postmodernism)라는 새로운 물결 속에서 또 다른 변화를 겪고 있다. 구성주의가 실체를 개인의 내적인 구성물로 보고 개인들이 자신의 현실에 대해 어떻게 의미를 구성하는가에 관심을 둔 것과는 달리, 탈근대주의는 사람들이 삶에서 사실을 구성하고 의미를 만들어 가는 과정에 초점을 맞췄다. 이 같은 인식의 변화는 그동안 객관적인 가족의 상호작용 유형이나 가족구조에 초점을 맞춘 것과는 달리, 사람들이 문제에 대해 가지는 의미체계를 탐색하는 것에 치료적 관심을 두게 되었다. 또한 이들은 사물에 관한 의미는 새로운 환경에 직면하면 신념도 변화할 수 있다고 보면서, 상담과정에서 개인이 자신의 환경에 대한 새로운 의미를 만들 수 있도록 도왔다. 이들은 가족문제란 객관적으로 존재하는 것이 아니라, 사람들에 의해 만들어진다는 사실을 전제로 하면서 특권적 지식에 사로잡히지 않는 언어적인 상호작용에 의한 치료적 개입을 선호하였다(김유숙, 2022: 118).

가족상담이 필요한 상황은 다음과 같다(김지영 외, 2017: 14).

① 가족과 함께 있는 공간 및 시간에 대해 불편해하고, 긴장과 불안감을 느끼면, 위축되는 경우

② 한 사람에게 가족구성원의 역할과 기능이 집중되어 있어 가족구성원이 수동적으로 행동하는 경우
③ 가족구성원의 역할과 기능이 전도되어 있는 경우
④ 가족 한 사람의 부적응으로 인해 가족 전체가 위기를 맞은 경우
⑤ 가족구성원 중 한두 사람의 존재가 문제라는 인식 때문에 다른 가족과의 관계가 계속 불안한 경우
⑥ 가족 간에 부정적이고 부적절한 의사소통이 지속되고, 의사소통을 통해 더욱 문제가 확대될 경우
⑦ 예기치 않은 외부사건의 발생으로 인하여 가족 전체가 긴장에 빠져있는 경우
⑧ 가족 내 죽음, 이별, 입양 등으로 가족이 재 강화되어야 할 필요가 있는 경우
⑨ 문제가 가족관계 맥락(부부갈등, 형제갈등, 세대 간 갈등)에서 일어나는 경우
⑩ 청소년 자녀와 부부 사이의 이별문제, 청소년 자녀의 범죄문제, 청소년 자녀의 급성 조현병(정신분열증) 증세가 나타날 경우

2 정신분석상담

지그문트 프로이트

프로이트(Sigmund Freud, 1856–1939)는 1896년에 '정신분석(Psychoanalysis)'이란 용어를 처음 사용하고, 자유연상기법을 환자의 치료에 본격적으로 도입하였는데, 이 시기는 정신분석의 공식적인 출발점이다. 정신분석은 이제 100년이 넘는 역사를 가진 셈이다. 이 기간 동안 정신분석은 인간을 이해하는 중요한 철학적 접근으로서, 그리고 인간의 심리적 문제를 이해하고 치유하는 유력한 상담의 방법으로서 확고한 위상을 굳혀 왔다. 정신분석의 등장으로 인간의 마음을 심층적으로 이해하는 것이 가능해졌다는 것이 공통적인 견해이다. 이후에 생겨난 상담이론 중 상당수는 정신분석에 뿌리를 두고 있다(박계자·김화인, 2022, 113).

정신분석은 프로이트의 임상 경험을 토대로 시작되었다. 프로이트는 아동기의 심리성적 갈등이 인간의 성격형성에 매우 중요한 역할을 한다고 보았다. 정신분석학에서는, 인간은 심한 불안을 피하기 위해 현실세계에서 감당하기 힘든 갈등을 방어기제를 사용하여 무의식의 세계에 밀어 넣는다고 설명한다. 심리적 문제는 바로 이 방어기제의 직접적인 결과로 무의식에 원인이 있다고 주장한다. 따라서, 정신분석은 내담자의 무의식의 세계에 있는 심리적 갈등을 의식의 세계로 끌어올려 직면하게 하면 문제를 해결할 수 있다고 보았다.

전통적인 정신분석기법에서는 내담자를 편안한 자세로 앉거나 눕게 하고 치료자는 내담자의 뒤편에 앉는다. 내담자는 떠오르는 생각, 느낌, 심상을 자유롭게 표현하고 상담자는 내담자의 이야기를 무비판적으로 경청한다. 상담이 진행되면 내담자의 무의식적 갈등이 드러나는데, 그 갈등과 관련된 중요한 인물에 대한 정서적 반응이 치료자를 향하는 현상을 '전이(transference)'라고 한다. 상담자는 전이현상을 해석하여 내담자의 문제를 이해하고 내담자가 갈등을 해결할 수 있도록 도움을 준다. 따라서, 정신분석적 접근에서는 전이를 매우 중요하게 다룬다.

프로이트는 정신분석의 목표를 다음과 같이 기술하고 있다.

정신분석의 목표는 인간의 내면에서 솟구치는 욕구나 충동을 현실적 관점에서 조정하며, 내담자가 보다 깊은 자기인식을 바탕으로 한 자기통제능력의 강화를 지원하는 데 있다. 이것은 내담자가 보다 자율성을 획득하도록 지원하는 것이며, 또한 내담자가 자신의 스스로 발견하고, 그 가능성을 더욱 발휘할 수 있도록 인생을 선택하거나 결정하는 능력을 획득하는 것을 말한다. 이를 위해 정신분석은 내담자가 심리적 통합체험을 통해서 인격 또는 정신적 성숙의 촉진을 지원하는 데 그 기본 목표를 둔다(현정환, 2019: 75).

정신분석을 상담에 적용하는 데는 두 가지 방법이 있다(김충기·강봉규, 2003: 86-87).

첫 번째 입장은, 치료기법으로서의 정신분석을 가능한 상담과정에 도입하여 내담자의 무의식의 내용을 정면으로 분석함을 주안점으로 삼는 방식이다. 예를 들어, 일부 심리학자는 상당히 고도의 정신분석학적인 훈련을 받아 비의사인 분석자(lay analysist)로서 치료에 종사하고 있는 경우가 좋은 예이다. 그러나 일반적으로는 정신병리학적인 증상을 나타내는 내담자를 정신과 의사가 아닌 분석자가 장기간 분석치료하는 일은, 경험이 풍부한 정신과 분석의사의 협의지도 또는 개별지도하에 그것도 의료기관 안에서 이루어지는 경우 이외에는 바람직하지 않은 일로 인식되고 있다.

두 번째 입장은, 정신분석이론을 내담자의 성격을 이해 · 평가하기 위해 응용하는 입장이다. 이 입장에서는 정신분석이론을 보통의 상담과정에 많은 응용을 하는 것이어서 인간의 이해와 상담의 발전에 시사하는 바가 매우 크다. 예컨대, 학교에서 자주 교사에게 반항을 하며, 교칙을 위반하는 한 학생의 공격성을 정신분석이론을 기본으로 여러 정보에 비추어 진단한 결과, 원래는 부친에 대한 적대감이 다른 권위자인 학교나 교사에게 전위(displacement)된 것인데, 그것이 학교 측의 거절과 처벌로 이어져 점점 악화되는 악순환을 되풀이한 것으로 생각될 수 있다. 이 경우, 학생의 문제행동의 무의식적인 측면이 학교당국에 의해 이해된다고 하면, 학교 측의 태도는 학생을 이해하는 쪽으로 쉽게 달라질 것이며, 이에 따라 그 학생의 태도나 행동도 어느 정도 변화될 것으로 볼 수 있다.

이러한 특징 때문에 정신분석상담은 장기적으로 진행되는 경향이 있다. 삶의 뿌리를 찾고 그것을 치유하는 데에는 그만큼의 노력과 시간이 뒤따라야 하기 때문이기도 하지만, 장기간의 투자를 통해 얻게 되는 성과는 매우 크다. 그것은 바로 삶의 방식에서의 근본적인 변화이다. 자신이 어떠한 삶을 살아 왔는지, 그것이 현재의 모습에 어떤 방식으로 영향을 미치게 되었는지를 깊고도 철저하게 이해하는 것, 그리고 보다 성숙하게 살 수 있도록 자신의 성격을 근본적으로 변화시키는 것이 정신분석상담을 통해 얻게 되는 열매이다. 정신분석상담은 오늘날에도 여전히 가장 유력한 상담이론으로서 건재하며, 다른 한편으로는 새로운 상담이론이 등장할 수 있는 토대를 마련해 주었다.

3 인간중심상담

칼 로저스

인간중심상담은 1940년대에 로저스(Carl Ransom Rogers, 1902–1987)에 의해 창시된 상담이론이다. 이 이론의 최초 명칭은 비지시적 상담이었는데, 이론이 발전하는 과정에서 1970년대까지는 '내담자중심상담'으로 불렸고, 그 후에는 '인간중심상담'으로 명칭이 바뀌었다. 인간중심상담 이론은 구체적인 문제해결기법보다는 내담자에 대한 상담자의 태도를 더 중요시한다. 왜냐하면 이는 나름대로 독특한 인간관에 기초하고 있기 때문이다.

인간중심상담에서 인간은 정신분석이론에서 그려지는 것처럼 자신도 모르는 무의식에 의해 지배받는 그런 인간이 아니다. 대신에 인간은 자기를 실현할 수 있는 기본적 동기와 능력을 '이미' 가지고 있는 것으로 가정된다. 다만, 살아가는 과정에서 그러한 능력이 가려졌을 뿐이며, 또한 인간은 과거에 얽매인 존재가 아니라, 현재를 살고 미래를 추구하는 존재이다. 즉, 과거의 경험을 통해 이미 형성되었다기보다는 자신의 가능성과 잠재력을 발견하고 실현할 수 있는, 따라서 그 무엇이든 될 수 있는 형성과정 중에 있는 존재다.

인간의 잠재능력과 가능성에 대한 이 같은 믿음은 인간중심적 상담이론의 핵심을 이룬다. 이러한 믿음이 상담에서 내담자를 향해 발휘될 때 '내담자 중심적 상담'이 되며, 한 걸음 더 나아가 인간 전반에 대한 믿음으로 확대될 때 '인간중심적 삶의 철학'이 되는 것이다. 인간에 대한 이러한 믿음은 상담이론을 불문하고, 모든 상담자가 지녀야 할 기본적인 믿음이다(이장호, 2009: 88). 따라서, 이 이론은 단순히 여러 개의 상담이론 중 하나가 아니라, 모든 상담에서 상담자가 지녀야 할 기본적인 태도를 제공한다. 이런 의미에서 상담에 관심을 가진 독자들은 인간중심상담의 기본 철학을 보다 철저히 이해하는 것이 필요하다.

인간중심상담의 목표는 로저스가 말하는 인간관을 가진 사람이 될 수 있도록 하는 데 있다. 상담자는 상호 신뢰적인 분위기를 조성하여 내담자가 거리낌 없이 자기를 개방하도록 함으로써, 내담자 자신의 내면세계(감정, 욕망 및 가치판단 등)를 이해하고, 자신의 문제를 파악할 수 있도록 돕는다. 이런 관계 속에서 내담자는 자신의 환경에 대한 왜곡된 지각을 수정하고, 현실적 경험과 자아개념 간의 조화를 이룬다. 이러한 과정을 통해 내담자는 자기에 대한 위협과 방어하려는 방어기제를 해체함으로써 충분히 기능하는 사람이 되어 자신의 능력과 개성을 최대한으로 발휘하는 자기실현을 촉진하게 된다(김계현, 2016: 265).

이러한 인간중심상담은 정신분석상담, 행동주의상담과 더불어 대표적인 상담이론으로 자리매김하였다. 그리고 이 이론은 상담분야뿐만 아니라, 교육, 가정, 기업체 등 우리 삶의 전 영역에 큰 영향을 미치고 있다. 그 실례로, 아동중심상담, 학습자중심학습, 배우자중심상담, 국민중심정치, 노동자 중심 기업운영, 환자중심진료 등을 들 수 있다. 즉, 인간중심상담이론은 단지 상담이론으로만 머물지 않고 교육, 정치, 경제 등 모든 분야에 적용되어 하나의 인간중심적 삶의 원리이자 삶의 철학으로까지 발전하고 있다.

인간중심상담에서 필요한 충분조건은 여섯 가지로 구분된다(장성화 외, 2022: 191–192).

첫째, 상담자와 내담자가 심리적으로 서로 접촉을 해야 한다. 이것은 타인과 경험이 서로 다르다는 것을 인식하며, 상담자가 내담자에게 일방적으로 반응하는 것이 아니라, 상호작용하여야 한다는 것이다.

둘째, 불안을 최소한으로 줄여야 한다. 내담자는 자아개념과 경험이 불일치하고 마음에 상처를 입었기 때문에 심리적으로 불안감을 느낀다. 즉, 내담자가 불안함을 호소하거나 심리적으로 불안정하면 상담의 효과는 떨어진다. 따라서, 상담이 제대로 수행되기 위해서는 내담자가 변화하고자 하는 만큼의 심리적 안정감을 찾도록 해 주어야 한다.

셋째, 상담자는 내담자와의 관계에서 진실하고 공감이 되는 말과 행동을 해야 한다. 상담자와 내담자 간에 라포형성(rapport building)이 되어야 내담자가 털어놓는 감정을 인식할 수 있다.

넷째, 무조건적으로 내담자를 존중해야 한다. 내담자가 경험하는 모든 것을 상담자는 수용하여야 한다. 여기서 무조건 존중한다는 것은, 상담자의 가치와 내담자 간의 가치가 다르더라도 내담자를 존중한다는 것을 의미한다. 이에 상담자는 중립적인 가치관을 갖고, 내담자의 행동을 긍정적 또는 부정적으로 판단하지 않고, 내담자를 한 인간으로 수용하여야 한다.

다섯째, 상담자는 내담자 간의 상담과정에서 공감해야 한다. 타인이 내적으로 경험하는 것을 완전히 이해하지는 못하지만, 내담자의 내적 상태를 비교적 정확하게 이해하여야 한다. 즉, 상담자는 내담자가 될 수는 없지만, 자신이 내담자인 것을 가정하여 이해하려고 노력해야 한다.

여섯째, 최소한 상담자가 자신을 무조건 존중해 주고 내담자가 지각하도록 도움을 주어야 한다. 내담자를 수용하고 내담자의 처지를 이해하고 공감하는 것만으로는 충분하지 못한다. 즉, 내담자가 자신이 수용되고 이해받고 있다는 것을 지각할 수 있을 만큼 의사소통이 잘 될 때 수용과 이해는 가치가 있다.

4 행동주의상담

행동주의상담은 부적응행동을 치료하기 위하여 행동주의 학습이론을 체계적으로 적용하는 접근법이다. 행동주의상담은 한 학자에 의하여 제창된 단일이론이 아니라, 여러 행동주의 학습원리를 상담에 체계적으로 적용하는 접근법이다. 부적응행동은 학습된 것이기 때문에 이것을 치료할 때에도 학습원리로 수정 가능하며, 이것을 '행동수정' 또는 '행동치료'라고 한다. 행동주의 심리학과 마찬가지로 주로 관찰 가능한 행동에 초점을 두며, 초기에는 자극과 반응의 연합, 강화, 반복 등과 같은 행동주의 심리학의 원리를 상담에 적용하였으나, 나중에는 의지, 통찰, 사고와 같은 인지주의 심리학의 주요 학습원리의 개념도 받아들였다(강갑원, 2016: 137).

행동주의상담은 '행동치료(behavior therapy)'라고도 불린다. 행동치료는 정신분석적 심리치료와는 달리, 기본적으로 인간의 심적 과정의 추정과 그 조작보다는 과학적 방법에 근거한 객관성을 중요하게 생각하면서 외현적으로 관찰 가능한 행동이나 증상에 초점을 맞추어 환경자극의 조작을 통해 그 변화를 지원하는 기법이다. 행동치료의 기본 사상은 과학에 근거한 실증주의와 경험주의에 뿌리를 내리고 있어, 실증되어 있지 않은 심적 과정을 추정하거나 직관적 관점을 철저하게 배제하고 있다. 엄밀하게 말하면, 인간행동에 관해서 실험적으로 확립된 행동원리를 행동수정에 적용하는 기법이다. 그래서 아이젠크(H. J. Eysenck)는 행동치료를 현대의 학습이론의 원리에 근거하여 인간행동이나 정서를 수정하는 치료기법이라고 하였다. 이처럼 행동치료의 기본 출발점은 경험주의에 바탕을 두고, 거기에서 나온 이론적 지식을 치료기법에 응용하는 접근법이다.

알버트 반두라

최근에는 행동치료기법의 발전으로 치료기법이 다양해지면서 하나의 학습이론만으로 치료적 접근을 하기보다는 좀 더 포괄적인 행동주의 상담이 필요하다는 주장이 나오고 있다. 대표적인 이론이 반두라(Albert Bandura, 1925－2021)의 사회학습이론(social learning theory)이다. 이 이론에 따르면, 인간행동은 내적 요인도 관여하고 있기 때문에 기대나 사고 등의 내적 요인도 함께 고려한 포괄적인 행동주의 상담을 해야 한다. 또한 인간행동의 변화에 있어서 인지의 역할을 강조하는 이론도 등장하면서 인지의 변화에 의한 행동수정을 유도하는 인지행동기법도 소개되고 있다.

이처럼 행동주의이론은 하나의 통일된 모습은 아니지만, 기본적으로 공통점이 있다. 그것은 외부에서 관찰 가능한 행동과 이와 관련된 자극의 연합을 중요하게 생각하고 있다는 점, 시간적으로는 과거의 어느 시점에서 발생된 행동이 아니라, '지금－여기(now and here)'의 행동에 초점을 맞추고 있다는 점, 그리고 문제행동의 개선을 위해서는 적절한 학습이 가장 효과적이며, 그 학습의 내용과 방법은 각 내담자에 맞추어서 구체화된 치료목표의 설정이 필요하다는 점이다.

그러므로 행동주의상담에서는 대화를 통해서 목표행동을 명확히 하고, 목표를 어떻게 달성해 나갈 것인가에 대해 구체적으로 계획을 세우게 된다. 즉, 현재의 문제행동을 어떻게 개선해 나갈 것인가, 바람직한 행동형성을 위해서 어떻게 하면 좋은가, 어떤 기법을 사용할 것인가 등에 대해서 내담자와 충분히 이야기하면서 진행을 하게 된다.

상담과정에서의 구체적인 목표는 부적응 행동을 제거하고, 보다 효율적인 행동을 학습하게 하며, 행동에 영향을 주는 요인을 발전시키고, 문제 행동에 대해 무엇을 할지를 결정하는 데 초점을 맞춘다. 내담자는 목표를 설정하고, 이 목표가 잘 실행되는지 평가하는 상담의 전 과정에서 적극적인 역할을 수행하게 된다. 구체적인 상담목표는 다음과 같다(김춘경 외, 2016: 312).

첫째, 자신의 감정이나 생각 및 희망을 필요한 일상 장면에서 자유롭게 표현할 수 있도록 훈련하는 것이다.

둘째, 사회적인 활동을 저해하는 비현실적인 공포를 제거하는 것이다.

셋째, 내담자가 중요한 의사결정을 내리는 데 방해가 되는 내면의 갈등을 해소하도록 도와주는 것이다.

이러한 행동주의이론은 초기엔 행동의 일반이론을 확립하는 데 그 궁극적인 목표가 있었으나, 점차 인간행동의 변화와 관련된 교육학, 심리학, 간호학, 재활의학, 체육심리학, 경영학, 심리요법 등 광범위한 분야로, 그리고 정상인, 정신박약자, 성인 및 아동 정신병 환자, 비행청소년 또는 알코올중독자 등의 치료에까지 확대되어 나가고 있다.

5 게슈탈트상담

게슈탈트 심리학은 펄스(Fritz Perls, 1893-1970)에 의해 개발되었다. 이는 정신분석학을 포함한 요소주의 심리학에 반대하여 종합적 심리학운동으로 나타났으며, 그 적용범위를 사고, 감정, 욕구, 신체감각, 행동 등 모든 영역으로 확장시켰다. 펄스에 따르면, 게슈탈트상담은 의학, 과학, 우주, 존재하는 모든 것이다.

게슈탈트(gestalt)는 전체, 형상, 형태, 모습 등의 뜻을 지닌 독일어로, 게슈탈트 심리학자들에 따르면, 대상을 지각할 때 부분들의 집합이 아닌 하나의 의미 있는

프리츠 펄스

전체, 즉 "게슈탈트로 만들어 지각한다."고 말한다. 게슈탈트는 개념을 상담적 영역으로 확장하여 사용할 때, 욕구나 감정을 하나의 의미 있는 전체로 조직화하여 지각한다는 것이다.

형태주의상담이라고도 불리는 게슈탈트상담은 한마디로 '지금-여기'에서 내담자의 자각을 증진시켜 실존적 삶을 살아가도록 하는 데 중점을 둔다. 심리적 어려움이 있는 사람은 과거의 문제가 해결되지 못한 욕구로 인해, 현재의 자기 모습을 지각하지 못하고 혼동을 일으킨다고 보는 것이다. 해결되지 못한 욕구를 자각하지 못하고 혼동이 일어나는지를 통합하여 자립할 수 있도록 도와주며, 현재 속에서 실존적 삶을 살 수 있게 하는 것을 게슈탈트상담이라고 한다(이신동, 2016: 245). 따라서, 상담과정은 내담자와 긴밀하고 진정한 관계를 유지하면서, 자신의 현재 지각과 경험을 내담자와 공유하고, 내담자의 반응에 대해 피드백하면서 자각하도록 도와주는 것이다.

게슈탈트상담에서는 인간의 사고, 감정, 지각, 신체적 기능 등은 서로 관련되어 통합적으로 기능하며 균형을 유지한다. 형태주의는 긍정적 인간관을 가지며, 모든 살아 있는 존재는 자기의 잠재력을 실현하는 방향으로 나아간다고 여긴다. 펄스에 따르면 사람, 동물, 식물 등 모든 살아 있는 유기체는 자신의 본질에 일치하는 방향으로 자아실현하려는 욕구가 있다. 예를 들어, 안개꽃은 카네이션이 아니라 안개꽃으로 자신을 실현하고, 오리는 고양이가 아니라 오리로 자신을 실현한다. 이와 같이 인간은 인간으로서 자신이 갖고 있는 잠재적 능력이 발휘되도록 자아실현하려는 욕구를 갖고 있다(김유숙, 2022: 229).

게슈탈트상담은 상담자와 내담자의 대화적 관계를 중시한다. 이러한 관계를 바탕으로 게슈탈트 상담자는 실험적 행동을 통해서 내담자가 새로운 경험을 하도록 격려한다(유영달, 2017: 155).

게슈탈트상담의 기본 목표는, 내담자 자신이 행동하고 경험하는 것을 자각하여 자신의 느낌, 생각, 행동에 대해 책임을 지도록 하는 것이다. 따라서, 상담자는 상담과정에서 내담자의 자각이 방해를 받고 있는 상황에서 내담자의 책임에 대한 자각을 높이는 데 중점을 두고, 내담자는 자신이 성숙하기 위해서 자신의 길을 스스로 찾아야 하며, 개인적인 책임을 스스로 수용해야 한다.

그러므로 게슈탈트상담은 현재의 성격발달에 영향을 주는 미해결 과제와 감정을 강조하는 '지금-여기'에서의 느낌과 경험을 자신인 스스로가 자각하도록 하여 자신의 존재를 충분히 경험하도록 하는 방법이다.

6 현실치료

윌리엄 글래서

현실치료(reality therapy, 현실요법, 현실상담)는 미국의 정신과 의사 글래서(William Glasser, 1925-2013)가 1950년대 초에 창시한 심리치료법으로서 행동의 선택이론에 바탕을 두고 있다. 그의 선택이론(choice theory)에 따르면, 개인의 모든 행동은 기본적 욕구를 충족시키기 위해서 그 자신이 선택하는 것이다. 인간은 다섯 가지의 기본적 욕구, 즉 생존, 사랑, 성취, 자유, 재미 등의 욕구를 지니며 이러한 욕구를 충족시킬 수 있는 내면적인 가상세계인 '좋은 세계(quality world)'를 발달시킨다. 인간은 좋은 세상을 추구하며 획득하기 위해서 행위, 사고, 감정, 생리적 반응으로 구성된 전체행동(total behavior)을 선택한다. 이처럼 인간은 기본적 욕구를 충족시킬 수 있는 좋은 세상을 획득하기 위해서 전체행동을 선택하는 하나의 통제시스템이라고 할 수 있다(권석만, 2018: 379).

현실치료라는 명칭은 과거보다 현실에 초점을 둔다는 의미를 지니고 있다. 이것은 글래서가 한 친구에게서 자신의 치료법이 너무 현실적이라는 말을 듣고 힌트를 얻어서 붙인 이름이다(강갑원, 2016: 249). 현실치료는 현재에 초점을 두며, 내담자가 주변에 피해를 주지 않는 범위에서 자신의 욕구를 최대한 충족할 수 있도록 도와주는 것을 말한다. 현실치료자들은 내담자가 자신의 요구를 만족시키기 위해서 무엇을 할 수 있는지에 초점을 둔다. 상담자 중심 과제는 내담자와 인간적 관계를 형성하여 현재 자신의 생활양식을 평가할 수 있도록 힘을 주는 것이다. 이러한 평가는 자신이 선택한 행동이 자신의 요구를 실제로 얼마나 만족시켜 주고 있는지 알 수 있게 해 준다.

통찰, 감정, 무의식적 동기에 초점을 두는 것이 아니라, 현재의 행동이나 사고에 초점을 두는 현실치료에서는 모든 사람이 정체성에 대한 욕구를 가지며, 성공 가능한 잠재력을 가진다는 기본 가정 아래, 상담을 통해 내담자가 보다 책임감을 가지고 욕구를 충족시킬 수 있도록 돕는 것을 목표로 하고 있다. 현실치료에서는 주로 지적 토의나 논쟁기법을 많이 사용하는 데, 여러 신념의 불일치에 대해 논쟁하고 토론하며, 책임을 지는 방법과 적절히 유머로 대처하는 방법도 사용된다.

현실치료의 목표는 내담자가 스스로 책임지고 선택한 방법으로 각자의 기본 욕구(소속감, 힘, 자유, 즐거움) 충족을 위한 전 행동선택을 돕는 것이다. 즉, 내담자가 자신의 질적 세계에서 선택한 사람들과의 관계형성 또는 재형성을 돕는 것이다. 현실치료에서는 개인이 자신의 환경적인 여건에 의존하기보다 자신의 결정에 더 의존함으로써 책임을 다할 수 있고, 성공적이고 만족스러운 삶을 영위할 수 있음을 강조한다. 불만족스러운 현실상황에서 변화를 가져오게 하는 것은 행동을 바꾸려는 결단에서 비롯된다. 상담자는 이러한 사랑·소속 욕구 외에도 힘, 성취, 내적 통제, 자유/독립, 즐거움 등의 욕구충족을 위한 더 효과적인 방식을 습득하도록 돕는다. 또 개인이 자신의 기본 욕구를 충족시키기 위해 원하는 것의 파악을 중시한다. 개인이 원하는 것에 대한 현명한 선택을 위해서는 인지적 해석이 중요하다. 이를 위해 상담자와 내담자는 상담의 장·단기목표를 세운다(강진령, 2021: 213).

그러므로 현실치료는 '현실적인 삶'을 살아갈 수 있도록 도와주는 상담이다. 즉, 내담자의 현실적인 욕구를 파악하여 현재의 행동을 바꾸어 욕구를 충족하는 기술을 계획하여 실천하도록 도와주는 상담방법이다. 현실치료는 현재의 행동을 강조하기 때문에 행동과 행위를 강조하는 접근이라고 볼 수 있다.

Chapter 10
발달심리학

학습목표

1. 생애주기별 학습
2. 발달과업에 대한 토의
3. 발달단계에 따른 이론적 토대

학습내용

1. 발달심리학의 개념
2. 발달의 요인
3. 발달의 단계
4. 발달심리학의 연구방법론

개요

발달심리학은 신체, 신경 생리, 인지, 정서, 사회성을 포함한 인간심리의 모든 영역에서 변화과정을 과학적으로 탐색하는 심리학의 소우주이다. 발달을 정의할 때 학문적으로 체계성과 연속성을 강조한다. 여기에서는 발달심리학을 학습하고자 한다.

Chapter

10

발달심리학

1 발달심리학의 개념

발달심리학은 신체, 신경 생리, 인지, 정서, 사회성을 포함한 인간심리의 모든 영역에서 변화과정을 과학적으로 탐색하는 심리학의 소우주이다. 발달을 정의할 때, 학문적으로 체계성과 연속성을 강조한다. '체계성'이란 변화가 일정한 순서와 패턴을 가지는 것을 의미하며, '연속적'이라 함은 초기의 변화가 후기의 변화에 영향을 미치며, 누적적 변화가 나타남을 의미한다. 예컨대, 청년기 자기정체성을 확립하지 못한 경우, 이후 친밀한 관계를 형성하기 어려울 뿐만 아니라, 자녀를 출산하여 바람직한 부모역할을 하는 데 한계가 있을 수 있다. 과거 전통적 발달심리학에서는 연구대상이 아동기나 청소년기까지로 제한되는 경향이 있었으나, 전 생애 발달이론(Baltes, 1987, 1997)이 대두되면서 발달은 전 생애에 걸쳐 일어난다고 여겨진다. 태어나 청년기까지는 대체로 성장과 분화에 의해 상승적 변화가 나타나지만, 그 이후의 생애주기에는 성장과 분화보다 유지 및 감퇴가 일어난다. 따라서 발달심리학은 상승적 변화뿐 아니라, 하강적 변화도 포함하여 연구대상을 성인기와 노년기까지로 확장하였다.

발달영역은 크게 신체적 · 인지적 · 사회정서적 영역으로 나눌 수 있으며, 발달심리학은 이들 영역의 세부 주제에 대해 기술(description)하고 설명(explanation)한다.

신체적 영역은 신체와 뇌의 발달, 감각과 운동 기술 발달 그리고 호르몬의 변화에 따른 발달의 측면들이다. 인지적 영역은 주의, 지각, 사고, 지능, 그리고 언어발달을 다룬다. 사회정서적 영역은 정서와 기질, 자기와 타인의 마음을 이해하는 사회인지, 애착을 포함한 인간관계, 성취동기, 성차, 공격성, 도덕성의 발달을 다룬다. 무엇보다 이 세 영역은 서로 독립적인 것보다는 상호 관련되어 있다. 예를 들어, 건강한 뇌 발달, 인지능력, 그리고 양육자와의 정상적인 상호작용이 뒷받침되어야 언어능력이 발달하며, 언어의 발달은 다시 인지적 유능성뿐만 아니라, 사회적 유능성을 발달시키는 데 중요한 역할을 한다.

발달심리학이 출현하게 된 가장 큰 이유는, 인간이 기계가 아닌 생명을 가진 유기체이기 때문이다. 생명현상이 끊임없이 변화하듯이 심리현상도 바뀐다. 특정 영역 그 자체에 대한 탐색과 더불어 변화하는 인간 마음을 연구할 필요가 있는 것이다. 과학자들은 생명이 만들어지는 수정의 순간부터 그 생명이 없어지는 죽음의 순간까지 전 생애에 걸쳐 시간의 흐름에 따라 일어나는 모든 체계적인 변화와 안정의 과정을 '발달(development)'이라고 정의한다. 체계적 변화는 일련의 순서와 양식에 따라 진행되는 것이므로 일시적인 상황에 따른 변화나 지속성이 없는 과도기적 변화는 발달의 변화에 속하지 않는다. 여기에서 시간은 중요한 조건이다. 시간의 흐름은 변화의 결과를 드러낸다. 처음에는 눈에 띄지 않던 변화가 시간이 지나면서 확실하게 그 차이를 보이는 발달의 현상으로 진행된다.

발달심리학은 이러한 인간의 발달적 변화의 양상과 과정을 연구하는 학문의 한 분야로서, 전 생애에 걸쳐 일어나는 발달을 연구한다는 점을 강조하여 '전 생애 발달심리학(life-span developmental psychology)'이라고도 한다. 따라서, 발달심리학은 우리의 신체, 성격, 사고방식, 감정, 행동, 대인관계 및 삶에서 수행하는 역할에서의 변화를 연구한다.

이전의 발달심리학은 영유아와 아동·청소년의 변화에 초점을 두었지만, 근래에 와서는 태아와 신생아, 성인, 노인을 포함하여 전 생애에 걸친 변화로 그 관심이 확대되었다. 발달심리학자들은 점차 발달을 일생의 과정, 즉 전 생애 발달의 개념으로 인식하게 되었다. 따라서, 발달의 개념에는 키가 커지고 체중이 늘어나며 지식의 양이 많아지고 적응능력이 커지는 것과 같은 성장의 변화와 마찬가지로, 체력이 떨어지고 신체기능이 약화되며 기억력과 같은 인지능력이 떨어지는 쇠퇴 또는 노화의 변화도 포함된다. 그뿐만 아니라, 전 생애 발달의 연구는 발달의 방향성이 일방적이지 않다. 성인기까지는 항상 성장 또는 증가의 방향으로 변화하는 것은 아니다. 예를 들어, 뇌의 신경세포는 출생에서부터 꾸준히 선택적으로 감소한다. 또한 후기 발달의 시기에서도 경험과 관련된 지능은 증가한다. 이처럼 발달의 어떤 단계에서도 성장과 감소의 변화는 함께 일어난다(신명희 외, 2013: 16－17).

일반적으로 발달과 관련된 개념으로는 성장, 성숙, 학습 등이 있다(김보기 외, 2017c: 143).

첫째, 성장(growth)은 본질적으로 발달과 동의어로 사용되고 있지만, 개념과 기술적인 측면에서 차이가 있다. 그 예로, 성장은 신체적 발달의 긍정적인 변화를 강조하는 개념으로 시간의 경과와 연령의 증가에 따라 나타나는 신체적 크기나 기능의 양적인 증가를 의미하며, 주로 신장, 체중, 골격 등의 외적 증가를 나타낼 때 사용한다.

둘째, 성숙(maturation)은 유전적 요인에 의하여 발달적 변화들이 통제되는 생물학적 과정을 말한다. 즉, 환경과는 무관하게 유전적 특성에 의해 이루어지는 발달적 변화에 국한해서 사용하는 개념이다. 따라서, 훈련이나 경험 등의 환경의 영향보다는 유전에 따른 생득적인 특성의 변화를 강조한다. 그 예로, 태아의 발달이나 사춘기에 나타나는 2차 성장 등과 같이 발달단계별로 순차적으로 진행되는 모든 변화를 성숙이라고 하며, 생리적 요인에 의한 신체적 측면의 변화와 심리적 현상에 적용되고 있다.

셋째, 학습(learning)은 훈련이나 연습에 의한 발달적 변화를 의미하며, 후천적인 학습의 결과로 나타나는 직접 또는 간접 경험의 산물이다. 따라서, 학습이란 생물학적 환경과 심리적 환경 속에서 개인이 경험하게 되는 모든 영역을 포함하는 광범위한 개념으로 유기체의 성장, 성숙 및 발달에 중요한 역할을 하며, 학습 결과에 따라 개별적이고 특수하게 발달하게 된다.

2 발달의 요인

인간의 발달과정과 현상을 연구하는 학자들의 주요 관심 중에 하나는 발달의 요인에 관한 것이다. 이와 함께 많은 학자들은 유전과 환경이 인간에게 미치는 영향 정도와 내용에 관해 연구해 왔으며, 서로 다른 입장에서 열띤 논쟁과 함께 상이한 이론들을 주장하였다. 인간발달에 있어서 유전과 환경 중 어느 것이 더 결정적인 영향을 미치는가 하는 문제에 대해 현재까지 끊임없이 이어진 논쟁 중의 하나이다. 다시 말해서 일생 동안 진행되는 인간의 다양한 발달적 변화들이 유전(heredity)에 의한 것인지 또는 환경(environment)에 의해 발달하는지에 관한 문제이다. 그 예로, 인간의 성선설을 주장하는 학자들은 인간은 유전적·선천적으로 완전한 형상을 갖추고 있기 때문에 발달은 이미 결정된 순서와 일정에 따라 발달하며 환경의 영향을 받지 않는다는 것이다. 반면에, 아동을 '타블러 라사(백지상태, tabular rasa)'에 비유하는 환경론자들은 발달은 생물학적 기초보다는 환경이 중요하며, 환경이 발달을 결정하는 요인이라고 주장한다. 그러나 최근에는 인간발달에서 유전과 환경의 상대적인 영향력을 엄격하게 구분할 수 없으며, 또한 발달영역에 따라 두 요인의 영향에 차이가 있다는 주장이 확산되면서 인간발달은 유전과 환경이 상호작용하는 과정에서 진행되는 것으로 설명하고 있다. 발달의 요인은 다음과 같다(김영철 외, 2022a: 9－11).

1) 유전적 요인

인간발달에 생물학적 요인을 강조하는 유전설은 발달을 규정하는 원동력은 개체 내에 있다고 보는 입장이며, 생득설(nativism) 또는 선천설이라고 한다. 즉, 유전설은 발달의 본질로 생득적인 요인인 유전을 강조하며, 인간의 모든 발달특성은 부모로부터 유전된다고 보는 것이다. 인간은 유전인자를 포함하고 있는 46개의 염색체로 구성되어 있으며, 수정되는 순간에 부모로부터 물려받아 개개인의 독특한 체질과 특성에 의해 발달하는 것이다. 따라서, 유전론을 주장하는 학자들은 발달에 있어서 선천적으로 타고나는 태생적인 요인을 강조하고 환경 요인은 발달에 거의 영향을 미치지 않는 것으로 설명한다. 또한 발달이나 변화의 과정을 생물학적으로 예정된 순서와 계획에 의해 단계적으로 일어나는 현상으로 보고 성숙 요인과 생득적 요인을 중시한다. 그 예로, 모든 영아가 성숙 이정표에 따라 앉고, 서고, 걷는 보편적으로 발생하는 발달 현상이나 사춘기의 성적 발달, 또는 일란성 쌍생아들이 다른 형제자매에 비해 발달영역에서 상관관계가 높다는 사실들은 유전이 개개인의 발달에 중요한 작용을 하고 있음을 입증하는 것이다. 인간발달을 주장하는 학자들은 가계 연구나 쌍생아 연구, 입양아 연구의 결과를 통해 자신들의 입장을 증명하고 있다(강경미, 2016: 14).

발달의 유전적 요인을 주장하는 학자들은 입양아를 대상으로 양부모·친부모 간의 유사성의 차이를 비교해서 설명하였다. 그 예로, 입양아의 발달특성이 자신의 친부모 및 친형제·자매간의 특성과 흡사하다면 이것은 유전의 영향으로 볼 수 있다. 또한 일란성 쌍생아가 입양되어 서로 다른 환경에서 양육된 경우에 두 쌍생아 간의 공병률이 높다고 하면, 이는 유전적 영향에 대한 강력한 증거가 되는 것이다. 따라서, 입양아 연구는 발달의 유전적 요인과 환경적 요인을 분리할 수 있는 방법으로 가계 연구와 쌍생아 연구의 단점을 보완할 수 있는 우수한 연구법이라고 할 수 있다.

2) 환경적 요인

인간은 일생 동안 지속적으로 외부적 조건인 환경의 영향을 받게 된다. 따라서, 인간발달의 요인을 환경이라고 주장하는 학자들은 인간발달의 모든 변화는 유전보다는 환경에 의한 것이라고 설명하였다.

환경의 유형은 크게 세 가지로 물리적 환경과 자연환경, 사회적 환경이 있다.

첫째, 물리적 환경은 개인적으로 작용하는 외적 조건과 자극이 일정한 규칙에 의해 조직화·체계화되어 있는 환경이다.

둘째, 자연환경은 자연과학의 대상이 되는 외부 환경을 포함해서 동식물 등, 인간 이외에 모든 생물들이 존재하는 세계를 의미한다.

셋째, 사회적 환경은 개인에 의해 구성되는 가정과 집단, 사회, 국가 등이 포함되어 있는 환경이며, 한 사회의 제도적·문화적·정치적·경제적 조건과 변인들을 말한다.

이와 같이 환경은 단순히 물리적 조건만을 의미하는 것이 아니라, 인간발달에 영향을 미칠 수 있는 모든 외적인 조건을 말한다. 발달의 측면에서 보면, 물리적 환경 자체보다는 사회적 환경들이 인간의 마음에 작용하는 심리적 환경에 더 많은 영향을 미치는 것으로 인식되고 있다.

환경론과 함께 외부에서 주어진 자극에 의해 인식하게 되는 경험이 발달에 영향을 미치게 된다고 주장하는 경험론이 있다. 이 설은 로크(J. Locke, 1632－1704)에 의해 발전되어 온 인식론으로 발달심리학적 입장에서는 환경론에 해당된다. 환경이 인간발달에 영향을 미치는 것은, 임신하는 순간부터 시작된다(이주희, 2013: 95). 그 예로, 임신 중에 모체가 약물을 복용하거나 음주, 흡연을 하게 되면, 그 영향이 태아에게 미치게 되면서 신체 기형이나 장애를 초래할 수 있다. 또한 가정환경이나 부모의 자녀양육태도 등은 아동의 발달에 긍정적·부정적 영향을 미치게 된다. 따라서, 생득설이 주장하는 것처럼 발달의 가능성은 개체의 내부에 있다고 해도 환경이 변화되면 개인의 발달에 다양한 변화를 초래할 수 있기 때문에 외부 환경이 발달에 중요 영향요인이라고 주장하는 것이다.

3) 유전과 환경의 상호작용

최근에는 생애발달적 관점과 발달적 맥락주의에 근거해서 발달은 유기체에 이미 존재하고 있는 유전적 가능성과 함께 발달과정에서의 환경조건에 따라 차이가 있다는 새로운 관점이 제시되었다. 이와 함께 현재 대다수의 심리학자들은 인간발달을 유전과 환경 간의 역동적인 상호작용 결과로 이해하고 있다. 그 예로, 성격은 유전적 요인에 의해 기초가 형성되지만, 환경적 경험이나 자극의 의해 수정될 가능성도 있기 때문이다. 따라서, 동일한 유전적 요인을 가지고 있더라도, 주어지는 환경조건이나 심리적 자극에 따라 성격과 행동의 양상이 달라질 수 있는 것이다.

유전과 환경의 상대적인 영향은 발달내용에 따라 다르지만, 대부분의 행동 특성은 환경과 유전의 두 가지 요인에 의해 영향을 받는다는 사실이 확산되고 있다. 그 예로, 성숙이 선행되어야만 학습은 그 효과가 높으며, 학습 여부를 통해 성은 어느 정도 촉진 또는 지연될 수 있다. 또한 아동의 지적 능력은 거의 전적으로 유전에 의해 결정되나 태내 모체의 조건이나 성장하면서 생활환경의 영향을 받아 정신지체아 또는 우수아로 발전할 수 있는 것이다. 따라서, 환경은 선천적으로 타고난 잠재력의 범위 내에서 영향을 미치게 되며, 동시에 같은 유전적 가능성을 가지고 출생했음에도 불구하고, 환경의 영향에 따라 그 가능성이 발전되는 정도는 다르다고 할 수 있다(강경미, 2016: 17-18).

인간의 발달에 유전과 환경 중 어느 것이 더 큰 영향을 미치는가에 대한 논의는 예부터 계속되었다. 유전과 환경이 발달에 미치는 영향을 설명하는 조망 중 하나는 유전과 환경이 상호작용한다는 것이다. 이 조망에서는 두 요인의 상호작용이 역동적으로 이루어지기 때문에 두 요인이 발달에 미치는 영향을 분리할 수 없다고 주장한다. 입양연구(adoption study)에서 연구자들이 쌍생아와 입양연구의 결과들을 해석할 때 부닥치는 어려움은 유전-환경 상호작용의 복잡성을 반영한다. 이런 상호작용들 중에는 유전-환경이 상관있으며, 이것은 개인의 유전자가 그들에게 노출되는 환경의 유형에 영향을 미칠 수 있다는 의미이다(Santrock, 2019).

유전과 환경의 상호작용을 주장하는 모델들은 다음과 같다.

첫째, 반응범위(reaction range) 모델에서는 각 개인이 가지고 태어난 유전적 특성에 의해 환경과의 독특한 상호작용 방식이 결정된다고 설명한다. 이때 반응범위란 개별 유전자들이 다른 종류의 생활경험에 대해 반응을 나타낼 수 있는 범위를 말한다. 유전은 특정한 속성에 대한 가능한 범위를 설정하지만, 환경은 유전자가 정한 범위 내에서 그 사람의 위치를 결정한다. 이 모델에 따르면, 사람들은 유전적으로 다르게 태어났으므로 동일한 환경에 처하더라도, 그에 대한 반응이 매우 다를 것이라 기대할 수 있다.

둘째, 수로화(canalization) 모델은 유전자가 발달을 제한한다고 가정하고, 강하게 수로화된 행동일수록 유전적으로 설계된 계획을 따르고 강한 환경적인 자극이 가해졌을 때 그것이 변화할 수 있다고 강조한다. 예를 들어, 인생 초기의 지각발달이나 운동발달은 정상적인 아기라면 모두 유사한 속도와 순서를 따라 발달하기 때문에 강하게 수로화된 행동들이다. 이에 반해, 개인의 지능이나 성격은 물리적, 사회적 및 교육적 경험과 같은 환경의 영향을 많이 받으므로 수로화가 약한 특성에 속한다. 최근의 연구에 따르면, 환경의 영향도 발달을 제한할 수 있다고 설명한다. 다시 말해서 인생 초기에 유해한 환경에 노출되면, 이후에 아무리 자원이 풍부한 환경이 주어져도 초기 환경의 부정적인 영향을 없애기 힘들다. 예를 들어, 태내기에 알코올이나 방사선과 같은 유해물질에 노출된 아기나 문화적 자원이 박탈된 시설기관에서 양육된 아동은 이후 바람직한 환경에 노출된다 하더라도, 정상적인 개인으로 자라나지 못할 가능성이 높다. 이 모델은 개인의 발달경로가 다양할 수 있으며, 유전자나 환경 중 하나가 다른 요인이 발달에 영향을 주는 정도를 제한할 가능성을 보여 준다.

셋째, 이 밖에도 유전과 환경은 서로 상관되어 있기 때문에 유전적으로 유사성을 지니고 있는 사람들은 환경을 선택할 때에도 서로 유사한 환경을 선택한다고 설명하는 유전-환경 상관모델(genotype-environment correlation)이 있다. 이 모델에서는 유사한 유전적 특질을 지닌 사람들은 유사한 훈육방식이나 양육방식을 경험하기 때문에 유사한 특성을 지닌 사람으로 성장한다고 주장한다.

그러므로 유전과 환경의 상관 정도는 연령에 따른 차이가 존재하기 때문에 위의 세 가지 상관방식을 가정한다.

3 발달의 단계

인간의 발달단계에 대한 구분은 기억, 언어, 성격, 사회인지 등의 각 영역에서의 발달이 어떻게 이루어지는가에 따라 구하거나, 성장시기나 연령별로 구분하기도 하는 등 학자들마다 다른 접근법을 취하기도 한다. 일반적으로 연령별로 구분하여 보면 인간발달은 8단계, 즉 태내기, 영아기, 유아기, 아동기, 청소년기, 성인기, 중년기 및 노년기로 구분할 수 있다. 최근 에릭슨(E. H. Erikson, 1902－1994)은 기존 8단계(1950)에서 노년기를 분리하여 9단계(1982)를 제시하고 있다.

1) 태내기

태내기(prenatal period)는 태내발달에서 가장 긴 시기이며, 수정 후 8주경부터 출생하기 전까지를 말한다. 이 시기에는 배아기에 형성된 신체기관이 성장하고 좀 더 정교해진다. 태아는 골격과 근육을 가지고 있어서 발로 차기도 하고, 팔을 구부리고 손을 폈다 접었다 할 수도 있으며, 심지어 손가락을 빠는 행동을 보이기도 한다. 태아의 움직임은 배아기가 끝나는 시점부터 어머니는 성장이 상당히 진행된 후인 수정 후 17－20주 사이에 태아의 움직임을 느끼기 시작한다. 20주쯤에는 외음부가 형성되어 태아의 성별을 초음파로 파악하는 것이 가능해진다.

태아는 양막에 둘러싸여 있고, 양막과 태아 사이에는 양수가 들어 있어 태아는 양수 속에 둥둥 떠 있게 된다. 그렇다면 태아는 양수 속에서 어떻게 숨을 쉴 수 있을까? 태반과 태아 사이에는 탯줄(umbilical cord)이 모체와 연결된다. 탯줄은 영양분이 포함된 혈액을 태아로 운반하는 정맥 하나와 노폐물을 태아에서 운반하는 동맥 하나로 이루어져 있다. 아직 폐가 미성숙한 태아는 이 탯줄을 통해 전달받는 어머니의 혈액으로부터 산소를 공급받는다.

정상적인 태내발달은 37－40주에 완성되고, 대부분의 아기는 이 시기에 출생을 한다. 하지만 가끔씩 37주 이전에 태어나는 아기들이 있는데, 이런 아이들은 조산아라고 불린다. 조산을 했을 경우에 생존할 수 있는 가장 이른 시기는 22－26주이며, 이보다 전에 태어난 아기들은 폐가 매우 미성숙하고, 뇌가 아직 호흡이나 체온을 조절할 수 있는 기능을 갖추지 못하였기 때문에 생존율이 낮다(윤가현 외, 2022: 201). 이 시기는 정자와 난자가 만나는 순간부터 출생의 시기이며, 어머니의 자궁 내에서 태아의 신체 조직이 발달하고, 신체 성장이 가장 큰 폭으로 일어나는 시기이다. 인간의 개인적 차이는 환경뿐 아니라, 유전에 의해서 영향을 받는다. 따라서, 태아에게 유전적 요인과 환경적 요인 등이 영향을 미치기 때문에 각별히 조심해야 하는 시기이다.

2) 영아기(0-24개월)

출생 후 약 2주간의 기간을 신생아기라고 하며, 24개월까지를 영아기(infancy)로 부른다. 이 기간에는 성장속도가 매우 빠르다. 영아기는 신체적·심리적으로 성인에게 의존하며, 부모나 형제자매 등 돌보는 사람에게 애착행동을 보이게 된다. 영아기의 가장 큰 변화는 일어서서 이동하는 능력을 나타내는 것이다. 또한 감각운동의 시기이며, 한두 단어를 사용할 수 있게 된다. 이 기간 동안 무력한 존재인 영아는 하나의 독립된 개체로서 성장할 준비를 하게 된다. 특히, 신생아기는 태내환경과 너무나 상이한 새로운 환경에 적응해야 하므로 매우 중요한 의미를 갖는다.

영아기는 인간발달의 여러 영역에서 매우 급속한 성장이 이루어지며, 무력한 존재에서 스스로 뛰어다닐 만큼 빠른 속도로 신체발달이 이어지는 시기이다. 또 다른 사람과 의사소통이 이루어질 만큼 언어능력도 발달한다. 부모와의 애착관계 형성에 따라 사회성 발달에 영향을 미치는 시기이며, 인지발달을 촉진시키기 위해 여러 감각에 대한 자극들이 필요한 시기이다. 따라서, 영아기에 부모와의 정상적인 애착이 형성되도록 무조건적인 사랑으로 돌보아야 하며, 인지발달에 필요한 자극이 주어지도록 환경을 조성해 주어야 한다(이억범, 2014: 144).

3) 유아기(만 2-6세)

유아기(early childhood)는 대개 만 2세부터 6세가량의 기간을 말한다. 이 시기에는 자기주장과 지배에 대한 욕구가 매우 강하다. 이는 개인으로서의 자신을 의식하기 시작하는 데서 비롯된 것으로 반항과 고집, 자기주장이 나타나기 시작한다. 이 시기의 아동이 경험하는 긴장은 아이의 행동을 제한하고 규제하려는 환경의 요구에서 비롯된다. 따라서, 유아는 자신의 행동에 타인의 요구를 고려해야 한다는 것을 배우게 된다. 이러한 과정을 거쳐 초기에는 타인과의 상호관계를 고려하지 않는 자기 중심적 존재로부터 타인과의 상호관계를 고려하는 존재로 성장해 간다. 이 시기에는 자신의 고유성을 인식하기 시작하여 유아기 후반에 가면 "내 마음대로" 하는 것보다는 "내 스스로" 하는 것에 더 관심을 갖게 된다(김이영 외, 2015: 180).

이 시기에 언어발달은 중요한 부분을 차지하게 되는데, 언어는 여러 현상을 이해하고 개념화하기 위한 인지적 수단이 되고, 자신의 생각을 표현하고 타인의 생각과 의도를 이해함으로써 대인관계를 형성하기 위한 기본적 수단이 되기 때문이다. 유아기 언어발달의 개인차에는 가정의 물리적·심리적 환경, 인지발달, 성차, 출생순위나 형제자매 수 등이 영향을 미친다(정미경, 2015: 130).

4) 아동기(만 7-12세)

아동기(middle & late childhood)는 신체적 성장이 급속히 일어나지 않고, 꾸준한 성장을 보인다. 살이 빠지고 팔, 다리가 성장하면서 머리와 신체의 비율이 성인과 유사하게 되어 간다. 초기 아동기에는 인지능력과 언어가 놀라운 속도로 발달하기 시작하며, 도덕성이 발달하고 또래관계를 형성하기 시작한다. 후기 아동기는 논리적 사고, 읽기 능력, 자아, 도덕성, 또래와 우정 등이 증진되는 시기이다(윤가현 외, 2022: 202).

아동기에는 학교 경험이 시작됨으로써 유아기보다 복잡한 사회적 영향을 받게 된다. 아동기 이전의 시기인 학령 전기까지 거의 전적으로 가족의 영향에 놓여 있었으나, 학교는 아동에게 가족 이외의 외부로부터의 평가, 성공과 실패 기회, 또래 집단과의 경험 등을 제공하는 중요한 영향력의 원천이 된다(김이영 외, 2015: 181).

이 시기에는 지속적 성장기로서 발육이 왕성하고 운동이 활발하므로 영양공급이 매우 중요하며 충분한 수면이 필요하다. 아직 신체의 소화·흡수능력이 아직 미숙하며, 식사 행동도 자립하려는 단계이다. 이 시기의 식품선택과 섭취량은 음식의 종류와 양뿐만 아니라, 식사 분위기, 형제, 자매, 친구, 부모, 그리고 아이의 생활에 영향을 줄 수 있는 다른 어른의 태도에 따라 결정된다. 이 시기에는 아이에게 식사 준비를 할 때 돕도록 함으로써 식사에 대한 올바른 태도를 형성하게 하고 영양인식을 높이는 것도 좋은 방법이다. 신체성장이 꾸준히 계속되고 도덕관념이 발달하며, 모방과 성역할을 구분하고 활동이 증가되는 시기이다. 이 시기에 식사시간은 사회적 관점에서 중요한데, 사회화와 성역할 구분의 중요한 시간이 된다(이억범 외, 2014: 145).

아동기는 대략 아동이 일반적으로 유치원에 들어가는 연령인 6세부터 초등학교를 졸업하는 12세 정도까지의 시기이므로 실제로 유치원과 초등학교의 경험은 매우 다르다. 유치원은 사실상 학교교육을 받는 시기라고 보기 어려우나, 가족 이외의 사회적 영향력이 새롭게 등장한다는 점에서 이전의 시기와 구별된다. 따라서, 아동기를 유치원 시기에 해당하는 아동기 전기와 초등학교 시기에 해당하는 아동기 후기로 구분하기도 한다(김이영 외, 2015: 181).

5) 청소년기(만 13-24세)

청소년기(adolescence)는 아동에서 성인기로 전환하는 시기이다. 연령적으로 대략 만 13-24세이며, 13-18세의 청소년 전기와 18-24세의 청소년 후기로 구분할 수 있다. 많은 학자들은 청소년 전기를 청소년기로 분류하고 있으며, 그 이후는 성인기 또는 성인기 전기로 표기한다. 특히, 국내는 제21대 국회의원 선거(선거일: 2020년 4월 15일)에는 만 18세부터 투표할 수 있도록 선거법 개정이 이루어졌다.

청소년 전기에는 급속한 신체적 변화와 인지적 발달을 경험하며, 청소년 후기는 자아정체감 확립과 더불어 성인생활을 준비하기 위한 여러 가지 과제에 집중한다. 또한 청소년기에는 급격한 신체발달과 더불어 운동능력의 발달도 현저하다. 이것은 개인의 만족과 자신감을 키워주는 역할을 한다(정미경 외, 2015: 132).

청소년기의 가장 중요한 과업은 자아정체감을 형성하는 것이다. 자아정체감이란 자신의 독특성에 대한 비교적 안정된 느낌을 말한다. 자아정체감은 개별성, 통합성, 연속성(또는 계속성)의 차원을 갖는다. 개별성이란 '다른 사람과 구별되는 고유한 존재'라는 인식을 말하며, 통합성이란 자신의 행동이나 태도 등이 전체적으로 일관성이 있으며 통합되어 있다는 인식을 말하고, 연속성이란 시간의 경과에도 불구하고, '동일한 사람'이라는 인식을 말한다. 자아정체감 형성은 아동기 때부터 시작되는 것으로 볼 수 있으나 청소년 후기에 가장 중요한 인생과업으로 등장한다. 자아정체감 형성을 위해서는 자신의 신념, 가치관 등에 대한 고통스러운 의문 제시가 선행되어야 하며 따라서, 일종의 위기를 경험하게 된다. 자신이 경험한 많은 요소를 모아 통합된 명확한 자기정의를 내리는 것은 어려운 일이므로 자아정체감을 형성하는 과정에서 누구나 혼란과 우울증을 경험할 수 있다.

청소년 후기에는 대학입학, 졸업, 군 입대, 직업선택 구상, 활발한 이성교제 등에 에너지를 소비하며 인생의 큰 도전을 맞는 시기이기도 하다(김이영 외, 2015: 181).

6) 성인기(만 24-40세)

성인기(adulthood)로 들어가는 것은, 일생에서 주요한 전환이다. 이전의 모든 발달은 성인기를 준비하는 시기라고 볼 수 있으며, 성인기 이후는 이제까지 준비해 온 것을 실현하고 구체화시키는 시기이다. 성인기는 대략 24세에서 40세까지로 잡는다. 성인기는 신체적·지적 측면에서 가장 정점에 있는 시기라고 할 수 있다. 사회적 측면에서는 다른 사람을 사랑하고 보살피는 능력이 심화되는 시기이다. 즉, 이전의 시기에 자아정체감을 형성한 사람은 이제 타인과의 상호관계에 집중할 수 있게 된다. 성인기에는 대부분 직장인이 되면서 경제적으로 독립하게 되고 사회인으로서의 책임과 의무가 생기게 된다. 결혼을 통해 가정을 갖게 되고 자녀가 생기고 자녀를 독립시키는 과정 및 은퇴와 신체적·심리적 노화를 경험하게 되는 시기이다(정미경 외, 2015: 132).

이러한 맥락에서 성인기에 경험하는 가장 큰 변화는 직업을 갖고 결혼을 하는 것이다. 발달에 대한 잠재력은 전 생애에 걸쳐 존재하지만, 성인기 이후의 발달은 아동기나 청소년기와는 그 성격이 다르다. 다시 말해서 성인기 이후의 발달은 새로운 신체적 기능이나 인지적 능력의 획득에 의해 일어나기보다는 주로 사회적·문화적 요소에 의해 주도된다.

7) 중년기(장년기, 만 40-65세)

중년기(middle adulthood)는 성년기 후기라고도 하며, 일반적으로 40－45세 이후부터 65세 이전까지 약 20－25년의 기간을 말한다. 중년기는 인생의 목표를 성취해 나가는 시기로 심리적·직업적·가정적으로 안정되어 있으며, 사회에 공헌할 수 있는 능력과 태도를 갖추게 된다. 특히, 중년기의 자녀 성장이나 직업적 성취, 후배 배출 등의 생산성은 중년기 발달에 원동력으로 작용한다. 중년기 발달에서 가장 현저하게 진행되는 변화는 노화로 신체적·성적 변화가 우선하며, 이와 함께 나타나는 심리적 변화로 성격과 정서의 변화가 있다. 사회적으로는 가정과 사회에서 윗사람으로서의 역할 변화가 있다(강경미, 2016: 362).

이 시기에는 경제적·직업적으로 비교적 안정되는 기간이기도 하지만, 새로운 위기가 시작되는 기간이기도 하다. 중년기에 들어서면서 지혜를 통하여 문제해결을 시도하고, 대인관계를 이성보다는 사회적인 관계로 받아들이며, 감정의 대상을 다양화하고, 새로운 사고에 대하여 수용적이어야 건강하다고 할 수 있다. 이 시기는 사회적 관점에서 '빈 둥지(empty nest) 시기'라고 한다. 이는 자녀가 성장함에 따라 집을 떠나게 되어 부부만 남게 되는 것을 말한다. 각 가정의 부부의 결혼 연령, 자녀 수, 자녀들의 교육기간, 자녀의 결혼 유무, 결혼 시기 등과 같은 여러 요인에 따라 그 기간이 결정된다.

이 시기는 남성보다는 여성에게, 특히, 어머니의 역할에 집중을 하고 살아온 전업주부는 심리적으로 공허감이나 우울감을 느끼게 되어 부적응적 양상이 나타날 수 있으며, 이를 '빈 둥지 증후군(empty nest syndrome)'이라고 한다. 이러한 현상에 잘 대처하기 위해서는 원만한 부부관계를 유지하기 위한 노력이 필요하며, 다양한 사회활동에 참여하는 것이 좋다.

8) 노년기(만 65세 이상)

노년기(late adulthood)는 인생의 마지막 단계로 일반적으로 65세 이상인 사람을 노인이라고 한다. 이를 세분해서 60－69세를 연소노인, 70－75세를 중고령노인,

75–84세를 고령노인, 85세 이상을 초고령노인으로 구분하는 경향이 있다. 그러나 노화가 시작되는 시기는 개인에 따라 차이가 있고, 또한 개인마다 운동능력과 사고능력의 노화 정도가 다르고 의식수준도 개인차가 심하기 때문에 노인을 한 마디로 규정하기는 어렵다. 일반적으로 일상 활동이 감소하면서 사회와 유리되는 은퇴 시기를 노년기로 간주하고 있다(강경미, 2016: 372–373).

이 시기에는 자녀양육책임으로부터 벗어나 부부관계에 보다 초점을 맞추게 되고, 또한 자녀들이 성인이 되는 등, 중년기까지의 자신의 삶이 결혼생활과 자녀양육에서 그리고 직업 등에서 성공했는지 실패했는지를 평가할 수 있는 증거가 축적된다. 따라서, 노년기에는 지나온 삶에 대한 평가를 하게 되는데, 이 과정에서 자신의 성취한계를 깨닫고, 어느 정도의 실망을 하게 된다. 문제는 이것을 어떻게 받아들이는가인데, 어떤 경우에는 지나온 삶을 돌아보면서 극도의 우울감에 빠져 현재의 어떤 경험도 그 우울감을 보상하지 못하는 경우가 있는가 하면, 어떤 경우에는 지나온 삶에 대한 평가를 지나치게 긍정으로 합리화하여 극도의 자신감을 표현하는 경우도 있다(김이영 외, 2015: 185).

에릭슨의 생애주기 9단계는 <표 10–1>과 같다.

<표 10-1> 에릭슨의 생애주기 9단계

단계	위기 및 해결
1	기본적 신뢰감 대 불신감(basic mistrust vs. trust: hope)
2	수치심과 의심 대 자율성(shame and doubt vs. autonomy: will)
3	죄책감 대 주도성(guilt vs. initiative: purpose)
4	열등감 대 근면성(inferiority vs. industry: competence)
5	정체성 혼란 대 정체성(identity confusion vs. identity: fidelity)
6	고립감 대 친밀감(isolation vs. intimacy: love)
7	침체감 대 유발(stagnation vs. generation: care)
8	절망감과 혐오 대 통합(despair and disgust vs. integrity: wisdom)
9	절망감 대 노령초월(despair vs. gerotranscendence: headway), 80-90세

자료: 김보기 외(2017a: 155) 재인용.

4 발달심리학의 연구방법론

종전에는 발달심리학의 연구대상이 주로 아동기와 청소년기에 집중되면서 성장을 위주로 연구하였으나, 근래에는 연구대상과 내용이 성인기와 노년기를 포함해서 전 생애로 확대되면서 인간발달의 성장과 쇠퇴의 모든 변화를 연구하게 되었다. 이와 함께 발달심리학의 정의도 변화해서 현재는 발달심리학을 인간의 전 생애에 걸쳐 발생하는 양적·질적인 발달적 변화와 과정을 유기체의 연령을 기초로 단계적으로 연구하는 학문이라고 정의한다. 이를 구체적으로 설명하면, 발달심리학은 생명이 시작되는 수정의 순간에서부터 사망하기까지 유전과 환경의 영향을 기초로 신체, 심리 및 행동상에서 발생하는 모든 변화를 연구하는 심리학의 한 분야이다.

발달심리학에서는 인간의 발달적 변화와 과정, 단계별 발달특성과 관련해서 다음과 같은 과제들을 연구한다(김보기 외, 2017c: 16 재인용).

첫째, 인간의 전 생애를 통해 나타나는 발달의 보편적 내용과 현상에 관해 연구한다.

둘째, 인간발달에 영향을 미치는 요인(유전, 환경)에 관해 영향의 정도 및 차이, 상호작용을 연구한다.

셋째, 연령의 증가와 심리적 특성에 따라 변화하는 단계별 발달과정과 문제에 관해 연구한다.

넷째, 일정한 단계와 순서로 진행되는 인간발달의 개체별, 심리특성별로 나타나는 개인차에 대해서 연구한다.

발달심리학은 인간의 발달을 다루는 학문이므로 매우 정교하고 과학적인 연구법을 사용한다. 또한 발달심리학에서 사용하는 연구방법은 인간의 발달이 일생에 걸쳐 이루어진다는 점에서 다른 학문에서 사용하는 연구법과는 차이가 있다. 자세한 연구방법들을 살펴보면 다음과 같다.

1) 일반적 접근방법

발달심리학에서는 기본적으로 다른 분야에서 사용하는 연구방법을 활용한다. 이른바 양적 연구의 유형에는 실험연구와 상관연구가 있다.

(1) 실험연구

실험연구(experimental studies)는 인간의 발달에 영향을 미치는 변인들 간의 인과관계를 밝히기 위한 연구를 말한다. 예를 들어, 연구자가 아동의 TV 시청시간이 아동의 사회성 발달에 미치는 영향에 대해 연구한다고 가정해 보자. 이때 연구자는 두 집단 중 한 집단의 아동들에게는 TV를 많이 시청하게 하고, 다른 집단의 아동들에게는 TV를 적게 시청하게 하거나 시청을 금지하는 형식으로 조건을 조작하여 또래관계에 미치는 영향을 검토하는 실험연구를 할 수 있다. 실험연구는 실험실 이외의 현장이나 연구대상자의 매일의 경험에 의해서도 수행될 수 있지만, 인과관계를 더 명백히 규명하기 위해서는 통제된 실험실에서 실험에 영향을 줄 수 있는 가외변인(extraneous various)을 통제해 진행하는 것이 가장 효과적이다.

(2) 상관연구

상관연구(correlational study)는 발달에 영향을 미치는 여러 변인이 서로 관련되어 있는 정도를 연구한다. 변인들의 관계성을 알려준다는 점에서 상관은 중요한 개념이지만, 인과관계를 알려주지는 못한다. 다시 말해, A와 B가 관련되어 있다고 해서 A가 B의 원인이라거나 B가 A의 원인이라는 것을 의미하지는 않는다. 예를 들어, 결손가정과 청소년 비행이 서로 상관되어 있다고 밝힌 것을 들 수 있는데, 이는 두 변인이 서로 관련되어 있다는 것만 알려줄 뿐이지 그것들 사이의 인과관계에 대해서는 알려주지 못한다.

2) 발달심리학 측면에서의 접근방법

발달심리학의 주 관심사는 발달적 변화에 대한 연령 효과이다. 발달연구는 연령에 따른 변화과정을 진단하려는 목적을 갖는 점에서 다른 심리학 분야의 연구와 구별되는 특징이 있다. 발달심리학의 양적 연구방법에는 종단연구와 횡단연구가 있다.

(1) 종단연구

종단연구는 동일한 연구대상자를 오랜 시간 반복적으로 관찰함으로써 연령에 따른 변화를 연구하는 방법이다. 예를 들어, 3－12세 아동의 자아존중감 발달을 연구하기 위해 3세 아동을 표집하여 이 아동들이 6, 9, 12세가 되었을 때, 각 연령단계에서의 자아존중감을 진단함으로써 연령 변화에 따른 자아존중감의 발달과정에 대한 자료를 얻는다. 종단연구는 시간 경과에 따른 개인적 성장과 행동특성의 변화양상을 밝혀 낼 수 있다는 장점이 있는 반면, 연구기간이 길고 대상집단을 추적해야 하는 어려움이 있으므로 쉽게 사용하기 힘든 연구 설계법이다. 대표적 연구로는 피아제의 “놀이가 아동의 발달에 미치는 연구”가 있다. 피아제는 수십 년 동안 동일한 대상을 택해 놀이의 영향력을 연구하였다.

어린 시절 공부에 집중한 아이들과 놀이를 통해 성장한 아동 간의 장기간 종단연구를 하였다. 공부의 효과는 학년이 올라갈수록 반감하였으며, 훗날 성인이 되었을 때는 오히려 놀이를 통해 성장한 아이들에게 뒤처지는 결과가 나타났다(김남일 외, 2015: 73).

이런 접근방법의 장점은 동일한 대상으로 한 연구이기에 발달의 연속성을 살필 수 있다는 측면에서 가치가 있다. 하지만 동일한 대상에게 동일한 검사를 반복 실시하기에 연습효과가 나타날 수 있으며, 장기간의 연구이기에 피험자 탈락(subject loss)이라는 문제를 안고 있다. 또한 특정 시기에 나타난 발달적 변화가 연령 효과인지 아니면 조사시기의 효과인지 불분명하다는 문제점도 가지고 있다.

(2) 횡단연구

횡단연구는 많은 시간과 비용을 요구하는 종단연구의 단점을 보완하기 위해 고안된 접근방법으로 각기 다른 연령의 서로 다른 개인을 대상으로 동일한 시기에 연구하는 방법이다. 즉, 아동과 성인, 영아와 청소년, 성인과 노인 등 각 집단을 비교함으로써 세대의 차이를 연구한다. 횡단연구는 동시에 여러 연령층을 연구할 수 있기 때문에 시간과 비용이 적게 들기는 하지만, 분명한 개인차나 연령에 따른 변화를 밝히기 어려우며 연령집단 간의 차이만 확인할 수 있다. 예를 들어, 3세 집단, 6세 집단, 9세 집단, 12세 집단을 선발하여 동시에 조사하는 방법이다. 오늘날 발달연구에서 주로 사용하는 방법으로 종단연구의 단점을 극복할 수 있다는 측면에서 장점을 지닌다. 하지만 다른 연령집단의 문제로 인해 발달의 연속성이 없다는 문제, 이들의 시대배경이 다르기 때문에 발달적 변화에 따른 연령 효과와 시대배경 효과(cohort effect)를 구분할 수 없다는 문제를 안고 있다(김남일 외, 2015: 73).

요즘 대학입시에서 논술시험을 강조한다. 이로 인해 요즘 아이들은 집중적 논술교육을 받아 종전의 같은 연령대 학생들에 비해 우수한 능력을 보인다. 그렇다면 이런 차이는 무엇일까? 연령 효과일까? 아니면 시대배경 효과일까?

3) 계열설계법의 도입

샤이(Schaie, 1965)는 종단연구와 횡단연구의 장점을 이용하고 단점을 최소화하기 위한 방법으로 계열설계법(sequential design)을 개발하였다. 이는 횡단연구의 대상이 되는 소수집단을 단기간 추적함으로써 종단적인 발달적 변화를 진단하고자 하는 설계법이다. 예를 들어, 3－12세의 자아존중감의 발달과정 연구의 경우, 3, 6, 9, 12세의 4개 집단을 표집하여 같은 해에 자료를 얻는다면 횡단적 설계이다. 이에 반해, 종단적 설계는 3세 아동이 12세가 되기까지 9년의 기간이 소요된다. 계열설계법에서는 3, 6, 9세의 세 집단을 표집하여 3년 후에 이들 세 집단을 추적하여 진단한다. 이 설계에서는 3세에서 12세까지 모든 연령집단의 자아존중감 수준을 진단할 수 있는 동시에, 3년이라는 비교적 짧은 기간에 관련되는 모든 연령의 종단적 변화를 관찰할 수 있다는 장점이 있다(한국심리학회, 2014 재인용).

Chapter 11

이상심리학

학습목표

1. DSM-5 학습
2. 이상행동의 특성 파악
3. 정신장애에 대한 치료방법 토의

학습내용

1. 이상심리학의 개념
2. 이상심리학의 역사
3. 이상행동의 특성
4. 정상행동과 이상행동
5. 이상심리학의 연구방법론

개요

이상심리학은 이상행동과 정신장애에 대해 체계적, 과학적으로 연구하는 심리학의 한 분야이다. 여기에는 새로운 이상행동과 정신장애의 발견 및 체계적인 분류와 현상학적 기술, 유병률이나 발병률 및 위험 요인 등에 대한 역학 연구, 원인 규명, 치료 및 예방 기법의 개발과 효과 연구 등이 포함된다. 여기에서는 이상심리학을 학습하고자 한다.

Chapter
11

이상심리학

1 이상심리학의 개념

이상심리학(abnormal psychology)은 이상행동과 정신장애에 대해 체계적, 과학적으로 연구하는 심리학의 한 분야이다. 여기에는 새로운 이상행동과 정신장애의 발견 및 체계적인 분류와 현상학적 기술, 유병률이나 발병률 및 위험 요인 등에 대한 역학 연구, 원인 규명, 치료 및 예방 기법의 개발과 효과 연구 등이 포함된다. 여기서 이상행동(abnormal behavior)은 객관적인 관찰과 측정이 가능한 개인의 부적응적인 심리적 특성을 의미하며, 이는 개인의 심리적 측면뿐만 아니라, 인지, 정서, 동기, 생리적 측면에서 부적응을 초래하는 특성을 보인다. 객관적으로 관찰, 측정하기 위해 우리는 심리평가를 하며 이를 통해 이상행동 여부를 판단한다. 정신장애(mental disorder)는 특정 이상행동의 집합체를 말한다(이억범 외, 2014: 296).

2 이상심리학의 역사

인간의 이상행동의 원인과 치료법을 제시하려는 시도는 선사시대에서도 발견된다. 선사시대에는 이상행동이나 정신장애를 귀신에 씌었거나 신의 저주를 받았다든지 달(월식) 또는 별자리의 문제 때문이라고 보았다. 이러한 풍토는 늑대인간의 전설, 영화나 드라마에서 많이 등장하는 다양한 주술행동 등에서 잘 나타나며, 우리 사회에는 아직도 정신장애인에 대해 '굿', '부적' 등을 사용하는 풍토가 남아 있기도 하다.

고대 그리스에서는 정신장애를 신체적 원인에 의한 의학적 문제로 보는 시도가 나타났다. 의학의 아버지라 불리는 히포크라테스(Hippocrates, B.C. 460?–377?)는 우리 몸의 체액의 종류에 따른 불균형이 성격적·행동적 문제를 초래한다고 보았으며, 주술적 방법보다는 식이요법, 심리적 안정 등을 통해 정신장애를 치료해야 한다고 제안하였다(안창일 외, 2019: 21).

히포크라테스의 체액설은 <표 11–1>과 같다.

<표 11-1> 히포크라테스의 체액설

분류	원인	결과
다혈질	혈액(blood)이 과도할 경우	낙천적 성향
담즙질	황담즙(yellow bile)이 과도할 경우	성미가 급하고 화를 잘 냄.
우울질	흑담즙(black bile)이 과도할 경우	슬프고 쉽게 울적해짐.
점액질	점액(phlegm)이 과도한 경우	냉담함.

자료: 김보기 외(2017c: 357) 재인용.

이후 그리스 철학자 플라톤(Plato, B.C. 429–347)은 영혼의 문제가 신체장애를 유발하기 때문에 정신적으로 혼란스러운 상태에서 저지른 범죄에 대해서는 처벌보다는 지역사회에서 치료를 받게 해야 한다고 주장하면서, 내적인 상태, 즉 심리적 현상을 강조하였다. 또한 그의 제자 아리스토텔레스(Aristotle, B.C. 384–322)는 영혼과 정신에 영향을 미치는 논리(logic)를 강조하여 이성과 합리적인 사고를 중요시하는 현대 인지치료의 토대를 마련해 주었다(이우경, 2021: 19).

히포크라테스의 체액설은 2세기경 의사들의 왕자라고 불리는 소아시아의 갈레노스(Aelius Galenus, 129?–199?)에 의해 수정, 확장되었으며, 근대에 신경호르몬, 생화학적 연구의 기초가 되었다. 서양의학 역사에서 그만큼 해부학과 생리학, 진단법,

치료법에 이르기까지 의학의 모든 분야에 걸쳐 1000년 이상 오랫동안 큰 영향을 끼친 의사는 없었다. 그는 고대의 말기와 중세시대를 지나 근대 초기까지 의학의 황제로 칭송을 받았던 인물이다. 또한 의학뿐 아니라, 과학, 철학, 윤리학, 종교 등에 대해서도 방대한 분량의 저서를 남겼다. 그가 주치의로서 담당했던 로마제국의 황제 안토니우스도 그를 '의사 중에 으뜸이며, 철학자 가운데 제일'이라고 치켜세울 정도였다.

중세시대는 종교적 영향이 지배적이어서 그리스·로마시대에 이루어 낸 과학적 접근이 고대의 귀신론으로 퇴보한 시기였다. 심리적 문제나 이상행동을 나타내는 정신병자가 다시 악마의 지배를 받는 존재로 전락하게 되었다. 정신병자는 신의 벌을 받는 것으로 생각하였고, 사탄과 악령에 사로잡혔다는 믿음이 팽배하였다. 이러한 시대 분위기로 인해 정신질환을 가진 사람은 종교적 재판을 통해 극심한 형벌이나 고문을 당하였으며, 마녀로 몰아 화형에 처하는 마녀사냥이 성행하기도 하였다. 정신장애를 가진 사람에게 가혹한 고문과 감금을 하는 등의 비인간적인 접근은 중세시대 이후 오랫동안 이어져 정신장애에 대한 과학적 접근이 퇴보하였다 (안창일 외, 2019: 22-23).

동양에서도 음양오행설에 기초해 각 신체기관이 인간의 정신활동과 관련이 있으며, 해당 기관의 부조화가 정신적인 문제를 일으킨다고 보았다.

음양오행설의 신체-정신 기능은 <표 11-2>와 같다.

<표 11-2> 음양오행설에 따른 신체-정신 기능

폐	심장	간장	비장	신장	위장	담
우울, 슬픔	기쁨, 생각 증가	분노, 용기	의지력	기억력, 의욕	공포	결단

자료: 김보기 외(2017c: 357) 재인용.

호가스(W. Hogarth, 1697-1764)의 작품 「탕아의 일생」 중 한 장면인 「베들램 정신병원에 있는 탕아」는, 빈털터리가 된 탕아가 베들램 정신병원에서 광란하는 미치광이로서 끝장을 본다는 일화를 보여 주고 있다.

[그림 11-1] 「탕아의 일생: 베들램 정신병원에 있는 탕아」(1735)

자료: 김보기 외(2017c: 326) 재인용.

18세기 프랑스에서는 정신과 의사인 피넬(P. Pinel, 1745–1826)이 현대 정신병 치료법을 확립하였다. 그는 1792년 파리 근교 정신병원의 의사가 되어, 실증적 의학관과 그리스도교적 박애관에 입각하여 정신질환자들을 의학적으로 치료하는 길을 열어 놓았다. 그는 정신장애인들의 쇠사슬을 풀고 시설 내에서 운동을 하게 허락하는 한편, 이들에 대한 구타, 학대를 금지하는 인도주의적 치료를 시작했으며, 이러한 시도가 성과를 얻으면서 19세기 무렵부터 영국, 미국 등지에서도 정신장애인에 대한 인도주의적 치료가 제안, 시도되었다.

20세기 과학과 의학 분야의 눈부신 발전에 힘입어 정신장애에 대해서도 과학적 이해와 의학적 치료기법이 발달하였다. 우선, 1879년 독일에서는 분트(Wundt)가 심리학 실험실을 개소하면서 인간행동에 대해 과학적 실험을 통해 이해하고자 하는 풍토가 조성되었다. 또한 1883년 현대 정신의학의 아버지로 불리는 크레펠린(E. Kraepeline)은 최초로 정신의학 교과서를 발간하고, 정신장애에 대한 진단적 분류를 시도하였다. 이후 프로이트(Freud)는 정신분석을 통해 정신장애에 대해 심리적 원인론을 제기하였다.

다른 한편으로, 1897년 크라프트–에빙(Richard von Kraft–Ebing)이 매독에 의해 정신증적 증상을 동반한 진행성 마비가 나타난다고 발표하면서 정신장애를 유발하는 신체적 원인을 규명하고자 하는 시도가 급격히 발전하였다. 또한 20세기 초반부터 각종 심리검사가 개발되어 정신장애 진단에 기여하였다. 이러한 성과를 토대로 1940년대 후반부터 1950년대 초반에는 세계보건기구에서 정신장애를 포함한 국제질병분류체계인 "국제질병분류(International Classification of Diseases, ICD)"를 발표했는데, ICD체계란 세계보건기구가 집계한 정신병을 포함한 모든 인간의 질병을 통계학적으로 분류한 것이다. 일반적으로 국제질병분류법을 ICD로 칭하고 간행 숫자가 매겨지는 이 출판물은 거의 10년마다 발행된다. 1900년에 국제 사인 일람표로 불리는 초판이 완성되었다. 또한 미국정신의학회에서는 『정신질환의 진단 및 통계 편람(*Diagnostic and Statistical Manual of Mental Disorders*, DSM)』을 발표하였다. DSM체계란 정신질환의 신뢰할 만한 진단이 가능하도록 고안된 관련 기준들을 통칭하는 정신질환 분류법이다. 지난 60년 이상 거듭 개정을 거치면서 정신건강 분야에서 임상 수행을 위한 표준적인 참고문헌으로 자리매김해 왔다. 매뉴얼에 포함된 정보는 의사와 심리학자, 카운슬러, 간호사, 직업 및 재활 치료사뿐만 아니라, 사회복지사와 과학수사와 법적 전문가를 포함한 의료 전문가에게 유용하다. 정신질환의 진단 및 분류를 위한 가장 확실한 자료라고 할 수 있다.

20세기에는 이상심리학의 발전을 위한 수많은 역사적 사건들이 있었다. 즉, 항정신병 약물의 개발을 필두로 다양한 약물이 개발되면서 정신장애치료가 획기적으로 도약했을 뿐만 아니라, 인지심리학, 행동주의 등의 학문적 성과에 근거해 행동치료, 인지치료, 인지행동치료 등 다양한 심리치료기법이 개발되었다.

1940년대에 매슬로우와 로저스에 의해 주장된 인본주의 심리학(humanistic psychology)은 정신분석과 행동주의 심리학에 이어 제3의 심리학으로 발전하게 되었다. 1950년대에는 인지심리학의 발전과 더불어 이상행동과 정신장애의 인지적 원인을 밝히려는 많은 연구가 진행되었으며, 엘리스의 합리적 정서치료와 벡의 인지치료가 제안되어 현대 이상심리학의 인지적 입장을 구성하는 계기가 되었다. 또한 1950년대에는 항정신병 약물, 항우울제, 항불안제와 같은 약물이 개발되어 정신장애 치료의 획기적 발전을 이루었으며, 정신장애의 발현과 관련된 신경화학적 연구가 활발해졌다.

1948년에는 세계보건기구가 정신장애를 포함한 질병분류체계인 ICD(International

Classification of Diseases)를 발표하였고, 1952년에는 미국정신의학회에서 정신장애 분류체계인 DSM-I을 발표함으로써 이상행동과 정신장애의 체계적인 분류와 진단기준이 제시되어 이상심리학의 연구가 활성화되었다. 아울러 팔스의 게슈탈트 치료, 프랭클(Viktor Emil Frankl, 1905-1997)의 의미치료, 번(Eric Berne, 1910-197)의 교류분석, 글래서의 현실치료 등과 같은 다양한 치료이론이 발표되었다.

2013년에는 미국정신의학회(American Psychiatric Association, ASA)가 1994년에 발간한 DSM-IV를 20년 만에 개정하여 DSM-5를 발표하였다(권석만, 2021: 56-57).

3 이상행동의 특성

셀리그만(Martin E. P. Seligman) 등은 그들의 저서 『이상심리학(Abnormal Psychology, 2001)』에서, 이상행동을 정의하는 데 있어서 필요조건과 충분조건의 개념을 사용하고 있다. 여기서 이상행동의 필요조건이란 모든 이상행동이 반드시 공유하는 자질이나 특성을 말한다. 다시 말해서 이상행동이라고 규정하기 위해서는 그 사람이나 행동이 반드시 이 속성을 지녀야 한다. 이상행동의 충분조건이란 이상행동에만 존재하고 정상적인 행동에는 존재하지 않는 고유한 요소를 적어도 한 가지는 갖고 있어야 이상행동으로 정의될 수 있다는 것을 말한다. 이상행동의 특성은 다음과 같다(Seligman et al., 2001: 7-13 ; 이우경, 2021: 13-16).

1) 고통

이상행동은 고통스러운 특성을 나타낸다. 예를 들어, 우울증이 있는 사람은 비참하고 고통스러워서 하루하루를 보내는 것이 견디기 힘들 정도이다. 또한 극심한 불안, 우울, 분노, 절망 등으로 인한 정신적인 고통은 개인의 삶을 매우 불행하게 만든다. 이처럼 어떤 사람이 심리적으로 심각한 고통을 겪을 때 흔히 비정상으로 간주한다. 하지만 고통의 존재로만 이상행동이라 정의할 수 없고 이상행동을 분간해내는 데 고려되는 조건의 하나로 보아야 한다. 가령 조증(mania)의 상태에 있는 사람은 의기양양하고 현실성이 없는 포부를 실현될 것으로 확신하며 희망과 즐거움에 차 있다면, 고통은 없으나 명백한 이상행동으로 간주할 수 있다. 그리고 일상생활에서 매우 아끼고 사랑하던 것을 잃었을 때 고통스러워하는 것은 비정상적인 반응이 아니다. 즉, 고통의 존재만으로는 이상행동이라고 정의할 수 없다. 따라서, 고통의 존재는 이상행동을 분간해내는 데 고려되는 요소이긴 하지만, 그 자체로 이상행동을 정의할 수 있는 필요조건이나 충분조건은 되지 못한다.

2) 부적응

어떤 행동이 적응적인가 아니면 부적응적인가 하는 것은 그 행동이 그 사람으로 하여금 특정한 목적의 성취를 얼마나 가능하도록 해 주는가에 관련된 것으로 부적응은 이상행동을 정의하는 근본적인 요소이다. 구체적으로 적응적 행동은, ① 그 행동이 그 사람의 생존을 증진시키는가? ② 그 행동이 개인의 안녕(well-being)을 증진시키는가? ③ 그 행동이 사회의 안녕을 증진시키는가?의 세 가지 측면을 충족시키는 것이라고 할 수 있다. 그중에서도 그 행동이 얼마나 그 사람 자신의 안녕과 사회의 안녕을 증진시키는가 하는 것이 중요한 관심사다. 개인적 안녕이란 일할 수 있는 능력 및 타인들과 만족스러운 관계를 조성할 수 있는 능력에 관한 것이다. 예를 들어, 우울증이나 불안장애와 같은 이상행동은 대인관계와 일을 방해하며 삶의 만족을 저해한다. 이러한 저해의 정도가 심할수록 더 분명히 이상행동이라고 말할 수 있다. 따라서, 개인과 사회의 복지를 강력하게 저해하는 행동은 부적응적이며, 이것은 이상행동으로 평가하는 데 있어 중요한 요소이다.

3) 비합리성과 불가해성(incomprehensibility)

어떤 사람의 행동이 합리적인 의미를 갖지 않아서 그 행동을 이해할 수 없을 때, 그 행동과 그 사람을 비정상이라고 정의한다. 이러한 기준에 의해 이상행동으로 간주될 수 있는 대표적인 예가 정신분열증의 주요 증세인 사고장애이다. 그 구체적 증상은 객관적 현실에 전혀 기반을 두지 않은 인식, 비합리적이고 터무니없는 생각, 한 사고에서 전혀 연관성이 없는 다른 사고로 이어지는 정신적 과정 등으로서 객관적인 이해가 불가능하다.

4) 예측 불가능성(unpredictability)과 통제력 결핍

사람들은 타인으로부터 일관성과 자신을 통제할 수 있는 능력을 기대한다. 일관성이 결여된 사람에게서는 무엇을 기대해야 할지도 모르고 또 어떻게 반응해야 할지도 모르게 된다. 사람은 누구나 환경을 통제하고 싶어 하고, 또 자유를 유지하고자 하는 욕구를 지니는데, 이러한 욕구는 타인에 대해서 예측 가능할 때에만 충족할 수 있다. 즉, 예측 가능한 세계에는 일관성과 통제가 존재하지만, 예측 불가능한 세계에서 사람들은 무기력하고 위협받는 것처럼 느낀다. 어떤 사람에게 있어 자신의 행동에 대한 일상적인 통제가 갑자기 무너졌을 때, 또는 그 사람이 그렇게 행동하는 원인을 이해할 수 없을 때 그 사람에 대해 통제력을 상실하였다고 간주하고, 그러한 행동을 이상행동으로 정의한다.

5) 비인습성(unconventionality)

사람들은 어떤 행동에 대하여 인습적인가 또는 비인습적인가 판단할 때, 흔히 자신이 그 행동을 할 의사가 있는가에 비추어서 생각하며, 또한 이러한 기준에 입각해서 이상행동을 정의하는 경향이 있다. 다시 말해서 자기가 할 의사가 없는 행동들을 비인습적이고 비정상적인 것으로 평가한다. 비인습성 외에 그 행동이 사람들의 시선을 끄는 것도 이상행동의 판단기준이 된다. 드물고 바람직하지 못한 행동은 사람들의 시선을 끌며 이상행동으로 간주된다. 그 밖에 불쾌감을 주는 행동도 당연히 이상행동으로 정의된다. 각 문화마다 성문화되어 있지는 않지만, 사람들이 직관적으로 알고 행동의 지침으로 사용하는 규율들이 존재한다. 이러한 불문율을 깨뜨리는 행동들은 불쾌감을 주며 비정상적인 것으로 간주된다.

결론적으로 위에서 지적한 요소들 중에서 여러 가지 항목에 해당할수록 그리고 그 증상이 더 심할수록 이상행동이라고 확신할 수 있다. 따라서, 어떤 행동이나 사람을 이상행동으로 규정하려면, 이러한 요소들 중에서 적어도 한 가지는 반드시 존재해야 한다.

4 정상행동과 이상행동

1) 정상행동

정상의 정의는 다음과 같다(최정윤 외, 2019: 18).

첫째 정상적인 사람은 자기 주위에서 무엇이 일어나 있는가에 대한 해석이 비교적 현실적이다.

둘째, 정상적인 사람은 자신의 동기와 감정에 대해 어느 정도 인식하고 있다.

셋째, 정상적인 사람은 필요하다면 자신의 행동을 적절히 통제할 수 있다.

넷째, 정상적인 사람은 자기자신의 가치에 대해 그런대로 진가를 인정하고 주위 사람들에게 받아들여지고 있다고 느낀다.

다섯째, 정상적인 사람은 다른 사람과 친밀한 관계를 맺으며 생활하고 있다.

여섯째, 정상적인 사람은 자신의 능력을 생산적인 활동에 적절히 이용할 수 있다.

이렇게 볼 때, 건강하게 생활한다는 것은 성장과정의 각 발달단계에서 그 단계에 적절한 경험을 하고, 자기를 느끼고, 이를 자연스럽게 표현하는 기술을 습득하는 등 다양한 경험의 기회를 가지는 것을 요구한다. 따라서, 우리가 일상에서 비교적 건강하게 생활을 영위하고 있다는 것은, 정서적인 측면, 능력적인 측면, 대인관계 측면 등 제반 측면에서 적절한 경험을 하며, 자기를 효율적으로 기능하게 하는 능력을 갖고 있음을 시사한다.

2) 이상행동

정상을 벗어난 이상행동은 그 준거에 따라 이상행동의 의미도 달라진다(구혜영, 2015: 407-408). 이상행동 또는 심리적 장애를 정의하는 기준은 학자마다 다르다. 그러나 많은 학자들이 공유하는 학문적인 기준 몇 가지를 살펴보기로 한다. 이상심리학에서 현재 보편적으로 적용하고 있는 기준은 다음과 같다.

(1) 통계적 기준

통계적인 빈도상 벗어나는 드문 행동을 할 때, 이상으로 간주한다. 통계적 관점의 기준은 어떤 행동이 정상범위에서 벗어나는 경우 비정상 또는 이상행동(Abnormal behavior)이라고 정의하는 것이다. 이상행동을 통계적 관점에서 정의하려는 사람들은 사람들의 구체적인 특징을 측정하고 모집단에서 이런 특징의 분포를 측정하려고 한다(김이영, 2015: 299-300). 예를 들어, 대부분의 사람들은 직업적인 문제와 관계되지 않는 한 밤에는 자고 낮에는 활동을 한다. 그러나 이상행동을 보이는 사람의 경우, 사람들과 부딪히는 것이 싫어 낮에는 집에 있다가 어두워지면 돌아다니는 모습을 보인다(최정윤 외, 2015: 17). 이런 접근방법은 심리검사법을 통해 개인의 주관적인 정신세계나 행동을 수리화시켜 구체적인 점수로 환언시킨다. 그리고 이 점수의 평균과 표준편차를 구하여, 객관화시킨 자신의 점수가 정상인지 이상인지 판가름한다(손진훈 외, 1994: 307).

이 방법은 한 개인이 보이는 행동이나 정서가 다른 사람들이 동일한 상황에서 보이는 것에 비해 얼마나 일탈되어 있는지에 따라 정상과 이상을 구분한다. 대부분의 사람들이 하지 않는 행동을 혼자 한다든지 또는 여러 사람이 하는 행동을 혼자 하지 않을 경우, 이 행동들은 통계적 기준으로부터 이탈되었으므로 이상행동이라 말할 수 있다. 용어 사용자 간에 의미의 공유가 용이하며, 문화나 인종에 의한 차이를 최소화할 수 있다.

(2) 사회적·문화적 기준

한 사람이 태어나서 성장하는 과정은 곧 그가 속한 사회에 적응하는 과정이라고 할 수 있다. 이렇게 성장발달하면서 사회의 규범을 받아들이고 적응하게 되는데, 만일 어떤 사람이 그가 속한 사회의 규범을 어기고 비뚤어진 생활을 한다면, 그는 적응을 못하는 사람이 될 것이다. 문화적 기준은 이렇게 한 사회의 규범에 적응하지 못하고 일탈된 행동을 하는 경우를 이상행동이라고 규정한다. 예를 들어, 강의 시간에는 조용히 수업에 열중하는 것이 학생에게 기대되는 사회적 규범인데, 큰 소리로 노래하는 학생이 있다면, 이는 이러한 규범에서 벗어나기 때문에 비정상적인 것으로 여겨진다. 또한 낯선 사람에게 아무런 이유도 없이 욕을 하거나 폭행을 가한다면, 이러한 행동 역시 우리 사회의 규범으로는 용납될 수 없는 비정상적인 행동으로 볼 수 있다.

이는 그 사회나 문화권의 관습·행동에 근거해서 구분한다. 사회에서 용인하고 있는 규준에서 크게 일탈된 행동을 할 때 '이상'이라 간주한다. 사회적 규범의 기준은 사회가 만들어 놓은 규준을 위배하거나 위협 또는 불안하게 만드는 것을 '이상행동'이라고 한다. 즉, 어떤 사람이 그가 속한 사회규범을 어기고 엉뚱한 행동을 한다면 그는 적응 못하는 사람이 될 것이다. 이렇게 한 사회의 규범에 적응하지 못하고 일탈된 행동을 하는 경우를 이상행동으로 정의한다(김이영, 2015: 301－302).

다수가 하는 행동이나 관습을 따라가는 경우, '정상'으로 인정되며 그렇지 않은 경우, 일탈행동·경험을 하게 되면 '이상'으로 구분한다(손진훈 외, 1994: 307). 예를 들어, 노인에 대한 공경을 당연시하는 유교권의 동양사회에서는 연장자에게 욕설이나 구타를 한다거나 심지어 자신을 낳은 부모를 구타하고 살해하는 경우를 '이상'이라 한다(최정윤 외, 2019: 17). 한 사회의 규범이나 관습으로부터 크게 벗어나거나 사회적 규정에서 크게 벗어나 용인될 수 없는 행동을 했을 경우 이상행동이라고 간주할 수 있다. 개인의 사회적 적응성을 강조하는 입장이며, 사회문화적 차이에 의해 영향을 받는다.

그러나 사회적 규범의 기준은 몇 가지 문제를 지니고 있다.

첫째, 문화적 상대성의 문제이다. 사회적 규범은 시대에 따라 변하고 문화에 따라 다르다. 따라서, 한 시대 또는 한 문화에서는 정상적인 행동이 다른 시대와 다른 문화에서는 비정상적인 것으로 여겨질 수 있다. 사회적인 규준은 언제나 특정한 사회의 인습을 전제한다. 여러 다른 사회에서는 서로 다른 사회 규범을 생각할 수 있는데, 이때 상반되는 규범이 있을 수 있다. 따라서, 문화적 기준에 따른 정상과 비정상의 구분은 필연적으로 상대적인 성격을 띠게 된다.

둘째, 사회적 규범의 기준은 규범 자체가 바람직하지 못할 경우에는 적용하기가 어렵다. 1960년대 이후 한국사회는 경제성장을 지향하면서 '무엇이든 하려면 밀어

붙여라'는 태도를 강조하였다. 이 시대 성공한 자의 일반적인 의식구조라고 할 수 있다. 그러나 이런 의식이 일반적이라고 해서 정상행동은 아니다(원호택 외, 2008: 25－26). 이 기준의 장점은 사회구성원 다수가 공유하고 있는 준거가 그 기준이 되므로 모든 사회구성원이 쉽게 동의하게 된다는 것이다. 그러나 문제점은 첫째, 문화상대성에 대해서 설명하지 못하고, 둘째, 규범 자체가 바람직하지 않을 때, 그 규준을 받아들이지 않는다고 하여 이상행동이라고 정의할 수 없다는 것이다(김이영, 2015: 302).

결론적으로 한 사회에서 창조적이고 선도적인 선구자들이 일반 사회의 규범을 일탈하는 경우가 많은데, 이들의 행동을 이상행동이라고 할 수는 없을 것이다. 이와는 반대로, 신경증적인 경향 때문에 일반 사회가 요구하는 통념에 지나치게 매달리는 사람의 행동 역시 정상으로 보기는 어렵다.

(3) 행동의 적응성 기준

행동의 적응성 기준은 어떤 사람이 이상행동으로 인해 사회적·직업적 영역에서 역할을 해내지 못할 때 이를 이상행동으로 정의하는 것이다. 그가 속한 사회나 문화권에서 요구하는 행동을 할 수 없게 되어 사회적 기능을 적절히 수행할 수 없다면 이상행동으로 규정하는 것이다. 만약 수영을 못하는 사람이 물속에 들어가는 것을 두려워하는 것은 정상적인 행동이지만, 수영을 잘하던 수영선수가 어느 날 갑자기 물에 들어가는 것을 두려워한다면, 그것은 이상한 것이라고 할 수 있다. 또한 직장인이 상습적인 음주로 자주 결근을 하고 이로 인해 직무를 수행하는 데 어려움을 가지게 된다면, 음주행동을 이상행동으로 보게 되게 되는 것이다.

행동의 적응성 기준을 이상행동의 기준으로 삼는 것은, 그가 사회적 규범에 어긋나는 행동을 한 것이 아니라는 점에서 사회적 규범의 기준과는 다르다. 자신을 손상시키거나 다른 사람에게 손상을 입히는 이러한 부적응적인 행동을 한다고 해서 반드시 심리적 장애가 있다고 말할 수 없을 때가 있다. 예를 들어, 할 일을 뒤로 미루는 것이나 시험을 앞두고 벼락치기 공부를 하는 것은 부적응적인 행동이지만, 심리적 장애로는 보지 않는다. 병든 사회에서 바르게 살려고 하는 사람도 그 사회에서는 적응을 제대로 못할 수도 있지만, 이를 이상행동이나 심리장애로 간주할 수는 없다(원호택 외, 2008: 28). 이 기준의 문제점은 행동의 부적응성이 어떤 경우에는 장애가 되지만, 그렇지 않은 경우도 있다는 것이다. 예를 들어, 가수가 되고 싶어 하는 사람이 있는데, 그 사람이 노래를 잘 부르지 못한다고 해서 그것을 이상행동으로 간주하지 않는다(김이영, 2015: 302).

이 기준은 행동적 기준으로서 개인의 행동이 자신이나 사회에 해로운 영향을 줄 때 이상행동으로 규정하는 것을 말한다. 즉, 개인의 행동이 자신이나 사회에 나쁜 영향을 주면 이상으로 간주한다. 음주행동으로 가까운 사람들에게 배척을 당하고 학업이나 지장생활에서 많은 문제가 일어나는 데도 계속 술을 마시는 경우, 또는 화가 난다고 아무나 붙들고 시비를 건다거나 남의 기물을 부수는 등 현재 자신의 문제와는 아무 관계없는 불특정 다수의 타인들을 향해 내재된 분노감을 표현하는 경우다(최정윤 외, 2019: 17).

(4) 주관적·심리적 기준

주관적인 감정의 측면에서 지나치게 개인적인 고통을 심하게 느낄 때, 이상으로 간주한다. 주관적 불편함의 기준에서는 개인이 자신의 상태에 대해서 스스로 불편해하고 고통스러워할 때, 비정상적이라고 할 수 있다(원호택 외, 2008: 26). 이상행동을 보이는 사람들은 쉽게 불안해하고, 안절부절못하며, 매사에 자신이 없고, 불면증이나 우울감, 피로감을 호소한다(최정윤 외, 2015: 17). 이는 개인이 주관적으로 느끼는 고통의 견지에서 이상과 정상을 따지는 것이다. 살아가면서 불안, 우울, 불면, 두통, 식욕부진 등을 느낄 때, 이런 경험이나 증상을 이상행동으로 여기는 준거이다(손진훈 외, 1994: 308).

주관적 불편감의 기준은 개인이 자신의 심리적 고통을 얼마나 느끼느냐에 따라 정상과 이상을 구분하는 것이다. 이 기준에 의하면, 어떤 사람의 행동이 자신에게 심한 불행과 고통을 준다면, 그것이 이상행동이 될 수 있다는 것이다. 이 기준의 장점은 임상적인 활동에서 실용적인 의미를 가진다는 것이다. 즉, 불안장애나 우울증 등을 호소하며 병원을 찾게 되기 때문이다.

문제점은 다음과 같다(김이영, 2015: 301),

첫째, 주관적 불편감을 가지고 있다고 해서 모두 이상행동으로 볼 수 없다. 예를 들어, 배우자의 죽음이나 이성 간의 이별을 경험했을 때, 심리적인 고통을 느끼는 것은 정상적이기 때문이다.

둘째, 때로 조현병 증상이 심하면서도 본인은 전혀 고통과 불편함을 경험하지 못하는 경우가 있다. 예를 들어, 망상과 환각 증상을 지닌 조현병 환자의 경우, 그의 증상으로 인해 가족과 주위 사람들은 불편함을 경험하지만, 본인은 전혀 불편함을 느끼지 못하는 경우이다.

셋째, 너무 주관적이라는 것이다. 예를 들어, 사람들이 자신의 고통을 호소하지만, 그들이 가진 심리적 상태가 너무나 다양하기 때문에 고통의 정도를 비교하기가 어느 정도 심해야 그 이상으로 구분할 것이냐 하는 기준이 애매하다.

이 기준은 개인이 경험하고 있는 심리적·정신적 갈등의 정도가 얼마나 심한가에 따라서 정상과 장애를 구분하는 것이다. 장애는 주관적으로 느끼는 우울이나 불안, 또는 죄책감 등이 지나쳐서 고통을 느끼는 경우이다.

(5) 전문적 기준

이 기준은 의사나 상담가의 심리학적 평가진단방법에 의해 판단되는 것으로 객관적인 기준을 제공한다. 전문적 기준은 이상행동을 심리학적 평가나 정신과적 진단방법에 의해 판단하는 것을 말한다. 임상심리전문가가 각종 심리검사도구를 사용하여 검사한 결과를 바탕으로 이상과 정상을 결정하거나, 정신과 의사가 정신과적 면접과 평가를 토대로 이상행동을 판단하므로 전문적이고 객관성이 높은 기준이다. 그러나 이 기준에 의해 정확하게 판단하기 위해서는 전문적인 교육과 훈련에 많은 시간과 노력이 요구된다.

지금까지 이상행동을 정의하는 데 사용되는 기준들을 살펴보았다. 위에서 제시한 기준 외에도 기괴함(사회생활을 하면서 때로 일반적으로 받아들여지지 않는 일탈된 행동을 하는 것)과 비효율성(일상생활에서 자신의 기능을 효율적으로 수행하지 못하는 것)의 기준도 있다. 그러나 위의 제시된 어느 한 가지 기준으로 이상행동을 규정해서는 정확하지 않다. 따라서, 위의 기준을 모두 적용하거나, 두 가지 이상의 기준을 이용하여 이상행동을 결정하는 것이 일반적이나. 그리고 이상행동은 신체적 질병과는 달리, 심리적 건강과 심리적 장애를 구분하는 경계선이 분명하지 않다. 심리적 건강과 불건강의 연속선상에서 증상 정도에 따라 심리적 장애의 여부를 결정하기도 한다. 이상행동과 정신장애 여부를 판별하고 분류하는 기준에 대해 학자마다 다양한 주장을 제기했으며, 이에 대해 통일된 정의나 기준을 제시하기란 불가능하다.

(6) 이상행동과 정신장애 판별기준

정상행동과 이상행동을 판별하는 기준은 다음과 같다.

① 일상생활 부적응과 심리-사회적 기능 저하

인간은 환경과의 상호작용을 통해 삶에 적응해 나가는데, 환경적 여건에 자신을 맞춰 순응하기도 하며, 자신의 요구나 목표를 위해 환경을 변화시켜 나가는 등 순응(accommodation)과 동화(assimilation)의 상호작용이 이루어진다. 이러한 적응의 관점에서 볼 때, 개인의 인지적, 정서적, 행동적, 신체적, 감각적, 생리적 상태나 특성으로 인해 직업활동, 대인관계, 여타 일상생활 적응에 지장이 초래될 경우 이상행동으로 볼 수 있다. 예를 들어, 실연을 당한 후 의기소침해지고 울적한 기분을 경험하면서 만사가 귀찮고 짜증스럽다면, 이를 이상행동으로 볼 수 있을까? 만약 이러한 상태가 생활에 별다른 지장을 초래하지 않는다면, 실연 후의 자연스러운 감정 반응으로 볼 수 있지만, 이러한 상태에서 출근이나 등교를 하지 않아 문제가 발생한다든지, 다른 대인관계가 단절 또는 악화된다면, 개입이 필요한 이상행동으로 볼 수 있다.

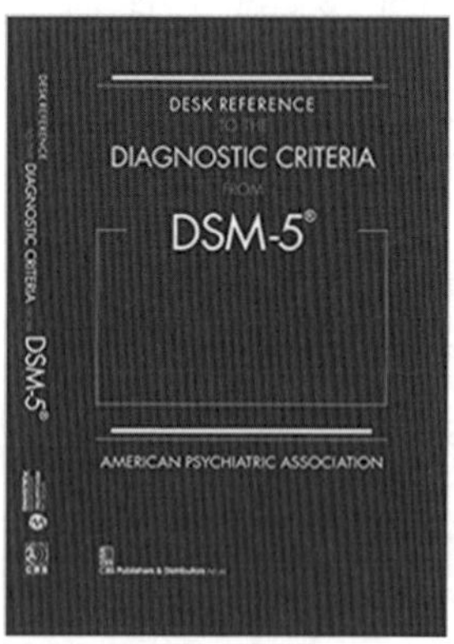

DSM–5
(2018년 출판)

가장 보편적으로 사용되어 온 『정신장애 진단 및 통계 편람–4판–TR(이하 *DSM–IV–TR*, American Psychiatric Association, 2000)』은 물론이고, 최근 출간된 *DSM–5*(American Psychiatric Association, 2018)에서는 정신장애 진단기준을 "사회적, 직업적 기능 또는 다른 기능 영역에서 현저한 손상이 나타나는 경우"로 명시하였다.

다만, 어느 정도의 기능 저하를 "현저한 손상"으로 볼 것인지 명확하게 정의하고 판별하기는 어려우며, 현재 보이는 증상이 이와 같은 기능 저하의 직접적인 원인인지 인과관계를 규명하기도 쉽지 않은 일이다. 예를 들어, 현재 주의집중이 잘되지 않고 산만해서 업무에 실수가 많다고 호소하는 사람은 실제로 주의집중력 저하가 직업 적응의 문제가 될 수도 있지만, 우울이나 불안과 같은 정서적 불안정성에 수반해 주의집중의 어려움이 나타났을 수도 있으며, 동기 저하로 현재 업무에 주의와 관심을 덜 기울이는 문제일 수도 있다. 따라서, '현저한 기능 저하'에 대한 판단은 체계적이고 전문적인 교육과 훈련을 받은 임상가에 의해 이루어져야 한다.

② 주관적인 불편감과 고통

정신건강에 대한 상담이나 치료를 원하는 사람들 중에는 현재 호소하는 문제가 일상생활에 현저한 부적응을 초래하지는 않지만, 그러한 문제로 인해 주관적인 불편감과 고통감이 심해 전문적인 도움을 구하는 경우도 흔하다. 예를 들어, 실수나 실패에 대한 두려움, 불안 수준이 높은 사람들 중에는 예상치 못한 부정적 결과를 미연에 방지하고자 매우 신중하고 꼼꼼하며 완벽하게 일 처리를 하여 오히려 업무 능력이 탁월하다는 평가를 받으며, 대인관계나 직업적으로 무난하게 적응하는 경우도 있다. 하지만 이렇듯 완벽한 결과물을 만들어 내느라 그 자신은 상당한 심리적 압박감과 스트레스를 경험할 수 있다. 심리 내적으로는 우울, 분노 등의 감정으로 매우 고통스럽지만, 이를 견디며 일상생활을 유지해 나가 주위 사람들은 잘 알아차리지 못하는 경우도 있다.

이와 같은 기준 역시 몇 가지 문제점을 포함하고 있다. 먼저, 개인마다 스트레스에 대한 내성이나 표현의 정도에 차이가 있어 어떤 사람은 사소한 문제에도 지나치게 고통스러워하며 어려움을 호소하지만, 어떤 사람은 매우 고통스러운 상황에도 의연하게 반응한다. 또한 개인이 경험하는 고통감, 불편감을 모두 비정상으로 간주할 수는 없다. 예를 들어, 실연, 사별과 같은 상황에서는 이러한 감정을 경험하는 것이 매우 자연스러운 반응이다. 다만, 상황에 비해 경험하는 고통의 정도가 지나칠 때 문제가 되는데, 그 적절성을 객관적으로 판단하기가 쉬운 일은 아니다. 그뿐만 아니라, 어떤 경우에는 심각한 부적응 또는 문제행동임에도 불구하고, 그 자신은 이에 대한 인식이 부족하며 별다른 고통을 경험하지 않는다. 예를 들어, 사이코패스는 아무 거리낌 없이 매우 잔인한 행동을 보이고 자신이 매우 유명하고 전지전능하다는 과대망상하에 문제를 일으켜 주위 사람들을 고통스럽게 하면서도 스스로는 매우 의기양양하고 만족스럽게 생각한다.

하지만 자신의 상태를 어느 정도 인식하는 능력이 유지된다면, 정신장애상태에서는 대부분 주관적인 고통과 불편감을 경험하고 이를 해결하고자 전문적인 도움을 구하기 마련이므로 이 역시 정신장애 판별에 중요한 기준이 된다. 이러한 점에서 DSM－IV나 DSM－5에서는 정신장애를 판별하는 기준에 '사회적, 직업적 기능 영역의 현저한 손상' 외에도 개인이 경험하는 '심한 불편감과 고통감'을 포함시킨다.

③ 통계적 규준에서의 이탈

인간의 대부분의 특성은 평균값 근처에 대다수가 위치하며, 평균으로부터 벗어날수록 점차 그 수가 감소하는 양상의 정상분포를 보인다. 키, 몸무게와 같은 신체 특성은 물론이고, 지능·기억력·학습능력 같은 인지 기능이라든지 일상적 행동의 빈도 등도 대체로 정상분포를 띤다. 이렇듯 통계적으로 평균에서 많이 벗어날수록 비정상으로 판단하기도 하는 데, 대개는 정상분포의 평균 수치에서 1표준편차 이내일 때는 정상 범위, 1표준편차 이상에서 2표준편차 미만으로 벗어나 있을 때는 '유의미한 차이', 2표준편차 이상 벗어나 있을 때는 '비정상'으로 간주한다.

이러한 통계적 기준을 적용하는 대표적인 정신장애가 지적 장애, 치매와 같은 인지 기능 관련 장애이다. 일례로, 대부분의 지능검사에서 지능지수IQ는 평균 100점, 표준편차 15점으로 표준화된 수치이다. 즉, IQ가 100이라 함은 해당 연령 규준의 평균에 해당함을 나타낸다. 이러한 평균 IQ에서 2표준편차 이하의 점수인 IQ 70 이하를 지적 장애의 기준으로 삼는다.

이러한 통계적 기준을 근거로 정신장애 또는 이상행동을 적용했을 때 문제가 되는 경우도 있는데, 평균보다 우월한 경우가 이에 해당한다. 예를 들어, 소위 영재라 불리는 IQ 150 이상의 사람들은 평균 IQ보다 3표준편차 이상 높은데, 이런 경우 '현저히 비정상적인 지능'으로 봐야 하지 않을까? 또한 인간의 모든 심리적 속성을 수량화해 객관적으로 측정하고 통계적 데이터를 확보한다는 것도 불가능하다.

지능지수(IQ)의 분포는 [그림 11－2]와 같다.

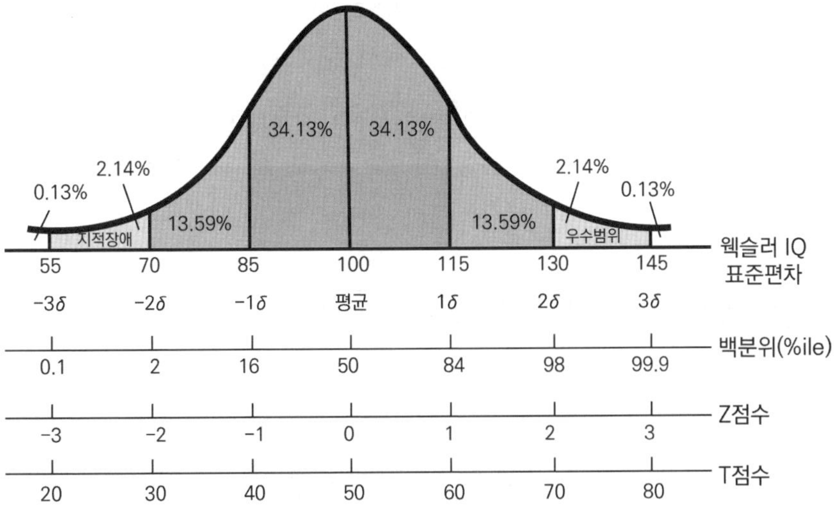

[그림 11-2] 지능지수(IQ)의 분포

자료: 김보기 외(2017c: 338) 재인용.

④ 사회적, 문화적 규범으로부터의 일탈

학교나 직장생활, 가족관계, 교우관계, 이성관계 등 대부분의 인간사회에는 개인의 사회적 역할에 따라 지켜야 할 행동 규범이 있으며, 이는 대부분 그 사회적·문화적 특성에 근거한다. 사회적 관습, 도덕규범, 예절 등이 이에 속하며, 이는 법이나 그 집단의 행동 규칙으로 자리 잡아 강제적인 구속력을 갖기도 한다. 예를 들어, 학생들이 거리에서 담배를 피운다든지, 모르는 사람에게 무턱대고 욕설을 하는 것은 우리 사회의 규범에서 벗어난 행동이다. 이러한 사회적·문화적 규범에서 벗어난 행동은 갈등이나 부적응, 개인적인 고통을 초래하며 문제행동, 이상행동으로 간주되기도 한다.

이러한 사회적·문화적 기준으로 이상행동, 정신장애를 판단하는 것에는 한계가 있다. 우선, 문화 규범은 그 시대적 특성 또는 그 사회의 양식에 따라 다르며 변한다. 예를 들어, 한국에서는 연장자에게 존댓말을 사용하는 것이 보편적인 행동양식이지만, 서양문화에서는 그렇지 않다. 또한 과거에는 남녀차별이 당연시되던 시절이 있었으나, 대부분의 현대사회에서는 이를 바람직하지 못한 태도로 여긴다. 그 사회의 문화 규범 자체가 바람직하지 못한 경우도 있다. 특히, 사회의 강자, 기득권자들의 권력과 이익을 유지하는 수단으로서 문화 규범이 존재하는 경우도 많다. 미국의 노예해방운동이라든지 우리나라의 민주화운동처럼 당시 사회의 잘못된 법, 규범 등을 비판하고 저항하는 행동을 이상행동으로 보기는 어려울 것이다.

5 이상심리학의 연구방법론

인류 역사를 볼 때, 오랜 기간 동안 인간의 이상심리에 대해서 미신적이고 비과학적인 견해가 지배해 왔다. 중세까지만 해도 악령, 귀신, 또는 초자연적인 어떤 힘에 의해서 심리장애가 생긴다는 미신적 사고가 지배적이었다. 19세기 후반에 이르러서야 비로소 심리학자와 정신의학자에 의해서 인간의 이상행동에 대한 과학적인 연구가 체계적으로 이루어지기 시작하였다.

현대 이상심리학이 과거의 비과학적 연구와 구별되는 점은 연구방법론에 있다. 과학으로서의 이상심리학은 주관적이고 비체계적이며 사변적인 연구방법론을 지양하고, 객관적이며 체계적이고 실증적인 연구방법론에 근거한다. 이상행동과 관련한 연구주제로는 크게 다음과 같이 분류된다.

1) 이상행동에 대한 객관적 기술과 측정

다른 행동양상과 구별되는 각 이상행동 고유의 특성 및 그 심각도를 객관적으로 측정하고 설명할 수 있어야 한다. 이를 위해 면접법, 행동관찰법, 설문지법, 과제수행법, 생리적 측정법 등의 연구방법이 사용되며 각각의 특징은 다음과 같다.

(1) 면접법

면접법(interview)은 언어적인 대화나 의사소통을 통해 사람의 심리적 특징을 알아보는 방법이다. 대화 시에 나타내는 언어적 표현의 내용과 방식에는 그 사람의 심리적 특징이 잘 나타나기 때문이다. 면접법은 질문과 응답으로 이루어지는 언어적 의사소통을 통해 피면접자의 언어적 반응내용과 방식을 정밀하게 분석하고 수량화하는 방법이다(원호택 외, 2008: 38). 평가자와 수검자가 면대면(face to face) 상태에서 질문－응답을 통한 언어적 의사소통이 주가 되는 방법이다. 수검자의 언어 반응의 내용, 언어표현방식 등을 정밀하게 분석하고 객관적으로 수량화하는 작업을 병행한다.

면접은 클라이언트를 만나서 대화를 나누어 보기 전에는 그 사람에 대하여 알 수 없다는 전제에 입각한 것이다. 면접에서 말로 표현되는 내용뿐만 아니라, 클라이언트의 태도, 행동, 억양 등으로부터 정보를 확보한다. 성공적인 면접이 되기 위해서는 클라이언트와 면접자 간에 '좋은 관계', 라포(rapport)가 형성되어야 한다. 즉, 클라이언트가 면접자를 지지적이고 위협적이지 않으며, 자신을 드러내는 데 대해 격려하는 사람으로 인식할 때, 정직하게 자기에 관해 이야기하게 되며, 심리적 문제의 진단에 필요한 정보를 제공할 수 있다(이인정 외, 2007: 306).

면접법에는 질문의 내용과 순서, 그리고 반응의 평가방법이 일정하게 정해져 있는 구조화된 면접법(structured interview)과 그렇지 못한 비구조화된 면접(unstructured interview)이 있다.

(2) 행동관찰법

사람의 심리적 특성을 알아보는 한 방법은 그 사람이 어떻게 행동하는지를 잘 관찰하는 것이다. 행동은 내면적인 심리적 특성이 밖으로 드러난 것이기 때문이다. 행동관찰법(behavior observation)은 한 사람이 특정한 상황에서 어떤 행동을 하는지를 유심히 관찰하여 그 행동의 내용을 구체적으로 기술하고 빈도나 강도를 수량화하는 방법이다. 이러한 행동관찰의 내용은 그 사람의 심리적인 특성을 평가하는 객관적인 자료가 된다.

이 방법은 개인이 특정 상황에서 어떤 행동을 하는지 체계적인 방법을 통해 정밀하게 관찰하는 방법이다. 행동의 내용, 빈도, 강도, 행동 전－후 맥락 및 관련 요인 등에 대한 분석이 이루어진다. 임상적 면접이나 심리검사는 공통적으로 심리상태를 파악하기 위해 언어를 사용한다. 그런데 언어는 부정확하며 흔히 문제를 과장한다는 전제하에 관찰의 필요성이 부각된다. 예를 들어, 우울증에 걸린 사람은 보통 "내 삶은 언제나 비참하다."고 말하는 데, 이것은 감정상태를 나타내주기는 하지만 무엇이 문제인지, 그것이 얼마나 자주 일어나는지에 대해서는 전혀 알려주는 바가 없다. 또한 언어로 표현되었을 때에는 커다란 갈등으로 보이던 부부간의 문제가 관찰 결과, 자그마한 의견 차이로 좁혀질 수도 있다. 따라서, 관찰에 입각한 행동평가는 치료적 접근에 중요한 역할을 한다(이인정 외, 2007: 312).

행동점검항목은 <표 11-3>과 같다.

<표 11-3> 행동점검항목

관찰된 행동	관찰시기								
	1	2	3	4	5	6	7	8	계
무릎이 떨린다									
손이 떨린다									
시선을 마주치지 않는다									
안면의 근육이 긴장되어 있다									
얼굴이 창백하다									
땀이 흘린다									
말을 멈추거나 더듬는다									

자료: 이인정 외(2007: 312)

(3) 설문지법

설문지법(questionnaire method)은 많은 심리검사에서 채택하고 있는 방법인데, 연구자가 묻고자 하는 여러 사항을 문장으로 기술한 문항을 제시하고, 피검자로 하여금 그 문항에 대해 자신의 상태를 응답하게 하는 방법이다. 일반적으로 설문지법은 피검사자가 응답하는 방식에 따라 강제선택 방식(forced choice method)과 자유선택 방식(open ended method)이 있다. 강제선택은 연구자가 미리 제시한 몇 가지 응답(양자선택, 다지선택 등) 중에서 피검자가 자신의 상태에 제일 가까운 것을 선택하도록 하는 방식이고, 자유선택은 피검자가 물음에 자유롭게 응답할 수 있는 여지를 열어놓는 방식이다.

설문지형 검사를 통해 개인의 상태를 체크한다. 간이 정신진단검사(SCL-90-R), 미네소타 다면적 인성검사(MMPI-2) 등은 대표적인 자기보고형 검사이며, 아동이나 청소년이 대상일 때에는 부모, 교사와 같은 제삼자가 평정하는 질문지형 검사를 사용하기도 한다. 미네소타 다면적 인성검사(Minnesota Multiphasic Personality Inventory, MMPI)는 정신건강의학과 임상장면에서 환자들의 정신병리를 더 신뢰할 만하고 효율적으로 진단평가할 목적으로 개발된 자기보고형 검사이다. 오늘날에는 진단평가도구로서의 목적뿐만 아니라, 정상인들의 성격 특성, 정서적 적응 수준, 검사에 임하는 태도 등 다양한 심리 내적 영역을 양적으로 측정할 목적에서 원판 MMPI의 개정판인 성인용 MMPI-2와 청소년용 MMPI-A가 사용되고 있다. MMPI-2는 수검 태도를 반영하는 타당도 척도와 10개의 임상척도, 그 밖에 재구성 임상척도, 성격 병리 5요인 척도, 내용 척도, 보충 척도 및 결정적 문항 등으로 구성되어 있다(한국심리학회, 2014).

(4) 과제수행법

한 사람의 심리적 능력 및 특성을 평가하는 또 다른 방법은, 해결해야 할 과제를 주고 그 사람이 그 과제를 얼마나 잘 수행하는지를 보는 방법이다. 여기서 주어지는 과제는 물론 평가하고자 하는 심리적 특성이 요구되는 과제로서 평가자에 의해 주도면밀하게 제작된다. 과제수행법은 이러한 과제를 주고 그 과제의 수행에 소요된 시간, 수행반응의 내용 및 정확도, 수행방식 등의 면에서 과제수행반응이 객관적으로 수량화되고 이를 통해 심리적 특성을 평가하는 방법이다.

이 방법은 특정 심리 속성을 측정할 수 있도록 구조화된 과제를 사용하며, 수행시간, 반응의 내용 및 정확도, 수행방식 등을 객관적으로 수량화하여 평정한다. 웩슬러 지능검사(Wechsler Scale of Intelligence)를 비롯해 각종 신경심리검사가 대표적인 과제 수행법에 해당한다. 웩슬러 지능검사는 웩슬러(D. Wechsler)가 1939년에 제작한 개인용 지능검사도구이다. 웩슬러 지능검사는 크게 세 가지로 구성되는데,

성인용(Wechsler Adult Intelligence Scale, WAIS), 아동용(Wechsler Intelligence Scale for Children, WISC), 유아용(Wechsler Preschool and Primary Scale of Intelligence, WPPSI) 등이다. 한국에서도 이 세 가지 검사가 모두 표준화되었다.

(5) 생리적 측정법

인간의 심리적 상태나 특성 중에는 행동의 시각적 관찰이나 언어적 반응을 통해 측정하기 어려운 것들이 많다. 그러나 육체는 정신의 정직한 대변자라는 말이 있듯이, 신체의 생리적 반응을 통해 심리적 특성을 평가할 수 있다. 생리적 측정법은 뇌파, 심장박동, 혈압, 근육긴장도, 피부전기저항반응 등의 생리적 상태를 측정할 수 있는 기계나 검사를 통해 심리적 상태나 특성을 평가하는 방법이다(원호택 외, 2008: 40－41).

과거에는 피부전기반응기법(galvanic skin reflex, GSR), 뇌파검사(electroepahlography, EEG)가 많이 사용되었으며, 최근 들어서는 전산화 단층촬영(computerized tomography, CT), 자기공명영상기법(magnetic resonance imaging, MRI), 기능적 자기공명영상기법(functional Magnetic Resonance Imaging, fMRI), 양전자방출 단층촬영술(position emission tomography, PET)과 같은 뇌 영상학적 기법이 특히, 많이 사용된다. 자기공명영상이란 자기장을 발생하는 커다란 자석통 속에 사람을 들어가게 한 후, 고주파를 발생시켜 신체부위에 있는 수소원자핵을 공명하게 하고, 각 조직에서 나오는 신호의 차이를 측정하여 컴퓨터를 통해 재구성하여 영상화하는 기술이다. 자석으로 구성된 장치에서 사람 몸에 고주파를 쏘아 사람 몸에서 메아리와 같은 신호가 발산되면, 이를 되받아서 디지털 정보로 변환하여 영상화하는 것을 말한다.

2) 이상행동의 원인 및 상관요인 연구

이상행동을 유발하는 원인이나 이상행동의 지속, 악화, 호전 등과 관련된 요인 등을 확인하는 것은, 정신장애의 특성을 이해하는 것은 물론이고 예방·치료기법 개발에도 중요하다. 이를 위해서는 사례연구, 상관연구, 집단 간 비교 연구, 실험연구, 종단적 연구 등이 사용된다.

(1) 사례연구

사례연구(case study)는 이상행동을 나타내는 한 개인에게 초점을 맞추어 그 사람에 관한 다양한 정보를 수집하여 기술하는 방법이다. 여기에서는 이상행동을 보이는 개인에 대해 출생부터 현재까지의 발달력, 가족관계 및 가족력, 학업 및 직업적 적응, 대인관계 적응, 정신건강의학적 병력 및 신체 질병 경력 등을 자세히 조사하고, 이를 통해 이상행동의 양상, 진행 경과, 이상행동에 영향을 미친 심리적, 사회적, 의학적 요인 등을 체계적이고 정밀하게 분석한다.

(2) 상관연구

상관연구(correlational research)는 사례연구와는 달리, 어떤 이상행동(예, 우울증)을 나타내는 여러 사람에 관한 특성(예, 부정적 사고, 혈액 내 카테콜라민 수준)들을 객관적 평가도구를 통해 수집하고, 그러한 자료에 대한 통계적 상관분석을 통해 요인들 간의 관련성을 밝히는 방법이다(원호택 외, 2008: 44). 여기에서는 이상행동을 보이는 여러 사람의 자료를 수집해 공통 요인, 각 자료 간의 관계 등을 통계분석을 통해 확인한다. 우울증 재발과 관련이 있는 심리－사회적 요인 등은 상관연구의 대표적인 예이다.

각 이상행동이나 정신장애와 관련된 요인을 확인하기 위해 집단 간 비교 방법을 사용하기도 한다. 예를 들어, 노인들의 우울증 정도와 주관적 기억 문제 호소 간의 관계를 알아보기 위해 우울장애집단, 경도인지장애집단, 치매환자집단, 정상집단 간의 주관적 기억 문제 관련 질문지와 객관적 기억력 검사를 실시해 측정된 값을 비교해 볼 수 있다.

(3) 실험연구

실험연구(experimental research)는 인과관계를 규명하는 가장 좋은 연구방법이다. 실험연구에서 연구자가 원인적 요인(독립변인)을 의도적으로 변화시켰을 때, 그 영향으로 인해 결과적 요인(종속변인)이 예상한 대로 변화하는 것을 확인한다면, 두

변인 간의 인과관계를 규명할 수 있다. 그러나 종속변인이 독립변인만의 영향에 의해서 변화된 것이어야 한다. 실험연구에서는 종속변인에 영향을 줄 수 있는 다른 요인들, 즉 오염변인이 포함되지 않도록 통제하는 것이 중요하다. 예를 들어, 과제의 실패경험이 우울 기분을 유발하는 한 원인이라는 것을 검증하기 위해서 연구자는 피험자들이 과제에 실패하도록 실험상황을 만들어 실패 경험을 하게 하고, 실험 전보다 실험 후에 우울 기분이 증가하였다는 것을 확인할 수 있다. 그러나 이때 과제의 실패뿐만 아니라, 실험자의 불손한 행동, 하기 싫은 과제를 강제로 해야 하는 상황 등이 우울 기분을 증가시킬 수도 있다(원호택 외, 2008: 45).

3) 치료와 예방방법에 대한 과학적 검증

정신장애 및 이상행동에 대해서는 치료뿐만 아니라, 예방도 매우 중요하며, 이와 같은 기법을 개발하고 그 효과를 검증하는 연구도 이상심리학 관련 연구에서 주요 주제 중 하나이다. 치료 및 예방기법에 대한 효과검증 연구에는 개입 전과 개입 후의 이상행동의 양상과 심각도의 변화 정도를 비교하는 방법, 서로 다른 개입방법에 따른 효과의 차이를 비교하는 방법, 한 개인에게 특정 처치의 시행과 중단을 반복하여 그 효과를 분석하는 단일사례연구법 등이 사용된다.

이 밖에도 위의 방법들을 혼합한 연구방법들이 있을 수 있으며, 연구주제에 따라 독특한 연구방법이 적용된다. 이렇듯이 이상심리학에서는 개인의 심리적 특성을 객관적으로 측정할 수 있는 정확한 평가도구를 사용하며, 심리적 요인들 간의 관계를 규명할 수 있는 과학적 연구방법을 사용하여 이상심리학의 연구주제를 밝히려고 시도한다.

Chapter 12
성심리학

학습목표

1. 성의 개념 파악
2. 성영향 요인 토의
3. 킨제이 보고서 토의

학습내용

1. 성의 개념
2. 인간의 성
3. 성영향 요인
4. 인간의 성반응
5. 성심리학의 연구방법론

개요

최근 들어 '성'이라고 하는 단어를 과거에 비해 많이, 자연스럽게 사용하고 있는 사람들을 자주 만날 수 있다. 그런데 말을 하는 사람마다 그 단어에 다른 의미를 부여하고 있음을 자주 발견할 수 있다. 여기에서는 성심리학을 학습하고자 한다.

Chapter 12

성심리학

1 성의 개념

1) 성의 정의

최근 들어 '성'이라고 하는 단어를 과거에 비해 많이, 자연스럽게 사용하고 있는 사람들을 자주 만날 수 있다. 그런데 말을 하는 사람마다 그 단어에 다른 의미를 부여하고 있음을 자주 발견할 수 있다. 또 예전에는 '성'을 이야기할 때, 성행동 자체에 초점이 더 많이 맞추어져 있었다면 최근에는 이와 함께 심리적인 부분에 대해 함께 이야기하는 경우들이 늘어가고 있는 듯하다.

인간의 삶은 물질생활, 성생활 그리고 정신생활을 기본적으로 영위하고 있다. 그 중 어느 것 하나라도 균형적인 유지를 할 수 없으면 인간의 삶은 균형을 잃게 된다. 사람들은 태어나서 죽을 때까지 성에 대한 관심을 가지면서도 물질생활과 정신생활에 비해 성생활을 외부적으로 드러내 놓고 이야기하기를 꺼려 한다. 우리나라에서는 1960년대만 해도 공개적으로 강의하거나 논하는 것이 금기시된 적도 있었다. 그러나 성은 감추거나 억압할 사항이 아니다.

'sexuality', 'sex', 'having sex'를 한글로 표기하면 '성'이다. 이들 단어의 의미를 구별하자면, 'sex'란 남녀의 성별을, 'having sex'는 성행위를, 'sexuality'는 성적인 행위뿐만 아니라, 인격의 차원까지 포괄한다. 섹스(sex)란 단어는 라틴어의 '자르다', '나누다'라는 뜻의 동사 '*seco*(cut)'에서 파생된 말이다. 즉, 남녀를 구분하는 성(gender)을 의미한다. 다시 말해서 성의 개념도 내포하고 있는 의미에 따라 여러 가지로 구분할 수 있다. 성을 지칭하는 용어는 선천적으로 결정된 생물학적 성을 의미하는 '섹스(sex)'와 사회문화적으로 남성다움과 여성다움의 성역할을 상징하는 '젠더(gender)'가 있고, 이러한 생물학적이고 사회문화적인 개념을 포함하면서 전인적이고 인격적인 개념으로서의 성을 의미하는 '섹슈얼리티(sexuality)'가 쓰인다. 여기서 'sexuality'란 용어는 인간의 성행동은 물론이고 개인이 지니고 있는 성에 대한 환상, 꿈, 태도, 사고, 감정, 가치관, 신념, 이해심, 개인의 존재의미 등의 모든 것을 지칭하는 표현이다. 'gender'라는 용어는 개인이 출생한 이후 사회적·문화적·심리적 환경에 의해 후천적으로 학습된 남녀 역할 행동의 특성을 의미한다(이억범, 2014: 290). 섹슈얼리티로서 성은 생물적인 차원의 남녀나 성행위와 연관된 부분뿐만 아니라, 사회심리적·행동적·문화적 차원들을 포함하여 논의해야 한다. 따라서, 성을 논할 때는 'sexuality'로 표기해야 한다(천성문, 2010: 1-2).

성행동(sexual behaviors)은 이성 간이나 파트너를 대상으로 하는 키스, 포옹, 애무, 성교 또는 자위행위로 신체를 이용해서 성적인 행동을 하는 것을 의미한다. 그러한 성(sexuality)이라고 함은 인간이 성적인 존재로서 성을 경험하고 자기자신을 표현하는 것을 포함한다. 따라서, 성은 좀 더 포괄적인 의미를 가지고 있다.

남성인가 여성인가를 자각하는 것도 성에 포함되어 있다. 동양 문화권에서 성은 마음을 나타내는 '심'과 몸을 나타내는 '생'의 합성어로도 사용한다. 즉, 성을 몸과 마음을 포함하는 포괄적인 의미로 사용하고 있다. 서양에서도 성교를 의미하는 말로 'gender', 'sexual orientation' 등의 개념이 있는데, 전자는 획득성이라고 하여 타고난 성별 외에 성장과정에서 획득되는 남성-여성의 개념을 말하고, 후자는 성 방향성으로 사랑의 감정을 누구(이성·동성·물질·동물)에게 갖느냐를 가리킨다.

2) 성의 의미

개인의 인생에서 성의 역할을 어떻게 판단할 것인가라는 물음에 답하기 위해서는 먼저, 성이 인간에게 어떤 의미를 지니는지를 알 필요가 있다. 성은 생리적·심리적 또한 정신·신체의 단위이다. 즉, 성은 신체의 순응이며, 동시에 심리적인 적응이다. 심리적 요인이 적절하지 않을 때에는 성적 역기능을 경험하게 된다. 따라서, 인간성의 자유롭고 자발적인 표현에서만 완전한 성을 경험할 수 있다.

성관계는 성을 보다 풍부하게 해 주며, 성관계를 통해서 남녀 간의 깊은 사랑을 확인한다. 특히, 성은 건전한 성격에 중요한 역할을 한다. 그러나 파괴적인 성, 방어기제로서의 성, 기계론적인 성, 비인간화된 성은 건전한 성격을 형성하는 데 해를 끼친다. 성문제를 다른 가치와 결합·조화시키지 못하는 사람은 불필요한 성적 좌절, 죄악감, 심한 부적절감으로 고통받는 경우가 있다(김이영 외, 2015: 381). 『킨제이(Kinsey) 보고서』에 의하면, 사회가 성행동에 엄격한 윤리적 제한을 가하고 있음에도 불구하고, 그 제한은 여러 가지 요인에 의해 무너지고 있다고 한다.

많은 학자들은 성윤리의 엄격함 때문에 불필요한 억압, 불행, 성도착이 일어날 수 있다고 주장하면서 성윤리가 근본적으로 개혁되어야 한다고 주장한다. 이와 같은 개혁은 복잡한 사회문제인 만큼 개혁의 수단과 방법을 예견하기란 쉬운 일이 아니다. 스웨덴 같은 서구사회에서는 성윤리에 대한 혁명이 이루어져 혼전 성행동이 널리 행해진다. 그러나 문제가 없는 것은 아니다. 그 예로, 자살과 알코올중독이 성행하고 있다. 우리 사회도 혼외 성행동을 비난하고 있는 한, 성적 욕구와 죄악감으로부터 탈피하려는 욕망 사이의 갈등이 계속될 것이다. 보다 근본적인 해결책이 모색되어야 한다.

3) 성역할과 성차별

(1) 성역할

성역할(sex role)은 남자 또는 여자로서의 인식을 명확히 하는 것이다. 성역할의 사회화 과정은 태어나서 죽을 때까지 지속되는 것으로 자아정체감과 다른 사람과의 관계를 성에 따라 다르게 정해 주는 기능을 한다. 예를 들어, 남편은 사회생활을 하는 것으로 가족을 부양하고 책임지며, 아내는 남편을 내조하면서 가사를 돌봐 화목한 가정을 만드는 역할을 한다는 것이다. 이처럼 남자는 활동적이고 자기

발전을 추구하고 독립적이며 목적의식이 있는 존재이며, 여자는 섬세하고 감정적이며 자기희생적인 존재처럼 여겨진다.

성역할은 실제의 성별이나 젠더에 따라 사회적으로 그에 적합하다고 생각되는 일을 말한다. 이는 문화와 시대에 따라 달라질 수 있다. 예를 들어, "남자니까, 찔찔 울지 마."와 "여자니까, 부드럽게." 등의 행동규범에 따라 행동할 때, 그 사람은 성역할을 해야 한다고 말한다. 이 경우, 특정성에 본인이 좋든 싫든 관계없이 일정한 성역할을 기대함과 동시에, 그 역할에 응할 준비와 능력, 자질, 성향이 없는 경우 불필요한 스트레스, 열등감을 당사자에게 갖게 하며, 사회적으로 자신이 불완전하고 부적응이라는 소외감과 차별감을 가질 수가 있다.

이러한 성역할은 한 사회가 가진 성에 대한 편견이자 남자와 여자는 애초부터 다르게 태어났으므로, 사는 모습도 다르고 사고방식도 다르다는 고정관념이기도 하다. 현실을 모방하는 광고는 사회의 성관념을 재현한다. 광고를 통해 피로한 남편을 걱정하는 아내, 가장으로서 떳떳해지고 싶은 남편, 사랑받고 싶어 하는 여자 등이 성역할을 보여 준다.

최근 광고에서 남자는 사랑하는 여자를 위해 음식을 만들고, 설거지를 하며 깨끗한 빨래를 위해 고민하는 등 과거의 강하고 책임감 있는 모습에서 감성적이며 가정적인 인물로 대체되는 경향을 보인다. 그러나 여성은 여성성에 대한 고정관념이 여전히 뚜렷해서 광고 속 역할의 다양성이 제한적이다. 이처럼 광고에서 성역할은 사회구성원의 인식변화와 함께한다고 볼 수 있다.

결론적으로 '성역할'은 남성 또는 여성이라는 성에 기대되는 사회적 행동양식을 가리킨다. 성역할의 개념에는 일정한 사회적 가치가 부여된다. 최근 서양학자들은 이러한 성차의 사회적 의미를 강조하기 위해 'sex role'이라는 말 대신에 'gender role'이라는 말을 사용하고 있다.

(2) 성차별

성차별이란 하나의 성에 의한 또 다른 성의 지배를 말한다. 남녀의 생물학적 차이에 입각한 성역할은 사회적 분업의 기초가 되고, 그것 자체는 하나의 성이 특정한 역할을 담당하는 평등분업이다. 그러나 이러한 사회적 역할에 가치부여가 개입하면, 어떤 역할은 다른 역할보다도 가치가 높다(낮다)는 방식으로의 역할의 서열화가 나타난다. 그리고 특정 역할의 담당자가 항상 고정되어 있고, 그 역할을 담당하는 사람에 대한 평가는 그가 담당하는 역할의 가치에 의해 이루어지게 된다. 여성이 담당하는 역할의 가치가 낮게 평가됨으로써 여성의 사회적 가치도 낮게 평가되고 성차별이 생겨난다.

오늘날에도 성차별주의(sexism)는 직업·교육·관습 등 사회의 모든 영역에서 볼 수 있다. 과거에 비해 여성의 사회적 진출 기회가 넓어진 것은 사실이지만, 사회적 공헌도에 비해서 여성은 그에 상응하는 평가를 받고 있지 못하다. 아직도 대부분의 여성들은 전통적으로 여성의 영역으로 여겨지는 간호사·보모 등과 사무보조 등 한정된 직종에 취업하는 경향이 강하다. 또 취업에 필요한 자격을 취득하는 단계에서는 평등한 기회가 주어져도 실제의 취업기회는 성차별주의에 의해 지배되는 것이 현실이다.

4) 성정체성

성정체감(gender identity)은 실제 생물학적 성과 구분되는 것으로 스스로를 이성에 속한다고 믿는 개인의 자아상을 말한다. 대부분의 사람은 성정체감과 생물학적 성이 일치한다.

그러나 어떤 사람은 생물학적 성(sex)과 심리학적 성(gender)이 결합되어 있다는 것을 거의 느끼지 못하는 경우도 있다. 예를 들어, 성도착증의 경우 생물학적인 특징은 분명하고 뚜렷하지만, 성도착자 자신은 스스로 생물학적으로 반대의 성이거나 또는 반대의 성이어야 한다고 믿는다.

성정체감은 태어나면서부터 고정되는 것은 아니다. 생리적·사회적 요인 모두가 기본적인 성정체감 형성에 영향을 미치며, 성장하면서 사회적 요인들에 의해 수정되고 확장된다(성전환증). 일반적으로 어린이가 3세에 이르면 기본적인 성정체감, 즉 “나는 남자다.” 또는 “나는 여자다.”라는 관념이 확립되어 그 뒤에는 바꾸기가 대단히 어렵다. 태어날 때 생물학적 성이 뚜렷하지 않거나 성별 구분에 실수가 있었던 경우에는 아동기나 청소년기에 가서 올바른 성정체감을 다시 확립한다는 것이 거의 불가능하다. 게다가 성과 관련된 행동들이 성장기 이후 자리 잡게 되면서 기본적인 성정체감 대신 제2의 성정체감이 발달될 수도 있다.

이성애 또는 동성애 경향도 이때 발달된다. 자신의 성역할에 대한 개인적인 생각과 마찬가지로 성정체감도 부모의 행동, 사회적 강화, 언어를 통해 발달한다. 어릴 때는 부모들이 자식들에게 성별에 따른 적절한 행동양식을 가르치며, 이러한 행동은 어린이가 성장함에 따라 사회에 의해 더욱 강화된다. 어린이가 언어를 습득하게 되면, 아주 어린 나이에도 '남자'와 '여자'를 구분할 수 있게 되며, 자신이 어느 쪽에 속하는지도 알게 된다.

2 인간의 성

성(sex)은 인간을 남성과 여성으로 나누는 생물학적 기준뿐만 아니라, 인간이 갖고 있는 다양한 욕구 중 하나인 성욕과 그에 따른 행동까지도 포함하는 의미이다. 성에 대한 행동과 태도를 설명하는 데는 남성과 여성이라는 개인의 성별이 중요한 변수로 작용하는 듯하다(한국심리학회, 2004: 679). 예를 들어, 10살에서 16살 사이의 소년 소녀들은 사춘기와 더불어 2차 성징이 나타나는 생물학 및 해부학적인 변화를 겪게 된다. 소녀는 가슴과 엉덩이가 풍만해지고, 소년은 수염이 나고 어깨가 넓어진다. 그리고 소년 소녀들 모두 음모와 겨드랑이 털 그리고 여드름이 난다. 호르몬은 생식을 위한 호르몬을 분비한다. 시상하부는 뇌하수체에 신호를 보내고, 뇌하수체는 다시 성호르몬, 주로 소년은 안드로겐(androgen), 소녀는 에스트로겐(estrogen)의 생성을 반복하는 데, 노화함에 따라 정자 생성이 느려지기는 하지만 평생토록 생식가능하다.

인간의 생식생리학은 다른 포유류와 유사하나, 성행동은 아주 상이하다. 대다수의 종에서는 암컷의 생식주기에만 성행위가 이루어진다. 배란을 야기하는 호르몬들은 암컷에서 발정행동을 일으킨다.

여성의 생리주기에 따른 기초체온 변화는 [그림 12-1]과 같다.

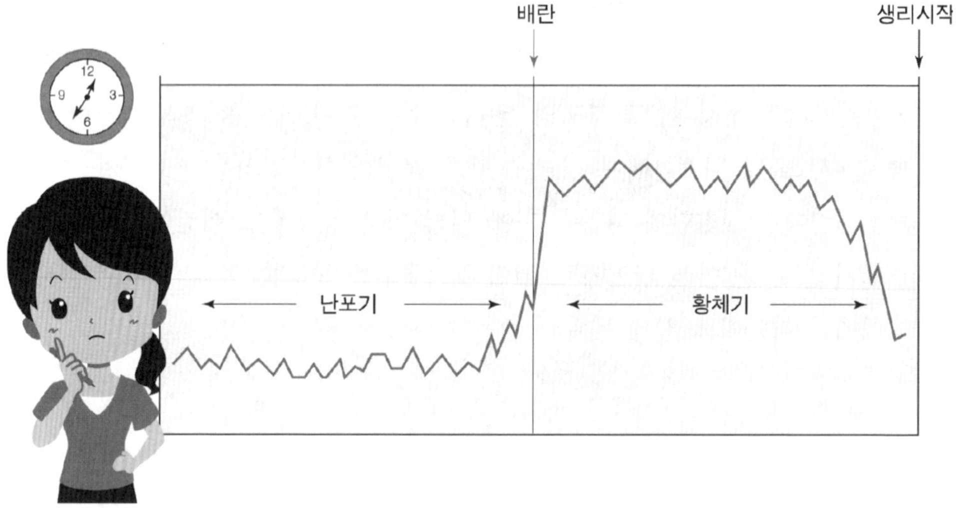

[그림 12-1] 여성의 생리주기에 따른 기초체온 변화

자료: 김보기 외(2017c: 285) 재인용.

이와 같은 현상은 대부분의 다른 동물에서도 유사하다. 호르몬 주기가 성적인 활동이 일어나는 때를 결정한다. 대개는 본능적으로 어떤 자세와 기술을 이용할 것인지 정해진다. 그러나 유인원의 경우에는 전적으로 호르몬에만 통제받지 않는다. 때때로, 암컷 원숭이들은 생식주기가 아닌 경우에도 짝짓기를 하는 데, 아마도 우세한 수컷의 환심을 사거나, 수컷 짝과의 관계를 유지하기 위한 것 같다. 하지만 이런 일은 드물다.

인간 여성은 다른 종의 암컷들과 대조적으로 언제라도 성을 즐기거나 거절할 수 있다. 어떤 여성들은 생식 가능성이 가장 높은 배란주기에 보다 쉽게 각성되며, 성교를 시작할 가능성이 더 많으며, 보다 자주 오르가즘을 경험한다. 그러나 많은 여성은 임신이 불가능한 시기인 월경 직전이나 직후에 성에 가장 큰 관심을 갖거나, 성적인 관심이 월경 주기와 관계가 없다고 한다. 의학적인 이유로 인해서 난소가 제거된 여성들은 성적인 관심이나 만족이 낮았다. 에스트로겐을 주사를 맞은 여성들 중 아무도 성적인 각성이 증가하지 않았다. 남성들은 성적인 활동이 호르몬과 상관없이 지속될 수 있다. 의학적인 이유나 반복적인 성범죄 때문에 고환을 제거한 남성들은 성적인 능력과 반응성에서 감퇴를 나타내나, 일부의 남성들은 몇 년 뒤에 성적으로 활동적인 상태가 유지된다.

성에 대한 신체적 반응보다 남성과 여성은 심리적 또는 정서적 반응에서 보다 큰 차이를 나타내는 듯하다. 남성과 달리, 여성의 성욕은 반대의 감정이 병존하는 현상으로 풀이된다. 즉, 여성들은 성과 관련하여 이성에 대한 친밀감, 사랑과 같은 긍정적 정서와 함께 생리와 연합된 고통이나 불편, 주위 여성들로부터 들은 나쁜 측면들, 또는 임신공포 등의 부정적 감정들을 지니게 된다(한국심리학회, 2004: 680).

이러한 결과가 인간의 성행동과 호르몬이 무관하다는 증거는 아니다. 남성과 여성 모두 높은 성적 활동 수준과 높은 테스토스테론(testosterone) 수준은 연합된다. 그러나 인과관계는 분명치 않아, 테스토스테론의 증가가 성적인 활동을 증가시킬 수도 있으며, 성적인 각성과 활동의 증가가 테스토스테론의 생성을 자극할 수도 있다.

남성의 경우, 테스토스테론의 수치가 낮아지면 발생하는 증상은 다음과 같다.

① 성욕이 낮아진다.

② 발기가 되지 않거나 유지할 수 없다.

③ 근육이 생성되지 않는다.

④ 우울증에 걸리기 쉽다. .

⑤ 무기력하고, 전반적으로 낮은 수준의 에너지가 유지된다.

⑥ 집중할 수 없다.

⑦ 동기부여가 되지 않는다.

⑧ 예기치 않게 체중이 증가한다.

⑨ 탈모가 온다.

⑩ 운동 중 근력이 감소합니다.

⑪ 유방 조직 크기의 비정상적인 증가인 여성형 유방의 징후가 보인다.

인간의 경우, 문화적인 규범, 사회적 경험, 심리적인 요인들이 성의 대상과 장소, 시기 등을 결정하는 데 있어서 생물학적인 것보다 더 중요하다. 다른 동물들에서는 성이 생식의 도구인 반면, 인간에게는 쾌락의 수단이 되기도 한다. 따라서, 동물의 성은 생식주기에 일어나지만, 인간의 성은 일상활동이 된다.

3 성영향 요인

사람은 남자나 여자로 태어난다. 사람이 지닌 많은 속성 중에서 성별만큼 인생에 커다란 영향을 미치는 속성은 없을 것이다. 사람은 성적인 존재이기 때문에 성행동은 일상생활에서 광범위하게 인간행동에 영향을 미친다.

1) 유전과 호르몬의 영향들

성(gender) – 남성성, 여성성이란 개념은 유전, 해부학, 호르몬 및 성역할과 성정체감의 심리학적인 요인 등으로 구성되어 있다. 최근 이러한 요인들이 성차에 미치는 영향을 알아보는 연구들이 진행 중이다.

사람의 유전적인 성은 아버지의 정자 속의 염색체 중 23번째인 성염색체에 의해 임신 시에 결정된다. 전달되는 정보는 X(여성)가 될 수도 있고 Y(남성)가 될 수도 있다. 모든 여성생식세포들(난자)은 하나의 X염색체를 가지고 있기 때문에 X염색체를 운반한 정자와 결합된 난자는 여성(XX 인자형)이 되고, Y염색체를 운반한 정자와 결합된 난자는 남성(XY 인자형)이 된다.

임신 후 첫 6주 동안 남성과 여성의 성적인 발달과정은 동일하다. 유전적으로 남성 배아(XY)는 생식선이 약 6주 동안 고환으로 발달한다. 유전적으로 여성 배아(XX)는 그보다 몇 주 뒤에 난소가 보이기 시작한다.

아주 작은 고환에서 생성되는 호르몬은 생식기의 발달방식을 결정한다. 이때, 남성 성호르몬(안드로겐)이 분비되지 않으면 시상하부는 여성형으로 발달한다. 안드로겐이 지속적으로 분비되는 경우에는 남성형이 된다.

그때까지 난소 호르몬은 여성의 발달에 요구되지 않는다. 단일한 X염색체만을 전달받은(터너증후군) 태아는 여성으로 발달하지만 난소를 지니지 못하게 되어, 그에 따라 2차 성징이 발달하지 않는다. 만일 배아가 Y염색체만을 전달받고 X염색체를 전달받지 못한다면 그 배아는 살아남지 못하게 되는데, 그 이유는 X염색체가 모든 태아의 발달에 결정적인 유전정보를 포함하고 있기 때문이다. 유전적으로 남성(XY) 태아의 체세포들이 안드로겐에 반응하지 못하게 된다면, 유전적으로는 남성이지만 외견상으로는 여성의 해부학적 형태로 태어나게 된다. 안드로겐 무감각증후군을 지니는 이러한 아이들은 여성으로 자란다. 그러나 월경을 하지 않아 의학적인 검사를 받는 청소년 후기가 될 때까지 발견되지 않는 경우가 대부분이다.

2) 사회적 영향 : 성정체감과 성역할

어떤 문화권에서 남자와 여자에게 적절하다고 인정되는 행동양식, 태도, 가치 등을 성유형이라고 하며, 이를 획득하고 내면화하는 것을 성정체감(gender identity)이라 한다. 적절하고 바람직한 성역할은 시대, 생활양식, 문화권 등에 따라 다를 수밖에 없다.

예외가 있을 수 있겠지만, 유전과 호르몬에 의해 결정되는 아동의 생물학적 인성은 출생 즉시 드러난다. 이때까지는 성적인 발달에 미치는 사회적인 영향은 전혀 없는 것이다. 출생 이후 사회적 및 문화적 힘은 개인의 성정체감과 성행동의 형성을 돕고, 타인과 정서적 및 성적으로 관계를 맺는 방식, 성적 각성 등에 영향을 미친다(이신동, 2016: 271).

아동은 성장함에 따라 성역할을 획득하게 된다. '성역할(gender roles)'은 자신이 살고 있는 사회에서 수용되는 성에 관한 태도와 행동패턴을 말한다. 생물학적 요소와 사회화는 성역할의 발달에 중요하다. 그러나 성역할 측면들 중 많은 것이 생물학적인 것과는 무관하고 오히려 사회화에 강력한 영향을 받고 있다. 성역할 발달에 미치는 사회화의 영향은 사회학습이론에서 강조된다. 사회학습이론에 따르면, '성유형화된 행동(sex-typed behavior)'은 오직 한 성에만 적절한 것으로 간주되는 행동이다. 성유형화된 행동의 발달과정은 강화와 처벌 및 관찰학습을 통해 이루어지며, 사회화의 대리인은 부모, 형제, 또래, 교사, 그 밖의 성인들과 대중매체 등이다.

근래에는 '남성성(mansculinity)'이나 '여성성(femininity)'은 개념과 함께 '양성성(androgyny)'의 개념이 강조되고 있다. 양성성은 여성적 특징과 남성적 특징을 모두 지닌 것이라고 할 수 있다. 즉, 고정관념으로 자리 잡은 남성과 여성의 엄격한 역할 구분 대신, 보다 융통성 있는 역할을 수행하는 것을 말한다. 유전적으로는 여성으로 태어났으나, 남성 성역할을 발달시킨 아동이나 그 반대의 경우에 대한 연구들을 통해 양육방식이 정체감의 발달에 영향을 미치는 것을 알 수 있다.

성전환자(transsexualism)들은 자신의 유전적 및 해부학적 성과 불일치하는 성정체감을 발달시킨다. 성전환자들은 자신이 잘못된 성의 신체에 갇혀버렸다고 느낀다. 남성 성전환자들(대부분의 성전환자들은 남성이다)은 자신을 여성이라고 생각하고, 남성과의 이성관계를 원하며, 때때로 자신들의 해부학적 구조를 '수정'하기 위한 외과적인 수술을 요구한다. 수술은 고환과 음경을 제거하고 질을 만들어 준다. 호르몬 치료로 체모를 감소시키고, 실리콘 주입으로 가슴을 확대한다. 여성 성전환자들의 수술은 유방절제, 자궁절제 및 인공 음경을 만들고 호르몬 치료를 병행한다. 남성에서 여성으로의 성전환 수술이 여성적 외모와 여성 외부 생식기를 만드는 데 성공적인 반면, 여성에서 남성으로의 전환 성공률은 낮다.

최근 성전환 수술은 사회적인 논쟁거리이다. 일부 정신의학자들은 성전환 수술 후에 더 잘 적응하는 것은 아니라고 하는 반면, 다른 정신의학자들은 신중하게 선정된 성전환자들은 자신의 새로운 해부학적인 성에 잘 적응한다고 주장한다(김남일, 2005: 138). 성전환 연구가 보여 주듯이, 성정체감 발달은 사회적 요인, 유전 및 호르몬도 상호작용한다.

4 인간의 성반응

건강한 남성과 여성들은 성적인 자극−물리적인 자극(만지기와 손, 입술, 신체 등)과 심리적인 자극(도발적인 장면들과 소리 및 행동, 그리고 에로틱한 환상들)에 생리적으로 반응한다. 더욱이 남성들과 여성들은 성적인 자극에 대해 유사한 생리적 반응을 나타낸다.

1) 각성과 오르가즘의 생리학

마스터스(William H. Masters) 등은 그들의 저서 『인간의 성(*Human Sexuality*, 1997)』에서, 그들은 남성과 여성들의 성반응이 모두 흥분, 고원, 오르가즘 및 소산이라는 4가지 국면으로 구분할 수 있다고 하였다.

『인간의 성』
(1997년 출판)

(1) 흥분국면

흥분국면(excitement phase) 동안, 심장이 빠르게 뛰기 시작하고 호흡률이 증가한다. 혈액이 성기로 흘러들어 음경이 발기하고 음핵이 부풀어 오른다. 질벽이 축축해진다. 여성들은 (그리고 일부의 남성들은) 유두가 서기도 하고, 신체상에 '홍조'가 나타나기도 한다(붉게 물드는 것으로 대개는 가슴에서 시작되는데, 피부의 작은 혈관확장으로 인한 것이다.).

(2) 고원국면

고원국면(plateau phase) 동안, 성기는 혈액으로 충혈된다. 음핵은 대단히 민감한 상태를 유지한다. 음경은 확대되고 색깔이 짙어진다. 음경이 열려 약간의 용액(살아있는 정자를 포함할 수 있다)이 스며 나온다.

(3) 오르가즘

오르가즘(orgasm) 동안, 근육수축은 성기에 모여진 혈액을 혈류로 되돌린다. 질주변의 근육들은 수축운동을 한다. 음경 내부와 주변의 근육들도 리듬감 있게 수축하고 사정 즉, 정액의 유출을 일으킨다. 남성과 여성 모두에게 있어서 처음 5에서 6번째 오르가즘 수축이 가장 강력하며, 가장 큰 쾌감을 준다. 실험 모니터링 결과, 남성과 여성 모두 항문부위 혈류증가와 항문수축을 보여 주었다. 오르가즘 동안 얼굴과 사지에서 강한 근육경련을 경험하기도 하며, 통제할 수 없을 정도로 소리를 지르기도 한다. 반면에, 오르가즘 동안 분명한 표현을 하지 않는 사람들도 있다. 많은 여성은 자신의 실제 경험이 영화나 소설 속에 등장하는 오르가즘에 대한 낭만적이고 과장된 묘사와는 큰 차이가 있음을 발견하고는 당황하며 실망하게 된다. 그 결과, '나만 이런가' 하는 열등감, 성행동에 대한 자신감 결여와 회피, 불만족이 가중되어 더러는 있지도 않은 문제를 해결하기 위해 의사를 찾기도 한다(정미경 외, 2015: 260). 비록, 남녀 사이에 성반응 패턴이 동일하다고 할지라도, 생리적 차이는 존재한다. 첫째, 남성들만이 오르가즘 시에 사정을 한다. 둘째, 남성들은 절대불응기(refractory period)－남성들이 오르가즘이 지난 후에 성적으로 다시 각성할 수 있게 되기 전까지의 기간(수분에서부터 몇 시간 또는 며칠까지 될 수 있다)－를 경험한다. 대조적으로, 여성들은 소산국면을 거치지 않고 '중다 오르가즘(multiple orgasm)'을 경험할 수 있다. 중다 오르가즘을 보고하는 남성들이 일부 있지만, 그들의 반응은 몇 분 이내에 여러 차례의 오르가즘을 경험하는 여성들의 중다 오르가즘과는 매우 다르다.

(4) 소산국면

소산국면(resolution phase)에서 신체는 점차 원래 상태로 되돌아온다. 근육긴장이 사라지고 성기도 정상적인 크기와 모양으로 되돌아온다. 많은 연구에 따르면, 성교나 자위에 의한 오르가즘을 막론하고 생리적인 성반응 주기는 동일하다는 것을 발견하였다. 때로는, 자위를 통한 오르가즘이 물리적으로 강도가 더 높은데, 이는 개인이 자극의 종류와 강도를 정확하게 통제할 수 있기 때문이다. 그러나 자위는 성교보다 정서적으로 만족도가 약하다(한국심리학회, 2004: 679).

이러한 네 국면들은 측정 가능한 생리적인 변화로 정의된다. 남성과 여성 모두에서 흥분은 오르가즘 없이 상당한 기간 동안 유지되기도 하는 고원국면을 이끈다. 남성은 이 국면 뒤에 오직 한 가지 반응패턴만을 갖는다. 남성은 오르가즘 동안 빠르게 사정하고 각성은 빠르게 소멸된다. 남성은 사정을 한 이후에 절대불응기를 가지는데, 절대불응기 동안에는 또 한 번의 사정이 불가능하다. 남성은 각성되지 않은 상태로 되돌아가기 전에 여러 차례의 오르가즘 국면을 반복할 수도 있다. 여성은 한 번의 오르가즘을 가질 수도 있고, 연속해서 여러 차례의 오르가즘을 가질 수도 있고, 완전한 오르가즘에 도달하지 못하고 비교적 느리게 각성되지 않은 상태로 되돌아가기도 하며, 드물기는 하지만 오래 연장되는 단일한 오르가즘 뒤에 빠른 소산이 오는 경우와 같이 다양하다.

2) 자극과 각성

남성들과 여성들은 물리적이거나 생리적인 성적 자극에 일관성 있게 반응한다. 성적으로 흥분되는 에로틱한 영화나 이야기에 대한 생리적인 각성은 성교 시의 각성과 동일하다.

접촉은 가장 분명한 성적 각성원이다. 성감대(erogenous zones)라고 불리는 신체의 부분들은 특히, 접촉에 민감하다(고환의 귀두, 음핵, 입, 유두, 넓적다리 안쪽). 민감도에는 개인차가 있다. 어떤 사람은 어떤 성감대에서도 둔감한 데 반해, 어떤 사람은 접촉이 고통스러울 정도로 민감하다.

냄새는 대부분의 동물들의 짝짓기 행동에 강력한 영향을 미친다. 그러나 인간의 성행동에도 냄새가 영향을 미친다는 것이 밝혀지면서, 최음제와 같은 향기로운 물질의 판매와 향수 광고에도 영향을 미치고 있다(서창원, 1966: 149).

에로틱한 영화, 잡지 및 책에 대한 인기는 시각 자극의 효율성을 보여 준다. 상상하기는 강력한 자극원이 될 수 있다. 남성들은 상상을 통하여 발기 정도의 증가와 감소가 가능함을 보여 준다. 주부들의 65%가 남편과의 성교 동안 에로틱한 환상을 갖는 경우가 있다.

3) 성반응성과 노화

사람들은 대부분 성행위가 사춘기에 출현하며, 성인 초기에 최고 수준에 도달하였다가, 늙어가면서 점차 약화되어 결국 멈추는 것으로 생각하고 있다. 대부분의 문화에서 성적인 상징은 젊고 매력적인 남성과 여성이 중심이 되며, 아동과 노인의 경우, 성과는 무관한 존재라고 생각한다. 그러나 많은 연구가 성활동이 생애 전반을 통해 나타남을 보여 준다. 킨제이(Kinsey) 등의 연구에서 65세 이상 된 남성들은 아내와 한 달에 약 4회의 성활동을 하는 것으로 밝혀졌다. 성활동의 파트너가 있는 한, 노인들은 정력적인 성생활을 유지한다.

노화와 함께 생리적인 변화가 발생하기도 한다. 즉, 호르몬 생성이 감소하며, 성 기능 주기도 점진적으로 변한다. 남성과 여성들이 노화함에 따라 질을 부드럽게 하거나, 발기를 하는 데 더 오랜 시간과 더 강한 물리적 자극이 요구된다. 일주일에 여러 차례의 성교를 하는 노인 남성들은 성생활이 만족스럽다 할지라도, 매번 사정하지는 못한다. 노화함에 따라 한 번의 사정으로 방출하는 정액의 양도 점점 줄어들며 오르가즘의 강도도 감소한다. 노화와 함께 성활동이 중단된다는 생리적인 증거는 없다.

5 성심리학의 연구방법론

1950년대까지 성심리학에 관한 대다수의 자료는 심리치료를 받는 사람들의 보고에 의한 것이었다. 오늘날에는 성행동에 관한 자료를 수집하기 위해 다양한 연구방법이 시도되고 있다.

1) 교차문화연구

사람들이 성에 대해서 학습하고, 경험하고, 표현하는 방식은 개인차가 크며, 문화에 따라서도 다르다. 동성애 관계를 인정하고, 심지어 동성애를 결혼 전에 성적인 배출구로 권장하는 문화도 있다. 어떤 문화에서는 아동들의 자위를 허용하고, 일처다부제 혼인과 혼외 성행위를 허용하기도 한다.

교차문화연구(cross-cultural studies)들은 '비정상적', '부자연스러운' 또는 '병리학적인' 것으로 간주되는 성적인 관습들의 재고를 요구한다. 비정상적이라는 것은 문화에 따라 상대적이며, 모든 문화에서 비정상적인 것으로 간주되는 관습은 없다(서창원,

1996: 143).

그럼에도 불구하고, 교차문화연구들은 모든 사회에 성행동에 관한 규범이 있고, 성행동의 대상, 장소, 시기, 방식 등에 완전한 자유란 없음을 보여 준다.

2) 조사

알프레드 킨제이

최초의 광범위한 성 조사를 수행한 킨제이(Alfred Charles Kinsey, 1894-1956)는 1930년대에 성교육의 필요성을 강조한 생물학자였다. 하버드대에서 동물학을 전공한 킨제이 박사는 1938년 인디애나대학교(Indiana University)에서 결혼에 대한 강좌를 맡아달라는 부탁을 받고 강의 준비를 하던 중, 인간의 성생활에 대한 연구자료가 턱없이 부족함을 알게 됐다. 그는 성행동에 관한 신뢰할만한 정보를 얻기가 어려워서, 스스로 자료를 수집하기로 결심하였다. 그와 동료들은 상이한 연령, 배경, 및 결혼 상태의 사람들과 그들의 성생활에 대한 면담에 18년을 소모하였다. 1948년에는 5,300명의 미국 남성을 대상으로 한 면담의 결과인 『남성의 성행동(*Sexual Behavior in the Human Male*)』, 1953년에는 5,940명의 여성을 대상으로 한 면담의 결과인 『여성의 성행동(*Sexual Behavior in the Human Female*)』은 하나의 역사 그리고 화제를 이루었다. 이들 『킨제이 보고서(*Kinsey Reports*)』에 따르면, 만 20세에서 35세 사이의 백인 남성 중 11.6%가 3등급(양성애자)에 해당하며, 동일 연령대의 미혼 여성의 7%, 이혼한 여성의 4%가 3등급에 해당한다. 또한 만 20세에서 35세 사이의 여성 중 2-6%는 5등급, 동일 연령대의 미혼 여성의 1-3%는 6등급인 절대적 동성애자에 해당한다고 한다.

킨제이 등급은 <표 12-1>과 같다.

<표 12-1> 킨제이 등급

등급	설명
0	절대적인 이성애자
1	이성애자에 가깝지만, 부분적으로 동성애 성향을 나타냄.
2	이성애자에 가깝지만, 동성애적 성향이 1등급보다 큼.
3	양성애자
4	동성애자에 가깝지만, 이성애적 성향이 5등급보다 큼.
5	동성애자에 가깝지만, 부분적으로 이성애적 성향을 나타냄.
6	절대적인 동성애자
X	성적 지향성을 가지지 않는 사람

자료: 김보기 외(2017c: 296) 재인용.

킨제이의 목표는 미국인 성행동에 관한 사실적인 자료를 수집하는 것이었다. 그가 사용한 방법은 미국인의 '성적 배출(성적 경험의 횟수와 종류)'에 초점을 맞춘 상세하고 은밀한 면담을 통해 자료를 수집하는 것이었다. 가장 논쟁적인 킨제이의 결과는 혼전성교와 혼외성교(대다수의 남성들과 많은 여성들이 그러한 경험을 보고하였다), 그리고 동성애 경험(사람들이 믿고 있는 것보다 훨씬 더 보편적인 것으로 발견되었다)이었다.

킨제이의 연구는 지원자들에 의존했기 때문에 특히, 흑인, 시골사람 및 교육이 낮은 미국인들은 포함되지 않았다. 그의 연구는 1940년대 미국에 사는 교육수준이 높은 백인 지원자들의 성행동에 관한 것이었다. 1960년대 중반까지 킨제이의 연구는 미국인의 성행동에 관한 유일하게 광범위한 자료였으며, 성에 관한 현대 연구의 기초를 제공해 주었다.

이와 같은 연구결과는 곧 대중들의 관심을 받았다. 그러나 당시까지만 해도 금기에 해당했던 여성의 성을 직접적으로 다뤘다는 점에서 논란의 중심에 섰으며, 비난이 계속되자 록펠러재단(Rockefeller Foundation, 1913년 설립)이 연구 후원을 중단하는 사태까지 발생하기도 하였다. 이외에도 『킨제이 보고서』는 사회계층에 따라 성문화가 다르며, 이성애 및 금욕생활이 도덕적이고 일반적인 규범이라는 사회적 통념을 깨고 동성애에 대한 대중의 인식변화에 기여하였다는 점에서 높게 평가받고 있다. 그러나 이성애자의 동성에 대한 일회적 성적 경험에 불과한 것을 동성애 범주의 경험으로 잘못 규정하거나, 소수 양성애 영역을 세분화시켜 과장시키고, 타고난 이성애자와 마찬가지로 타고난 동성애자에 대한 기본 정의를 후천적 시각, 단일한 이성애, 동성애를 정도 경향으로 왜곡하는 동성애 혐오적 태도를 고착화하였다는 비판이 있다.

3) 관찰연구

킨제이의 연구가 발표된 얼마 후, 마스터스 등은 인간의 성행동에 관한 최초의 관찰연구를 시작하였다. 그들의 목표는 남성과 여성의 성적 자극에 대한 반응을 알아보는 것이었다. 실험실에서 성교, 자위, 성적인 자극에 대한 생리학적인 반응을 관찰하기 위해 지원자들을 모집하였다. 예를 들어, 여성들은 조명과 카메라가 장치된 인공 음경을 이용하여 자위를 하였다. 12년 이상 694명의 남성들과 여성들이 참여하였다. 그들 대부분은 결혼한 부부들이었으며, 그들은 10,000가지 이상의 성적인 일화들을 관찰하였다(Masters et al., 1997).

이러한 관찰연구들을 일반화하기에는 문제가 있다. 실험실에서의 성경험은 가정에서 일어나는 사적이고 은밀한 경험들과는 다르며, 관찰자의 존재가 피험자의 행동에 영향을 미쳤다는 것을 의심할 여지도 없다. 그럼에도 불구하고, 마스터스 등의 연구는 인간의 성반응과 성문제에 관한 보다 완전한 이해에 도움을 주었다.

4) 통제된 실험

인간의 성행동 연구들로부터는 무슨 일이 일어나는지는 알아볼 수 있지만, 왜 그런 일이 일어나는지는 알 수 없다. 다양한 요인이 성행동에 미치는 영향은 통제된 실험을 통해서만 알아볼 수 있다. 통제된 실험에서는 특정한 가설이 확증될 수도 있고, 특정한 가설은 폐기될 수도 있다.

포르노그래피(pornography)에 대한 남성과 여성의 성적인 각성을 비교한 하이만(Heiman, 1975)의 연구는 통제된 실험의 일례이다. 하이만은 남성들과 여성들이 에로틱한 재료의 테이프를 듣고 있는 동안 생리적 각성신호를 직접 측정하였다. 피험자들은 4집단으로 나뉘었다. 집단 1은 노골적인 성적 묘사가 있는 에로틱한 테이프, 집단 2는 성적인 내용이 없는 부드럽고 다정한 일화를 묘사하는 로맨틱한 테이프, 집단 3은 노골적인 성적인 내용과 다정한 내용이 모두 포함되어 있는 에로틱-로맨틱 테이프, 집단 4는 성적인 내용이나 다정한 내용이 전혀 없는 통제 테이프를 들었다. 생리적인 측정은 4집단 사이의 각성 수준에서 분명한 차이를 나타내었다. 집단 1과 3은 높은 수준의 각성이 나타났으나, 대조적으로 집단 2와 4에서는 성적 각성이 거의 나타나지 않았다. 결국 이 연구는 통제된 실험을 이용하여 남성과 여성들이 동일한 종류의 성적인 재료에 각성된다는 것을 보여 주었다.

인간의 성행동을 연구하는 방법들은 모두 제한점이 있다. 그러한 연구들은 실용적인 문제와 윤리적인 문제를 야기한다. 실용적인 견지에서 일상생활의 성행동을 알아보는 실험을 설계하는 것은 극히 어렵고 복잡하다. 윤리적인 견지에서, 성행동 실험들(치료 프로그램의 일부가 아닌)은 종종 공동체의 강렬한 반발을 불러일으키며, 피험자들에게 잠재적인 영향을 미칠 수도 있다. 예를 들어, 아동기 경험이 성인이 되어서의 성반응에 미치는 효과를 평가하기 위해 아동들에게 포르노그래피를 보여 주는 것은 분명히 비윤리적이다. 그러한 이유로, 인간을 대상으로 실시한 성행동에 관한 실험연구는 거의 없다. 동물을 이용한 실험연구들이 다소간의 정보를 제공해 줄 수 있지만, 이 결과를 인간에게 일반화시키는 것은 어렵다.

Chapter 13

생리심리학

학습목표

1. 생리학의 개념 파악
2. 뉴런 학습
3. 내분비계 학습

학습내용

1. 생리심리학의 개념
2. 생리심리학의 역사
3. 뉴런
4. 내분비계
5. 생리심리학의 연구방법론

개요

생리심리학은 심리학에서 발전된 분야이다. 최근에 실험생물학 연구정보가 폭발적으로 증가함에 따라 다른 분야의 과학자들 또한 행동에 관한 생리학적 연구에 뛰어난 업적을 남기고 있다. 여기에서는 생리심리학을 학습하고자 한다.

Chapter
13

생리심리학

1 생리심리학의 개념

1) 생리심리학의 정의

생리심리학(physiological psychology)은 심리학에서 발전된 분야이다. 19세기 후반 분트(W. Wundt)가 쓴 최초의 심리학 교과서는 『생리심리학의 원리(*Principles of Physiological Psychology*, 1867)』였다. 최근에 실험생물학 연구정보가 폭발적으로 증가함에 따라 다른 분야의 과학자들 또한 행동에 관한 생리학적 연구에 뛰어난 업적을 남기고 있다. 신경계의 궁극적 기능이 행동임을 인식하였기 때문에 생리심리학자와 생리학자 그리고 다른 신경학자들이 공동의 노력을 기울이게 되었다. 신경계는 자극을 지각하고 내적 생리과정을 통제하는 것과 같은 여러 가지 기능을 수행하지만, 이러한 기능은 기본적인 기능, 즉 운동을 통제하기 위한 것이다. 지각 기능은 외부 환경에 대한 정보를 제공해 주어 행동을 적응적이고 유용하게 만들어 준다. 따라서, 행동하는 능력이 없는 지각은 쓸모가 없을 것이다(Carlson, 2004: 10). 생리심리학은 생리적 과정과 신경과정에 토대를 두고 심리현상을 기술하고 설명하려는 심리학의 분야이다. 즉, 유기체의 심리적 현상을 생리학적으로 해석, 연구하는 심리학의 한 분야이다. 구체적으로 인간행동과 정신과정을 신경계와 내분비계에 근거하여 이해하려는 분야이다. 심리학의 실험적 방법에 생리학(physiology)의 방법을 결합하여 이러한 방법을 모든 심리학자의 관심이 되는 문제에 적용하는 분야라고 할 수 있다. 최근 인간의 병리상태에 관한 생리학적 연구가 활발히 이루어지고 있는데, 이런 생리적 구조의 연구는 인간의 심리적 과정에 관한 중요한 사실을 알 수 있게 해 주는 귀중한 자료로 활용되고 있다. 따라서, 생리심리학은 유기체, 뇌의 기능, 신경조직과 행동과의 관련을 이해하는 데 그 강조점을 둔다. 그리고 연구방법은 신경생리학(neurophysiology), 화학적 생리학, 물리적 생리학에서 주로 도입하고 있다. 주요 관심사는 호르몬이 행동의 변화에 미치는 영향, 뇌의 각 부위의 기능, 약물효과 등이다.

오늘날 행동의 생리학에 대한 연구는 심리학의 실험적 방법에 생리학의 방법을 결합하여 이러한 방법을 모든 심리학자의 관심이 되는 문제에 적용하려는 심리학자에 의해 주도되고 있다. 지각과정, 운동 통제, 수면과 각성, 생식행동, 섭식행동, 정서행동, 학습과 언어가 모두 연구대상이다. 최근 약물남용과 정신장애와 같은 인간의 병리상태에 관한 생리과정의 연구가 활발히 이루어지고 있다.

2) 생리심리학의 연구 목적

모든 과학자의 연구목적은 그들이 연구하고 있는 현상을 설명하는 것이다. 그렇다면 설명한다는 것은 무엇인가? 과학적인 설명은 일반화와 환원이라는 두 가지 입장을 취한다.

심리학자는 대부분 일반화(generalization)를 이용한다. 심리학자는 특정 행동유형을 자신들의 여러 실험에서 추론한 일반 법칙의 예로써 설명한다. 예를 들어, 심리학자들은 개에 대한 병적인 공포를 '고전적 조건형성'이라는 학습의 특별한 예라고 설명한다. 아마도 그 사람은 어린 시절에 개를 보고 놀란 적이 있었을 것이다. 불쾌한 자극이 개를 보는 것과 짝지어져서(아마도 무서운 개 때문에 기절했거나, 사나운 개에게 물렸을 것이다.), 그 후 개를 보면 이전의 반응, 즉 공포가 유발되는 것이다.

대부분의 생리학자는 '환원(reduction)'으로 설명한다. 이들은 복잡한 현상을 보다 단순한 현상을 사용해서 설명한다. 예를 들어, 이들은 근육운동을 근세포막의 변화, 특정 화학물질의 유입, 그리고 세포 내에서 일어나는 단백질 분자들의 상호작용 등으로 설명한다. 이와는 대조적으로, 분자생물학자(molecular biologist)는 이러한 현상을 여러 분자를 결합시키고 분자들을 서로 끌어당기는 힘으로 설명하려 할 것이다. 또한 원자물리학자(atomic physicist)는 물질과 에너지 자체를 기술하고, 자연에서 발견한 여러 가지 힘을 설명한다. 각 분야의 과학자들은 그들이 연구하는 현상을 좀 더 기본적으로 일반화시켜 설명하기 위해서 환원을 사용한다. 생리심리학자는 행동을 생리적 관점에서 설명한다. 그러나 생리심리학자는 단순히 환원주의자는 아니다. 왜냐하면 행동을 관찰하여 그와 동시에 일어난 생리적 현상과 관련시키는 것만으로는 충분한 설명이 되지 않기 때문이다. 동일한 행동도 여러 가지 이유로 야기될 수 있으므로 다른 생리적 기제에 의해 그 행동이 촉발될 수 있다. 따라서, 어떤 생리학적 현상이 특정 행동을 유발시키는가를 이해하기 이전에, 왜 그 특정 행동이 일어나는가를 '심리학적'으로 이해하여야 한다.

예를 들어, 다른 포유동물처럼 생쥐도 종종 보금자리를 만든다. 행동 관찰을 통하여 생쥐가 두 가지 경우에 그렇게 한다는 것을 알게 되었다. 생쥐는 기온이 낮거나 임신을 하였을 때에 보금자리를 짓는다. 임신하지 않은 쥐는 기온이 낮을 때만 그렇게 하는 반면에, 임신한 쥐는 기온과 관계없이 보금자리를 짓는다. 동일한 행동이 다른 이유에 의해서 일어나는 것이다. 실제로 보금자리를 만드는 행동에는 두 가지 생리적 기제가 관여한다. 이 행동은 온도조절의 과정과 관련된 행동이거나 또는 어버이 행동(parental behavior)의 일환이다. 때때로 생리적 기제를 연구함으로써 심리적 과정에 관한 중요한 사실을 알 수 있다.

이러한 관련성은 언어, 기억, 기분 등과 같이 심리적으로 이해하기 힘든 복잡한 현상에 대해서는 더욱 그러하다. 예를 들어, 뇌의 특정 부위가 손상되면, 언어능력이 특정하게 영향을 받는다. 이러한 장애의 본질을 파악하여 언어능력이 어떻게 조직화되어 있는지 알 수 있다. 음성을 분석하는 데 중요한 뇌 영역이 손상되면, 철자기능에도 역시 결함이 생긴다. 이러한 연구를 통해 구어를 인식하는 능력과 그것을 철자화하는 능력에는 서로 연관된 뇌 기제가 작용하고 있음을 알 수 있다. 다른 어떤 뇌 영역이 손상된 경우에는 생소한 단어를 소리 내어 읽기는 어려우나, 이미 친숙한 단어를 읽는 데에는 아무런 문제가 없다. 이것은 독해력에 두 가지 기원이 있다. 하나는 발성에 관련된 것이고, 또 다른 하나는 전체 단어를 시각적으로 재인하는 데 관련된 것이다.

실제로 생리심리학자의 연구에는 두 가지 설명양식, 즉 일반화와 환원 모두가 포함된다. 행동에 대한 심리학적 일반화와 생리학적 기제 양자에 대해서 충분히 이해하여야 좋은 실험 아이디어가 떠오를 수 있다. 따라서, 훌륭한 생리심리학자는 심리학자인 동시에 생리학자여야 한다.

2 생리심리학의 역사

17세기 프랑스 철학자이며 수학자인 데카르트는 현대 철학의 아버지로 불린다. 그는 인간의 정신과 순수한 물질적 구조물인 뇌 사이에 어떤 연결이 존재한다고 주장한 최초의 인물이었다. 생물학자는 아니었지만 행동을 통제하는 정신과 뇌의 역할에 관한 그의 생각은 생리심리학 역사의 출발점이 되었다. 그는 세계를 하나의 기계적 실체(mechanical entity)로 가정하고 그것은 신이 만들어 낸 것이지만 그 후에는 신의 개입 없이 작동한다고 보았다. 따라서, 이 세계를 이해하려면 세계가 어떻게 구성되었는지를 알아야 한다. 그에게 있어서는 동물도 기계장치이다. 동물의 행동도 환경자극에 의해 조절되기 때문이다. 인간에 관한 관점도 이와 동일하였다. 즉, 인체도 하나의 기계라고 간주할 수 있다. 그가 관찰한 바와 같이 인체의 몇몇 운동은 자동적이며 불수의적이다. 예를 들어, 손가락이 뜨거운 물체에 닿으면 즉각적으로 팔이 자극원으로부터 움츠러든다. 이와 같은 반응은 정신의 작용 없이 자동적으로 일어난다. 그는 이러한 현상을 '반사(reflex)', '뒤로 움츠리다'라는 라틴어 '*reflecfere*'로부터 온 파생어라고 명명하였다. 즉, 외부의 에너지가 신경계를 통해 근육에 반영되어 근육이 수축된다는 것이다(Carlson, 2004: 12).

데카르트의 통각자극에 대한 반사행동 설명은 [그림 13－1]과 같다.

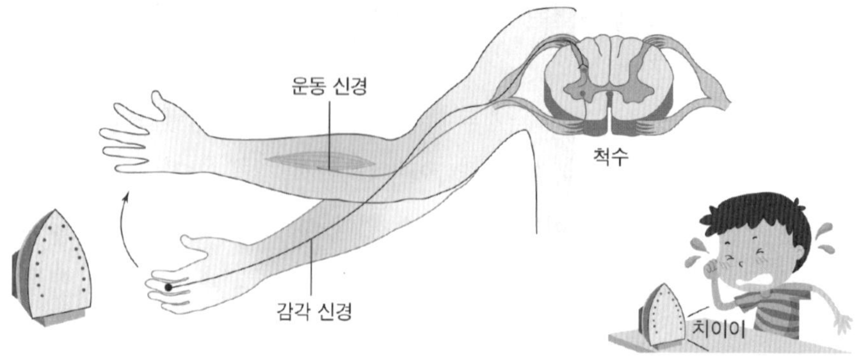

[그림 13-1] 데카르트의 통각자극에 대한 반사행동 설명

자료: 김보기 외(2017c: 305).

루이지 갈바니

요한네스 뮐러

이탈리아 생리학자 갈바니(Luigi Galvani, 1737–1798)는 개구리 뒷다리 신경에 전기자극을 가한 실험으로 신경을 통해 전달되는 신호의 특성과 근육이 수축되는 방식에 대한 연구를 고무시켰다. 그는 해부실험 중 개구리 다리가 기전기의 불꽃이나 해부도와 접촉할 때 경련을 일으키는 것을 발견하고 그 현상을 연구한 결과, 이것이 전기와 관계가 있다는 사실을 알게 되었다. 그러나 이때 작용하는 전기는 공중전기와는 관계가 없고, 전기가 뇌에서 발생하여 동물의 근육에 흘러들어 간다고 생각하여 '동물전기'의 존재를 주장하였다.

독일 생리학자인 뮐러(Johannes Peter Müller, 1801–1858)는 실험생리학의 발전에 가장 큰 기여를 한 사람으로, 생리학에 실험적 기술을 응용해야 한다고 주장하였다. 또한 특수 신경 에너지설을 주장해 모든 신경이 기본적으로 전기적 충동이라는 동일한 신호를 전달하지만, 여러 가지 다른 신경의 신호를 상이한 방식으로 지각한다는 것을 관찰하였다. 초기에는 시각생리학적 연구에 종사하여 특수감각세력의 법칙을 제기하였다. 그 후에는 해부학적 · 생리학적 연구를 진행해 분비선의 활동양식을 처음으로 밝히고, 생식기관의 발생(뮐러관), 혈액이나 림프에 관한 여러 가지 발견, 동물막의 투과성 연구 등 다수의 업적을 남겼다. 19세기 초두에 지배적이던 자연철학의 영향을 일소하고 실증적 태도를 확립시켰지만, 한편으로는 생체에 내재적인 힘을 중시하는 생기론적 사상도 있었다. 비교해부학이나 비교발생학분야에도 뛰어난 업적이 있어서 어류나 극피동물의 분류, 발생, 고생물학에 관한 연구도 하였다.

프랑스 생리학자인 플루랑스(Marie Jean Pierre Flourens, 1794-1867)는 동물의 뇌에서 여러 영역을 제거 한 후, 동물의 행동을 관찰하여 손상된 뇌 영역의 기능을 추론하였다. 이 방법을 '실험적 절제(experimental ablation)'라고 한다. 그는 이 방법을 통해 심장 박동률, 호흡, 수의적 운동, 시각반사와 청각반사를 통제하는 뇌 영역을 발견하였다고 주장하였다.

마리 플루랑스

프랑스 외과 의사 브로카(Paul Broca, 1824-1880)는 플루랑스가 그런 실험을 한 후 얼마 되지 않아, 실험적 절제원리를 인간의 뇌에 적용하여 뇌의 특정 영역을 자극하면 신체 반대쪽에 있는 특정 근육이 수축한다는 것을 발견하고, 그 영역을 '1차 운동피질'이라고 불렀다. 그는 뇌졸중으로 뇌 손상을 입은 환자의 행동을 관찰하였다. 1891년 그는 뇌졸중으로 언어 구사 능력을 상실한 환자의 뇌를 부검하고 이를 통해서 좌반구에 대뇌피질의 어떤 영역이 언어 구사에 필수적인 기능을 담당한다는 결론을 내렸다. 그에 따르면, 좌측 뇌의 어떤 부분이 손상되면, 언어 구사 능력에 결함이 생김을 발견하였다(Carlson, 2004: 15). 그는 이를 '브로카 영역(Broca's area)'이라고 명명하였다.

폴 브로카

브로카 영역과 베르니케 영역은 [그림 13-2]와 같다.

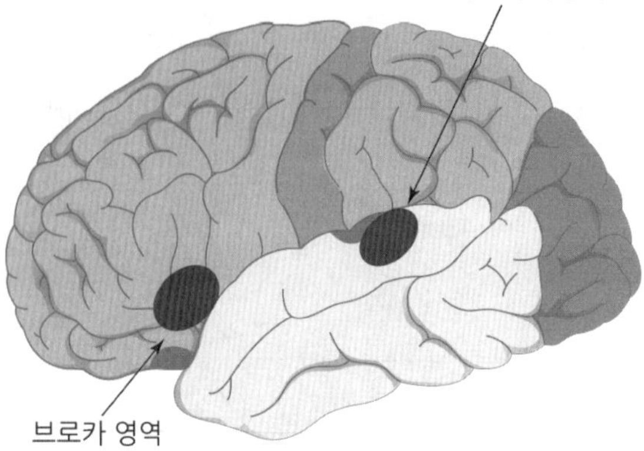

[그림 13-2] 브로카 영역과 베르니케 영역

자료: Wolfe(2012).

찰스 다윈

다윈(Charles Robert Darwin, 1809－1882)은 생물학에 일대 혁명을 일으킨 진화와 자연선택의 이론을 정립하였다. 그의 이론은 한 유기체의 모든 특징(유기체의 구조, 색깔, 행동)들이 기능적으로 중요하다는 점을 강조하였다. 그의 이론은 살아 있는 유기체의 특성을 유용한 기능을 담당한다는 기능주의를 낳게 하였다. 다윈의 이론은 한 유기체의 모든 특징(유기체의 구조, 색깔, 행동)들이 기능적으로 중요하다는 점을 강조하였다. 예를 들어, 독수리의 강한 발톱과 날카로운 부리는 먹이를 잡아먹을 수 있게 해 준다. 초록색 잎을 먹는 애벌레는 자신의 몸을 초록색으로 만들어서 새들이 자연 환경 속에서 그들을 쉽게 발견하지 못하게 한다. 어미 쥐는 보금자리를 만들어서 새끼를 따뜻하게 하고 위험에서 보호한다. 분명, 행동 그 자체는 유전되지 않는다. 그렇다면 어떻게 그것이 가능한가? 유전되는 것은 행동을 일으키는 뇌이다. 따라서, 다윈의 이론은 살아 있는 유기체의 특성은 유용한 기능을 담당한다는 기능주의(functionalism)를 낳게 하였다. 여러 가지 행동을 생리적 기초에서 이해하려면 우리는 먼저 이들 행동이 수행하는 것이 무엇인지를 알아야 한다. 따라서, 연구하고 있는 종의 자연사를 파악하여 그 맥락 속에서 행동을 이해하여야 한다.

3 뉴런

1) 뉴런의 정의

신경계는 정보(information)를 처리하는 능력 때문에 신체의 다른 부분과는 뚜렷이 다르다. 최소한의 신경계의 임무는 (감각기관으로부터) 정보를 받아들이고 또 (신체의 근육으로) 정보를 내보내는 것이다. 그렇게 함으로써 환경에 대한 원초적인 반사적 행동이 이루어진다. 그러나 인간의 신체가 당면하는 행동적 요구는 훨씬 복잡하기 때문에, 인간 신경계의 능력은 이 기본적 요구를 많이 넘어서고 있다. 밖에서 들어 온 정보가 상당한 재처리나 해석 없이 '가공되지 않은' 상태로 신경계에 처리되는 일은 거의 없다. 그 해석의 대부분은 과거의 감각 경험에서 이미 기억 속에 저장되어 있는 정보의 인출에서 비롯된다. 가장 중요한 것은, 신경계가 전에 없던 개념 형태로 정보를 통합할 수 있다는 것이다.

이렇게 함으로써 끊임없이 변화하는 환경에 적응할 수 있다(Levinthal, 1983: 23). 뉴런(neuron)은 신경계를 구성하는 기본 단위를 말한다. 뉴런은 신경 단위 또는 신경원이라고도 한다. 뉴런은 자극에 반응하여, 흥분을 전달하는 작용을 한다. 뉴런은 신경세포체와 수상돌기, 신경돌기로 이루어져 있다. 일반적으로 자극은 신경세포체에서 신경돌기 쪽으로 전달된다. 척추동물의 신경계에는 여러 종류의 뉴런이 있으며, 이들은 자극과 명령을 방향성 있게 전달할 수 있도록 연결되어 있다.

뉴런은 기능에 따라 감각 뉴런, 연합 뉴런, 운동 뉴런의 세 가지로 구분된다.

감각 뉴런은 감각신경을 이루며, 감각수용기에서 받아들인 자극을 중추신경계에 전달한다. 감각 뉴런의 세포체는 척수 근처의 신경절에 있으며, 축삭돌기(또는 축색돌기)의 다른 발단은 연합 뉴런과 연결되어 있다.

연합 뉴런은 뉴런과 뉴런을 연결하는 신경세포이며, 척추동물의 뇌와 척수를 이루는 신경세포는 연합 뉴런의 대부분을 차지한다. 연합 뉴런은 다른 뉴런으로부터 오는 흥분을 신경세포체나 수상돌기에서 받아들여 축삭돌기를 통해 다음 뉴런에 전달한다.

운동 뉴런은 운동신경을 이루며, 연합 뉴런으로부터 명령을 받아 근육과 같은 실행기로 전달한다. 운동 뉴런의 세포체는 중추신경계에 있고, 긴 축삭돌기의 종말(또는 말단)은 실행기에 분포한다(홍기원, 2016: 36 재인용).

2) 뉴런의 구조

뉴런의 구조를 살펴보면, 세포체와 그것에서 돌출한 돌기를 합친 신경계의 구조적, 기능적 단위이다. 신경계의 기본단위는 뉴런이며, 모든 생각과 행동을 통제하는 인간의 뇌는 약 1,000억 개의 뉴런으로 구성되어 있다. 뉴런은 신경계를 구성하는 신경세포로서 세포체(cell body), 수상돌기(dendrite), 축삭(axon)으로 구성된다. 신경계의 정보전달은 뉴런이 담당하는 데 뉴런은 정보를 받아들이고 처리하고 처리한 정보를 축삭을 거쳐 시냅스를 건너 다른 뉴런, 분비선, 근육으로 전달한다. 각각의 뉴런은 또 다른 뉴런과 수천 개 이상의 가지로 연결되어 있다. 뉴런 간 연결이 없는 곳의 뇌는 활동이 이루어지지 않는다. 뉴런이 안정상태에 있을 때 세포막의 밖은 양이온, 안은 음이온 상태를 유지한다. 신경충격(활동전위)을 일으키기 위해서는 정보가 일정한 역치 이상이 되어야 한다.

인간의 정신세계는 뉴런에 의해 만들어진다. 뇌는 뉴런과 교질세포(glia cell)로 구성되어 있는데, 교질세포는 뉴런의 물질대사에 관계가 있고 정신활동과는 직접적인 관계가 없다. 뉴런은 세포체로부터 많은 돌기(수상돌기와 축삭)를 내어 복잡하게 기능적 연결을 이루고 있다. 인간의 정신활동에 관계하는 뉴런은 약 140억 개 정도이며, 서로 간의 기능적 연결, 즉 시냅스의 발달이 곧 뇌의 발달로서 연락상황이나 그 연락을 중개하는 뉴런의 활동상황이 뇌의 활동의 좋고 나쁨을 결정한다(정미경, 2015: 176-177).

19세기 중반, 현미경을 이용한 관찰이 의학연구에 일반화되면서, 뇌세포가 어떤 모양인지 알려지게 되었다. 일반적으로 다른 인체 부위에서 볼 수 있는 세포는 가운데에 핵을 지니고, 둥글거나 타원 모양을 한 것과는 달리, 뇌세포는 가운데를 중심으로 삐죽삐죽 빠져나온 부분이 많은 특이한 모양이다. 그래서 세포의 경계를 규정짓기가 쉽지 않았다. 그러던 중 1881년 독일 해부학자인 발다이어(Wilhelm Waldeyer, 1836- 1921)가 'neuron'이라는 단어를 사용해 신경의 기본 단위를 완성했고, 이로써 신경세포에 대한 연구가 불이 붙었다(예병일, 2007: 94). 뉴런의 형태는 일반 세포와 달리 매우 복잡한 것으로 밝혀졌다.

뉴런의 구조는 [그림 13-3]과 같다.

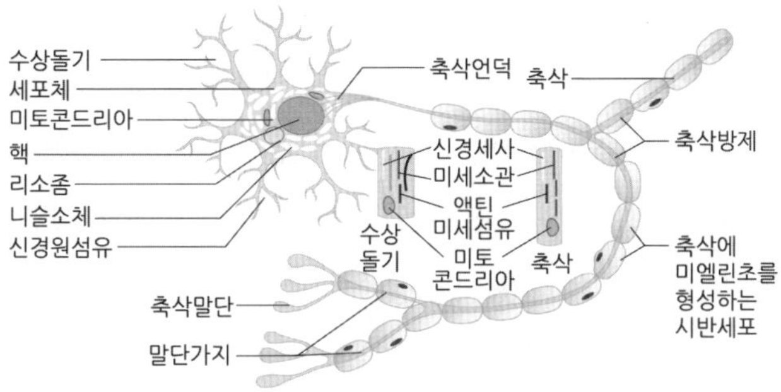

[그림 13-3] 뉴런의 구조

자료: 생명과학대사전(2014).

뉴런은 다른 신경세포나 자극수용세포에서 자극을 받아 다른 신경세포 또는 샘세포로 자극을 전달하는 데, 이러한 자극의 상호교환은 시냅스에서 일어난다. 1개의 신경세포는 다수의 시냅스를 통하여 자극을 받아 흥분을 통합한 후 신경세포체에 가까운 축삭부에서 전기적 스파이크로 축삭으로 전달하여 시냅스(synapse)에 도달한다. 시냅스는 뉴런이 모여 있는 곳으로 뇌·척수(spimal cord)의 회백질·신경절 등에 집중되어 있다.

실제로는 한 가닥의 신경섬유는 많은 가지로 나뉘어 많은 뉴런과 시냅스를 만들고, 또 하나의 세포체에는 많은 신경섬유로부터의 분지가 시냅스를 만들어 접촉되어 있다. 예를 들어, 척수의 운동신경세포(운동 뉴런)에서는 세포체 및 그 수상돌기 표면의 절반가량이 신경섬유 종말로 덮여 있다(손진훈 외, 1994: 29). 저녁시간을 계획하는 것에서부터 재채기(sneezing)를 한 번 하는 데에 이르기까지의 신경계의 모든 활동 뒤에는 시냅스 전달이라는 과정이 개입한다. 이것은 시냅스 부위에서 뉴런이 다른 세포들과 통신하는 것이다. 인간의 뇌에는 대략 1,000억 개의 뉴런과 10조의 시냅스가 있다. 포유류 뇌의 전형적인 뉴런의 경우, 뉴런마다 수만 개의 시냅스가 있을 수 있다. 시냅스는 축삭종말과 다른 세포들을 기능적으로 연결시켜 주는 곳으로 축삭종말의 시냅스 전막과 다른 세포의 시냅스 후막, 그리고 전막과 후막 사이의 좁은 틈(약 20nm)으로 이루어져 있다. 한 뉴런에서 일어난 전기충격이 다른 뉴런으로 전달되기 위해서는 이곳을 넘어가야 한다. 시냅스에는 기본적으로 두 유형이 있는데, 하나는 화학적 시냅스이고, 다른 하나는 전기적 시냅스이다. 포유동물의 뇌에 있는 대부분의 시냅스는 화학적 시냅스이다. 따라서, 이 화학적 시냅스에 관해 주된 특징을 들어보면, 하나가 시냅스 전 축삭종말에 수많은 소낭이 모여 있고, 이 소낭에는 전달물질이 들어 있다. 시냅스가 활성화되어 정보를 전달할 무렵에는 시냅스 전 종말에 있는 소낭들은 스냅스 전막에 용해되어서 소낭 속에 있던 전달물질을 시냅스 공간(틈)으로 방출한다. 전달물질은 좁은 시냅스 공간에서 확산되어 나가 시냅스 후막의 표면에 있는 특정 화학 수용기 분자에 부착됨으로써 시냅스 후 세포를 활성화시킨다.

뇌의 시냅스 전달에 대한 화학적 연구, 즉 뇌의 뉴런 간의 통신에 대한 연구는 뇌와 행동에 관한 여러 가지 의문에 대해 해결의 실마리를 제공할 수 있다. 뇌의 화학적 전달물질에 관해 밝혀진 것으로 아세틸콜린(Acetylcholine), 노에피네프린(norepinephrine), 도파민(dopamine), 세로토닌(serotonin), 감마아미노부티르산(γ-aminobutyric acid) 등이 있다(김남일, 2005: 46-47).

시냅스의 위치는 [그림 13-4]와 같다.

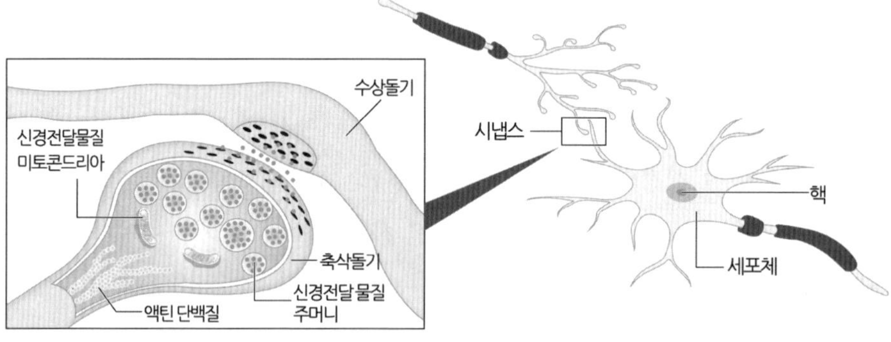

[그림 13-4] 시냅스

자료: 두산세계대백과(2002).

신경세포는 기본적으로 세포체와 2종류의 돌기인 수상돌기와 축삭으로 구성된다. 세포체에서 나가는 돌기 수에 따라 단극성, 쌍극성 및 다극성 신경세포로, 축삭 길이에 따라 골지 Ⅰ형 및 Ⅱ형 세포로 분류한다. 세포체 길이는 수 μm부터 백수십 μm에 이른다. 신경세포는 신경계통 내에서 차지하는 위치에 따라 크기, 형태, 돌기상태가 결정되기 때문에 기능과 관련하여 특수한 이름을 사용하기도 한다(예, Purkinje cell). 핵에는 1개의 둥글고 밝은 뚜렷한 핵소체가 있다.

많은 신경세포의 세포질 내에 염기성 색소로 염색되는 호랑이얼룩무늬 구조를 지닌 니슬소체(nissle body)가 관찰된다. 니슬소체는 풍부한 조면소포체와 유리리보솜의 집합체로서, 신경세포 내에서 왕성한 단백질 합성이 일어나는 것을 나타낸다. 이 밖에 다른 종류의 세포에도 포함되는 세포소기관을 함유한다. 니슬소체는 축삭 내에는 나타나지 않는다. 그 밖의 구조물로는 미소관(지름 25nm), 신경미세섬유(지름 10nm), 마이크로솜 필라멘트(지름 5–7nm)의 3종류 섬유계가 관찰되며 각각은 특유의 단백질로 구성되어 있다.

니슬소체의 위치는 [그림 13-5]와 같다.

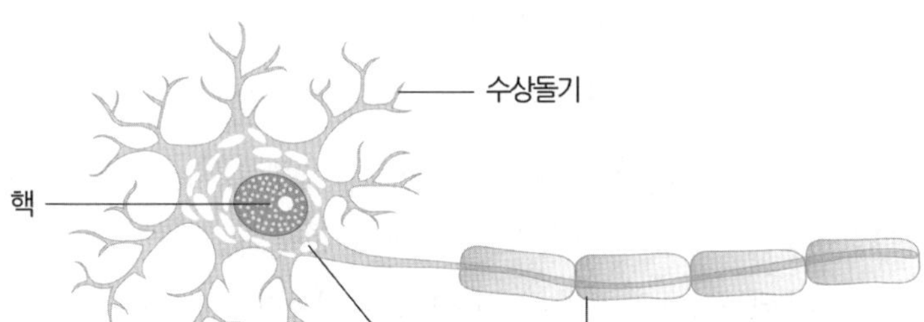

[그림 13-5] 니슬소체

자료: 생명과학대사전(2014).

축삭(axon)은 신경세포체에 도달한 흥분을 축삭종말로 전달하며 세포체에서 만들어진 화학물질을 축삭의 종말까지 전달하는 역할을 한다. 여기에는 미토콘드리아(mitochondria)가 존재하며, 유수신경섬유는 미엘린(myelin)으로 덮여 있다. 대부분의 시냅스는 화학시냅스로 다수의 시냅스소포와 미토콘드리아를 포함하여 화학전달을 위한 특수 구조를 하고 있다. 전기시냅스(electrical synapse)에서는 캡결합구조가 나타난다. 신경세포의 흥분 및 전도에 관계하는 신경세포막의 이온채널에 대해서는 Na^+, K^+, Cl^-, $Ca2^+$의 각 채널을 구성하는 단백질이 동정되고 있다. 또한 아세틸콜린, 글루탐산(glutamic acid)을 비롯하여 각종 신경전달물질에 대한 수용체의 분자클로닝이 이루어져 다수의 아형 구조와 뇌내 분포가 밝혀져 있다. 신경세포의 에너지대사는 매우 활발하지만, 산소 부족에 대해서는 눈에 띄게 약하다. 일부 세포를 제외한 신경세포는 분열하지 않는다. 신경세포 특이단백질에는 뉴로필라멘트(neuro filaments) 구성단백질, 미소관결합단백질(MAP2) 등이 있으며, 이들의 항체는 신경세포 동정에 이용된다.

3) 뉴런 개념의 한계

뉴런 개념은 현대 신경생물학에 큰 발전을 가져다주었지만, 현재는 뉴런만으로 모든 신경계를 설명할 수 없다는 의견도 많은 지지를 받고 있다.

첫 번째로, 수상돌기와 축삭돌기가 화학물질이 아닌 전기 신호를 전달하는 것이 중추신경계에서 많이 관찰되었다. 이는 뉴런이 각각 떨어져 있는 단위가 아닌, 하나로 연결되어 있는 거대한 단위일 수 있다는 점을 시사해 준다.

두 번째로, 수상돌기도 축삭돌기와 같은 역할을 하는 경우가 있어서, 무조건 수상돌기가 입력이며 축삭돌기가 출력이라는 개념이 무너졌다는 점이다.

세 번째로, 글리아세포(glia cell)의 발견이다. 글리아세포는 뉴런과 함께 신경계를 구성하는 또 하나의 세포로서 미엘린수초(myelin sheath)를 만드는 슈반세포(Schwann cell)가 여기에 속한다. 근래에는 글리아세포가 뉴런보다 더 신경계 구성에 중요할 수 있다는 가설도 등장하고 있다.

마지막으로, 신경계 형성에 대한 개념의 변화이다. 과거에는 신경계가 한 번 형성되면 변하지 않으며, 특히 인간의 두뇌에서는 뉴런이 더 이상 증가하지 않는 것으로 알려졌다.

그러나 1990년대에 신경줄기세포가 뇌에서 발견되며, 성인에게서도 신경세포의 증가가 계속 나타나는 것으로 관찰되었다. 이러한 이유들 때문에 현재는 뉴런이 신경계에서 담당하는 역할에 대하여 더욱 깊이 있는 연구가 필요한 상황이다.

4 내분비계

1) 내분비계의 정의

내분비계(endocrine system)는 우리 몸의 내부로 호르몬을 분비하는 신체기관들을 총칭한다. 크게 뇌하수체, 솔방울샘(송과체), 갑상샘, 부갑상샘, 이자(췌장), 부신, 생식샘(성선)을 포함한다. 이러한 신체기관에서 호르몬을 혈액 내로 분비하면 호르몬이 혈액을 타고 목표 장기로 이동하여 효과를 나타낸다. 호르몬은 신체의 성장과 발달, 대사 및 항상성을 유지하는 데 중요한 역할을 담당한다.

내분비계는 직접 또는 간접적인 신경지배를 받으며, 혈액을 통해 호르몬을 표적기관으로 운반해 기능을 수행하는 생체기능 조절계의 일종이다. 이 정보계에 의해 생체 내외의 정보가 특정한 세포에 보내지고 받아들인 세포(호르몬표적세포)에서는 그것에 대응한 생리활성의 변화가 나타난다. 생물개체로서 상황의 변화가 알려져 그것에 대처하기 위한 기구의 하나이다.

척추동물, 특히, 포유류의 내분비계는 신경정보계와 연락하여 뇌중추와 말초조직 사이에 정보망을 형성하고 있다. 중추에서의 정보는 생물시계나 환경정보에 의존하는 펄스모양의 호르몬 분비 또는 신경의 전기 펄스신호로서 보내진다. 종말의 내분비세포에서는 중추의 정보를 말초조직에 전달하기 위해 독자적인 호르몬을 분비한다. 성호르몬, 갑상샘호르몬, 부신피질호르몬과 같은 종말 내분비기관의 호르몬은 동시에 뇌에도 보내져 종말조직의 상황을 전달하는 신호가 되어 뇌와의 사이에 피드백시스템을 구성하고 있다.

뇌중추에서는 이들 상하정보가 통합되어 전체로서의 정보 흐름을 결정하고 있는 것으로 추정된다. 예를 들어, 성주기에서 성선자극호르몬분비의 대폭적인 주기성의 변동은 성선에서의 성호르몬 분비를 정지시켜 일정 간격의 작은 펄스로만 작용하게 된다. 소화관, 췌장 등의 내분비세포는 직접 또는 간접으로 외계에서 이입된 영양에 대한 정보를 각각의 호르몬 정보로서 그 밖의 조직에 보낸다.

외부로부터 정보를 파악하는 점에서 감각기와 유사한 역할을 하는 것으로 볼 수 있다. 부신수질호르몬은 신경전달물질이기도 하며, 이 호르몬정보기구가 신경계와 공역하고 있는 것은 명백한 일이다. 무척추동물에도 내분비계의 초보적인 형태가 나타나지만 뇌의 통합기능이 충분하지 않아 정보망이 전체로서는 조직적이지 못한 것 같다. 정보전달물질의 종류도 적어 주로 신경세포의 분해물을 이용하고 있다.

고등동물에서도 개체의 성장에 따라 내분비계의 활동도 변하게 된다. 성장기는 기능분화를 포함한 성숙의 방향으로 생체의 체제를 유도하고 그 이후에는 주로 항상성 유지 방향으로 작동하고 있다(생명과학대사전, 2014).

내분비계의 분포와 기능은 [그림 13-6]과 같다.

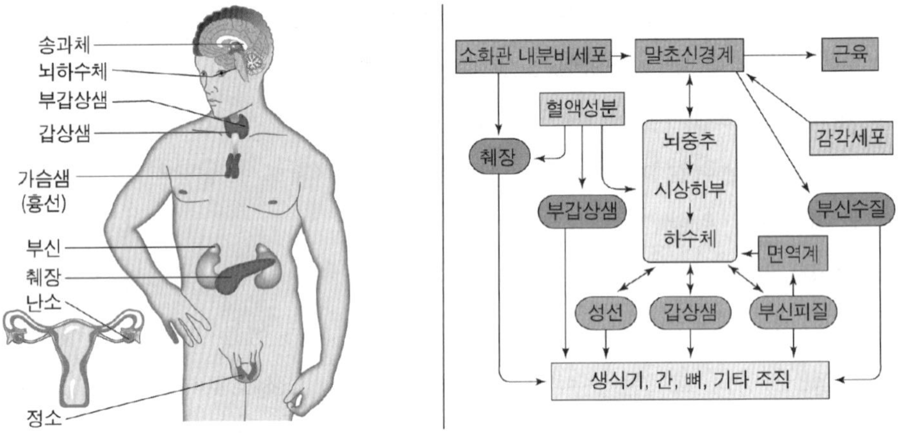

[그림 13-6] 내분비계의 분포와 기능

자료: 생명과학대사전(2014).

5 생리심리학의 연구방법론

1) 개요

생리심리학의 연구과제를 수행하기 위해서는 여러 실험적 기법에 능통해야 한다. 다른 절차를 사용하면 상반된 결과를 낳을 수도 있기 때문에 실험자는 자신이 사용하는 방법의 장점과 한계에 대해 정확히 알고 있어야 한다. 과학적 탐구를 하기 위해서는 자연에 관해서 질문을 제기하는 과정이 필요하다. 연구에 사용되는 방법에 따라 질문이 규정된다. 때때로 우리는 이상한 해답을 얻기도 하는 데, 나중에 가서야 그것이 우리가 질문에 대한 답을 잘못 구했기 때문임을 깨닫게 된다. 앞으로 알게 되겠지만 행동의 생리학에 대한 최선의 결론은, 어느 단일한 실험에 의해서가 아니라, 여러 가지 실험방법으로 문제에 접근하는 일련의 연구들에서 나온 결과를 비교함으로써 가능하게 된다.

본 연구를 위해서 엄청나게 광범위한 많은 실험방법이 사용되고 있다. 여기에 그 방법의 목록을 열거할 수 없을 정도이다. 단지 본서에서는 가장 중요하고 많이 사용되는 절차들과 그것을 사용하여 연구된 몇 가지 문제를 소개하고자 한다. 이를 통해 다양한 실험방법을 통해 얻을 수 있는 정보의 유형과 각 방법의 장단점을 쉽게 파악할 수 있으리라 본다. 또한 한 방법으로 수행된 실험의 결과를 다른 실험방법을 사용해서 재검토해 보는 연구전략에 대한 지식도 습득하게 될 것이다.

2) 접근방법 및 연구영역

생리심리학자는 인간이 아닌 동물을 대상으로 관찰할 수 있는 모든 행동적 현상을 연구한다. 이들은 행동의 생리학적 측면, 즉 행동을 통제함에 있어서 신경계의 역할, 다른 신체 부위 특히, 호르몬을 분비하는 내분비계와의 상호작용 등을 연구한다. 자기인식에 대한 이해인 생리학적 접근, 뇌의 구조나 화학작용의 변화에 따라 의식(consciousness)이 변화한다. 따라서, 행동과 마찬가지로 의식도 하나의 생리적 기능이다.

오늘날 뇌과학(brain science)의 발전은 곧 뇌를 부분별로 나눈 분리 뇌를 통해 각각이 담당하는 기능들을 밝혀내는 과정으로 발전하였다. 뇌에서 쾌락은 대뇌 측좌핵이 담당하며, 고통은 뇌섬엽, 판단은 전전두엽 피질이 담당한다고 한다. 그에 관련하여 소비와 관련된 흥미로운 실험도 있다. 피실험자에게 상품만 보여 주었을 때는 대뇌 측좌핵이 반응하였다. 반면에, 상품이 아닌 가격표를 보여 주었을 때는 뇌섬엽이 반응하였고, 두 가지 모두 한 번에 보여 주었을 때는 전전두엽 피질이 반응하였다고 한다. 상품에 대한 기대와 가지고자 하는 욕구가 쾌락을, 가격이라는 비용 지출에 대한 스트레스가 고통을, 그리고 상품과 가격을 두고 소비를 결정하는 과정에서는 판단의 중추가 작용하였다는 것을 알 수 있다.

뇌의 구조와 기능은 [그림 13-7]과 같다.

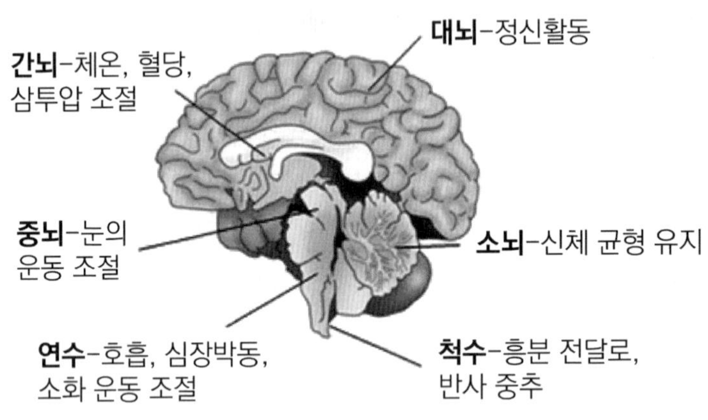

[그림 13-7] 뇌의 구조와 기능

자료: 김보기 외(2017c: 317) 재인용.

생리심리학은 신경과학(neuroscience)이라는 폭넓은 분야에 속해 있는데, 신경과학자들은 신경계의 모든 측면, 즉 신경해부학(neuroanatomy), 신경화학(neurochemistry), 신경생리학, 신경계의 발달과 기능 등에 관심을 갖는다. 생리심리학자는 신경과학이라는 더 광범위한 분야의 다른 과학자들과 함께 연구하고 있다.

3) 연구방법론의 내용

(1) 실험적 절제

뇌의 어떤 부분을 손상시키고 그로 인해 나타나는 동물의 행동을 평가하는 방법은 뇌의 기능을 연구하는 데 사용되는 가장 중요한 실험방법의 하나이다. 이 방법을 '실험적 절제(experimental ablation)'라고 한다. 이것은 신경과학에서 가장 오래된 방법으로 오늘날까지 가장 중요하게 사용된다(이신동, 2016: 42).

생리심리학의 연구목적은 특정 행동 수행에 요구되는 뇌 기능을 이해하고, 그러한 기능을 수행하는 신경회로의 위치를 밝히는 것이다. 손상법은 이러한 연구에 사용되는 가장 오래된 방법이며, 여전히 가장 유용한 방법의 하나이다.

손상(lesion)은 문자 그대로 상해를 입히는 것으로, 실험자가 뇌의 일정 부위를 파괴하였을 때, 그것을 뇌 손상이라고 말한다. 신체의 어떤 다른 부위의 손상보다도 뇌의 손상이 초래하는 정신과 행동상의 변화는 심각하다. 인간의 고등사고, 판단, 언어, 행동통제 등이 모두 대뇌에서 이루어지기 때문이다. 뇌의 각 부위의 손상이나 이상이 정신과 행동에 미치는 영향은 지대하다(서창원, 1966: 69). 뇌의 한 영역을 손상하고 그에 따른 동물의 행동을 관찰하는 실험을 '손상연구(lesion study)'라고 한다. 손상연구의 논리는 특정 부위가 손상된 후 동물이 더 이상 수행하지 못하게 된 행동을 알아내고는 그 영역의 기능을 추론하는 것이다. 예를 들어, 실험동물이 뇌의 어떤 영역이 파괴된 후 시각 과제를 더 이상 수행하지 못하였다면, 그 동물이 시각을 잃어버렸다고 결론을 내릴 수 있고 손상된 뇌 영역이 시각에 어떤 역할을 담당한다고 해석할 수 있다.

연구의 다음 단계는 주로 관심 있는 영역과 나머지 뇌 부위 간의 원심성, 구심성 연결을 밝히는 것이다. 원심성(문제의 영역에서 다른 뇌로 정보를 보내는) 연결은 PHA-L 등을 사용하는 순행성 표지법(anterograde labeling method)으로 드러난다(실험심리학용어사전, 2008). 구심성(뇌의 다른 부위에서 문제의 영역으로 정보를 가져오는) 연결은 플루오르골드 등을 사용한 '역행성 표지법(retrograde labeling method)'으로 밝힐 수 있다. 연구를 목적으로 인간의 뇌를 고의적으로 손상시키지는 않지만, 병이나 사고 등으로 뇌가 손상되는 경우가 있다. 그런 경우 만약 손상의 위치를 알 수 있다면, 그 환자의 행동을 연구하여 관련된 기능을 수행하는 신경회로의 위치에 대해 추론해 갈 수 있다. 환자가 죽은 후 그의 뇌를 조사할 기회가 주어지면, 전형적인 조직학적 방법이 사용된다. 살아 있는 뇌는 CT(Computed Tomography, computer) 단층촬영주사와 MRI(magnetic resonance imaging) 자기공명영상법주사로 조사할 수 있다(Carlson, 2004: 175).

(2) 신경활동의 기록과 자극

신경활동의 기록과 자극은 특정 영역의 활동을 기록하거나 자극하여 뇌를 연구하는 것이다. 뇌의 기능이란 뉴런 회로들의 활동에 연루된 것이다. 각각의 지각이나 반응행동에는 서로 다른 유형의 뇌 활동이 관여할 것이다. 연구자들은 그러한 뇌 활동 유형을 기록하거나 인위적으로 유발시키는 방법을 고안하였다(Carlson, 2004: 176).

뉴런 회로가 작동하면 전기적 활동과 대사활동이 야기되고 화학물질이 분비된다. 따라서, 동물이 자극을 지각하거나 행동을 수행할 때, 이러한 과정을 측정하여 여러 뇌 영역이 담당하고 있는 기능을 추론할 수 있다. 개별 뉴런의 전기적 활동을 측정하는 데에는 미세 전극이 사용된다. 만성적인 기록을 하기 위해서는 전극을 소켓에 부착하여 두개골 위에 플라스틱 접착제로 고정시켜야 한다. 대전극으로는 많은 뉴런들의 활동을 기록한다. 드물게 인간의 뇌에도 대전극을 심기도 하지만, 대부분의 경우, 두피 위에 전극을 부착하여 폴리그래프로 활동을 기록한다.

대사활동을 측정하기 위하여 동물에게 방사성 2－DG를 주입하여 대사과정이 활발한 뉴런에 축적되게 한다. 방사성은 자가방사기록법으로 측정할 수 있다. 뇌 절편을 현미경 슬라이드 위에 올려 사진용 유화제를 입힌 후 잠시 놓아두면 사진 음화 원판처럼 인화된다. 뉴런이 자극을 받으면 포스라는 핵단백질이 생성된다. 특수한 염색으로 포스를 드러나게 하면 활동적인 뇌 영역을 찾아낼 수 있다. 살아 활동하는 인간 뇌의 대사활동을 2－DG 방법으로 나타낼 수 있으며, PET 주사로 활동적인 영역을 탐지한다.

미세투석관을 주입하여 특정 뇌 부위에서 분비된 신경전달물질과 신경조절물질을 측정한다. PET 주사를 이용하여 인간의 뇌에서도 이와 유사한 관찰을 할 수 있다. 삽입한 대전극으로 미약한 전기자극을 가하여 특정 뇌 영역을 자극한다. 또는 뇌에 안내관을 심고, 동물이 시술에서 회복한 다음에 더 가는 관으로 흥분성 아미노산을 미량 주입하여 화학적으로 자극할 수도 있다. 이 방법은 그 부위의 세포체만을 자극하고, 지나가는 축삭에는 영향을 미치지 않는다는 장점을 지닌다(Carlson, 2004: 185).

(3) 신경화학적 방법

신경화학적 방법은 뇌에서 다양한 물질이 존재하고 있는 위치를 규명해 준다. 이 방법을 통해 특정 신경전달물질이나 신경조절물질을 분비하는 뉴런, 이런 물질에 반응하는 수용기를 지닌 뉴런을 규명할 수 있다. 펩타이드와 단백질은 '면역세포 화학적 방법(immunocytochemical method)'으로 직접 위치를 찾을 수 있다. 조직을 특정 파장의 빛 아래에서 형광을 띠는 항체에 처리한다. 다른 물질들은 그 합성에 필요한 효소를 면역세포화학법으로 규명하여 탐지한다. 펩타이드나 단백질은 또한 그 합성을 유도하는 전령 RNA(ribonucleic acid), 리보핵산의 존재를 나타내는 발생부위 하이브리드형성방법(hybridization)으로 탐지할 수 있다(Levinthal, 1983, 127).

신경화학물질의 수용기는 두 가지 방법으로 찾을 수 있다. 한 가지는 조직에 방사성 배위자를 처리하여 자가방사기록법(autoradiography)으로 그 분포를 식별하는 방법이고, 또 하나는 수용기 자체가 단백질이므로 면역세포화학 기법으로 직접 존재를 규명하는 것이다. 염색방법을 도입하여 특정 수용기나 특정 단백질을 지니고 있는 뉴런이 뇌의 특정 부위와 연결되어 있음을 함께 밝힐 수도 있다(Carlson, 2004: 191).

참고문헌

1. 국내문헌

강갑원(2016). 『상담심리학: 이론과 실제』. 경기: 양서원.

강경미(2016). 『발달심리학』. 경기: 양서원.

강봉규(2017). 『심리검사의 이론과 기법』. 서울: 동문사.

강진령(2013a). 『상담과 심리치료』. 경기: 양서원.

강진령(2013b). 『집단상담과 치료』. 서울: 학지사.

강진령(2021). 『상담이론과 실제의 이해』. 서울: 마인드포럼.

강진령(2022). 『심리학개론』. 서울: 마인드포럼.

고명수 외(2019). 『정신건강론』. 경기: 정민사.

고재욱 외(2019). 『정신건강론』. 경기: 정민사.

곽라은 외(2017). 『가족상담 및 가족치료』. 경기: 양성원.

곽호완 외(2008). 『실험심리학용어사전』. 서울: 시그마프레스.

구광현 외(2019). 『교육심리학』. 서울: 동문사.

구혜영(2015). 『인간행동과 사회환경』. 서울: 신정.

국립특수교육원(2009). 『특수교육학 용어사전』. 서울: 하우.

권붕 외(2018). 『사회복지개론』. 경기: 수양재.

권석만 외(2021). 『이상심리학』. 서울: 학지사.

권석만(2018). 『현대 심리치료와 상담이론』. 서울: 학지사.

김계현 외(2015). 『상담과 심리검사』. 서울: 학지사.

김계현 외(2016). 『상담학개론』. 서울: 학지사.

김남일 외(2015). 『심리학개론』. 경기: 동화기술.

김남일(2005). 『심리학』. 대전: 신세계커뮤니케이션즈.

김동민 외(2019). 『심리검사와 상담』. 서울: 학지사.

김동민 외(2019). 『심리검사와 상담』. 서울: 학지사.

김미숙 · 김보기(2014). 『유아리더십론』. 경기: 한국선교협회.

김보기 외(2014). 『사회복지정책과 이데올로기』. 경기: 한국선교연합회.

김보기 외(2016). 『최신 사회문제론』. 경기: 양서원.

김보기 외(2017a). 『인간행동과 사회환경』. 경기: 양서원.

김보기 외(2017b). 『상담이론과 실제』. 경기: 양서원.

김보기 외(2017c). 『인간행동이해를 위한 심리학』. 경기: 양서원.

김보기 외(2019a). 『사회복지실천론』. 경기: 양성원.

김보기 외(2019b). 『인간행동과 사회환경』. 경기: 양성원.

김보기 외(2020). 『사회복지와 문화다양성』. 서울: 동문사.

김보기 외(2020). 『상담이론과 실제』. 서울: 하나의학사.

김보기 외(2021a). 『가족상담 및 가족치료』. 서울: 조은.

김보기 외(2021b). 『사회복지실천기술론』. 서울: 정원.

김보기 외(2022a). 『사회복지정책론』. 서울: 박영스토리.

김보기 외(2022b). 『복지국가론』. 서울: 동문사.

김보기 외(2023). 『인간행동이해를 위한 심리학』. 서울: 박영스토리.

김수목 외(2021). 『사회복지행정론』. 서울: 조은.

김수목 외(2023). 『교정복지론』. 서울: 박영사.

김수희(2010). 『아동발달』. 경기: 양서원.

김신일(2013). 『교육사회학』. 경기: 교육과학사.

김영철 외(2021). 『정신건강론』. 서울: 조은.

김영철 외(2022a). 『인간행동과 사회환경』. 서울: 박영스토리.

김영철 외(2022b). 『사회복지실천론』. 서울: 박영스토리.

김영철 외(2022c). 『장애인복지론』. 서울: 박영스토리.

김영철 외(2023). 『사회복지행정론』. 서울: 박영스토리.

김영환 외(2010). 『심리검사의 이론과 실제』. 서울: 학지사.

김용선(1992). 『피아제와 반피아제론』. 서울: 형설출판사.

김용태(2007). 『통합의 관점에서 본 기독교상담학』. 서울: 학지사.

김유숙(2022). 『가족상담』. 서울: 학지사.

김이영 외(2015). 『교육심리학』. 경기: 양서원.

김이영 외(2015). 『인간이해를 위한 심리학』. 경기: 양서원.

김재환 외(2008). 『임상심리검사의 이해』. 서울: 학지사.

김재환 외(2008). 『임상심리검사의 이해』. 서울: 학지사.

김지영 외(2017). 『가족상담 및 가족치료』. 경기: 양성원.

김춘경 외(2004). 『아동학개론』. 서울: 학지사.

김춘경 외(2013). 『아동관찰 및 행동연구』. 서울: 학지사.

김춘경 외(2016). 『상담의 이론과 실제』. 서울: 학지사.

김충기 · 강봉규(2003). 『현대 상담이론과 실제』. 서울: 교육과학사.

김태형 · 전양숙(2007). 『성격과 심리학』. 전남: 새뜰심리상담소.

김홍규(2015). 『최신 상담심리학』. 경기: 양서원.

나동석 외(2015). 『정신건강론』. 경기: 양서원.

나동석 외(2017). 『정신건강사회복지론』. 서울: 동문사.

남궁달화(1995). 『콜버그의 도덕교육론』. 서울: 철학과현실사.

남궁달화(1999). 『인성교육론』. 서울: 문음사.

노안영(2018). 『상담심리학의 이론과 실제』. 서울: 학지사.

노안영 · 강영신(2011). 『성격심리학』. 서울: 학지사.

도경진(2019). 『정신건강간호학』. 서울: JMK.

문선모(2012). 『교육심리학의 이해』. 경기: 양서원.

문혁준 외(2020). 『정신건강론』. 서울: 창지사.

민웅기(2021). 『공감의 상호작용을 위한 사회심리학』. 서울: 기문사.

박계자 · 김화인(2022). 『프로이트 정신분석상담과 심리치료』. 서울: 조은.

박선환 외(2014). 『정신건강론』. 경기: 양서원.

박성희 · 이동렬(2005). 『상담의 실제』. 경기: 양서원.

박영숙(1989). 『심리검사의 이론과 활용』. 서울: 하나의학사.

박영숙(1989). 『심리평가의 실제』. 서울: 하나의학사.

박종란 외(2020). 『노인복지론』. 서울: 교학도서.

박종란 외(2021). 『사회복지현장실습』. 서울: 조은.

박화상 외(2023). 『사회복지와 문화다양성』. 서울: 박영스토리.

서강식(2010). 『피아제와 콜버그의 도덕교육이론』. 경기: 인간사랑.

서봉연 외(2003). 『발달심리학』. 서울: 중앙적성출판사.

서울대 교육연구소(1995). 『교육학용어사전』. 서울: 하우.

서창원(1996). 『현대심리학』. 서울: 한맥.

손광훈(2012). 『인간행동과 사회환경』. 경기: 공동체.

손진훈 외(1994). 『심리학의 이해』. 서울: 영진서관.

손홍숙(2011). 『아동발달론』. 경기: 공동체.

송대현(1981). 『사회심리학』. 서울: 박영사.

송정애(2020). 『가족복지론』. 경기: 양서원.

송지영(2012). 『정신병리학 입문』. 서울: 집문당.

신명희 외(2013). 『발달심리학』. 서울: 학지사.

신희경 외(2011). 『교육심리학』. 서울: 신정.

신희천(2009). 『성도착증과 성정체감 장애』. 서울: 학지사.

안범희(2011). 『성격심리학』. 서울: 하우.

안영진 외(2018). 『교육심리학』. 서울: 동문사.

안창일 외(2019). 『이상심리학』. 서울: 학지사.

양병환(2010). 『정신병리학 총론』. 서울: 중앙문화사.

양철수 외(2020). 『사회복지와 문화다양성』. 서울: 교학도서.

예병일(2007). 『내 몸안의 과학』. 서울: 효형출판.

오경기 외(2020). 『인간이해의 심리학』. 서울: 학지사.

오수성 외 (2013). 『정신병리학』. 서울: 학지사.

오윤선 외(2018). 『심리검사의 이해와 활용』. 파주. 경기: 양서원.

오윤선(2007). 『기독교상담심리학의 이해』. 서울: 예영.

오윤선 · 정순례(2018). 『심리검사의 이해와 활용』. 파주. 경기: 양서원.

옥선화(2004). 『결혼과 가족』. 서울: 하우.

원호택 외(2008). 『이상심리학』. 서울: 학지사.

유수현 외(2015). 『정신건강론』. 파주. 경기: 양서원.

유영달(2017). 『상담의 이론과 실제』. 서울: 창지사.

윤가현 외(2016, 2019). 『심리학의 이해』. 서울: 학지사.

윤길근 외(2019). 『교육심리학의 이해』. 서울: 신정.

윤명희 외(2019). 『심리검사』. 서울: 학지사.

윤정진 외(2017). 『인성교육의 이론과 실제』. 경기: 공동체.

이광자 외(2009). 『현대심리학』. 서울: 아세아문화사.
이성태(2017). 『인간관계론』. 경기: 양성원.
이수연(2017). 『상담심리학』. 경기: 양성원.
이순형 외(2014). 『아동복지 이론과 실천』. 서울: 학지사.
이신동(2016). 『생활 속에서 만나는 라이프 심리학』. 경기: 공동체.
이억범 외(2014). 『심리학개론』. 서울: 동문사.
이영실 · 이윤로(2010). 『정신건강론』. 서울: 창지사.
이영호(2010). 『정신건강론』. 경기: 공동체.
이옥형 외(2012). 『교육심리학』. 서울: 성신여자대학교출판부.
이우경(2021). 『이상심리학』. 서울: 학지사.
이윤상(1995). 『심리학개론』. 서울: 기독교문서선교회.
이인정 · 최혜경(2007). 『인간행동과 사회환경』. 서울: 나남.
이장호(2009). 『상담심리학의 기초』. 서울: 학지사.
이정자 외(2022). 『사회복지개론』. 서울: 조은.
이주희 외(2013). 『심리학의 이해』. 경기: 공동체.
이지연 외(2013). 『교육심리학』. 경기: 양서원.
이평화 외(2023). 『지역사회복지론』. 서울: 박영사.
이해선 외(2014). 『인성과 자기개발』. 경기: 정민사.
이해선 · 김은미(2014). 『인성과 자기개발』. 경기: 정민사.
이효순 외(2020). 『의료사회복지론』. 서울: 학지사.
이훈구(1995). 『사회심리학』. 서울: 법문사.
임규혁 · 임웅(2013). 『교육심리학』. 서울: 학지사.
임혁 외(2020). 『정신건강론』. 경기: 공동체.
임호찬(2015). 『심리검사의 종류와 활용』. 경기: 서현사.
장기수 · 송관재(2001). 『심리학의 이해』. 서울: 홍익대학교 출판부.
장미리 외(2022). 『인간행동과 사회환경』. 서울: 박영스토리.
장미리 외(2023a). 『사회복지학개론』. 서울: 박영스토리.
장미리 외(2023b). 『사회복지기술론』. 서울: 박영스토리.
장성화 외(2022). 『상담의 이론과 실제』. 서울: 동문사.
장성화 · 송경주(2020). 『심리학개론』. 서울: 동문사.

장해령 외(2021). 『사회복지조사론』. 서울: 조은.

전용오 외(2016). 『심리검사 및 측정』. 서울: 한국방송통신대학교출판문화원.

정미경 외(2015). 『심리학개론』. 경기: 양서원.

정민기 외(2023a). 『가족정책론』. 서울: 박영스토리.

정민기 외(2023b). 『사회복지개론』. 서울: 박영스토리.

정민기 외(2023c). 『사회복지와 인권』. 서울: 박영스토리.

정서영 외(2017a). 『인간행동과 사회환경』. 경기: 양서원.

정서영 외(2017b). 『상담이론과 실제』. 경기: 양서원.

정서영 외(2018). 『상담심리학』. 경기: 양성원.

정서영 외(2020). 『상담이론과 실제』. 서울: 하나의학사.

정옥분 외(2011). 『아동복지론』. 서울: 학지사.

정옥분(2011). 『아동발달의 이해』. 서울: 학지사.

정의석(2013). 『대학생을 위한 심리학』. 서울: 시그마프레스.

정정숙(2002). 『기독교 상담학』. 서울: 베다니출판사.

정철수(1985). 『사회심리학』. 서울: 법문사.

정태석 외(2014). 『사회학』. 서울: 한울아카데미.

정희영(2008). 『피아제와 교육』. 경기: 교육과학사.

조민식 외(2015). 『대중을 위한 사회학의 이해』. 경기: 양서원.

조성연 외(2004). 『아동학개론』. 서울: 학지사.

조성철 · 정사무엘(2014). 『복지국가 위기론』. 경기: 한국선교협회.

조성희 · 신수경(2019). 『심리검사해석상담』. 서울: 학지사.

조희금 외(2009). 『건강가정론』. 서울: 신정.

천성문 외(2010). 『성문화와 심리』. 서울: 정인.

천성문 외(2022). 『집단상담』. 서울: 학지사.

최경숙(2011). 『아동발달심리학』. 경기: 교문사.

최덕경 외(2014). 『인간행동과 사회환경』. 경기: 양서원

최연실 외(2020). 『가족상담 및 치료』. 서울: 한국방송통신대학교출판문화원.

최정석 외(2022). 『인간이해를 위한 심리학』. 경기: 의학교육.

최정윤 외(2019). 『이상심리학』. 서울: 학지사.

최정윤(2012). 『심리검사의 이해』. 서울: 시그마프레스.

최희철 외(2019). 『정신건강론』. 경기: 양서원.
한국교육심리학회(2000). 『교육심리학용어사전』. 서울: 학지사.
한국사전연구사 편집부(1996). 『간호학대사전』. 서울: 한국사전연구사.
한국심리학회(2004). 『현대심리학의 이해』. 서울: 학문사.
한국심리학회(2014). 『심리학용어사전』. 서울: 한국심리학회.
한규석(2020). 『사회심리학의 이해』. 서울: 창지사.
한미현 외(2013). 『아동복지』. 서울: 창지사.
한성심 외(2013). 『아동복지론(제4판)』. 서울: 창지사.
한신애 외(2018). 『사회복지행정론』. 파주. 경기: 수양재.
현성용 외(2015, 2020). 『현대심리학의 이해』. 서울: 학지사.
현승일(2012). 『사회학』. 서울: 박영사.
현정환(2019). 『상담심리학』. 경기: 양서원.
홍기원 외(2016). 『알기쉬운 심리학』. 경기: 공동체.
홍대식(2019). 『응용사회심리학』. 서울: 박영스토리.
홍봉선 외(2013). 『청소년복지론』. 경기: 공동체.
홍숙기(1990). 『성격심리학』. 서울: 박영사.
황희숙 외(2011). 『아동발달과 교육』. 서울: 학지사.

2. 외국문헌

Ader, R., & Cohen, N.(1984). *Behavior and the immune system. Handbook of behavior medicine*. New York: Academic Press.

Alderfer, C. P.(1972). *Existence, Relatedness, and Growth: Human Needs in Organizational Settings* (First Edition). Free Pr.

Allport, G. W.(1935). Attitudes. in *A Handbook of Social Psychology*. ed. C. Murchison. Worcester, M.A.: Clark University Press, 789-844.

Allport, G. W.(1961). *Pattern and growth in personality*. NY: Holt, Rinehart & Winston.

American Psychiatric Association(2013, 2018). *Desk Reference To The Diagnostic Criteria From Dsm−5*. Generic.

Anastasi, A., & Urbina, S.(1997). *Psychological Testing* (7 edition). Pearson. 김완석 · 전진수 역(2007). 『심리검사』. 서울: 율곡출판사.

Anastasi, A.(2014). *Essentials of Psychological Testing* (2nd edition). Wiley.

Anderson, J. R.(1991). The adaptive nature of human categorization. *Psychological Review, 98* : 409−429.

Anderson, N., & Hubert, S.(1963). Effects of concomitant verbal recall on order effects in personality impression formation. *Journal of Verbal Learning and Verbal Behavior, 2* : 379−391.

Apostle, R. et al.(1983). *The anatomy of racial attitudes*. Berkeley: University of California Press.

Atkinson. J., & Litwin, G. H.(I960). Achievement motive and test anxiety conceived as mo−tive to approach success and motive to avoid failure. *Journal of Abnormal and Social Psychology, 60* : 52−63.

Atkinson. R. C., & Sliiffrin, R. M.(1968). Human memory: A proposed system and its control processes. In K. W. Spence & J. T. Spence (Eds.). *The psychology of learning and motivation* (Vol. 2). New York: Academic Press.

Atkinson. R. C., & Sliiffrin, R. M.(1971). The control of shortterm memory. *Scientific American, 225* : 82−90.

Aycock, A.(1993). Virtual play: Baudrillard online. Arachnet *Electronic Journal on Virtual Culture*, 1.

Baars, B. J., & Gage, N. M.(2012). *Cognition, Brain and Consciousness: An introduction to Cognitive Neuroscience* (2nd Edition). Neuro－scientific Research and Development (Chinese Edition). Science Press.

Baltes, P. B.(1987). Theoretical propositions of life－span developmental psychology: On the dynamics between growth and decline. *Developmental Psychology, 23* : 611－626.

Baltes, P. B.(1997). On the incomplete architecture of human ontogeny: Selection, optimization, and compensation as foundations of developmental theory. *American Psychologist, 52* : 366－380.

Bandura, A.(1965). Vicarious processes A case of no－trial learning. In L. Berkowitz (Ed.). *Advances in experimental social psychology* (Vol. 2). New York: Academic Press.

Bandura, A.(1971). *Psychological modeling: conflicting theories*. Chicago, I.L.: Aldine · Atherton.

Bandura, A.(1973). *Aggression: a social learning analysis*. Englewood Cliffs, N.J.: Prentice－Hall.

Bandura, A.(1976). *Social Learning Theory*. Englewood Cliffs, NJ: Prentice Hall.

Bandura, A.(1986). *Social Foundations of Thought and Action: A Social Cognitive Theory*. Englewood Cliffs, N.J.: Prentice－Hall.

Bandura, A.(1997). *Self－efficacy: the exercise of control*. New York: W.H. Freeman.

Bandura, A.(2015). *Moral Disengagement: How People Do Harm and Live with Themselves*. New York: Worth.

Beck, A. T. et al.(1990, 2015). *Cognitive therapy of personality disorders* (Third edition). New York: Guilford Press.

Beck, A. T. et al.(1979, 1987). *Cognitive Therapy of Depression*. New York: Guilford Press.

Belar, C. et al.(1978). *The Practice of Clinical Health Psychology*. New York: Pergamon.

Barsalou, L. W.(1992). *Cognitive psychology*. Hove, UK: LEA.

Berlin, B., & Kay, P.(1969, 1999). *Basic color terms: Their universality and evolution*. Center for the Study of Language and Inf.

Bobo, L.(1988). Attitude toward the black political movement: Trends, meaning, and ef-fects on racial policy preferences. *Social Psychology Quarterly, 51* : 287-302.

Boring, E. G.(1929, 1950). *A history of experimental psychology* (2nd ed.). New York: Appleton-Century-Crofts.

Bowerman, M., & Choi, S.(2001). Shaping meanings for language: Universal and language-specific in the acquisition of spatial semantic categories. In M. Bowerman & S. C. Levinson (Eds.). *Language acquisition and conceptual development*. Cambridge: Cambridge University Press, 475—511.

Brammer, L. et al.(1960, 1989). *Therapeutic Psychology: Fundamentals of counseling and psychotherapy* (5th ed.). Prentice Hall College Div.

Brannon, L., & Feist, J.(2013). *Health Psychology: An Introduction to Behavior and Health* (6th Edition). Cengage Learning.

Bresler, L., Cooper, D. and Palmer, J.(2001). *Fifty Modern Thinkers on Education: From Piaget to the Present Day*. New York: Routledge. 조현철·박혜숙 역(2009). 『50인의 현대교육사상가: 피아제에서 현재까지』. 서울: 학지사.

Brown, R.(1973). *A first language: The early stages*. Cambridge. M.A.: Harvard University Press.

Bruner, J. S.(1966). *Toward a theory of instruction*. New York: Notion.

Bruner, J. S.(1971). *The relevance of education*. New York: Norton.

Butterworth, G.(2001). Joint visual attention in infancy. In A. Fogel (Ed.). *Blackwell hand-book of infant development*. Oxford, UK: Blackwell.

Butler, D.(2004). Slim pickings. *Nature, 428* : 252-254.

Cain, D. J.(1987b). Carl R. Rogers: The man, his vision, his impact. *Person-Centered Review, 2(2)* : 283-288.

Cannon, W.(1932, 1963). *The wisdom of the body*. New York: Norton.

Carlson, N. R.(1806, 2007). *Foundations of Physiological Psychology* (7th edition). Allyn & Bacon. 김현택 외(2004). 『생리심리학의 기초』. 서울: 시그마프레스.

Carlson, J. G., & Harfield, E.(1991). *Psychology of emotion.* Holt Rinehart & Winston.

Carroll, D. W.(2004). *Psychology of language* (4th ed.). C.A.: Brooks/Cole.

Cattell, R. B.(2021). *An Introduction to Personality Study* (1st Edition). Routledge.

Cervone, D., & Pervin, L. A.(2018). *Personality: Theory and Research* (Fourteenth Edition). Wiley.

Chomsky, N.(1957, 2015). *Syntactic structures.* Martino Fine Books.

Church, K.(1989). A Learning Model for a Parametric Theory in Phonology: Comment. *Vancouver Studies in Cognitive Science, 2* : 18−326.

Clifford, M. M.(1984). Thought on a theory of constructive failure. *Educational Psychologist, 19(2)* : 108−120, 375.

Collins, G. R.(1973). *The Christian Psychology of Paul Tournier.* Grand Rapids: Baker Book House.

Collins, G. R.(1974). *Effective Counseling: Psychology for Church Leaders Series.* Creation House.

Collins, G. R.(1995). *How to be a People Helper.* Wheaton: Tyndale House Publishers.

Collins, G. R.(1975). *Search for Reality.* Vision House Publishers.

Collins, G. R.(1997). *The Rebuilding of Psychology: An Integration of Psychology and Christianity.* Wheaton: Tyndale House Pub.

Collins, G. R.(1980). *Helping People Grow: Practical Approaches to Christian Counseling.* Vision House.

Collins, G. R.(2007). *Christian Counseling* (3rd Edition) Nashville: Thomas Nelson.

Corina, D. P.(1998). The processing of sign language Evidence from aphasia. In B. Stemmer & H. A. Whittaker (Eds.). *Handbook of neurolinguisrics.* Sandiego Academic Press.

Covington, M. V., & Omelich, C. L.(1979). Effort: The double−edged sword in school achievement. *Journal of Educational Psychology, 71* : 169−182.

Craik, F. I. M., & Lockhart, R. S.(1972). Levels of processing A framework for memory research. *Journal of Verbal Learning and Verbal Behavior, 11* : 671−684.

Craik, F. I. M., & Tulving, E.(1975). Depth of processing and the retention of words in episodic memory. *Journal of Experimental Psychology: General, 104* : 268−294.

Critchley, H. D. et al.(2004). Neural systems supporting interoceptive awareness. *Nature Neuroscience, 7* : 189－195.

Daniel Jr., F. and Willis, W.(2008). *Contemporary Philosophical and Psychological Perspectives on Moral Development and Education*. Hampton Pr. 박병기 외 역(2013). 『도덕철학과 도덕심리학』. 고양. 경기: 인간사랑.

Deci, E. L.(1971). Effects of externally mediated rewards on intrinsic motivation. *Journal of Personality－and Social Psychology, 18* : 105－115.

Deci, E. L., & Ryan, R.(1985, 2013). *Intrinsic motivation and self－determination in human behavior* (Kindle Edition). Springer.

Dworkin, B. R., & Miller, N. E.(1986). Failure to replacate visceral learning ir_ the acute curarized rat preparation. *Behavioral Neuroscience, 100* : 299－314.

Dwyer, M.(1998). Exhibitionism/voyeurism. *Journal of Social Work and Human Sexuality, 7* : 101－112.

De Martino, M.(1990). How women want men to make love. *Sexology, Oct.* : 4－7.

Deci, E. L.(1971). Effects of externally mediated rewards on intrinsic motivation. *Journal of Personality and Social Psychology, 18* : 105－115.

Deci, E. L., & Ryan, R.(1985). *Intrinsic motivation and self－determination in human behavior*. New York: Plenum.

Doyle, W.(1985). Recent research on classroom management: Implications for teacher preparation. *Journal of Teacher Education, 36* : 31－35.

Doyle, W.(1986). Classroom organization and management. In M. Wittrock (Ed.). *Handbook of research on teaching* (3rd ed.). New York: Macmillan, 392－431.

Eccles, J., & Wigfield, A.(1995). In the Mind of the Actor: The Structure of Adolescents' Achievement Task Values and Expectancy－Related Beliefs. *Personality and Social Psychology Bulletin, 21(3)* : 215－225.

Eggan, P. D., & Kauchak, D.(2015). *Education Psychology: Windows on Classrooms* (10th ed.). Pearson.

Eichenbaum, H.(2002). Special issue on gene targeting and hippocampal function. *Hippocampus, 12(1)* : 1－1.

Eimas, P. D.(1985). The perception of speech in early infancy. *Scientific American, 252* : 46−52.

Elkind, D.(1981). *Children and adolescents: Interpretive essays on Jean Piaget* (3rd ed.). New York: Oxford University Press.

Ellis, H. C.(1973). Stimulus encoding processes in human learning and memory. In G. H. Bower (Ed.). *The psychology of learning and motivation* (Vol. 7). N.Y.: Academic Press.

Engei, G. L.(1977). The need for a new medical model: A challenge for biomedicine. *Science, 196* : 129−136.

Erikson, Erik H.(1950, 1993a). *Childhood and Society.* New York: W. W. Norton & Company.

Erikson, Erik H.(1959, 1994a). *Identity and the Life Cycle.* New York: W. W. Norton & Company.

Erikson, Erik H.(1962). *Young Man Luther.* Peter Smith Pub Inc.

Erikson, Erik H.(1965, 1994b). *Identity: Youth and Crisis.* New York: W. W. Norton & Company.

Erikson, Erik H.(1970, 1993b). *Gandhi's Truth: On the Origins of Militant Nonviolence.* New York: W. W. Norton & Company.

Erikson, Erik H.(1974, 1979). *Dimensions of a New Identity.* New York: W. W. Norton & Company.

Erikson, Erik H.(1978). *Adulthood.* New York: W. W. Norton & Co Inc.

Erikson, Erik H.(1993c). *Young Man Luther: A Study in Psychoanalysis and History.* New York: W. W. Norton & Company.

Erikson, Erik H. and Kakar, Sudhir(1993). *Identity and Adulthood.* Oxford University Press.

Erikson, Erik H., Erikson, Joan M., & Kivnick, Helen Q.(1994). *Vital Involvement in Old Age.* W. W. Norton & Company.

Erikson, Erik H., & Erikson, Joan M.(1982, 1997). *The Life Cycle Completed* (Extended Version). W. W. Norton & Company.

Erikson, Erik H., & Robert Coles(2001). *The Erik Erikson Reader*. W. W. Norton & Company.

Eysenck, M. W., & Keane, M. T.(2020). *Cognitive psychology: A student's handbook* (8 th ed.). Psychology Press.

Green, G. M.(1996). *Pragmatics and language understanding*. N.J.: Lawrence Erlbaum Associates.

Fechner, G. et al.(1980). *Elements of Psychophysics*. Holt, Rinehart and Winston.

Feldman, R. S.(2002). *Understanding psychology*. New York: McGraw-Hill.

Festinger, L., & Carlsmith, J.(I959, 2011). *Cognitive Consequences of Forced Compliance*. www.all-about-psychology.com

Freud, A.(1965). *Normality and Pathology in Childhood*. N.Y.: International Psychoanalytic press.

Freud, S.(1923, 2013). *The Ego and the Id*. CreateSpace Independent Publishing Platform.

Freud, S.(1927). *The Future of an Illusion*. Garden City. NY: Doubleday Anchor Books.

Freud, S.(1940, 2014). *An outline of psychoanalysis* (Kindle Edition). Brown Press.

Freud, S.(1960, 2013). *The Ego and the Id*. CreateSpace Independent Publishing Platform.

Freud, S.(1964). *Why War?* In J. Strachey(Ed.). Standard Edition of the Complete Psychological Works of Sigmund Freud (Vol. 22). London: Hogarth Press.

Freud, S.(1966). *Introductory Lectures on Psychoanalysis*. N.Y.: Norton.

Friedenberg, L.(1995). *Psychological Testing: Design, Analysis, and Use*. Boston: Allyn and Bacon.

Fritz, G. K.(2000). The evolution of psychosomatic medicine. Brown University. *Child and Adolescent Behavior Letter, 16(4)* : 8.

Giddens, A.(1998, 2008). *The Third Way: The Renewal of Social Democracy*. Cambridge : Polity.

Giddens, A.(2000, 2012). *The Third Way and its Critics*. Polity.

Giddens, A.(2001). *The Global Third Way Debate*. Cambridge: Polity.

Giddens, A.(2017, 2021). *Sociology* (9 edition). Cambridge: Polity Press.

Glaser, R.(1962). *Training research and education*. Pittsburgh. P.A.: University of Pittsburgh Press.

Glasser, W., & Zunin, L. M.(1984). Reality therapy. In R. J. Corsini (Ed.). *Current psychotherapies* (3rd ed.). Itasca. IL: Peacock.

Glasser, W.(1965, 1989). *Reality therapy: A new approach to psychiatry*. New York: Harper & Row.

Glasser, W.(1976). *Positive addiction*. New York: Harper & Row.

Glasser, W.(1981). *Stations of the mind: New directions for reality therapy*. New York: Harper & Row.

Glasser, W.(1999). *Choice theory: A new psychology of personal freedom*. Harper Perennial.

Glasser, W.(2000). Counseling with choice theory. New York: Harper Collins. *Journal. 58* : 569-576.

Glover, J. A., & Ronning, R. R.(1987, 2013). *Historical foundations of education psychology*. N.Y.: Plenum Press.

Goetz, F. E. et al.(1992). *Educational Psychology*. N.Y.: John & Wiley.

Goldberg, C.(1992). The limits of expectations: A case for case knowledge about teacher expectancy effects. *American Educational Research Journal, 29* : 517-544.

Good, T., & Grouws, D.(1999). The Missouri Mathematics Effectiveness Project An ex-perimental study in fourth-grade classrooms. *Journal of Educational Psychology, 71* : 335-362.

Graham, C. R.(2005). Blended learning systems: definition, current trends, and future directions. In Bonl, C. J., & Graham, C. R. (Eds.). *Handbook of blended learning: Global perspectives, local designs*. San Francisco, CA: Pfeiffer Publishing,

Hall, C. S.(1954, 2021). *A Primer of Freudian Psychology*. Hassell Street Press.

Hall, C. S. et al.(1954, 1997). Theories of personality (4th Edition) New York: Wiley.

Harris, J. R.(1995). Where is the child's environment? A group socialization theory of development. *Psychological Review, 102* : 458-489.

Harris, J. R.(2009). *The Nurture Assumption: Why Children Turn Out the Way They Do*. New York: Free Press.

Hamachek, D.(1995). *Psychology in teaching, learning, and growth*. Boston, MA: Allyn & Bacon.

Harter, S.(1978). Effectance motivation reconsidered: Toward a developmental model. *Human Development, 21* : 54–64.

Heider, E. R.(1972). Universals in color naming and memory. *Journal of Experimental Psychology, 93* : 10–20.

Heider, F.(2015). *The psychology of interpersonal relations*. New York Wiley.

Heth, C. D., & Rescorla, R. A.(1973). Simultaneous and backward fear conditioning in the rat. *Journal of Comparative and Physical Psychology, 82* : 434–443.

Hill, W. F.(1982). *Principles of learning*. Palo Alto, CA: Mayfield.

Hiroto, D. S., & Seligman, M. E. P.(1975). Generality of learned helplessness in man. *Journal of Personality and Social Psychology, 31* : 331–327.

Hjelle, L. A., & Ziegler, D. J.(1992). *Personality theories*. N.Y.: McGraw–Hill, INC.

Hobfoll, S. E., & Vaux, A.(1993). Social support: Resources and context. In L. Goldberger & S. Breznitz (Eds.), *Handbook of stress: Theoretical and clinical aspects (2nd ed.)*. New York: Free Press, 685–705.

Hothersall, D.(1984). *History of Psychology*. New York: Random House, Inc.

Hubel, D. H., & Wiesel, T. N.(1979). *Brain Mechanisms of vision. Scientific American* : 150–162.

Hull, C. L.(1942). *Principles of behavior: An introduction to behavior theory*. New York : Appleton–Century–Crofts.

Hunt, E., & Agnoli, F.(1991). The Worfian hypothesis: A cognitive psychology perspective. *Psychological Review, 98(3)* : 377–389.

Jahoda, M.(1958, 2018). *Current Con Posit Mental Health* (6th printing edition). Basic Books.

Jahoda, M. et al.(2017). *Marienthal: The Sociography of an Unemployed Community* (1st Edition, Kindle Edition). Routledge.

James, W.(1890). *The principles of psychology*. New York: Heniy Holt.

Jaspers, K.(1913, 2013). *Allgemeine Psychopathologie* (5 Edition). Springer.

Jenkins, J. G., & Dallenbach, K. M.(1924). Obliviscence during sleep and waking. *Journal Psychology, 35* : 605–612.

John, O. P.(1990). The big–five factor taxonomy: Dimensions of personality in the natural language and questionnaires. In L. A. Pervin (Ed.), *Handbook of personality: Theory and research*. New York: Guilford Press, 66–100.

Kelley, H. H.(1967). *Attribution theory in social psychology*. University of Nebraska Press.

Kelley, H. H.(1971). *Attribution in social interaction*. Morristown. NJ: General Learning Press.

Kosslyn, S. M., & Rosenberg, R. S.(2015). *Introducing Psychology: Brain, Person, Group* (4th Edition). Pearson India.

Kuhl J.(1985). Volitional mediators of cognition–behavior consistency: Self–regulatory processes and action versus state orientation. In J Kuhl, J Beckman (Eds.). *Action control: From cognition to behavior*. Berlin: Springer–Verlag.

Lazarus, R. S., & Folkman, S.(1984). *Stress, appraisal, and coping* (1st Edition, Kindle Edition). New York: Springer Publishing Company.

Lepper, M. R., & Greene, D.(Eds.)(2015). *The hidden costs of reward: New Perspectives on the Psychology of Human Motivation*. Psychology Press.

Lepper, M. R., & Nisbett, R. E.(1973). Understanding children's intrinsic interest with ex–trinsic rewards: A test of the overjustification hypothesis. *Journal of Personality and Social Psychology, 28* : 129–137.

Levinthal, C. F.(1979). *The Physiological Approach in Psychology*. Englewood Cliffs, NJ: Prentice–Hall.

Liberman, A. M. et al.(1967). Perception of the speech code. *Psychological Review, 74* : 431–459.

Liebert, R.(2007). *Personality Strategies And Issues* (9th edition). Wadsworth Pub. Co.

Lund. N.(2003, 2014). *Language and Thought* (Kindle Edition). Routledge.

Markus, H., & Kitayama, S.(1991). Culture and the self: Implications for cognition, emotion, and motivation. *Psychological Review, 98* : 224–253.

Martin, P. Y., & O'Connor, G. G.(1989). *The Social Environment: Open Systems Applications.* White Plains. N.Y.: Longman.

Maslow, A. H.(1943, 2019). *Motivation and Personality.* Prabhat Prakashan.

Maslow, A. H.(1968). *Toward a Psychology of Being.* Princeton. N.J. D. Van Nostrand Co.

Maslow, A. H.(1971). *The Farther Reaches of Human Nature.* New York: Viking.

Masters, W. H. et al.(1970, 1997). *Human Sexuality* (3rd ed). Boston: Little, Brown & Co.

Matarazzo, J. D.(1980). Behavioral health and behavioral medicine. *American Psychologist, 35* : 807−817.

Matarazzo, J. D.(1994). Health and behavior: The coming together of science and practice in psy−chology and medicine after a century of benign neglect. *Journal of Clinical Psychology in Medical Settings, 1* : 7−39.

McClelland, D. C.(1961, 2010). *The Achieving Society.* Martino Fine Books.

McClelland, D. C.(1961). *The achieving society.* New York: Van Nostrand.

McClelland, D. C.(1985). *Human motivation.* San Francisco: Scott, Foresman.

McClelland, D. C.(1953, 2020). *The achievement motive* Barakaldo Books.

McGeoch, J. A.(1932). Forgetting and the law of disuse. *Psychological Review, 39* : 352− 370.

Meehl, P. E.(1962). Schizotaxia, schizotypy, schizophrenia. *Journal of American Psychologist, 17* : 827−838.

Messinger, L.(1984). *Remarriage: A Family Affair.* New York: Plenum Press.

Meumann, E.(1907−1920, 2018). *Vorlesungen Zur Einführung in Die Experimentelle Pädagogik Und Ihre Psychologischen Grundlagen;* Volume 2. Wentworth Press.

Miller, N. E.(1960). Learning resistance to pain and fear: Effects of overlearning, ex−posure, and rewarded exposure in context. *Journal of Experimental Psychology, 60* : 137−145.

Miller, G. A., & McNeill, D.(1969). *Psycholinguistics.* In G. Lindzey & E. Aronson (Eds.), *Handbook of social psychology* (Vol. 3). Reading, Mass: Addison−Wesley.

Miller, G A., & Johnson－Laird, P.(1987). *Language and Perception*. Belknap Press.

Milner, B.(1959). The memory defect in bilateral hippocampal lesions. *Psychiatric Research Reports, 11* : 43－52.

Mischel, W. and Shoda, Yuichi(2007). *Introduction to Personality: Toward an Integrative Science of the Person* (8 edition). Wiley.

Mowrer, O. H.(1961). *The Crisis in Psychiatry and Religion*. New York: Van Nostrand.

Murray, H. A.(1938). *Explorations in personality*. New York: Oxford University Press.

Nelson－Jones, R.(2014). *Nelson－Jones' Theory and Practice of Counselling and Psychotherapy* (Sixth Edition). SAGE Publications Ltd.

Neukrug, E. S.(2010). *Counseling Theory and Practice*. Brooks Cole.

Nelson, J. C.(1983). *Family treatment: An interactive approach*. NJ: Prentice Hall. Inc.

Nichols, M. P.(2020). *The Essentials of Family Therapy* (6th Edition). Pearson.

Nichols, M. P., & Davis, S.(2016). *Family Therapy: Concepts and Methods* (11th Edition). Pearson.

Nolen－Hoeksema, S. et al.(1967, 2015). *Atkinson & Hilgard's Introduction to Psychology* (16th edition). Cengage Learning.

Orleans, C. et al.(2004). The role of behavioral factors in achieving national health outcomes. In R. G. Frank, A. Baum, & J. L. Wallander (Eds.), *Handbook of Clinical Health Psychology* (Vol. 3). Washington, DC: American Psychological Association, 465－499.

Penfield, W., & Milner, B.(1958). Memory deficit produced by bilateral lesions in the hippocampal zone. *Archives of Neurology and Psychiatry, 19* : 475-497.

Perls, F. S. et al.(1951). *Gestalt therapy: Excitement and growth in the human personality*. New York: The Julin－Verlasg.

Perls, F. S. et al.(1977). *Gestalt therapy*. New York: Bantam Books.

Perls, F. S.(1942, 1969). *Ego, hunger and aggression*. New York: Vintage Books.

Perls, F. S.(1969a). *Gestalt therapy verbatim*. New York: Real People Press.

Perls, F. S.(1969b). *In and out the garbage pail*. New York: Bantam Books.

Perls, F. S.(1970). Four lectures. In J. Fagan & I. L. Shepherd (Eds.), *Gestalt therapy now: theory/techniques/applications*. New York: Harper & Row.

Perls, F. S.(1973). *The gestalt approach and eye witness to therapy.* NY: Science and Behavior Books.

Perls, F. S.(1985). Vier Vortraege. In H. Petzold (Herg.). *Gestalt, Wachstum, Integration.* Paderborn: Junfermann–Verlag, 89–118.

Peterson, L. R., & Peterson, M. J.(1959). Shortterm retention of individual verbal items. *Journal of Experimental Psychology, 58* : 193–198.

Pervin, L. A.(2005). *Theories of Personality.* John Wiley & Sons, Inc.

Piaget, J.(1952, 2013). *The origins of intelligence in children: Selected Works* vol. 3 (1st Edition, Kindle Edition). Routledge.

Pinker, S.(1991). The Rules of language. *Science, 253* : 530–555.

Pinker, S.(1994). *The language instinct.* N.Y: Morrow.

Plutchik, R.(2001). *The nature of emotions. American Scientist, 89* : 344–350.

Rescorla, R. A.(1980). Pavovian second–order conditioning. *Scientific American* : 84–90.

Rosenshine, B.(1971). Teaching behaviors related to pupil achievement: a review of research. In I. Westbury & A. A. Bellack (Eds.), *Research into classroom precess: recent development and next steps.* New York: Teacher College Press.

Rosenshine, B.(1977). Primary grades instruction and achievement. *Paper presented at the annual meeting of the American Educational Research Association.* NY.

Rosenshine, B., & Furst, N.(1971). Research on teacher performance criteria. In B. Smith(Ed.). *Research in teacher education.* Englewood Cliffs. NJ: Prentice–Hall, 37–72.

Rosenshine, B., & Stevens, R.(1986). Teaching functions. In M. C. Wittrock (Ed.). *Handbook of research on teaching* (3rd ed.). New York: Macmillan, 376–391.

Roth, S., & Bootzin, R. R.(1974). The effects of experimentally induced expectancies of external control. *Personality and Social Psychology, 29* : 253–264.

Sacks, O.(1985). *The man who mistook his wife for a hat.* New York. NY: Summit Books.

Santrock, J.(2019). *Loose Leaf for Essentials of Life-Span Development* (6th Edition). McGraw-Hill Education.

Schachter, S., & Singer, J. E.(1962). Cognitive, social, and physiological determinants of emotional state. *Psychological Review, 69* : 379-399.

Schank, R. C., & Abelson, R. P.(1977). *Scripts, plans, goals and understanding.* Hillsdale, N.J.: Erlbaum.

Schwartzm, G. E., & Weiss, S. M.(1978). Behavioral medicine revisited: An amended definition. *Journal of Behavioral Medicine, 1* : 249-251.

Scoville, W. B., & Milner, B.(1957). Loss of recent memory after bilateral hippocampal lesions. *J Neurol Neurosurg Psychiatry, 20* : 11-21.

Schank, R. C.(1982). *Dynamic memory.* New York: Cambridge University Press.

Seligman, M. E. P. et al.(2001). *Abnormal Psychology* (4th edition). W. W. Norton & Company.

Shaffer, D. R.(2008). *Social and Personality Development* (6th Edition). Cengage Learning.

Sheldon, W. H.(1940). *The varieties of human physique. An Introduction to Constitutional Psychology.* Harper & Brothers.

Shertzer, B., & Stone, S. C.(1981). *Fundamentals of guidance.* Boston Houghton Mifflin.

Skinner, B. F.(1938, 2022). *The behavior of organisms: An Experimental Analysis.* B. F. Skinner Foundation.

Skinner, B. F.(1948). *Walden two.* New York: Macmillan.

Skinner, B. F.(1953). *Science and human behavior.* New York: Macmillan.

Skinner, B. F.(1954). The science of learning and the art of teaching. *Harvard Educational Review, 24* : 86-97.

Skinner, B. F.(1958). Teaching machines. *Science, 128* : 969-977.

Slavin, R. E.(1973, 2022). *Educational psychology: Theory and practice* (13th Edition, Kindle Edition). Boston: Pearson.

Solso, R. L. et al.(1996, 2007). *Cognitive Psychology* (8th Edition). Pearson.

Solso, R. L.(1996). *Cognition and the Visual Arts* (1st edition). A Bradford Book.

Solso, R. L. et al.(2007). *Experimental Psychology: A Case Approach* (8th Edition). Pearson College Div.

Spearman, C.(1904). "General intelligence" objectively determined and measured. *American Journal of Psychology, 15* : 201–292.

Sternberg, R. J.(1988). *The triarchic mind: A new theory of human intelligence.* Penguin Books.

Sternberg, R. J.(2007). Intelligence and culture. In S. Kitayama & D. Cohen (ed.). *Handbook of cultural psychology.* New York: Guilford Press, 547–568.

Sternberg, R. J.(2016). *Cognitive Psychology* (7th Edition). Wadsworth Publishing.

Sternberg, R. J., & Lubart, T. D.(1995). *Defying the crowd.* NY: Free Press.

Sternberg, R. J., & Williams, W. M.(2002, 2009). *Educational Psychology* (2nd ed.). Pearson.

Stipek, D. J.(2001). *Motivation to Learn: Form Theory to practice* (4th Edition). Pearson.

Stone, H. W.(2001). *Strategies for Brief Pastoral Counseling.* Augsburg Fortress Publishers.

Stone, H. W.(2009). *Crisis Counseling* (Third Edition). Minneapolis: Fortress Press.

Stone, H. W.(2000). *The Caring Church: A Guide for Lay Pastoral Care.* Minneapolis: Fortress Press.

Stone, H. W.(2014). *Defeating Depression: Real Help for You and Those Who Love You* (2 edition). CreateSpace Independent Publishing Platform.

Swinney, D. A.(1979). Lexical access during sentence comprehension: Consideration of context effects. *Journal of Verbal Learning & Verbal Behavior, 18* : 645–649.

Switzer, D. K.(1974). *The Minister as Crisis Counselor.* Nashville. Tn.: Abingdon Press.

Thomas, A., & Chess, S.(1968). *Temperament and Behavior Disorders in Children* (1st edition). New York University Press.

Thorndike, E. L.(1903, 2021). *Educational Psychology 3.* Legare Street Press.

Thorndike, E. L.(1906, 2019). *The Principles of Teaching: based on psychology.* Wentworth Press.

Thorn, B., & Saab, P.(2001). Notes from the APS Council of Representatives(CoR) Meeting. *Health Psychologist, 23(3)* : 5–8.

Thurstone, L. L.(1938). *Primary Mental Abilities*. Chicago, University of Chicago press.

Thurstone, L. L.(1955). The psychophysics of semantics: an experimental investigation. *Journal of Applied Psychology* (Vol. 39) : 31–36.

Tobias, S.(1982). Sexist equations. *Psychology Today, 16(1)* : 14–17.

Tollison, C. D., & Adams, H. E.(1979). *Sexual Disorders: Treatment, Theory, Research*. New York: Gardner Press.

Tolman, E. C., & Honzik, C. H.(1930). Introduction and removal of reward and maze performance in rats. *University of California Publication in Psychology, 4* : 257–275.

Tolson, J.(2000). No wedding? No ring? No problem. *U.S. News & World Report, March 13* : 48.

Tomaka, J. et al.(1993). Subjective, physiological, and behavioral effects of threat and challenge appraisal. *Journal of Personality and Social Psychology, 65* : 248–260.

Tulving, E.(1974). Cue–dependent forgetting. *American Scientist, 62* : 74–82.

Tulving, E., & Pearlstone, Z.(1966). Availability versus accessibility of information in emory for words. *Journal of Verbal Learning and Verbal Behavior, 5* : 381-391.

Vygotsky, L. S.(1978). *Mind in society* (Revised ed.). MA: Harvard University Press.

Wallas, G.(1926). *The art of thought*. N.Y.: Harcourt Brace.

Wason, P. C.(1966). Reasoning. In B. M. Foss (Ed.). *New horizons in psychology*. Harmondsworth. UK: Penguin.

Weiner, B.(1990). History of motivational research in education. *Journal of Educational Psychology, 82* : 616–622.

Weiner, B.(1992). *Human motivation: Metaphors, theories, and research*. Newbury Park, CA: Sage.

Weiner, B.(1972, 1981). *Theories of motivation: From mechanism to cognition*. Chicago: Markham.

Weiner, B.(1979). A theory of motivation for some classroom experiences. *Journal of Educational Psychology, 71* : 3−25.

Weiner, B.(1985). An attributional theory of achievement motivation and emotion. *Psychological Review, 92* : 548−573.

WHO(2001). *Strengthening mental health promotion.* Geneva: World Health Organization.

Whorf, B. L.(1956, 2022). *Language, thought and reality: Selected writings.* Independently published.

Wilkes, A. L., & Kennedy, R. A.(1969). Relationship between pausing and retrieval latency in sentences of varying grammatical form. *Journal of Experimental Psychology, 79* : 241−245.

Williamson, E. G.(1939, 2018). *How To Counsel Students, A Manual of Techniques for Clinical Counselors.* McGraw−Hill.

Wolfe, J. M.(2012). *Sensation & Perception* (3rd ed.). Sunderland, Mass.: Sinauer Associates.

Wolberg, Lewis R.(1995). *The Technique of Psychotherapy* (4 edition). Jason Aronson.

World Health Organization(1946). *Constitution of the World Health Organization.* Geneva: World Health Organization.

Wright, H. Norman(1985). *Crisis Counseling: Helping People in Crisis and Stress.* Here's Life Publishers.

Wright, H. Norman(2003). *The New Guide to Crisis & Trauma Counseling.* Regal Books.

Wright, H. Norman(2004). *Experiencing Grief.* B & H Publishing Group.

Wright, H. Norman(2006). *Helping Those Who Hurt: Reaching Out to Your Friends In Need.* Bethany House.

Wright, H. Norman(2006). *Recovering from Losses in Life.* Revell.

Wundt, W. M.(1867, 2022). *Principles of physiological psychology.* Nabu Press.

Wundt, W. M.(2013). *Ethics: An Investigation of the Facts and Laws of the Moral Life.* HardPress Publishing.

Wundt, W. M.(2016). *An Introduction to Psychology.* Wentworth Press.

찾아보기

저자소개

김보기

성균관대학교 신문방송학과 학부, 석사, 박사과정
서울기독대 대학원 신학과 박사(조직신학 전공, Ph.D)
서울기독대 대학원 사회복지학과 박사(정책론 전공, Ph.D)
한국사회복지실천정책학회 회장 / 한국상담복지학회 회장
칼빈신학상담연구원 원장 / 서울기독대학교 겸임교수 · 주임교수
대한신학대학원대학교 목회신학신학대학원장 · 교수
국제문화대학원대학교 대학원장 · 교수 / 서울한영대학교 강사
<저서> 심리학, 상담이론과 실제, 사회복지실천론, 인간행동과 사회환경, 사회문제론
사회복지와 문화다양성, 가족상담 및 가족치료, 사회복지실천기술론, 유아리더십론
사회복지정책과 이데올로기, 사회복지정책론, 복지국가론, 복지국가사상(근간)

박경근

서울기독대학교 대학원 사회복지학과 석사
협성대학교 대학원 상담학과 상담심리전공 박사
서정대학교 사회복지과 교수 / 남양주햇빛노인복지센터 대표
햇빛요양보호사교육원 대표 / 한국신학교교수협회 대표회장
한국복지상담학회 교수
<저서> 심리학

박서진

숭실대학원 교육학석사
Piedmont University 상담심리학박사
중부대학교 일반대학원 교육학박사
중부대학교 일반대학원 주임교수
한국열린사이버대학교 교수
국제사이버대학교 겸임교수
한영대학교 아동복지학과 겸임교수
<저서> 심리학

서정자

백석대학교 기독교전문대학원 사회복지학과 박사
동국대학교, 이화여자대학교, 연세대학교 미래교육원 시니어플래너 출강
서울사회복지대학원대학교 평생교육원 생활안전지도교수
공공기관전문면접위원 / NCS전문면접위원 / 취업컨설턴트
각당복지재단 소속 웰다잉 연극단원 / 웰다잉 강사 / 웰라이프 강사
사전연명의료의향서 상담사 / 애도상담사
여성가족부 유해환경감시단 / 생명나눔가디언 자원봉사자
흥사단독도수호본부 운영위원
전) 대한웰다잉협회 서울사무국장 / 현) 한국시니어플래너 부회장
<저서> 심리학, 사회복지와 문화다양성, 복지국가론, 사회복지행정론,
행복한 수다가 치매를 예방한다(연구위원), 나를 찾는 여행 5 액티브시니어

양준의(영수)

단국대학교 행정법무대학원 사회복지학과 석사
서울기독대학교 대학원 사회복지학과 박사
서울시 간호조무사협회 대의원
한국시니어교육협회 총무국장
대한힐링교육센터 경인본부장
국제보건교육실천협회 서울본부장
서울 사회복지대학원 대학교 평생교육원 지도교수
<저서> 심리학, 사회복지개론, 사회복지행정론, 사회복지조사론, 미래유망자격증
공공기관 합격노하우, 신중년 도전과 열정, 신중년 N잡러가 경쟁력이다.

장선아(혜령)

서울 사회복지대학원 대학교 사회복지학과 석사
칼빈대학교 대학원 사회복지학과 박사(Ph.D)
동방대학원대학교 교육학과 박사(Ph.D)
한국문화복지콘텐츠 총무이사
<저서> 심리학, 사회복지개론, 사회복지행정론, 사회복지조사론, 사회복지와 문화다양성

인간행동이해를 위한 심리학

초판발행 2023년 3월 2일

지은이 김보기 · 박경근 · 박서진 · 서정자 · 양준의 · 장선아
펴낸이 노 현

편 집 김다혜
기획/마케팅 조정빈
표지디자인 Ben Story
제 작 고철민 · 조영환

펴낸곳 ㈜ 피와이메이트
서울특별시 금천구 가산디지털2로 53 한라시그마밸리 210호(가산동)
등록 2014. 2. 12. 제2018-000080호
전 화 02)733-6771
f a x 02)736-4818
e-mail pys@pybook.co.kr
homepage www.pybook.co.kr
ISBN 979-11-6519-376-8 93180

정 가 27,000원

박영스토리는 박영사와 함께하는 브랜드입니다.